75° 70° 65° 60° 55°

D0207219

OCÉANO ATLÁNTICO

30°

25°

20°

Miami

Nassau

BAHAMAS

a Habana

CUBA

REPÚBLICA DOMINICANA

MAR CARIBE

Santiago de Cuba **Puerto Príncipe**

San Juan

HAITÍ

Santo Domingo

PUERTO RICO

GUADALUPE

Kingston

HONDURAS

JAMAICA

MARTINICA

15°

CARAGUA

o de nagua

Caracas

10°

José *CANAL DE PANAMÁ* Colón

Panamá

PANAMÁ

VENEZUELA

OSTA ICA *GOLFO DE PANAMA*

COLOMBIA

Bogotá

80°

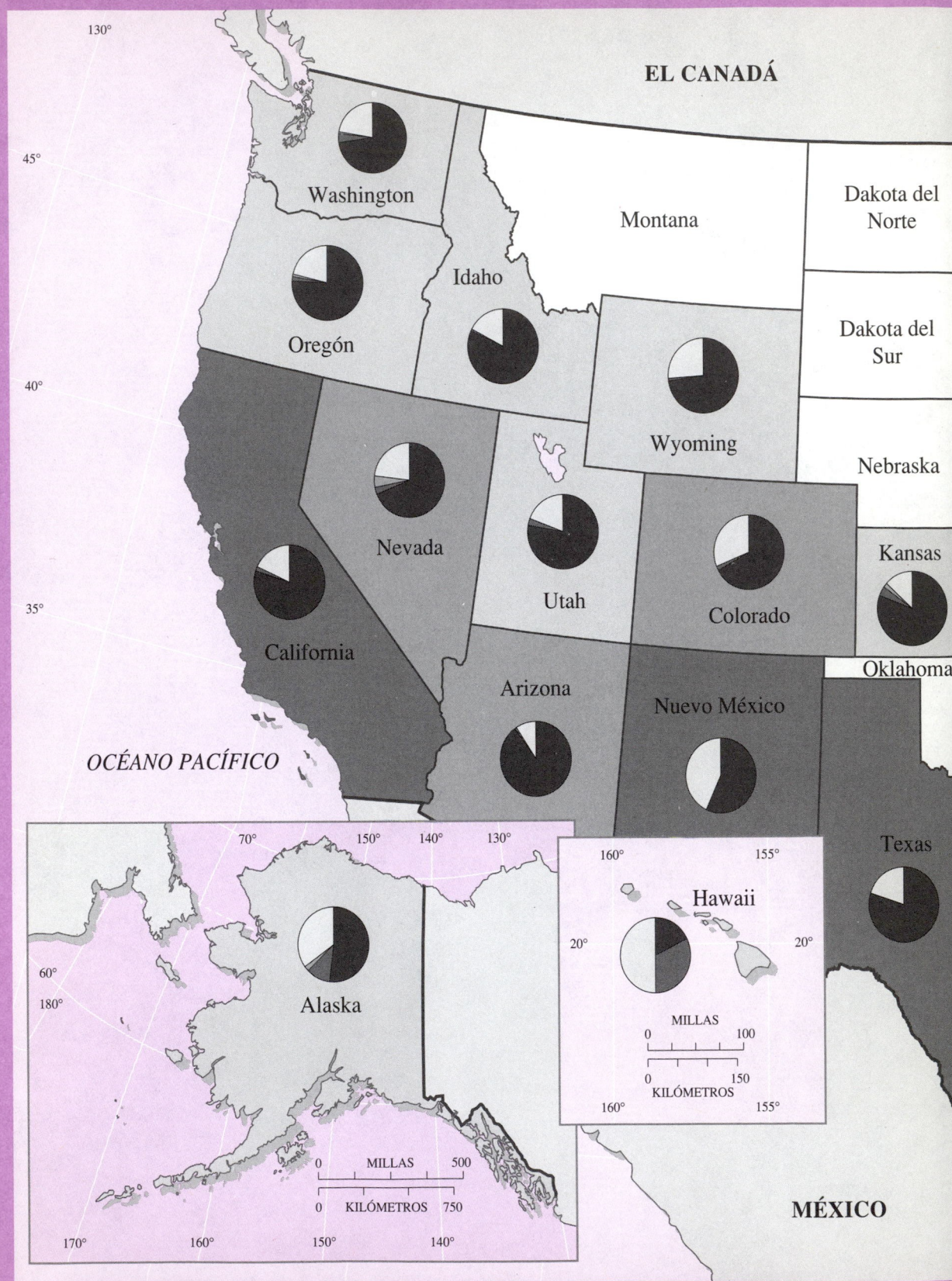

LOS HISPANOHABLANTES EN LOS ESTADOS UNIDOS

Perspectivas
Sexta edición

Temas de hoy
y de siempre

Mary Ellen Kiddle
Boston College

Brenda Wegmann
University of Alberta Extension

Holt, Rinehart and Winston
Fort Worth   Philadelphia   San Diego   New York   Orlando   Austin   San Antonio
Toronto   Montreal   London   Sydney   Tokyo

Publisher	Chris Carson
Acquisitions Editor	Jeff Gilbreath
Project Editor	Kathryn Stewart
Art Director	Sue Hart
Production Manager	Debra Jenkin

Cover image of trash dump courtesy of Robert Frerck/Odyssey Productions/ Chicago.

ISBN: 0-03-024567-2

Library of Congress Catalog Card Number: 98-72150

Address for Orders:
Holt Rinehart & Winston, 6277 Sea Harbor Drive, Orlando, FL 32887
1-800-782-4479
Address for Editorial Correspondence:
Holt Rinehart & Winston, 301 Commerce Street, Suite 3700, Fort Worth, TX 76102

Web-site address
http://www.hbcollege.com

Holt Rinehart & Winston will provide complimentary supplements or supplement packages to those adopters qualified under our adoption policy. Please contact your sales representative to learn how you qualify. If as an adopter or potential user you receive supplements you do not need, please return them to your sales representative or send them to: Attn: Returns Department, Troy Warehouse, 465 South Lincoln Drive, Troy, MO 63379.

Printed in the United States of America

8 9 0 1 2 3 4 5 6 7 039 9 8 7 6 5 4 3 2 1

Holt Rinehart & Winston
Harcourt Brace College Publishers

We dedicate this book to two wonderful men
who have been very important in our lives.

Lawrence B. Kiddle
dear father
1907–1991

Tom Wegmann
intrepid scientist
beloved husband and father
companion of my heart
1941–1994

Perspectivas

Sexta edición

Temas de hoy y de siempre

Illustrations by

Ruth Gembicki Bragg

Preface to the Sixth Edition

In the sixth edition of *Perspectivas*, we have placed an emphasis on the positive accomplishments and contributions of Spanish and Latin American cultures, with their distinctive beauty, adventure, challenges, and successes. Although the text devotes discussion to the thorny problems of poverty, environmental destruction, and corruption, it also focuses on the larger, more complex, and potentially hopeful contexts, so as not to reinforce negative stereotypes or false "north-south/us-them" polarizations. Toward this goal, and following the suggestions of reviewers, we have chosen to highlight the unexpected dimensions of the history and cultures of Spanish-speaking countries.

As in previous editions, the sixth edition of *Perspectivas* uses a four-skill approach (reading, writing, speaking, listening) at the intermediate level to expand vocabulary and fluency, provoke discussion of open-ended ideas that do not have easy answers, increase cultural awareness, and develop critical thinking, and social skills through analysis, comparison, analogy, and group interaction.

Some General Changes

Overall, approximately 25-to-30 percent of the reading selections have been replaced or extensively updated, and most pre-reading and post-reading activities have been revised and expanded. One goal for this edition was to build on the concern for diversity and inclusion which characterized the fifth edition. We have maintained, and in some cases improved, the current percentage of female, indigenous and African-Hispanic authors and are extending the inclusion of themes and works from all areas of the Spanish-speaking world. Diversity and inclusion are important not just in reference to racial, gender, and cultural value discussions (with a new emphasis on integrating traditional and pop culture), but also with regard to more interactive and imaginative types of exercises appealing to the various multiple intelligences and learning styles.

Opening Up, Opening Out

As a corollary to the above, *Perspectivas*, Sixth Edition, is based on a general attitude of opening up and out to multiple Spanish and Latin American sources for selections. These diverse sources include art, photography, pop culture, biography, interviews, as well as activities involving music, video, television, surveys, possible field trips, and the Internet. By providing students with selections from many areas, *Perspectivas* establishes a real link between Spanish and the students' environment and extends the classroom into real life.

New to This Edition

• **The Perspectivas *Companion CD*.** For the first time, in this sixth edition, *Perspectivas* is accompanied by an audio compact disc that contains readings of certain poems, essays, and stories from all chapters. This companion CD allows students to enjoy the pleasure of hearing selections read aloud by skilled native speakers from many regions of Spain and Latin America. Instructors can use these models to point out intonation patterns, and national, regional, and individual differences among accents. Brief cues are included on the CD for specific listening tasks. CD selections are indicated with a headphone icon in the student text.

• *¿Qué les parece?* Each chapter contains one boxed paragraph with a sketch or photo, highlighting a thought-provoking or controversial fact or issue, along with an interactive exercise. This new feature offers an opportunity for a short activity or discussion and can be used at the instructor's discretion to break out of the normal class routine or fill a time gap at the end of a lesson.

• *Contribuciones notables.* This unique new boxed feature consists of a brief description of a Spanish or Latin American community or individual who has made an important contribution to world society. This section relates cultural diversity to specific themes in the readings and illustrates some positive aspects of the Spanish-speaking world that are often overlooked.

• *Más allá del texto.* Task-based activity lists suggest ways of exploring and expanding upon ideas from the readings through music, the Internet, films, video, television, advertising and other aspects of popular culture. Several of these exercises are included in each chapter. They provide options for students to personalize what they are learning, to connect their study of Spanish to the world beyond the classroom, and to report back on their findings.

• *Improved Pre-Reading Sections.* The pre-readings have been rewritten to form a bridge to selections taken directly from other sources (stories, poems, magazine articles, autobiography, essays) by providing background in the *Anticipación*, relating themes to daily life in *Para abrir el tema*, practicing key words in advance in the *Vocabulario*, and obliging students to preview the text in *El texto*. (Some of these steps are omitted before very short readings.)

Flexibility

Each chapter of *Perspectivas*, Sixth Edition contains more than enough material so that instructors may pick and choose from the readings the ones they find most appropriate to a particular group. For example, one instructor may prefer to finish up Chapter One with the Costa Rican short story about the comical Native healer, Bucho Vargas, and another may prefer the Mayan legend about the unusual relationship between people and animals in the mythical past. Chapter Five ends with four short stories of magical fantasy written by some of the most famous writers in the Spanish language. This permits the teacher to choose the piece or pieces best suited to the level and interests of a particular class or to alternate so as to maintain his or her own interest.

Instructors new to this book often begin by choosing several chapters and teaching all or most of the selections in each one. Students then progress according to the difficulty and sophistication of the materials, beginning with core vocabulary and simple introductory pieces, moving on to the journalistic selections and finally to the more demanding literary readings usually placed at the end.

There is sufficient material in *Perspectivas* for a complete one-semester course that concentrates on reading and conversation skills or for a year-long intermediate course that also uses a review grammar.

Acknowledgments

We would like to express our deep appreciation to the creative and generous Teaching Fellows of Intermediate Spanish at Boston College, who have contributed many imaginative exercises and ideas to this edition; to Doctora Aurora of the University of Costa Rica in San José and the staff of the Zamora/Tinoco Library for their generosity in enabling our access to their excellent research facilities; to Nidia González Araya for sharing her extensive knowledge with us about Costa Rican literature and culture; to Pam Bona of the International Department of the University of Texas for her guidance and perceptive insights relating to materials on art and culture; to Llanca Letelier for her unfailing support, linguistic advice, and aid in finding selections; to Professor Norberto James of The Cambridge School for his much-appreciated help in gathering materials by African-Hispanic writers, to Ingrid de la Barra of the University of Alberta Extension Department for her evaluation of pedagogy and student response, and to Elke Herbst, Kathryn Stewart, Jeff Gilbreath, and Terri Rowenhorst of Holt, Rinehart and Winston for their creative input and excellent supervision of the manuscript through its various stages of development and production.

We extend our sincere gratitude to the many excellent and experienced instructors who gave us the insightful suggestions and constructive criticisms that helped us this time, more than at any time in the past, to decide on the correct focus for our new edition. In this regard, our particular and special thanks go to the following reviewers: Geraldine Ameriks, *University of Notre Dame;* Melvin Arrington, *University of Mississippi;* Sara N. Coburn-Alsop, *Indiana University;* Kathryn Dwyer-Navajas, *Johns Hopkins University;* Donald B. Gibbs, *Creighton University;* Marie Dolores Goddard, *Xavier University;* Courtney Harrison, *University of North Texas;* Nina Ingrao, *Harvard University;* Eugenio Matibaz, *Iowa State University;* Alice A. Miano, *Stanford University;* Jo-Anne Murad, *University of Vermont;* Loknath Persaud, *Pasadena City College;* Philip B. Thomason, *Pepperdine University;* and L. Teresa Valdivieso, *Arizona State University.*

B.W.   M.E.K.

Correlation of *Perspectivas* with the Holt, Rinehart and Winston Videocassette *Videomundo*

Videomundo, the Holt, Rinehart and Winston Spanish videocassette, can function as an adjunct to this book if time and facilities are available for video use during the course. Information on how to obtain this video and its accompanying Viewer's Manual may be obtained from a publisher's representative.

The following list contains suggestions for correlating materials according to theme:

Perspectivas Chapter	*Videomundo* Segment
1. La naturaleza	6. Comprando comida fresca en Valencia, España
	9. Puerto Rico
	10. México colonial
	20. La botánica Yoruba y una entrevista con Bobby Céspedes: Espiritista
2. Cambios sociales	2. Los gitanos de Cuenca
	8. Los paradores de España
	12. Algunas equivocaciones culturales
	18. Programa de intérpretes en el hospital Massachusetts General
	19. Salsarobics
	21. El día de Reyes
3. El hombre y la mujer	23. El papel de la mujer
	24. Las madres de la Plaza de Mayo
4. Cuestiones éticas	17. EL SIDA en la comunidad hispana
	20. La botánica Yoruba y una entrevista con Bobby Céspedes: Espiritista
	24. Las madres de la Plaza de Mayo
5. Arte y fantasía	1. Visiones del pueblo: Una exposición del arte folklórico de la América Latina
	2. Los gitanos de Cuenca
	3. Carlos Santana habla de su cultura
	4. El legendario Eddie Palmieri
	5. La conga de Mongo Santamaría
6. Los hispanos en los Estados Unidos	11. Los hispanos en Washington: Henry Cisneros
	12. Algunas equivocaciones culturales
	13. Univisión
	14. Carlos Santana y el Centro Cultural de la Misión
	15. Radiolandia
	16. Alfredo Estrada y la revista *Hispanic*

Capítulo 6 Los hispanos en los Estados Unidos — 275

La naturaleza

𝒩uestro planeta: Peligro y promesa

Una perspectiva hispana

El nuevo milenio: ¿un buen momento para cambiar nuestro punto de vista con respecto a la Tierra? Este planeta es verde y azul, como se ve en las fotos sacadas por los satélites. ¿Es nuestro enemigo? ¿O es nuestra madre y la fuente de la vida?

Un gigante se despertó

E n 1994, Popocatépetl, uno de los grandes volcanes de México, súbitamente se volvió activo y empezó a lanzar fumarolas y cenizas, provocando terror en los 21 millones de habitantes que viven cerca y recordándonos que todavía vivimos a la merced de
5   la naturaleza.

Durante toda nuestra evolución como seres humanos, hemos convivido con peligros naturales: huracanes, terremotos (movimientos de la corteza de la tierra), tormentas... En tiempos antiguos la gente pensaba que estos fenómenos eran fuerzas
10   misteriosas, pero con los avances de la ciencia, hemos ganado mayor comprensión y control de la naturaleza —hasta cierto punto. Hoy día los científicos estudian y vigilan los volcanes activos. Han aprendido mucho de la erupción en 1980 del volcán

Santa Elena (*Mount St. Helen*) en Estados Unidos, y del programa
15 espacial, porque el vulcanismo existe también en la luna y en otros
planetas. Pero hasta el momento nadie sabe predecir el momento
exacto de una erupción. Y es lo mismo con los otros fenómenos.
Tenemos datos y conocimientos sobre los terremotos y huracanes,
pero esto no impide que sigan matando y destruyendo.

Comprensión:

1. ¿Qué pasó en México en 1994 para recordarnos que vivimos a la merced
   de las fuerzas naturales?

2. ¿Cuáles son dos fuentes (*sources*) recientes de información científica
   sobre los volcanes?

Interpretación:

¿Qué diferencia hay entre los conceptos de la tierra como enemigo y la
tierra como madre?

El volcán Arenal en Costa Rica es una atracción turística con sus erupciones regulares de sonido y luz
que iluminan el cielo por la noche.

La fuerza de la naturaleza: Para mal y para bien

20 Sin embargo, «no hay mal que por bien no venga»*, y debemos
reconocer que las erupciones volcánicas también traen beneficios:
la formación de minerales y un suelo más fértil y propicio para la
agricultura. Inclusive, en la parte central de México hay tres
lugares que usan el vapor volcánico para la producción de la
25 electricidad. En Costa Rica, se han convertido varios volcanes en
atracciones turísticas, como el muy activo volcán Arenal que tiene
elegantes hoteles y baños termales en su base.

Comprensión:

1. ¿Qué beneficios traen las erupciones de los volcanes?

2. ¿Cómo se usan los volcanes en México y Costa Rica?

Interpretación:

¿Hay beneficios a veces de los otros fenómenos, como los huracanes, tormentas o terremotos? Explique.

El último repositorio

Los grandes bosques lluviosos de Latinoamérica representan un
rico tesoro de biodiversidad con un enorme potencial para la
30 producción de medicamentos y otros productos útiles. Sin
embargo, según estadísticas recientes, la deforestación allí
prosigue a una velocidad mucho más alta que en cualquier otro
continente. ¿Por qué? La razón es simple: en Asia y África ya se
talaron (cortaron) los árboles. Latinoamérica queda, entonces,
35 como el último repositorio de estos bosques tropicales que
producen el oxígeno tan necesario para el equilibrio del planeta.
Esta alarmante tasa (índice) de destrucción es más alta en Costa
Rica donde, cada año, se pierde el 6,9% de los árboles, pero
también se van destruyendo rápidamente los bosques de Ecuador,
40 Brasil, Colombia, Paraguay, Venezuela y Chile.

---

* Un proverbio que sugiere que no hay nada que sea totalmente malo.

La selva amazónica, con sus dos millones de millas cuadradas de plantas y árboles; está en peligro.

Comprensión:

¿Por qué se talan más árboles en Latinoamérica cada año que en África o en Asia?

Interpretación:

¿Qué importancia tienen los bosques húmedos tropicales?

Un desafío (challenge) *para la humanidad*

Como consecuencia de la deforestación y la contaminación, nuestro planeta está enfermo. Muchos científicos creen que ha empezado el *efecto invernadero,* un gradual aumento en la temperatura global (¡como si la Tierra tuviera fiebre!). Este cambio
45 puede tener resultados desastrosos para toda la humanidad, como inundaciones en las costas, bruscos cambios de clima y la extensión de los desiertos. Irónicamente, es el «progreso» científico-tecnológico de nuestra civilización el responsable de este peligro. Al mismo tiempo, son la ciencia y la tecnología las que
50 nos ofrecen esperanza: la promesa de descubrir soluciones para conservar la tierra para las generaciones del futuro.

Comprensión:

¿Por qué dice mucha gente que nuestro planeta está enfermo?

Interpretación:

1. ¿Qué opina Ud. de la ciencia y la tecnología?

2. ¿Son amigas o enemigas de la humanidad?

3. ¿Qué desafío tenemos para el nuevo milenio?

Un vocabulario sobre los peligros de la naturaleza

las avalanchas de nieve
los deslizamientos de lodo
   (movimientos de tierra húmeda)
las erupciones de volcanes
los fuegos en los bosques
los huracanes (ciclones)
las inundaciones (desbordamientos
   de las aguas de los ríos)

los maremotos (enormes olas
   destructivas)
los terremotos (temblores)
los torbellinos (*twisters*)
las tormentas (tempestades)
las tormentas de nieve

Discusión

Los desastres naturales

✳ Entreviste a un(-a) compañero(-a) con las siguientes preguntas, usando la forma de *tú*.

1. ¿Qué desastres naturales de la lista ocurren en la región donde vives tú? ¿Y en otras partes?
2. ¿Has tenido contacto directo con algún peligro? ¿Y tus amigos o parientes?
3. ¿Qué fenómeno le parece el más peligroso del mundo hoy? ¿Por qué? ¿Qué sabe Ud. de la corriente del mar llamado «el niño»? ¿Es peligrosa?

Actividades

¡Emergencia!

✳ Trabaje con tres o cuatro otras personas. Escojan uno de los desastres de la lista. Imaginen que esto ocurre ahora y que Uds. están viviéndolo. Describa 1) lo que ven, 2) lo que escuchan, 3) lo que sienten y finalmente —y más importante— 4) lo que hacen Uds. para salvarse y para ayudar a otras personas.

Un vocabulario sobre la ecología

✳ Aprenda estas palabras importantes para el capítulo. Si no comprende una palabra, búsquela en el **Vocabulario final** del libro.

Cosas o conceptos

el (medio) ambiente   *environment*
el aumento
la basura   *garbage*
la belleza   *beauty*
el bosque   *forest*
la contaminación
el desafío   *challenge*
los desperdicios
la escasez   *scarcity*
el paseo (la excursión)
el reciclaje

Acciones

aumentar   *to increase*
contaminar
correr riesgos   *to run risks*
desperdiciar   *to waste*
disminuir (reducir)
pasear   *to stroll or ride around for pleasure*
proteger
reciclar
sobrevivir   *to survive*
talar (cortar, con referencia a los árboles)

Procesos globales

el efecto invernadero   *greenhouse effect*

la explosión demográfica (el aumento exponencial de la población mundial)

la extinción de las especies (el fin de muchas clases de plantas y animales)

· ·
Expansión de vocabulario

✱ Estudie el texto y las dos listas de vocabulario antes de hacer estos ejercicios.

1. Antónimos

✱ Dé antónimos de la lista para estas palabras:

1. limpiar, purificar
2. atacar
3. disminuir
4. usar una vez y tirar en la basura
5. la fealdad
6. plantar (árboles)
7. extinguirse, desaparecer para siempre
8. la abundancia
9. preocuparse por la seguridad
10. conservar (recursos, materiales)

2. Sinónimos

✱ Dé sinónimos para estas palabras o expresiones.

1. un gran conjunto de árboles
2. los temblores
3. el gradual calentamiento de la tierra
4. la clase, el tipo (de planta o animal)

5. los desbordamientos de las aguas de los ríos
6. volver a usar
7. movimientos de tierra húmeda
8. el crecimiento de la población
9. el incremento, la extensión

3. El verbo exacto

* Dé el verbo que corresponde a cada palabra.

1. desperdicio
2. reciclaje
3. reducción
4. contaminación
5. paseo
6. protección
7. supervivencia
8. disminución

Interpretación

* Mire la lista de los **Seis problemas ecológicos** con un(-a) compañero(-a) y decidan cuál de los problemas les parece el más urgente y por qué, y qué soluciones hay. Compartan sus opiniones con la clase.

Seis problemas ecológicos

1. La extinción de muchas especies de plantas y animales
2. El efecto invernadero
3. La destrucción de los grandes bosques húmedos tropicales
4. La acumulación de la basura y de los desperdicios tóxicos
5. La explosión demográfica
6. La escasez del agua potable

Hugo Díaz

*E*cologistas desde casa*

*A veces pensamos en las condiciones de nuestro planeta y parece que no hay esperanza. Nos sentimos pequeños y sin poder ante la enormidad de la crisis ecológica. ¿Qué podemos hacer nosotros? El siguiente artículo de una revista española explica cómo debemos cambiar nuestro modo de vida, con ejemplos de acciones positivas que podemos hacer desde casa (*from home*).

1. *Para abrir el tema*

*Trabajando solo(-a) o con otro(s), conteste estas preguntas.

1. ¿Qué hábitos tenemos que hacen mal al medio ambiente? Describa uno.
2. Escriba una recomendación para cambiar este hábito.

   hábito malo: _____

   recomendación: _____

2. *Vocabulario: Adivinar las definiciones*

*Adivine la definición de los siguientes objetos comunes mencionados en el artículo. Mire el contexto de cada palabra, si es necesario.

vidrio (línea 12)	tapón (línea 15)	alimento enlatado (línea 23)
fregadero (línea 14)	grifo (línea 17)	tela metálica (línea 27)

1. lugar donde se lavan (y friegan) los platos y utensilios de la cocina
2. construcción de metal para proteger contra los insectos
3. pieza por donde sale o se interrumpe el agua
4. comida conservada en una lata
5. objeto que sirve como obstáculo para impedir que salga el agua
6. sustancia transparente usada para hacer botellas o ventanas

Ahora, lea el artículo para aprender qué podemos hacer nosotros para ser ecologistas en la vida diaria.

---

* De la revista española *Año cero*.

Ecologistas desde casa

Podemos tener una conducta respetuosa con la naturaleza sin abandonar nuestro modo de vida y recluirnos en el campo. La concien-
5 cia ecologista puede ser igual de efectiva si practicamos principios tan sencillos como los que aquí propone-mos: •Consumir sólo lo imprescin-dible. Preguntarse si lo que va a com-
10 prar es, en realidad, indispensable. •Utilizar detergente y jabón biode-gradable. •Reciclar papel, cartón y vi-drio. •Apagar las luces innecesarias. •Lavar los platos en el fregadero ce-
15 rrado con tapón, no a chorro abierto. •Enjuagarse los dientes en un vaso de agua, no ha-cerlo con el grifo abierto. •Utilizar la ducha en lugar del baño. Si la temperatura ambiente lo permite, cie-rre el grifo mientras se enjabona. •Viajar en transpor-
20 te colectivo. Si necesita el coche, hable con vecinos o amigos para hacer juntos el recorrido en el mismo vehículo. Siempre que pueda, pasee o utilice la bici-cleta. •Evitar los alimentos enlatados. Optar por los frescos y de temporada. •No arrojar basura en la ca-
25 lle. •No utilizar aerosoles: destruyen la capa de ozo-no. •Sustituir, si es posible, el uso de insecticidas por la instalación de telas metálicas en las ventanas. ∎

F. L. FRONTÁN

El respeto a la natura-leza también se puede mantener desde un pi-so, en cualquier ciudad.

Comprensión

1. Las buenas costumbres

✳ Entreviste a un(-a) compañero(-a) sobre qué debemos hacer con los siguientes ob-jetos, según el artículo, y por qué.

MODELO —¿Qué debemos hacer con las luces?

—Debemos apagar las luces innecesarias.

las luces	el coche	el cartón	la ducha	los alimentos
el jabón	los insecticidas	los platos	los dientes	el vidrio

2. Preguntas

1. En general, ¿qué cosas debe usar el ecologista?
2. ¿Qué cosas no debe usar?
3. ¿Cuántas recomendaciones del artículo se refieren a la conservación del agua? ¿Es importante conservar agua en la región donde vive Ud.? Explique.
4. En su opinión, ¿qué recomendación del artículo es la más importante? ¿Por qué?

1. ¡Miren este objeto!

* Traiga Ud. un objeto a la clase y explique su importancia para el medio ambiente. Puede ser un objeto positivo o negativo con respecto a la ecología.

MODELO 1 Miren esta hoja. La hoja representa un árbol. Los árboles son importantes porque producen el oxígeno que respiramos. Debemos plantar más árboles.

MODELO 2 Miren esta bolsa de plástico. El plástico es malo para el medio ambiente porque no es biodegradable. No debemos usar bolsas de plástico. Es mejor usar bolsas de papel.

2. Dos puntos de vista

* Mire el dibujo con un(-a) compañero(-a). ¿Quién tiene razón: el conejo o la llama? ¿O creen Uds. que los dos tienen razón en parte? Explique.

Más allá del texto

Busque información sobre el estado actual de la ecología con una de estas tareas.

1. Lea un artículo sobre la ecología en un periódico o una revista y prepare un resumen en español para la clase.

2. Busque información en Internet sobre los problemas ecológicos de algún país hispano y dé un informe a la clase de lo que Ud. aprende. (Si es posible, hable directamente con personas del país indicado.)

3. Prepare tres preguntas sobre la ecología y úselas para entrevistar a alguien de España o Latinoamérica, o en directo (*in person*) o por teléfono o en Internet. Luego, lea la entrevista a la clase. [Si es posible, grábala (*record it*) y traiga la cinta a clase.]

4. Asista a una reunión o protesta local relacionada con la ecología y escriba un informe al respecto en español.

Comentario sobre el dibujo

Comillas

✳ ¿En qué piensa Comillas cuando contempla la naturaleza? ¿Y Ud.?

Comillas

𝒩avegar por los ríos veracruzanos*

· ·

A n t i c i p a c i ó n

✳ México (también llamado «D.F.» por Distrito Federal), es una de las ciudades más grandes y estimulantes del mundo y —desgraciadamente— también una de las más contaminadas. Por lo tanto, muchos de sus habitantes salen de la ciudad los fines de semana en busca del aire puro y de la aventura. Un fin de semana, la reportera defeña (de D.F.) Andrea Ávila hizo un paseo en balsa (*raft*) por un río turbulento en Veracruz, y escribió el siguiente artículo sobre sus experiencias. Mire la foto de la página 17. ¿Qué le parece? ¿Le gustaría a Ud. remar (*to paddle*) en una balsa por rápidos como ésos? ¿Tendría Ud. el valor (*courage*)?

1. Para abrir el tema

✳ ¡La aventura en la naturaleza! Piense un momento en esta frase. ¿Qué ideas asocia Ud. con ella? ¿Por qué viajamos en la naturaleza? Trabajando solo(-a) o con otro(s), lea la siguiente lista y ponga una X delante de las tres razones más importantes para Ud. Explique por qué le importan estas razones. Compare su selección con la de sus compañeros. ¿Qué razones son las más comunes?

Razones para viajar en la naturaleza

_____ aceptar un desafío y conquistar el miedo

_____ adquirir nuevas habilidades (*skills*)

_____ aprender más sobre una cultura diferente

_____ disfrutar de la belleza natural (perfumes de las flores, canciones de aves...)

_____ gozar de la emoción (*excitement*) intensa

_____ hablar de la experiencia después y dar envidia a los amigos

_____ salir de la rutina y entrar en un ambiente totalmente distinto

_____ sentir un crecimiento en los lazos afectivos (*bonding*) con sus compañeros

----

* De la revista mexicana *Contenido*.

2. Vocabulario: El uso de verbos más exactos

✳ Generalmente, los extranjeros que aprenden español usan siempre los mismos verbos ordinarios. Aprenda Ud. vocabulario nuevo, buscando en la selección otros verbos para reemplazar (*replace*) las palabras en bastardilla.

MODELO Después de realizar su sueño de *subir* el monte Everest...

Después de realizar su sueño de <u>escalar</u> el monte Everest...

1. Generalmente, a estos paseos *vienen* familias completas...
2. —Si alguien se cae de una balsa —*dijo* el estadounidense —tiene que tender su remo...*
3. Lo fundamental es no asustarse porque en realidad no hay peligro y le *tiraremos* cuerdas y lo *salvaremos* del agua en cosa de minutos.
4. Flotando sobre rápidos y remansos *llegamos* a las márgenes de la zona arqueológica...
5. *Cruzamos* numerosos rápidos menos turbulentos después...

3. El texto: Buscar los detalles importantes

✳ La primera sección (líneas 1–34) describe los preparativos para el viaje en balsa. Busque allí los siguientes detalles.

1. El nombre de la agencia de viajes: _____
2. El tipo de clientes que generalmente participan en estos paseos en balsa:

   _____
3. Dos prendas (*pieces of clothing*) necesarias en la balsa:

   _____ _____
4. En caso de emergencia, la recomendación fundamental: *No*

   _____
5. Lo que enseñó (a gritos) el guía Raúl Martínez:

   _____

Y ahora, ¡vamos al río y a la aventura! (Por lo menos, en la imaginación...)

---

* Es importante notar que en español muchas veces se usan guiones (*dashes*) y no comillas (*quotation marks*) para indicar las palabras exactas de una persona que habla.

Navegar por los ríos veracruzanos

Andrea Ávila

D espués de realizar su sueño de escalar el monte Everest, el
montañista defeño° Alfonso de la Parra Cubells decidió abrir la
agencia de viajes *Río y Montaña,* especializada en clientes
intrépidos. El pasado otoño, una reportera y un fotógrafo de esta
5   revista dejamos un viernes por la tarde el contaminado D.F. y
dormimos en Tlapacoya, Veracruz.

A las 9 de la mañana del sábado nos encontramos a orillas°
del río Filos, junto a doce alumnos del *Colegio Americano* y a
Robert Cudney, un estadounidense de 31 años —casado, padre
10 de dos hijos— y experto guía de expediciones al servicio de *Río y
Montaña.*

Generalmente, a estos paseos acuden familias completas,
desde° niños de primaria hasta° joviales abuelitos, y no se
requieren preparación o previo entrenamiento en deportes
15 acuáticos. Provistos de cascos° y chalecos salvavidas,°
escuchamos las indicaciones de Cudney sobre la manera de
empuñar° los remos,° afrontar los rápidos y remar duro y
parejo,° mientras otros tres guías inflaban igual número de
lanchas de hule.°
20 —Si alguien se cae de una balsa —advirtió el estadounidense
—tiene que tender° su remo hacia los tripulantes° para que éstos
lo jalen° a bordo. Si en la caída perdió el remo, debe dejarse
llevar° por la corriente con los pies hacia adelante para evitar
que su cabeza se golpee° contra alguna piedra. Lo fundamental
25 es no asustarse,° porque en realidad no hay peligro y le
arrojaremos° cuerdas y lo rescataremos del agua en cosa de
minutos.

A nosotros nos tocó° una lancha dirigida por Raúl Martínez, un
defeño de 28 años de edad, estudiante de física en el Poli° y
30 dedicado a la exploración de ríos y montañas. A gritos, Martínez
nos fue enseñando a remar más o menos coordinadamente.
Aunque al atravesar° el primer rápido nos empapó° el agua
helada, logramos sortear° la tumultuosa corriente sin mayores
dificultades.

de D.F. (es decir, de la
ciudad de México)

a... *on the banks*

from / to

helmets / **chalecos...** *life
preservers*

mover / *paddles*
regularmente
lanchas... *rubber rafts*

extender / *crew members*

para... *so they can pull
him /* **dejarse...** *let
himself be carried /*
que... *that his head get
hit*
tener miedo
we will throw

correspondió

Instituto Politécnico

al... *mientras
cruzábamos/drenched*
pasar por

Rápidos, arqueología y cascadas°

waterfalls

35 Flotando sobre rápidos y remansos° arribamos a las márgenes de *secciones tranquilas*
la zona arqueológica de Filo-Bobos, donde un par de camionetas° *vans*
de la agencia de viajes nos esperaban con equipo para acampar
y suculentos sándwiches de pepinos,° lechuga, queso y pan árabe. *cucumbers*
Los edificios de la zona arqueológica, en proceso de restauración,
40 pertenecieron° a un centro ceremonial con dos pirámides. Hay *belonged*
también un espacio para el juego de pelota,° pero la pieza más **juego...** *ball game*
característica del lugar y que los guías nos enseñaron *(ancient Mayan game*
orgullosamente, es un monolito que representa a una rana° *similar to basketball)*
sonriente. *frog*

45   Tras visitar las ruinas reemprendimos° la navegación hasta *empezamos otra vez*
llegar a un paraje° llamado El Encanto y afrontar uno de los *lugar*
tramos° más difíciles del recorrido,° donde es preciso remar *partes / paseo*
esforzadamente a contracorriente° para acercarse a una **a...** *contra la corriente*
espectacular caída de agua de 25 metros de altura. Allí el
50 estruendo° del torrente es ensordecedor.° Siempre vigilados por *intenso ruido / deafening*
los guías, los muchachos más ágiles treparon° a las rocas para *subieron*
lanzarse° a la profunda alberca° natural, a nadar y retozar° en el **para...** *to dive in /*
agua helada. En cambio, los que optamos por sentarnos a la orilla *piscina / saltar y jugar*
a descansar, tuvimos el premio° de ver un águila° que surcó° el *reward / eagle / cruzó*
55 cielo sobre nuestras cabezas y cuyo áspero grito resonó° *resounded*
multiplicado por el eco entre los muros° de piedra. *walls*

Al alejarnos° del salto de agua eran casi las 6 de la tarde, por
lo que nos alegramos de ver las seis tiendas de campaña° en el
campamento que colaboradores de Cudney habían emplazado° a
60 la orilla del río y donde nos esperaba apetitosa° comida caliente.

Al... Cuando dejamos atrás
tiendas... *camping tents*
puesto
deliciosa

Borrachos de sol

A las 8 de la mañana del día siguiente, después de desayunar
quesadillas y frijoles instantáneos, reiniciamos° la navegación,
esta vez por el río Bobos, a través de un paisaje° de planicies,
entre riberas° pobladas por bellísimas garzas° blancas.
65 Empezamos a remar con entusiasmo y, creíamos, habilidad.
Pero no pudimos evitar que, en el primer rápido, la balsa
brincara° y pasamos casi rozando° las orillas, pero llegamos al
otro lado sanos y salvos.° Atravesamos numerosos rápidos menos
turbulentos después hasta llegar a la altura del río en que las
70 camionetas nos esperaban para cargar con° las balsas ya
desinfladas y con los exhaustos expedicionarios. Enfundados° en
ropa seca, agotados° pero llenos de oxígeno y singulares
recuerdos para contar y dar envidia,° emprendimos el regreso a
México, sintiéndonos rudos aventureros, muy dados° a ver con
75 desprecio° a los millones de capitalinos que ese mismo día se
marchitaban° en la gran ciudad.

continuamos
landscape
orillas / *herons*

jumped up and down
scraping
sanos... *safe and sound*

cargar... llevar
Vestidos
muy cansados
recuerdos... *memories to tell about and make (people) envious*
inclinados / desdén
sufrían de contaminación

Comprensión

Completar las frases

1. En la zona arqueológica había un antiguo monolito que representaba...
   a. un juego de pelota. **b.** una rana sonriente. **c.** un águila. **d.** una pirámide.

2. La comida que se sirvió durante el viaje era básicamente...
   a. muy norteamericana. **b.** vegetariana. **c.** llena de carne y grasa. **d.** mala.

3. Cerca de un lugar llamado El Encanto, el grupo vio un fenómeno natural:
   a. una roca. **b.** un volcán. **c.** un arco iris. **d.** una cascada.

4. Los únicos animales que vio el grupo durante el paseo en el río eran...

   a. pájaros.   **b.** serpientes.   **c.** jaguares.   **d.** monos.

5. El transporte que usaban para volver a D.F. era...

   a. un tren.   **b.** un barco.   **c.** camionetas.   **d.** limosinas.

Discusión

Opinión

❋ Comparta opiniones con un(-a) compañero(-a).

1. ¿Qué parte del paseo en el río te parece la más emocionante o inolvidable? ¿Por qué?
2. ¿Qué opinas tú de la práctica de *bungee jumping*? ¿Querrías hacerlo algún día?
3. «No hay aventura si no hay riesgo (*risk*). Una excursión totalmente segura no es una aventura.» ¿Estás de acuerdo o no?
4. ¿Cuál es la actividad o el deporte de tus sueños? ¿la actividad más linda y excepcional —sin poner ningún límite en la imaginación— que tú quisieras hacer si tuvieras todo el dinero del mundo y toda la habilidad física posible?

Quico

Actividades

1. Un plan para la aventura

❋ Trabaje con un grupo para planear una excursión de aventura a algún país hispano. Primero hay que escoger una actividad de la lista. El secretario (la secretaria) del grupo la escribe en el cuadro bajo *Descripción*. Después se escriben opiniones y reacciones de todo el mundo bajo *Comentarios personales*. Luego, se llenan las otras secciones del cuadro y al final, una persona lee partes del cuadro a la clase. ¿Qué grupo ha planeado la aventura más emocionante (*exciting*)?

Lista de actividades

En el agua: el buceo (*scuba*), el buceo con snórquel, el surfear, el windsurf, el kayak de mar o de río, pasear en canoa, pasear en velero (*sailboat*) o en yate (*power boat*), la natación, la pesca (*fishing*) deportiva

En la tierra: el alpinismo (*mountain climbing*), caminatas (*hiking*) en las montañas, caminatas en el bosque o la selva, el biciclismo de montaña, montar a caballo, lanzarse con paracaídas (*skydiving*), el esquí alpinista, el esquí nórdico, la escala de rocas (*rock climbing*)

NUESTRA EXCURSIÓN DE AVENTURA

	Descripción	Comentario personal
Actividad		
¿Dónde? (país, región)		
La naturaleza (elementos necesarios o deseables, como *olas grandes*, *flores exóticas*, etcétera)		
¿Peligro? ¿Riesgos?		
La comida (¿qué tipo? ¿caliente o fría? ¿picante o suave? ¿alimentos frescos o conservados en paquetes?...)		
Transporte		
Los momentos más emocionantes		

2. *Juego imaginativo: ¡Vámonos a Costa Rica!*

✳Trabajando solo(-a) o con otro(s), lea el anuncio sobre Camilo y Costa Rica en la página 21, y llene los espacios en blanco. Luego, escriba una carta según las instrucciones del ejercicio 3.

1. Entre las riquezas de Costa Rica para el turista hay bellezas naturales, volcanes, _____ preciosas, deportes acuáticos y _____ para los aventureros.

2. Camilo se preocupa porque cree que eso le va a costar una _____.

3. La agencia Camino dice que el turista puede preparar su viaje a su gusto, estilo y _____.

4. El transporte incluye aviones, barcos, buses públicos y _____ de carros.

5. Se mencionan dos tipos de hospedaje: los hoteles de _____ para los viajeros con mucho dinero y los _____ para los viajeros con el presupuesto limitado.

3. La carta de Camilo

✱Escriba una carta de Camilo a la agencia *Camino Travel*, explicando 1) qué «riquezas» le interesan, 2) qué quiere hacer en Costa Rica, 3) qué transporte, 4) qué tipo de hospedaje prefiere, y 5) cómo es su presupuesto. (Se puede empezar la carta: *Estimado señor García*, y terminar: *Con la esperanza de recibir una respuesta lo más antes posible, quedo de Ud., atentamente Camilo*.)

Los turistas y la contaminación: Dos ejemplos

Anticipación

✱Todos los años, España y Latinoamérica les dan la bienvenida a un gran número de turistas que llegan, pálidos y cansados del norte, con deseos de tomar el sol y pasarlo bien. El siguiente ensayo examina algunas consecuencias de estas migraciones.

Para abrir el tema

✱Piense Ud. un momento en la idea de un viaje a Latinoamérica. Trabajando solo(-a) o con otro(s), conteste estas preguntas. Luego, lea el ensayo.

1. ¿Adónde le gustaría ir? ¿Por qué?
2. ¿Qué actividades hay en ese lugar? ¿Qué haría Ud. allí?
3. ¿Cree Ud. que su presencia como turista dejaría un impacto? Explique.
4. En su opinión, ¿por qué van tantos viajeros a Latinoamérica?

Los turistas y la contaminación: Dos ejemplos

La paradoja del turismo es que los turistas suelen destruir en un lugar las mismas características que los atraen allí. Por una parte, el turismo trae consigo beneficios: desarrollo económico, empleos, amistades entre personas de diferentes países. Por otra parte, trae
5 la contaminación del medio ambiente y lo que algunos sociólogos llaman la «contaminación cultural». Esto se manifiesta en el

aumento de crímenes como el robo o la violación, bruscos
cambios de costumbres y efectos psicológicos, como un complejo
de inferioridad producido, a veces, en la gente nativa por su
10 proximidad con grupos privilegiados de extranjeros. La
contaminación cultural afecta especialmente a los jóvenes y
contribuye a los conflictos entre las generaciones.

Comprensión:

1. ¿Qué es la paradoja del turismo?

2. ¿Qué beneficios trae el turismo?

3. ¿Qué problemas trae para la naturaleza? ¿para la gente?

Interpretación:

Si Ud. trabajara como camarero(-a), taxista o guía, ¿qué emociones sentiría
al servir a los turistas extranjeros?

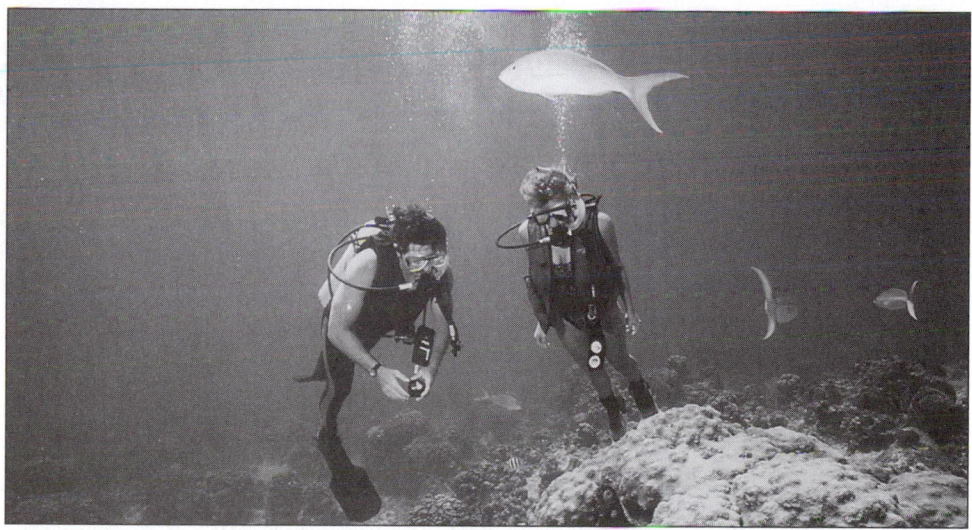

El buceo con tanques.

Cancún: Un paraíso mexicano

Cancún es un lugar de excepcional hermosura natural, situado en
la costa del mar Caribe de la península de Yucatán en México. Las
15 aguas cristalinas aquí son cálidas y de color turquesa. Las playas

son extensas y tienen una arena muy fina y blanca. Muchos
turistas llegan para pasar sus vacaciones bañándose en la playa y
visitando las ruinas de antiguas ciudades de la cultura maya.
Encuentran muy cerca sitios ideales para practicar la natación con
20 tubo (snórquel), el buceo con tanques (*scuba*), el esquí acuático, el
windsurf y otros deportes. También pasean en auto, disfrutando
del paisaje con sus pintorescas chozas rodeadas de flores, sus
mercados al aire libre y las iguanas que toman el sol en medio del
camino. Pero, ¿cuánto tiempo va a durar este paraíso?
25 Recientemente, la UE (Unión Europea) ha invertido una gran
cantidad de dinero para el desarrollo de Cancún como un centro
de gran turismo. Cada día se construyen nuevas instalaciones:
campos de golf, canchas de tenis, tiendas de lujo. Muchos temen
que este paraíso se convierta en un feo centro comercial. ¿Es
30 posible evitar esta destrucción, o es la evolución natural del
turismo? Los buceadores de la foto en la página 23 contemplan
los lindos peces multicolores, y quizás se pregunten si aún éstos
estarán a salvo durante mucho tiempo.

Comprensión:

1. ¿Dónde está Cancún?

2. ¿Qué atracciones tiene para los turistas?

3. ¿Qué hizo la Unión Europea, y qué teme mucha gente como consecuencia?

Interpretación:

En su opinión, ¿en qué estarán pensando los buceadores de la foto (pág. 23)?

Las islas Galápagos: La lucha por la sobrevivencia

El ambiente es extraño. Sobre la arena negra caminan enormes
35 iguanas de varios colores que parecen dragones prehistóricos.
Hay tortugas gigantescas que viven por siglos, flamencos, muchas
aves raras, y —¿cómo puede ser?— aquí, lejos de Antártida —
¡pingüinos! Estas islas se llaman las Galápagos* y se encuentran
en el Pacífico a 970 kilómetros de la costa de Latinoamérica. Son

* En español, el territorio formado por estas islas se llama el archipiélago de Colón.

40 famosas en la historia natural como fuente de inspiración de
Charles Darwin. Cuando Darwin llegó allí en 1835, encontró
animales que no existían en ninguna otra parte del mundo. Esto lo
llevó a formular la teoría de la evolución mediante la selección
natural: todas las criaturas se adaptan a su medio ambiente y las
45 más aptas sobreviven. Por ser remotas, las islas habían
funcionado como «un laboratorio natural» que contenía especies,
como las tortugas gigantescas, evolucionadas en un medio
ambiente cerrado. Con el tiempo, el contacto con el ser humano
ha sido fatal para muchas de estas especies. Las ratas y cabras
50 que llegaron en los barcos se multiplicaron rápidamente y
comieron la vegetación. Poco a poco el número de animales
originarios empezó a bajar porque éstos no podían competir.
Algunas especies desaparecieron para siempre. En 1959 la
República del Ecuador, que es dueña de las islas, convirtió el sitio
55 en Parque Nacional y empleó a científicos para matar las ratas y
cabras en un esfuerzo por restablecer el delicado equilibrio
natural. Actualmente, Ecuador sólo permite un turismo controlado:
pequeñas expediciones dirigidas por biólogos. Pero mucha gente
quiere visitar las islas. Ecuador es un país pobre y algunos creen
60 que se debe construir un hotel allí para aumentar el turismo.

Comprensión:

1. ¿Dónde están las islas Galápagos?

2. ¿Por qué las visitan muchos viajeros?

3. ¿Cómo inspiraron a Darwin estas islas?

4. ¿Por qué podemos decir que las Galápagos eran como un «laboratorio natural»?

5. ¿Qué problemas ha causado el contacto con los seres humanos?

Interpretación:

1. ¿Qué le parece a Ud. la idea de construir un hotel en las islas?

2. ¿Qué le parece la foto?

Discusión

Opinión

✳Con otra persona, conteste las siguientes preguntas, luego comparta sus respuestas con la clase.

1. ¿Cuál de estos lugares te interesaría más visitar? ¿Qué harías allí?

2. En tu opinión, ¿por qué ocurre la contaminación cultural? ¿Has visto tú ejemplos de esto?

3. ¿Crees que el turismo siempre destruye la belleza natural de un lugar, o no? Explica. ¿Qué otros ejemplos conoces tú de este tipo de destrucción?

Actividades

Minidebates

✳Trabaje solo(-a) o con otra persona. En una o dos frases, explique por qué Ud. está de acuerdo o no con las siguientes opiniones.

1. Como el combustible de los aviones es una de las sustancias que más contamina el medio ambiente, se debe restringir el número de viajes permitidos para cada individuo.

2. En lugares turísticos, es malo dar dinero a los mendigos (las personas que piden dinero en la calle) aún cuando parecen tener hambre.

✳ Invente cinco reglas para un(-a) turista que no quiera hacer daños ni en la naturaleza ni en la cultura.

¿Qué les parece?

El ecoturismo en Costa Rica: ¿Solución o destrucción?

La idea del «ecoturismo» es usar la belleza natural de un lugar como un recurso sostenible (*sustainable resource*) para generar dinero y pagar su mantenimiento. Los problemas empiezan con el éxito. «La reserva biológica bosque nuboso Monteverde» es el largo nombre de uno de los sitios más hermosos del planeta. Miles de turistas pasean por este paraíso en Costa Rica cada año, tratando de ver

continuación

monos, mariposas, pájaros, quetzales y otros animales exóticos. Cerca de la reserva hay una comunidad de agricultores cuáqueres (*Quakers*) que llegaron en los años 50 de Estados Unidos y que viven en armonía con familias costarricenses dedicadas a la fabricación de queso. Todo suena idílico y perfecto. Así es... hasta cierto punto. ¿El problema? ¡La reserva se ha vuelto demasiado popular! En 1980 llegaron 3.100 visitantes; en 1990, 26.000, y en 1992, 64.000... El director de la reserva ha dicho que «nos sentimos realmente asustados». Por eso, tomó medidas: limitó el número de visitantes por día y subió el precio de la entrada para extranjeros. (Los costarricenses pagan mucho menos.)

Sin embargo, algunos piensan que no es suficiente. Según ellos, hay que cerrar la reserva y dejarla sólo para los científicos. Si no, opinan que en pocos años muchas especies de animales y plantas van a desaparecer. Claro, otros creen que se debe construir mejores caminos para facilitar el acceso porque los caminos actuales son peligrosos y pueden causar accidentes. ¿Qué opina Ud.?

Un plan para Monteverde:

Trabaje con otro(s) e inventen un plan para la reserva, para el Parque de *Yellowstone* o para otro lugar con problemas parecidos. Expliquen los siguientes puntos: 1) **el acceso:** quiénes deben tener acceso (¿científicos, estudiantes, todo el público, negociantes que quieren explotar el lugar por razones comerciales, extranjeros, nacionales, etc.?), cuándo y cuántas veces; 2) **trabajos:** qué trabajos son necesarios (¿nuevas facilidades, remiendos para los caminos, nuevos hoteles o casas especiales, laboratorios, etc.?); 3) **cuánto cobrar:** ¿un precio alto o bajo? (¿el mismo precio para todos o debe haber distinciones?). Después, compartan Uds. su plan con la clase.

Versos sencillos (Selecciones)

José Martí y la vida natural

Introducción

✳José Martí (1853–1895) es el héroe nacional de Cuba, admirado como poeta, profeta y libertador de la patria tanto por los castristas (los que están a favor de Fidel Castro) como por los anticastristas. Fue uno de los grandes pen-

José Martí: poeta, escritor y héroe nacional de Cuba. Murió el 19 de mayo de 1895.

sadores hispanos del siglo XIX, y supo combinar la actividad intelectual y literaria con la acción política. En sus ensayos, cuentos y poesías, aparecen muchas referencias a la vida natural: sencilla y espontánea. La influencia de la naturaleza empezó cuando Martí, siendo muy pequeño, pasó unos meses en el campo debido al trabajo de su padre. También desde muy niño se comprometió a la liberación de Cuba, que por entonces era una colonia de España. A los 17 años fue condenado como subversivo a seis meses de prisión en trabajos forzosos que dañaron para siempre su salud; luego fue deportado. Así empezó el largo exilio que pasó en España, Francia, México, Estados Unidos y otros países, trabajando como periodista y profesor, y batallando con la pluma para influir sobre la opinión pública a favor de la liberación de su patria. También escribió en contra de la esclavitud del negro, una institución que todavía existía en Cuba a pesar de su abolición a principios del siglo en la mayoría de los países latinos. Regresó allí en 1895 y murió luchando contra las tropas españolas. Nunca vio la tan deseada libertad que Cuba iba a obtener tres años después.

Comprensión

1. ¿Quién era José Martí?
2. ¿Qué dificultades tuvo en su adolescencia? ¿Y después?
3. ¿Cuáles eran las grandes pasiones de su vida?
4. ¿Cuándo y cómo murió?

Anticipación

* A continuación se presentan unas selecciones de la obra más famosa de José Martí, un poema que presenta el ideal de la vida natural y sencilla. Este poema se usó como la base de la canción «Guantanamera» que salió en los años 60 y sigue siendo popular en la música folklórica internacional.

1. Para abrir el tema

* ¿Ha oído Ud. la canción «Guantanamera»? ¿Qué le parece? En general, ¿qué prefiere Ud. —leer poemas o escuchar la poesía en la letra (*lyrics*) de canciones? ¿Qué poemas o canciones le gustan mucho? ¿Por qué?

2. Vocabulario: Adivinar el significado de las palabras

* Verifique su conocimiento de las siguientes palabras del poema, escogiendo un antónimo, o palabra opuesta, para cada una. Si no reconoce una palabra, use su intuición o el proceso de eliminación para adivinar el sentido. (También la puede buscar en el **Vocabulario final.**)

Antónimos

1. amo	_____ libertad, emancipación
2. bullicio	_____ verdad, realidad
3. dolor (pena, pesar)	_____ llanura, pampa
4. engaño	_____ país de exilio
5. esclavitud	_____ silencio
6. patria	_____ placer, goce
7. sierra	_____ esclavo, sirviente, criado

3. El texto: Cómo leer un poema

* Antes de leer el poema, piense un momento en algunas diferencias entre la poesía y la prosa, y conteste las preguntas.

1. La prosa está dividida en párrafos, la poesía en *estrofas*. ¿Cuántas estrofas hay en el poema?

2. Las líneas de poesía se llaman *versos*. ¿Cuántos versos hay en el poema?

3. Generalmente, en un poema las emociones son tan importantes como las ideas. Los poetas tratan de influirnos emotivamente por medio de rimas, ritmos, repeticiones e imágenes. Por eso, es necesario *oír*, *ver* y *sentir* la poesía. En este poema, ¿hay rima? ¿Hay ritmo o repetición de versos? ¿Qué imágenes hay?

4. Para poder oír, ver y sentir la poesía, hay que leerla *despacio* y *en voz alta*. También, hay que leerla varias veces porque la poesía, como la música, necesita la repetición para ser apreciada.

Ahora, lea el poema y trate de captar las emociones.

Versos sencillos (Selecciones)

José Martí

Yo soy un hombre sincero
de donde crece la palma
y antes de morirme quiero
echar° mis versos del alma.°   expresar / *soul*

5 Yo vengo de todas partes,
y hacia todas partes voy:
arte soy entre las artes,
en los montes,° monte soy.   bosques, montañas

Yo sé los nombres extraños
10 de las yerbas° y las flores,   plantas
y de mortales engaños,
y de sublimes dolores.

Todo es hermoso y constante,
todo es música y razón,
15 y todo, como el diamante,
antes que luz es carbón.

Odio la máscara° y vicio   *mask* (hipocresía)
del corredor de mi hotel:
me vuelvo al manso bullicio
20 de mi monte de laurel.

Con los pobres de la tierra
quiero yo mi suerte echar:°   **mi...** *throw in my lot*
el arroyo de la sierra
me complace° más que el mar.   gusta

25 Busca el obispo° de España   alto oficial de la iglesia
pilares para su altar;   católica
¡en mi templo, en la montaña,
el álamo° es el pilar!   *poplar tree*

Y la alfombra es puro helecho,°   *fern*
30 y los muros abedul,°   *birch*
y la luz viene del techo°   *roof*
del techo de cielo azul.

Estimo a quien de un revés°   **de...** con un solo golpe
echa por tierra° a un tirano: **echa...** triunfa sobre
35 lo estimo, si es un cubano;
lo estimo, si aragonés.°   persona de Aragón,
                                     España

Yo sé de un pesar profundo
entre las penas sin nombres:
¡La esclavitud de los hombres
40 es la gran pena del mundo!

Yo quiero salir del mundo
por la puerta natural:
en un carro° de hojas verdes   vehículo para el
a morir me han de llevar.   transporte

45 Yo quiero, cuando me muera,
sin patria, pero sin amo,
tener en mi losa° un ramo   piedra de la tumba
de flores —¡y una bandera!

Comprensión

1. ¿Por qué prefiere el poeta la vida de los montes a la vida urbana?
2. Describa el templo de Martí. ¿Por qué cree Ud. que ese lugar le parece un templo?

3. Según el poeta, ¿qué es la gran pena del mundo? ¿Qué experiencia tuvo de esta pena?
4. ¿En qué partes de *Versos sencillos* ve Ud. las siguientes características de Martí: a) su pasión por la libertad, b) su amor por la naturaleza, c) su optimismo?

Interpretación

Comentario

❋¿Puede Ud. explicar los siguientes versos del poema?

1. «arte soy entre las artes, / en los montes, monte soy.»
2. «el arroyo de la sierra / me complace más que el mar.»
3. «sin patria, pero sin amo....»

Actividad

Entrevista con José Martí

❋Trabaje con otra persona. Una persona hará el papel de José Martí, que ha llegado a nuestro mundo en una máquina que viaja por el tiempo, y la otra persona lo entrevistará sobre algunos de los temas que aparecen abajo (u otros), usando la forma de *tú*. Después, los entrevistadores le informarán a la clase sobre las impresiones de Martí.

Temas

nuestra sociedad	nuestra actitud hacia la naturaleza
las ciudades de hoy	la esclavitud
las computadoras y los juegos de video	la situación actual de Cuba

MODELO —José, ¿qué piensas de nuestra sociedad y de su actitud hacia la naturaleza?

—Pues francamente no me gusta. Uds. no respetan la naturaleza y utilizan muchos productos malos.

—(*a la clase*) José cree que no tenemos respeto por la naturaleza y que usamos muchos productos malos.

▲▽▲▽▲▽▲▽▲▽▲▽▲▽▲▽▲▽▲▽▲▽▲▽▲▽▲▽▲▽▲▽▲▽▲

Más allá del texto

Nuestro pueblo también es aficionado a la poesía, pero la poesía más popular está encerrada en la letra de las canciones. Trabajando solo(-a) o con otro(s), prepare uno de los siguientes proyectos.

1. Encuentre la canción «*¿Dónde jugarán los niños?*» o «*Cuando los ángeles lloran*» del grupo Maná y escuche bien la letra. Escriba la letra y preséntela a la clase. Luego, explique Ud. su interpretación de la canción que eligió.

2. Busque alguna otra buena canción en español. Escriba Ud. la letra y preséntela a la clase junto con su interpretación.

3. Traduzca del inglés al español una bella o interesante canción con un tema relacionado a la naturaleza. Lea su traducción y explique por qué le gusta.

4. Lea Ud. otra obra de José Martí y descríbala a la clase.

 *B**ucho Vargas, curandero y saludador*

Anticipación

✳En este cuento el autor costarricense Mario González Feo presenta a una figura especial que recuerda de su niñez: Bucho Vargas. González Feo tenía seis o siete años y vivía con su familia en el campo cuando conoció a Bucho. Al niño pequeño le parecía un hombre de gran importancia, «todo un personaje» (*a real character*). Las últimas palabras del título nos describen el oficio (la profesión) de Bucho. ¿Qué significan las palabras *curandero* (curando + -ero) y *saludador* (salud + -ador)? ¿Por qué sería este hombre tan importante en su comunidad?

1. Para abrir el tema

✳¿Qué relación hay entre la medicina y la naturaleza? ¿Cree Ud. que la medicina alternativa es mejor o peor que la medicina oficial? ¿Por qué? Trabajando solo(-a) o con otro(s), mire la lista de tratamientos y conteste estas preguntas.

1. ¿Qué tratamientos ha usado Ud.?
2. ¿Cuáles usaría si tuviera necesidad? ¿Por qué?
3. ¿Qué tratamientos le parecen peligrosos o malos? Explique.

Lista de tratamientos alternativos

el uso de yerbas (*herbs*) como medicamentos, la acupuntura o la acupresión, el masaje, la quiropráctica, las vitaminas, la curación en iglesias mediante la fe religiosa, el yoga o el tai chi, la meditación, la risa (*laughter*) y la actitud positiva, el toque curativo (*healing touch*), el ejercicio físico

2. Vocabulario: Formación de adjetivos

✳ Hay diferentes maneras de formar adjetivos en español. Lea las siguientes frases y escriba los adjetivos relacionados a las palabras en bastardilla. (Las frases están en el orden de su uso en el cuento.)

MODELO casa (del *campo*) _____ = casa <u>campestre</u> [*country house*]

1. pelo oscuro de tintes (de *cobre*) _____
2. remedios (de la *casa*) _____
3. las telas de araña más oscuras y (que *pegan*) _____
4. sus (como *milagros*) _____ curaciones
5. una risa simpática y (que se *contagia*) _____
6. la (imposible de *creer*) _____ curación

3. El texto: Identificación de los elementos narrativos

✳ Es más fácil leer un cuento cuando tenemos una idea previa de tres elementos importantes: a) la situación (época y lugar), b) la trama (*plot*) y c) los personajes. Haga Ud. una mirada rápida (*quick scan*) de las líneas 1–52 y conteste estas preguntas.

1. **La situación.** Sabemos que el narrador cuenta una historia de su niñez. Entonces, la acción pasa hace más o menos 90 años. ¿Dónde?
2. **La trama.** Un cuento siempre empieza con un conflicto o problema que después se complica. ¿Cuál es el problema en este cuento?
3. **Los personajes.** El narrador es un niño pequeño que está jugando en el suelo cerca de su papá. Identifique con nombre y una breve descripción a los otros personajes.
   la muchacha con el problema
   los dos médicos que tratan de ayudar
   la persona que tiene la idea de traer al curandero
   el curandero

4. El texto: Predicciones

✳ Escriba una X delante de los elementos que Ud. cree que usará Bucho como parte de sus curaciones.

En mi opinión Bucho va a usar... para curar enfermos.

_____ plantas _____ inyecciones _____ aspirinas _____ tierra _____ agua _____ acupuntura _____ antibióticos _____ psicología _____ cirugía _____ insultos _____ humor _____ ajo

Ahora, lea el cuento para ver si Ud. ha predicho bien y para conocer de cerca a un antiguo curandero y saludador.

🎧 *Bucho Vargas, curandero y saludador*

Mario González Feo*

Era yo muy niño y vivía en una finca° que poseía mi padre. Lo maravilloso de la pequeña finca era su sistema de regadío,° que mi padre instaló, él solo, pues había heredado de sus antepasados° árabes† el sentido de manejar el agua.

5   Pero voy al cuento.

Trabajaba en aquella casa campestre una muchacha —muy linda por cierto— la Challa: ojos verdes, pelo oscuro de tintes cobrizos, pícara e insinuante.°

Dio en padecer° esta linda criatura de diviesos.° Le salía uno, 10 luego, cuando éste quería irse, le venían en compensación dos más y en progresión aritmética a los dos seguían cuatro... y así. La pobre padecía indeciblemente.° Se habían intentado todos los remedios caseros, en cuenta° las telas de araña° más oscuras y pegajosas.

15   Pero con ellas quedó agotada° la farmacopea° casera.

Se recurrió entonces al Dr. Fonseca Gutiérrez, que además de médico era escritor. Pero tampoco le hicieron mayor cosa° sus recetas.° Como último recurso, llevaron a Challa a donde el Dr. Elías Rojas, pontífice° de los médicos, perfecto clínico, caballero sin 20 mengua° y sin tacha.° El Dr. Rojas la medio curó con depurativos° y pomadas,° pero a poco° volvió la infección con más fuerza.

*Glosses (right margin):*

farm

distribución del agua

ancestors

pícara... *lively and endearing* / **Dio...** Empezó a sufrir / *boils*

horriblemente

en... incluso / **telas...** *spider webs*

terminada / colección de medicamentos

tampoco... no ayudaron

prescriptions

el número uno

falta / defecto / laxante

cremas / **a...** en poco tiempo

---

* Mario González Feo (1897–1969), periodista y autor de geniales libros sobre Costa Rica. Este cuento es de *María de la Soledad y otras narraciones.* Aparece en forma abreviada.

† Los árabes llegaron a España en 711 d. de J. C. (después de Jesucristo; A.D.) y trajeron muchos conocimientos importantes, entre los cuales esteban las técnicas de la distribución del agua por la tierra para la agricultura.

Una tarde, sentado papá en la banca del corredor,° leía con
toda calma. Yo jugaba a sus pies, en el suelo,° contemplando la
velocidad inaudita° de unas arañas° rojas, que «volaban» por el
25 piso.°

veranda

tierra

increíble / spiders

floor

Ña° María (en aquel entonces todas las cocineras eran Ña
María) apareció y se encaró° toda misteriosa con Papá:

«Señora» en dialecto
rural / enfrentó

—¿Por qué no traé usté a Bucho a curar a la Challa?

—¿Y quién es Bucho?

30 —Bucho Vargas es el hombre más *cónspis*° para curar toda
clase de males. Al que no cura Bucho,° es que ya Dios quiere que
se vaya. Mire, curó a...

distinguido (en slang)

Al... *The one whom
Bucho doesn't cure*

(Y dio una larga lista de sus milagrosas curaciones).

—Bueno, bueno... —la interrumpió mi padre—. Pues si usted lo
35 conoce y es tan *cónspis* como me dice, dígale que venga. «Que se
haga el milagro y que lo haga el diablo.°»

Que... *Let the miracle be
done even if the devil
does it.*

La vieja, que esperaba el permiso con ansiedad, salió
corriendo a través de un cafetal° en busca del milagrero,° que
vivía cerca. Papá siguió leyendo. Yo no me moví del sitio en
40 espera de grandes acontecimientos.°

*coffee plantation /
hombre de milagros*

eventos

A poco volvió la vieja con Bucho.

Éste era un hombre acholado,° bajo, cuadrado, gordiflón,° con
un enorme «güecho»° que se tapaba con un paño arrollado al
pescuezo.° Sin duda que jamás había oído él aquello° de

45 *«Medice, cura te ipsum»* (Médico, cúrate a ti mismo), pues aquel
«güecho» fenomenal no le acababa de crecer.°

Llegó con su inmenso paraguas, pues estaba lloviendo. Tenía
una risa° simpática y contagiosa, no la risa de un papanatas.°
Con gracia natural y mucho ingenio,° era el primero en

50 celebrarse cuanto decía.° De modo que reía de todo, y la verdad
es que, oyéndole, acababa uno por encontrar que todo tenía
gracia.°

Bucho curaba al «padeciente»° (como él llamaba más
propiamente a su enfermo que «paciente» pues si hay algo que

55 impaciente° es el no andar bien de salud) con procedimientos
hijos° de su larga experiencia como saludador. A uno que
estaba al borde del agotamiento° por motivo de un hipo°
pertinaz, le hacía pararse° frente a una pared encalada° y estar
una hora (reloj en mano) con la lengua pegada al repello

60 blanco.° (Ahora pienso que seguro el cambio en la forma de
respirar le curaba.)

La erisipela° la curaba pronto pasando un sapo° adulto contra
las postemas.° Para el «cólico miserere» (el estreñimiento° severo)
recetaba ingerir rodajas de anguila soazada.° Como sobraban°

65 anguilas en los ríos nuestros, la receta era fácil y barata. Al
insomnio le trataba fácil y alegremente: el «padeciente» debía
pescar cien barbudos° en el río Torres, y comerlos crudos,° uno al
día. O dos. Para el dolor de oído: quince días oyendo durante
una hora cada vez, el rumor del mar enclaustrado° en un

70 caracol.° Y así...

Bucho dio su dictamen° en el caso de Challa: se trataba de
diviesos «perennes, humorales y efervescentes».

En cuanto vio a la Challa con su cara asustada° y sus verdes
ojos asombrados,° le dijo:

75 —Vos tenés° ojos de cuita° de loro°.... —rompiendo a reír. Y
los demás con él.

Después la examinó, sin mayor atención pero sin remilgos.°

—Bueno, pues, Bucho —dijo papá—, ¿qué le parece? ¿La cura,
sí o no?

---

**Glosas marginales:**

un poco mestizo / un poco gordo
goiter

paño... *scarf tied around the neck* / *the saying*

no... *didn't stop growing*

laugh / *idiota*

inteligencia

cuanto... *whatever he said*

acababa... *one wound up finding that everything seemed funny* / *"sufferer"*

provoque impaciencia

resultados

colapso / *hiccough*

le... *he made him stand* / *of limestone*

pegada... *stuck to the white wall*

infección de las piernas / *toad* / *abcesos* / *constipation*
recetaba... *he prescribed eating slices of roast eel* / *abundaban*

catfish / *raw*

encerrado

seashell

diagnóstico

llena de miedo

llenos de terror

Vos... *Tú tienes (dialecto)* / *excremento* / *parrot*
prudishness

80   —¡Claro que la curo! Y más antes° de lo que usté se imagina.   pronto
Esto no es nada para mí. Mirá, Challa: agradecé que estamos en
invierno, que si no, yo no «coopero». Cuando veás el agua de la
lluvia corriendo por las calles del cafetal, te bebés mejor dos
jarros. Pero ha de° ser agua que venga de lo sombrío y cogida del   **ha...** tiene que
85   mismo suelo.° Y todos los días igual... Y después me contás° un   **de...** *from shaded places*
cuento.   *and taken right from*
                                                                     the earth / cuentas
        Papá sonreía debajo de sus bigotes,° como diciendo: «Ya sabía   (dialecto) / *mustache*
que este Bucho no era curandero ni era nada.»
        Yo estaba boquiabierto.° La vieja María aprobaba, sin la   con la boca abierta
90   menor duda de su parte. Todos los demás de la casa, estaban
oráticos.°   en suspenso
        La Challa, desde la noche lóbrega° de sus padecimientos,°   triste / sufrimientos
adivinó una luz milagrosa.
        Bucho no quiso ni aceptó nada por la visita y la consulta. Sólo
95   admitió, porque papá insistió mucho y por lo tentadores° que   *tempting*
eran, un par de puros° grandes y gordos. Riendo con su   cigarros
optimismo de siempre, su buen humor, su «güecho» y su
paraguas, se fue.
        Apenas llovía, la Challa corría al cafetal y bebía dos jarros de
100   agua de la que venía de las marañas.°   *bogs*
        Así se curó. Y en poco tiempo.
        Digo y repito y lo aclaro enfáticamente que «se curó». Nunca
más volvió a tener ni la sombra de un divieso. Con gran alegría
de Ña María, gratitud de la Challa y estupefacción de toda la
105   tribu, incluso de papá.
        ¡Aquello fue un milagro!... A nosotros nos daba la impresión
de que el inteligente Bucho tenía pacto con Mefisto.° Ahora, con   el diablo
los años, recordando la increíble curación de la muchacha pienso
que Bucho Vargas usó el principio de la terramicina,° ni más ni   *terramycin* (un
110   menos que como un anónimo antecesor de Sir Alexander   antibiótico)
Fleming...*

---

* Alexander Fleming (1881–1955) es el médico y bacteriólogo inglés que, con Chain y Florey, descubrió la penicilina. Más tarde se descubrieron otros antibióticos, como la terramicina, que se saca de
hongos (*molds*) presentes en el suelo. El autor sugiere que posiblemente unos antibióticos naturales
en la tierra hayan curado la infección de la Challa.

1. ¡Explica, explica!

✳ Trabaje con un(-a) compañero(-a) para explicar los siguientes puntos del cuento. Después, compare sus explicaciones con las del resto de la clase. ¿Quiénes tienen la explicación más clara y exacta?

1. la relación entre el padre del narrador y su finca
2. la Challa y su problema
3. la personalidad y actitud de Bucho Vargas
4. la diferencia entre un paciente y un «padeciente»

2. Enfermedades y tratamientos

✳ Escriba la letra del tratamiento de Bucho delante de la enfermedad apropiada.

_____ 1. oír el rumor del mar en un caracol

a. el hipo persistente

_____ 2. pescar y comer cien barbudos (*catfish*) crudos, uno o dos al día

b. la erisipela (infección de piernas)

_____ 3. beber dos jarros al día del agua que corre por el suelo del cafetal

c. el «cólico miserere» (estreñimiento)

_____ 4. pegarle la lengua a una pared encalada (*limestone*)

d. el insomnio

_____ 5. comer rodajas de anguila asada (*slices of roasted eel*)

e. el dolor de oído

_____ 6. pasar un sapo (*toad*) por encima de los abscesos

f. los diviesos

Sacar conclusiones: ¿Mitos o medicina?

✳ Se dice que la medicina es una ciencia pero que también es un arte. Discuta con un(-a) compañero(-a) los seis tratamientos de Bucho, y contesten estas preguntas:

1. ¿Cuáles de los seis tratamientos podrían ayudar al enfermo en algunos casos? Expliquen.
2. ¿Qué tratamientos les parecen a Uds. «pura fantasía» o mentira?

3. En su opinión, ¿por qué hace Bucho una referencia «un poco insultante» con respecto a los ojos de la Challa? ¿Creen Uds. que el optimismo y sentido de humor de Bucho eran parte de su tratamiento o parte de su carácter?

4. En fin, ¿qué curó a la Challa? ¿Fue una combinación de elementos? Expliquen.

● ●

D i s c u s i ó n

El lugar más saludable del mundo

✳ ¿A qué lugares va Ud. para sentirse bien? ¿Dónde se siente mejor? ¿en la costa del mar, en el bosque, en el centro de una gran ciudad, en el desierto, en las montañas? ¿En algún otro lugar? Trabaje con otro(s) para hacer una descripción de *El lugar más saludable del mundo*, explicando dónde está y por qué es tan bueno para la salud física y mental.

● ●

A c t i v i d a d e s

1. ¡Uds. son los investigadores!

✳ Después de recibir una queja, el municipio decide formar un comité para decidir si Bucho Vargas es un buen curandero o un embustero (*con man*). Trabaje Ud. en un grupo con tres o cuatro compañeros. Imagínense que Uds. son el comité y llenen el siguiente formulario.

DOCUMENTO: VALORIZACIÓN DE LA COMPETENCIA MÉDICA DE BUCHO VARGAS

1. apariencia: _____ excelente _____ adecuada _____ no adecuada
   comentario: _____

2. conocimientos científicos: _____ excelentes _____ adecuados
   _____ no adecuados
   comentario: _____

3. interacción personal con el paciente: _____ positiva _____ negativa
   comentario: _____

4. ¿Cómo compara Ud. a Bucho con la mayoría de los médicos de hoy?
   _____ mucho mejor _____ mejor _____ más o menos igual
   _____ peor _____ mucho peor
   comentario: _____

5. Y Ud., ¿qué opina de Bucho Vargas? ¿Es curandero o embustero? ¿Por qué?
   comentario: _____

2. Juego imaginativo: Bucho Vargas en un hospital de hoy

✳ Bucho Vargas es transportado mágicamente a un hospital de hoy. ¿Qué le parece a él la práctica de la medicina moderna? Imagine que Ud. es Bucho y escriba una carta a su hermana, expresando sus opiniones positivas y negativas.

Contribuciones notables

La medicina de las civilizaciones antiguas

En tiempos antiguos, los médicos aztecas se llamaban *tlamatimini.* Sabían mucho de las hierbas que curaban enfermedades. Durante la conquista, esta tradición herbolaria fue introducida a los europeos. Un gran número de plantas medicinales fueron exportadas durante los siglos XVIII y XIX, y formaron la base de la farmacopea de Europa. Entre los medicamentos más conocidos eran la quinina para el uso contra el paludismo *(malaria)* y la cocaína, usada en las culturas andinas durante milenios para anestético.

$\mathcal{E}$l indio y los animales*

Anticipación

✳ La historia la aprendemos de los libros. Pero, ¿qué sabemos de la prehistoria? ¿Cómo eran los seres humanos que vivían hace miles de años? ¿Qué relación tenían con el mundo natural? Una manera de acercarnos a las culturas del pasado es a través de las leyendas que se trasmitieron oralmente durante siglos antes de ser escritas. La siguiente leyenda es de la antigua cultura de los mayas y fue escrita en español en este siglo por el escritor mexicano Luis Rosado Vega.

1. Para abrir el tema

✳ Antes de leer la leyenda, piense un momento en lo que Ud. ya sabe de los mayas y de los indios en general. (Mire las fotos en el Capítulo 4, de sus monumentos.) Luego, trabajando solo(-a) o con otro(s), conteste estas preguntas.

---

* De *El alma misteriosa del Mayab,* colección de leyendas de los indios mayas, antiguo pueblo de México y Centroamérica. El período clásico de los mayas fue de 300–900 d. de J. C.

1. ¿Cómo ven los indios la Tierra, las montañas, los ríos y los árboles?
2. ¿Qué simbolizan para ellos los animales? ¿Puede Ud. pensar en ejemplos específicos?
3. En su opinión, ¿cómo serán las relaciones entre el hombre y los animales presentadas en las leyendas mayas?

2. Vocabulario: Sinónimos

*Practique algunas palabras usadas en la leyenda, escogiendo el sinónimo apropiado para cada una. Use su conocimiento de cognados, su intuición o el **Vocabulario final** para las que no reconoce.

1. consejo	insecto / promesa / recomendación / camino
2. choza	río / cabaña / niña / desdén
3. daño	orgullo / compañero / rincón / detrimento
4. espanto	banco / fascinación / terror / chaqueta
5. provecho	comida / mente / piedra / beneficio

Ahora, lea la leyenda para ver el punto de vista de una cultura precolombina.

El indio y los animales

Una leyenda maya

Luis Rosado Vega

Antigua es esta tradición, tanto como la más antigua en esta tierra de indios. Acaso° sea la más antigua. Fue allá en los más lejanos° tiempos, en los más lejanos. Fue en el principio de los principios, cuando apenas la vida comenzaba en estas tierras.

5   El Dios del *Mayab*,° que es como decir, el más grande de los dioses, había creado al indio. Formó su cuerpo del barro° rojo de la tierra, y por eso su piel° es del color de la tierra. Formado estaba el hombre, pero aún carecía de aliento.° Tomó entonces Dios aquel cuerpo y lo condujo a la boca de una cueva,° allí

10   donde se siente salir de vez en vez una ráfaga° refrescante y pura. Esa ráfaga penetró en el cuerpo del hombre y así se le formó el alma. Por eso el indio ama las cavernas de sus bosques, porque sabe que en ellas está el Buen Espíritu.

*Glosas marginales:*

Tal vez, Quizás / remotos

civilización maya

clay

skin

carecía... no podía respirar / caverna

viento fuerte

Entonces vivía el indio maya familiarmente con todos los
15 animales, con todos, desde la más recia° de las bestias hasta el   fuerte
insecto más humilde.° Desde entonces también sabe el lenguaje de   modesto
los animales de sus selvas y éstos saben igualmente el lenguaje del
indio. Fue en aquel tiempo en que a las puertas de su choza,
cuando el sol no sale aún, o a la hora del crepúsculo,° para   *twilight*
20 charlar sobre las cosas de la jornada° diaria, el indio se rodeaba   trabajo
de todos los animales como si formaran una familia sola. Entonces
todos los animales lo ayudaban en sus faenas,° y él los atendía a   labores
todos y cuidaba de todos.

El conejo con sus pequeños dientes desgarraba° los granos del   abría
25 maíz. Los pájaros bajaban los frutos que habrían de alimentar a
todos. El pájaro carpintero trozaba° las ramas de los árboles para   rompía
hacer las cercas.° El venado° era el mensajero que corría rápido   *fences / deer*
de un lugar a otro para comunicar a los indios entre sí. La
luciérnaga° era la encargada° de iluminar de noche los caminos.   insecto que emite una
30 El ave *Xkokolché* que es la más canora° cantaba para adormecer   luz / responsable /
a los polluelos° de las demás aves y el indio también se adormecía   musical
escuchándola.   pajaritos

Así todos y cada uno de los animales, en compañía del hombre
que era el Señor de todos ellos, se dedicaban al oficio° que su   ocupación
35 Dios les había dado para hacerlos felices y para hacer feliz al
hombre.

Entonces el indio se alimentaba de° granos y frutos solamente.   se... comía
El maíz, el frijol,° la calabaza° y el chile lo llenaban regiamente° y   *kidney bean / squash /*
no sentía necesidad de otras cosas para satisfacerse.   espléndidamente
40 Por eso los animales tenían confianza en él, conversaban con él
y dormían cerca de su choza y en los árboles más próximos.
Porque el Gran Dios hizo a los hombres y a los animales para
vivir juntos y ayudarse mutuamente, pero el Genio del Mal° hizo la   **Genio...** Espíritu malo
separación que hasta hoy subsiste.
45 Y fue así como llegó la hora inicua° según recuerda la vieja   mala
Tradición. Una noche el indio no dormía. Sin explicarse la razón
se sentía inquieto.° Por primera vez en su vida sentía aquel   intranquilo
malestar inexplicable. Se levantó de la cama, salió a la puerta de
su cabaña para distraer° su inquietud y su ansia.° Todo estaba   olvidar / agitación
50 bañado en aquellos momentos por la claridad lunar. Vio a los
animales que dormían cerca de su choza, oyó el leve° palpitar de   delicado

sus corazones, vio las ramas de los árboles inclinadas sobre la
tierra como si también durmieran. Sintió el airecillo° fresco de la   viento pequeño
noche, se creyó más tranquilo y entonces trató de penetrar°   entrar
55 nuevamente a la cabaña. Pero en ese momento sintió que algo
como una fuerza extraña le detenía los pies.

    Miró hacia el bosque lívido de luna, y vio como saliendo de la
espesura° una sombra° que se adelantaba hacia él. Una sombra   bosque denso / silueta
extraña y horrible, deforme de cuerpo y llena de pelos. Tenía
60 órganos de distintos animales y distribuidos en forma tal que la
hacían incomprensible. Sus ojos enormes y desorbitados°   salidos de sus órbitas
brillaban tan siniestramente que helaban° de espanto. Sintió   paralizaban
miedo el indio y llamó a los animales que dormían más cerca,
pero ninguno despertó como si por un maleficio° hubiesen   influencia mágica
65 quedado paralizados.

    La sombra llegó hasta él y entonces le habló con una voz
horrible y ronca.° Y fue para decirle: *hoarse*

    —Es en vano que trates de despertar a tus compañeros. Esos
animales no volverán a la vida hasta que yo me vaya. Tú eres un
70 hombre cándido° y puro porque estás lleno del espíritu de aquél   inocente
que es mi Enemigo. Pero es fuerza° que también conozcas al   necesario
Espíritu del Mal, porque has de saber que de Bien y de Mal ha de
vivir el hombre. Yo soy el *Kakazbal* o sea la Cosa Mala que reina° predomina
en la noche. Yo soy el que se alimenta de la carne del hombre
75 igualmente que de la de los animales. Yo soy el que bebe la
sangre de los niños. Yo soy el que da la mala savia a las plantas
que envenenan.° Yo soy el que tuerce° las cosas y las rompe o las   matan con veneno /
destruye. Yo soy el que detiene a las nubes para que no llueva y   deforma
se pierdan las cosechas.° Yo soy el que da las enfermedades y da   plantas cultivadas
80 la muerte.

—¿Y por qué haces tanto daño? —le dijo el indio tembloroso y
con el espanto en el alma.

—Ya te lo he dicho porque es necesario que no sólo el Bien
sino también el Mal reine sobre la Tierra. Además quiero
85 enseñarte a ser menos cándido. Esos animales que ves y que están
a tu alcance° pueden satisfacer tus gustos. Mátalos para devorar   **a...** en tu poder
sus carnes y sentirás lo sabrosas° que son. Tú no sabías esto y vine   deliciosas
a decírtelo en provecho tuyo. Prueba° y verás...   Hazlo una vez
   Comenzaba a amanecer° y el *Kakazbal* se fue como había   llegar la luz del día
90 venido, por miedo al día que se avecinaba.° De pronto el indio   **se...** llegaba
maya quedó perplejo. No sabía cómo explicarse aquella visita
inesperada y menos entender los consejos que había oído. ¿Matar
a los animales para devorarlos? ¿Y por qué si ellos no le hacían
daño alguno, sino antes al contrario lo ayudaban en su vida? Sin
95 embargo una como maligna curiosidad picó° su alma... ¿Por qué   estimuló
no probar? A punto de que el alba asomaba° se oyó el primer   **alba...** el comienzo del
canto de algunas aves. Fue entonces cuando los animales   día se mostraba
despertaron volviendo a la vida, se aproximaron° al hombre para   **se...** llegaban
hablarle como era su costumbre, pero lo hallaron tan cambiado,
100 vieron en su cara señales° de violencia y tuvieron miedo e   indicaciones
instintivamente se fueron alejando° de él.   apartando
   El hombre había perdido su pureza primitiva, había
cambiado. El *Kakazbal* había infundido° en él el espíritu del Mal.   inspirado
Y se dice que desde entonces aprendió el indio la gula° y   exceso en la comida
105 comenzó a comer carne, aunque siguió y sigue haciendo de los
granos su alimento básico. Aprendió la crueldad y comenzó a
matar a los animales. Aprendió la astucia y comenzó a ponerles
trampas para atraparlos. Los animales le tuvieron miedo y
comenzaron a retirarse de su lado y a ocultarse cada uno en su
110 guarida.°   refugio de animales
   Fue en aquella noche nefasta° cuando por primera vez   mala
apareció el *Kakazbal* en la tierra maya, y desde entonces la
sigue recorriendo, especialmente en las noches de luna en
conjunción.°   **en...** cerca de otros
115   Fue desde entonces cuando algunos pájaros comenzaron a   planetas
imitar el gemido° en sus cantos, porque en efecto lloran.   lamento
   Fue desde entonces cuando algunos animales gritan como con
gritos lastimeros.°   dolorosos

120 Lloran y se lastiman de la separación del hombre para cuya compañía habían nacido todos.

Pero no importa. La Tradición concluye diciendo que todo esto es transitorio, porque el Espíritu maligno habrá de ser vencido en forma absoluta por el Espíritu del Bien, y que día vendrá en que todo vuelva a ser como fue en los principios.

Comprensión

Resumen de la acción

* Trabajando solo(-a) o con otro(s), haga Ud. un resumen de la leyenda, explicando estos puntos.

1. la creación del indio: el color de su piel y su amor por las cuevas
2. las reuniones que había todas las tardes delante de su choza
3. la distribución del trabajo
4. la comida del indio
5. el *Kakazbal* y su mensaje
6. los cambios que ocurrieron después

Opinión

* Trabaje Ud. con un grupo para discutir estos temas:

1. ¿Qué comparación podemos hacer entre la leyenda maya y la historia de la Creación de la Biblia judeocristiana? Piense en las semejanzas y las diferencias con respecto a estos elementos: la manera de crear al primer ser humano, la descripción del Paraíso, la figura que representa el mal (*evil*), el momento de la tentación, las consecuencias. ¿Puede Ud. pensar en comparaciones entre la leyenda y otras versiones de la Creación?
2. Algunas personas insisten en que la única manera de salvar los elefantes africanos de la extinción es establecer un negocio legal del marfil (obtenido de los colmillos del elefante). Así, la gente tendrá interés y dinero para conservar el ambiente necesario para sostener el animal. Según este argumento, para salvar un animal hay que convertirlo en un «recurso sostenible». ¿Qué opina Ud.?
3. ¿Cree Ud. que el Buen Espíritu reina ahora en nuestro mundo, o el *Kakazbal*? ¿Por qué?

1. Minidebates

✳Trabaje con otra persona. En una o dos frases, explique por qué Ud. está de acuerdo o no con las siguientes opiniones.

1. En nuestro planeta, el ser humano es el único animal inteligente.
2. En general nuestra sociedad trata mejor a los animales que a muchas personas.
3. Es ridículo tratar de salvar todas las especies de plantas y animales porque la extinción es una parte natural de la evolución.
4. La caza (*hunting*) de animales siempre es mala.

2. Juego imaginativo: Un cambio de perspectiva

✳Escriba una composición o prepare una presentación oral sobre la leyenda, contada en primera persona (usando el *yo*) desde el punto de vista del conejo, del venado o de otro animal, o del *Kakazbal*.

Cambios sociales

Vocabulario preliminar

✳ Estudie estas palabras y haga los ejercicios antes de leer el artículo sobre los incas. Luego, utilice este vocabulario durante su estudio de todo el capítulo.

1. **apoyar** favorecer, defender y sostener
2. **cambiar** variar, modificar, alterar
3. **cárcel, la** prisión
4. **castigar** imponer pena o sufrimiento a alguien
5. **estereotipo, el** imagen o idea simplificada y muchas veces falsa, usada para representar un grupo
6. **gobierno, el** administración, mando, control de una nación
7. **guerra, la** conflicto armado entre dos o más grupos
8. **igualdad, la** conformidad entre dos cosas iguales (idénticas o muy parecidas)
9. **libertad de palabra o de prensa, la** condición de poder hablar o escribir sin censura o represión
10. **lograr** llegar a obtener lo que se desea; realizar (un objetivo)
11. **mayoría, la** la parte más grande, más del 50 %
12. **mensaje, el** comunicación que envía una persona a otra
13. **minoría, la** la parte más pequeña, menos del 50 %
14. **pobreza, la** condición de ser pobre, falta de lo necesario
15. **poder, el** autoridad, dominio sobre otros, fuerza, capacidad
16. **riqueza, la** condición de ser rico, posesión de dinero y bienes
17. **seguridad, la** condición de estar seguro, sin peligro o riesgos, confianza

Antónimos

✳ Dé un antónimo de la lista para cada palabra o frase.

1. paz
2. castigar
3. minoría
4. pobreza
5. peligro, riesgo
6. desigualdad
7. anarquía
8. censura de periódicos y revistas
9. permanecer igual

Palabras relacionadas

✳ Ver las relaciones entre palabras de la lista y otras palabras puede ampliar nuestro vocabulario. Escoja la palabra relacionada para reemplazar en el párrafo cada sección en cursiva.

segura	minoritario	encarceladas	cambio
poderoso	guerreros	castigos	libre
pacíficos	estereotipar	enriquecen	

El doble ideal: Libertad y seguridad

Las sociedades humanas pasan por un proceso continuo de *transformación*. Ciertos grupos se empobrecen y otros grupos se *ponen ricos*. Hay pueblos que durante un largo período son *aficionados a la guerra*, y luego se vuelven *aficionados a la paz*. A veces un gobierno *fuerte* quiere mantener el orden y limita demasiado la libertad del individuo; entonces, hay personas inocentes que sufren *penas* y son *metidas en prisión*. Por otra parte, a veces un gobierno débil permite demasiada libertad sin los controles necesarios, y entonces la mayoría escoge a un grupo *de una minoría* para *representar como estereotipo* y perseguir. El ideal es un perfecto equilibrio entre la libertad y la seguridad, pues la gente quiere ser *independiente* y estar *sin riesgo* al mismo tiempo, pero lograr este ideal es muy difícil.

Vida y costumbres en el imperio «socialista» de los incas

El colapso de la Unión Soviética y del comunismo en los países de la Europa oriental ha sido una de las grandes sorpresas de la historia. Mucha gente se pregunta por qué se cayó tan

Las ruinas de Machu Picchu, una antigua cuidad incaica en los Andes de Perú.

bruscamente este sistema a principios de los 90 del siglo
5 veinte. Por lo tanto, es interesante examinar una antigua
sociedad que practicaba una forma de socialismo que
en algunos aspectos se parecía al sistema comunista: el
imperio de los incas (1100–1533 d. de J. C.). Este
imperio logró extenderse 2.500 millas de norte a sur,
10 ocupando gran parte de lo que hoy es Colombia,
Ecuador, Perú, Bolivia, Argentina y Chile.

Lea la siguiente descripción de la sociedad incaica
para poder compararla después con las sociedades
comunistas y con la nuestra.

Organización

15 El gobierno de los incas era centralizado y autoritario. Su capital
era Cuzco, que en el idioma quechua quiere decir *ombligo del
mundo.* La propiedad no era privada. Cada parcela de tierra era
cultivada por un *ayllu,* un grupo de familias que compartían el
trabajo y los animales domésticos (llamas, alpacas y vicuñas). Al
20 final del año, un tercio de los cultivos le correspondía al *ayllu,* un
tercio a los sacerdotes y un tercio al Estado. El Estado mantenía a
las personas viejas o enfermas, a los artesanos y a los militares.
También ayudaba al pueblo en tiempos de escasez o emergencia.
Por eso había una gran seguridad. Todo el mundo tenía dónde
25 vivir y casi no había hambre. Pero por supuesto la gente tenía que
pagar un impuesto, aunque no en moneda, como el dinero no
existía en aquella sociedad, sino en trabajo. Cada hombre
tomaba su turno en la *mita,* el servicio del Estado, luchando en las
guerras o trabajando en las minas o en la construcción de obras
30 públicas. Se ha calculado que el gobierno de los incas disponía
anualmente de más de un billón de horas de mano de obra.

Comprensión

1. ¿Dónde y cuándo existió el imperio de los incas?

2. ¿Cómo era el gobierno?

3. ¿Por qué podemos decir que el sistema de los incas se parece al sistema
   socialista o comunista?

Logros

Los indios de estas regiones eran excelentes ingenieros, aunque
no conocían la rueda. Construyeron magníficos templos,
fortalezas, acueductos y muros de piedras inmensas cortadas con
35 precisión por métodos que aun hoy no comprendemos.
Disfrutaban de un eficaz sistema de correos, usando a los
chasquis, mensajeros rápidos que recorrían las 10.000 millas de
caminos. Como no conocían la palabra escrita, el mensaje era
oral o en forma de *quipu,* un grupo de cordones con nudos, que
40 representaban números y conceptos para ciertas personas
instruidas.

Se practicaba la agricultura con gran éxito, empleando
terrazas, fertilizante y la distribución de agua por medio de
canales. Se cultivaban alimentos que no se conocían en la Europa
45 de esos tiempos: maíz, camotes, cacahuates, calabazas, tomates,
papayas, piñas, aguacates y, principalmente, papas —una
multitud de diferentes especies de papas.

En los campos de la medicina y de la artesanía, sus
conocimientos eran también avanzados. Practicaban la cirugía del
50 cerebro y curaban con drogas no conocidas en otras partes del
mundo. Por ejemplo, la coca (de la cual se deriva la cocaína) se
utilizaba como anestesia en las operaciones, un uso que sigue
ahora en muchos hospitales del mundo. Artesanos tejían ropa y

adornos de algodón y lana y fabricaban objetos metálicos con
55 gran habilidad. El oro, que se llamaba «el sudor del sol», era
especialmente apreciado.

Comprensión

1. ¿Qué construyeron los incas?

2. ¿Cómo era su agricultura?

3. ¿Qué hacían sus médicos y artesanos?

Ventajas (Beneficios)

Debido a la abundancia y a la eficiencia del imperio, no existía
generalmente ni el hambre ni la pobreza ni la falta de vivienda ni
el desempleo. El crimen era infrecuente quizás porque el castigo a
60 los actos criminales era rápido y severo. Tampoco había muchas

guerras, pues los militares usualmente
mantenían la paz, excepto cuando
conquistaban nuevos territorios. Aunque el
trabajo era duro, de vez en cuando se
65 rompía la rutina con fiestas que duraban
dos o tres días. Entonces la gente bailaba,
tocaba música, comía y bebía libremente
la chicha, un tipo de cerveza hecha del
maíz. El alcoholismo y el abuso de drogas
70 eran casi desconocidos.

Desventajas (puntos negativos)

«Mucha seguridad, poca libertad». Esta frase
describe brevemente la situación de la gente
común. El individuo tenía que obedecer
reglas sobre casi todos los aspectos de la
75 vida: hasta sobre su manera de vestirse. No
podía viajar sin permiso, ni escoger su
residencia, ni cambiar de trabajo. Ni
siquiera tenía derecho a vivir sin esposo(-a),
porque los que no estaban casados a la
80 edad de 25 años tenían que casarse, a
veces en ceremonias colectivas. El estado no
toleraba a los desobedientes. Los
perezosos eran considerados criminales;
los ponían en la cárcel o los condenaban
85 a muerte.

Comprensión

1. ¿Qué ventajas había para la gente común en la sociedad incaica?

2. ¿Qué desventajas había?

Interpretación

¿Qué desventaja le molestaría más a Ud.?

La clase noble

En el imperio de los incas había una minoría de
nobles, un pequeño grupo, que no vivía como la
mayoría. Según la religión oficial, el dios supremo era
el sol, y el gran jefe, que se llamaba el «Inca», era su
90 descendiente. El Inca se casaba con sus hermanas y era
adorado por el pueblo como un ser divino. Él, su
familia y los otros nobles vivían en medio de una gran
opulencia y riqueza material. Tenían privilegios
exclusivos, casas elegantes, escuelas especiales y
95 sirvientes. Los hombres de esta clase tenían el derecho
a vivir con muchas mujeres. Naturalmente, la gran
desigualdad de oportunidades entre la clase noble y la
clase común aparta mucho a esta sociedad del ideal de
la teoría socialista.

Comprensión

1. ¿Cómo era la vida del Inca y de los otros nobles?

2. Y el sistema comunista, ¿es diferente del sistema incaico en este aspecto,
   o parecido? Explique.

Interpretación

¿Cree Ud. que hay también en nuestra sociedad una clase «noble» con privilegios especiales?

C o m p r e n s i ó n

Explicación de términos

* Trabaje Ud. con un(-a) compañero(-a). Alternándose, expliquen Uds. en español
  el significado de las siguientes palabras y su importancia para los incas.

1. la mita	3. Cuzco	5. la vicuña	7. la coca
2. el quipu	4. los chasquis	6. el ayllu	8. el «sudor del sol»

Comentario sobre las ilustraciones

* La clase se divide en grupos y cada grupo prepara un comentario sobre una de las cinco ilustraciones, explicando qué aspectos de la vida y cultura de los incas se representan. Luego, una persona de cada grupo lee el comentario a la clase.

A c t i v i d a d e s

1. Romper mitos y estereotipos falsos

* Rompa Ud. los siguientes «mitos» y estereotipos falsos. Explique con ejemplos por qué cada frase es falsa. (Si, por el contrario, Ud. cree que alguna de las frases es verdadera, explique por qué.)

1. Los indios de las Américas eran primitivos y no tenían grandes conocimientos.
2. Los indios de las Américas llevaban una vida mucho más libre que la nuestra.
3. Históricamente, la primera sociedad que se podría llamar «socialista» fue la Unión soviética después de 1917.

2. Juego imaginativo: Los incas y nosotros

* ¿Qué sociedad produciría mayor felicidad para la gente, la antigua sociedad de los incas o la nuestra? La clase se divide en grupos pequeños. Cada grupo toma una o dos de las siguientes identidades e inventa una breve respuesta a esta pregunta desde el punto de vista de ese grupo.

1. los adolescentes
2. los viejos
3. los artistas y artesanos
4. los agricultores
5. las personas ambiciosas
6. los criminales
7. los alcohólicos
8. los pobres

▲▽▲▽▲▽▲▽▲▽▲▽▲▽▲▽▲▽▲▽▲▽▲▽▲▽▲▽▲▽▲▽▲▽▲

Más allá del texto

El sistema político de México está pasando por cambios dramáticos ya que en 1997 el partido dominante permitió elecciones libres. Trabaje solo o con otros y busque información sobre la situación actual en México, en Nicaragua, en Chile o en algún otro país de habla española. ¿Hay democracia? ¿Hay libertad? Comparta su información con la clase.

· ·

Introducción

L a vida contradictoria de Eva Perón

✳ Hay personas que dejan un gran impacto en la historia. Por el poder de su personalidad, sus ideas y acciones, o simplemente por la suerte de encontrarse en cierta posición en un momento crítico, estos individuos se convierten en símbolos o mitos. Generalmente, su imagen es una paradoja: una mezcla de contradicciones. Así es el caso de Eva Perón.

Siempre es difícil separar el mito de la verdad. La vida de Eva Perón ha inspirado películas, programas de televisión, una obra musical y muchos libros. A veces la presentan como ángel y otras veces como demonio. ¿Quién fue, realmente, Eva Perón? A continuación veamos un breve resumen de su vida para tratar de comprender por qué inspiró emociones tan contradictorias.

La vida contradictoria de Eva Perón

Niñez

E va Perón nació en 1919 en un pequeño pueblo de las pampas de Argentina. Su madre Juana era amante de un estanciero,° Juan Duarte, padre de Eva y de sus cuatro hermanos. Juan tenía su familia legítima en otro lugar pero visitaba y ayudaba a su

5 «segunda familia» con dinero y cariño, un tipo de arreglo° que era común en aquellos tiempos. Juan murió y la familia se mudó a un pueblo más grande, donde doña Juana trabajó como costurera.° La familia era pobre y en la escuela Eva, por ser hija natural,° sufrió los insultos de sus compañeros. A los quince años, salió de su casa

10 y se fue a Buenos Aires para realizar su sueño de ser actriz.

*owner or manager of a
cattle ranch (Arg.)*

arrangement

seamstress

hija... *nacida fuera del
matrimonio*

Los primeros años en Buenos Aires

La joven provinciana llegó a la gran ciudad. Al principio vivió en pensiones° pobres y trabajó en el cine y en la radio en papeles menores. Tuvo amoríos° con actores y productores. Empezó a tener éxito en las radionovelas y su situación económica mejoró.

boarding houses

aventuras amorosas

15 En 1944, llegó el día que cambiaría su vida: conoció al coronel Juan Domingo Perón. Según la leyenda, alguien los presentó, Perón le estrechó la mano° y Eva le dijo: «Coronel, gracias por existir.» Fue el flechazo.° La linda actriz (de 26 primaveras) y el poderoso militar (de 48 otoños) se casaron al año siguiente.

le... *shook her hand*

love at first sight (Cupid's arrow wound)

La nueva política de Juan y Eva Perón

20 En 1946, Juan Perón llegó a ser presidente de Argentina, un país rico pero muy dividido. Según algunas fuentes,° menos de 2.000 personas eran dueñas° de casi toda la tierra. La oligarquía° vivía en gran lujo de las rentas de sus estancias,° pasando seis meses en Buenos Aires y seis meses en París. En contraste, la mayoría de
25 la gente vivía en la miseria.° Antes, el gobierno había estado en manos de la clase alta, pero Perón triunfó con el apoyo de la clase

sources

owners / grupo de gente rica / haciendas (en Argentina)

pobreza abyecta

baja. Eva colaboró con su marido y se hizo muy popular. El
programa peronista era una mezcla° de ideas fascistas (su gran   *combinación*
héroe era Mussolini) y socialistas. Perón creía en el poder absoluto
30   del gobierno y tenía poco respeto por la libertad de palabra o de
prensa. Por otra parte, nacionalizó los bancos y los ferrocarriles y
apoyó los sindicatos° y los derechos de los «descamisados°»,   *labor unions /*
logrando así cierta redistribución de la riqueza. También,   *trabajadores pobres*
concedió por primera vez el voto a las mujeres argentinas.*

El trabajo con los pobres

35   Eva creó la Fundación Eva Perón para apoyar a los pobres.
Durante los seis primeros meses de 1951, su Fundación donó a los
más necesitados 25.000 casas y tres millones de paquetes que
contenían ropa, muebles, medicamentos, bicicletas y juguetes.
Gente que nunca había tenido nada de repente se encontró con una
40   casa. Se construyeron asilos para huérfanos,° escuelas, hospitales,   *niños sin padres*
estadios de fútbol. Los pobres la adoraban y todos los días llegaban
a su oficina. Eva trabajó largas horas y practicó la ayuda social
directa, regalando zapatos, máquinas de coser y muchas otras
cosas. Abrazó y besó a la gente, aun a los leprosos y sifilíticos y por
45   eso se empezaba a correr la voz° de que Eva era santa.   *rumor*
       Por otra parte, como primera dama, Eva se vistió con gran lujo,
usando pieles,° joyas carísimas, y ropa de Christian Dior. A   *furs*
menudo, usaba la policía para asustar o castigar a sus críticos y
exigía donaciones «voluntarias» para su Fundación. No llevaba
50   cuentas° ni de sus gastos° ni de sus obras de caridad. En pocos   *accounts / expenditures*
años el gobierno argentino iba a pasar del estado económico de
superávit° a la bancarrota.°   *surplus / bankruptcy*

Enfermedad y muerte

Eva no estaría allí para ver la bancarrota ni la rebelión militar que
vendría en 1955, mandando a Perón al exilio. En 1951, Eva se
55   enfermó de cáncer. Al principio, se negó a descansar y siguió
trabajando. Enflaqueció° y sufrió mucho en los últimos meses.   *puso flaca*

---

* Perón no tenía gran interés en darles el voto a las mujeres, pero Eva lo convenció, señalando que así
   el partido peronista ganaría la mitad de todos los votos en las próximas elecciones y su triunfo estaría asegurado.

El suntuoso entierro de Eva Perón, Buenos Aires 1952.

El 26 de julio de 1952, se murió. En Uruguay, miles de refugiados
argentinos bailaron de alegría en las calles. En Buenos Aires, a
puertas cerradas, mucha gente de la clase media y alta sintió
alivio.° Pero en millones de hogares humildes, lloraban en un
duelo° profundo las multitudes argentinas que tanto querían a
«Evita», su santa y protectora.

60

relief

grief

Comprensión

1. Cierto o falso

✲Escriba **C** (cierto) *o* **F** (falso) para cada frase. Corrija las frases falsas.

1. _____ Eva Perón nació en 1919 en Buenos Aires.
2. _____ Su madre era la esposa de un estanciero rico.
3. _____ En la capital Eva trabajó como costurera.

4. _____ En 1944 conoció al coronel Juan Perón.

5. _____ Perón llegó a ser presidente con el apoyo de la oligarquía.

6. _____ Las argentinas ganaron el voto por primera vez bajo el gobierno peronista.

7. _____ La Fundación Eva Perón donó muchas cosas a los pobres.

8. _____ Eva gastó mucho dinero en ropa y joyas.

9. _____ Se puso enferma en 1951 y dejó de trabajar en seguida.

10. _____ Se murió a los 33 años, y todos los argentinos entraron en duelo.

2. Opiniones

1. ¿Por qué fue Eva Perón tan querida por los pobres?
2. ¿Por qué fue tan odiada por la clase alta y la clase media?
3. ¿Qué contradicciones hay en su personalidad y en sus acciones?
4. ¿Cree Ud. que necesitamos crear mitos sobre las personas famosas? ¿Por qué sí o no?

3. Mitos y realidades

* Trabajando con otro(s), piense en algunas figuras históricas sobre las cuales se han desarrollado mitos (como Abraham Lincoln, Che Guevara, Jacqueline Kennedy, Elvis Presley, Mae West, Mao Tse Tung, etc.). Llene el cuadro de evaluación sobre dos de estas personas. Después, comparta sus opiniones con la clase. (El ejemplo de George Washington está puesto como modelo.)

CUADRO DE EVALUACIÓN

NOMBRE	MITOS	¿POR QUÉ ERA IMPORTANTE?
George Washington (ejemplo)	Taló un árbol de su papá pero era tan honesto que lo admitió después. Nunca mintió.	Fue el primer presidente de EE. UU. Sirve como modelo de la persona honesta.
1.		
2.		
etcétera		

La razón de mi vida (Selecciones)

❋Estas cuatro selecciones son de *La razón de mi vida,* la «autobiografía» de Eva Perón, publicada en Argentina en 1951. En realidad, Eva Perón no la escribió, aunque lleva su nombre. Como muchas autobiografías de personas famosas, el libro fue escrito por autores anónimos (*ghost writers*).* Sin embargo, *La razón de mi vida* tiene un papel importante en la imagen y leyenda de Evita. Durante años, era lectura obligatoria en las escuelas de Argentina.

Para abrir el tema

❋¿Qué estereotipos tenemos de Eva Perón? Trabajando solo(-a) o con otro(s), mire las fotos de las páginas 59 y 64, y conteste las siguientes preguntas antes de leer las selecciones.

1. Cuando Ud. oye el nombre Eva Perón, ¿en qué piensa? ¿En las fotos que ha visto de ella? ¿En ciertas modas (*fashions*)?

2. ¿Cree Ud. que Eva dejó un impacto en la historia por sus ideas y acciones? ¿O quizás por su aspecto físico? ¿Habría tenido el mismo impacto una mujer vieja, fea o mal vestida? Explique.

3. ¿Qué piensa Ud. en general de las «autobiografías» de personas famosas? ¿Qué podemos aprender de ellas?

El vocabulario: Detective de palabras

❋Busque las palabras en cada selección, según los indicios (*clues*), y escríbalas en los espacios en blanco.

MODELO (1. «Evita») un verbo que empieza con la letra *s* y quiere decir *están*

  acostumbrados a ___suelen___

1. (Evita) una palabra que empieza con la letra *p* y se usa en Argentina para hablar de un niño o una niña _____

2. (Demasiado peronista) un adjetivo que empieza con la letra *c* y es sinónimo de *instruido* o *erudito* _____

---

* La primera versión de *La razón de mi vida* fue escrita en 1950 por el periodista español Manuel Penella da Silva quien recibió 50.000 pesos por ella. Dicen que una parte conmovió tanto a Evita que se echó a llorar de emoción. Pero, a Perón no le gustó el manuscrito y se lo pasó a su amigo Raúl Méndez quien lo cambió mucho.

3. (Además de la justicia) una palabra que se refiere a los hombres pobres que no tienen ni una camisa   (los)   _____

4. (El dolor de los humildes) otra manera de decir *no se preocupe,* usando un verbo que empieza con *a*   _____

El texto: Vista previa de la organización

✳ *La razón de mi vida* está escrita en forma de monólogo, como si Eva hablando estuviêra. El estilo es personal porque la narradora revela sus sentimientos y emociones. Mire rápidamente las cuatro selecciones y encierre (*circle*) el número de la selección que incluye el detalle indicado de la vida íntima de Eva.

MODELO las razones que tenían Eva y su marido para casarse   1 ② 3 4

1. una referencia sarcástica a sus «eternos críticos»   1 2 3 4
2. la descripción de la «corazonada» (*impulse*) que empezó su obra social   1 2 3 4
3. una lista de títulos honoríficos y pretenciosos que no le gustaron a Eva   1 2 3 4

Ahora, lea Ud. el texto con mayor atención y conteste las preguntas que siguen cada selección.

Eva Peron, 1947.

La razón de mi vida (Selecciones)

 Eva Perón

(1) *«Evita»*

Cuando elegí ser «Evita» sé que elegí el camino de mi pueblo.

Nadie sino° el pueblo me llama «Evita». Solamente   *excepto*
aprendieron a llamarme así los «descamisados». Los hombres de
gobierno, los dirigentes° políticos, los embajadores,° los hombres   *líderes / ambassadors*
5 de empresa,° profesionales, intelectuales, etc., que me visitan,   *negocios*
suelen llamarme «Señora»; y algunos incluso me dicen
públicamente «Excelentísima o Dignísima° Señora» y aun, a veces,   *muy honrada*
«Señora Presidenta».

Los descamisados, en cambio°, no me conocen sino como   *contraste*
10 «Evita».

Cuando un pibe me nombra «Evita» me siento madre de todos
los pibes y de todos los débiles y humildes° de mi tierra.   *humble people*

Cuando un obrero° me llama «Evita» me siento con gusto   *trabajador manual*
«compañera» de todos los hombres que trabajan en mi país y en
15 el mundo entero.

Cuando una mujer de mi Patria° me dice «Evita» yo me   *Fatherland*
imagino ser hermana de ella y de todas las mujeres de la
humanidad.

Comprensión

1. ¿Quiénes usaban el nombre «Evita»?
   a. los intelectuales   **b.** los hombres de empresa   **c.** los embajadores
   d. los descamisados
2. A Eva Perón le gustó que la gente la llamara «Evita» porque se sentía:
   a. muy joven, como todos los pibes.   **b.** como una «Dignísima Señora».
   c. conectada con la gente por lazos de familia y amistad.   **d.** superior a
   todas las otras mujeres de la humanidad.

Interpretación

¿Qué le parece a Ud. el uso de los apodos (*nicknames*) para las personas importantes? ¿Cuándo los usamos? ¿Por qué? ¿Tiene Ud. apodo?

---

* Los números han sido agregados para facilitar la referencia. Estas selecciones están presentadas aquí en forma ligeramente abreviada.

(2) *Demasiado peronista*°

A veces suele decirme cariñosamente el mismo Líder que soy
20 «demasiado peronista»...

    Sí, soy peronista, fanáticamente peronista.

    Demasiado no, demasiado sería si el peronismo no fuese como
es,° la causa de un hombre que por identificarse con° la causa de
todo un pueblo tiene un valor infinito. Y ante° una cosa infinita no
25 puede levantarse la palabra demasiado.

    Pero no solamente soy peronista por la causa de Perón. Soy
peronista por su persona misma y no sabría decir por cuál de las
dos razones más...

    Aquí tal vez sea conveniente que den vuelta la página° quienes°
30 piensan que entre Perón y yo pudo darse un «matrimonio político».

    Quienes lo crean así no verán en esta página sino° literatura o
propaganda.

    Nos casamos porque nos quisimos y nos quisimos porque
queríamos la misma cosa. De distinta manera los dos habíamos
35 deseado hacer lo mismo: él sabiendo bien lo que quería hacer;
yo, por sólo presentirlo;° él, con la inteligencia; yo, con el
corazón; él, preparado para la lucha; yo, dispuesta° a todo sin
saber nada; él, culto y yo, sencilla; él, enorme, y yo, pequeña; él,
maestro, y yo, alumna. Él, la figura y yo, la sombra.
40   ¡Él, seguro de sí mismo,° y yo, únicamente segura de él!

Peronist (referring to the political party)

no... *weren't what it is /* **por...** *because he is identified with /* delante de

que... *that (they) should turn the page /* las personas que *anything but*

por... porque tenía la intuición de esto / preparada

de... *of himself*

Comprensión

1. ¿Quién llamaba a Eva «demasiado peronista»?
    a. su hermano   **b.** su marido   **c.** el vicepresidente   **d.** un profesor.

2. El texto dice que el valor de Perón es:
    a. poco importante.   **b.** demasiado grande.   **c.** limitado.   **d.** infinito.

3. Según Eva, Juan Perón y ella se casaron porque:
    a. era conveniente.   **b.** deseaban un «matrimonio político».   **c.** querían
la misma cosa.   **d.** tenían dos razones secretas.

Interpretación

¿Qué cualidades diferentes tienen Eva y Juan? ¿Qué piensa Ud. de la descripción de su matrimonio? ¿Le parece una relación entre dos iguales o entre jefe y subordinado?

(3) Además de la justicia

Desde el día que me acerqué° a Perón advertí° que su lucha por la   puse cerca / noté
justicia social sería larga y difícil...

    Yo sabía por el mismo Perón, que la justicia no se
realizaría en todo el país de un día para otro.° Y los argentinos,   **de...** *overnight*
45 sin embargo, los «descamisados», los humildes, creían tanto
y tan ciegamente en su Líder que todo lo esperaban de él,°   **que...** *that they were*
y todo «rápidamente», incluso aquellas cosas que sólo   *expecting everything*
pueden arreglarse con milagros.   *from him*

    Era indudable que mientras Perón se disponía a trabajar con
50 alma y vida en su empresa justicialista° había que hacer algo   **empresa...** *programa*
más.°   *de justicia* / **algo...**
   something more

    Yo sentía que ese algo más me tocaba a mí,° pero francamente   **me...** era mi
no sabía cómo hacerlo.   responsabilidad

    Por fin un día me animé°... me animé a hacer... ¡una   **me...** tuve el valor
55 corazonada!°   acto impulsivo

    Me asomé° a la calle y empecé a decir más o menos   **Me...** Salí
esto:

    —Aquí estoy. Soy la mujer del Presidente. Quiero servir a mi
pueblo para algo.°   **para...** *in some way*
60   Los descamisados que me oyeron fueron pasándose la noticia
unos a otros.°   **fueron...** *went around*
   spreading the news

    Empezaron a llegar hasta mí; unos, personalmente y otros, por
carta.

    En aquellas cartas ya empezaron a llamarme «Evita».
65   Entonces les dije:

    —Prefiero ser Evita a ser la mujer del Presidente de la
República, si ese «Evita» sirve para algo a los descamisados de mi
Patria.

    Así empezó mi obra de ayuda social.
70   No puedo decir que nació en mí.°   **que...** *that it was born*
   inside of me

    En cambio me parece más exacto decir que nació de un
entendimiento mutuo y simultáneo entre mi corazón, el de Perón y
el alma grande de nuestro pueblo.

    Es una obra común.
75   Y así la sentimos: obra de todos y para todos.

Comprensión

1. Eva decidió hacer «algo más» porque:
   a. la minoría rica no creía en su Líder.   **b.** la gente pobre esperaba todo y rápidamente.   **c.** la justicia iba a realizarse muy pronto.   **d.** necesitaba ganar dinero.

2. Un día ella se animó a:
   a. escribir una carta al Servicio Social.   **b.** abrir una oficina.   **c.** dar un discurso en el Teatro Colón.   **d.** salir a la calle y hablar con la gente.

Interpretación

Imagine Ud. a la esposa del presidente de EE. UU. (o del primer ministro de Canadá) en las circunstancias descritas por Eva. ¿Qué pasaría si ella anduviera por las calles, hablando con la gente de sus necesidades? ¿Cree Ud. que el papel de la esposa de un político (o del esposo de una mujer política) debe limitarse a las ceremonias? Explique.

(4) El dolor de los humildes

Pero una cosa quiero repetir aquí antes de seguir adelante.

Es mentira de los ricos eso de que los pobres no tienen sensibilidad.°   *sensitivity*

80   Yo he oído muchas veces en boca de «gente bien», como ellos suelen llamarse a sí mismos, cosas como éstas:

—No se aflija tanto por sus «descamisados». Esa «clase de gente» no tiene nuestra sensibilidad. No se dan cuenta de lo que les pasa. ¡Y tal vez no convenga del todo que se den cuenta!°   **no...** *it wouldn't be convenient if they did become aware*

85   Yo no encuentro ningún argumento razonable para refutar esa mentira injusta.

No puedo hacer otra cosa que decirles:

—Es mentira. Mentira que inventaron ustedes los ricos para quedarse tranquilos. ¡Pero es mentira!

90   Si me preguntasen por qué yo tendría solamente algo que decirles, muy poca cosa. Sería esto:

—Yo he visto llorar a los humildes° y no de dolor, ¡que de dolor   **Yo...** *I have seen humble people cry* lloran hasta los animales! ¡Yo los he visto llorar por agradecimiento!°   *gratitude*

95   ¡Y por agradecimiento, por agradecimiento sí que no saben llorar los ricos!

Comprensión

1. Según los ricos, los pobres no sufren mucho porque no tienen:
   a. dolor.   **b.** sensibilidad.   **c.** cuentas.   **d.** argumentos.

2. Eva cree que los ricos inventaron esta mentira para:
   a. estar tranquilos.   **b.** ayudar a los pobres.   **c.** tener algo que decir.
   d. llorar de agradecimiento.

Interpretación

¿Cree Ud. que los pobres tienen las mismas expectativas de la vida que los ricos?

Discusión

Colaboraciones para el análisis

✳ Trabajando con tres o cuatro compañeros(-as), analice Ud. una de las cuatro selecciones de *La razón de mi vida* y llene el formulario. Cada grupo debe analizar una selección diferente. Después, algunos leerán su análisis a la clase.

FORMULARIO DE ANÁLISIS DE *LA RAZÓN DE MI VIDA*

1. Nombres de las personas en nuestro grupo: _____
2. Título de la selección para analizar: _____
3. ¿Qué partes de esta selección les habría gustado a los «descamisados»? Escriba tres citas (*quotes*).
   a. _____
   b. _____
   c. _____
4. ¿Qué habrán pensado de estas partes los argentinos de la clase alta?
   _____
   _____

5. Piensen un momento en estas selecciones como propaganda. En su opinión, ¿qué tipo de imagen de Evita querían proyectar los autores anónimos del libro? ¿Qué cualidades querían mostrar en ella?
   _____

6. Juzgando de las selecciones y del resumen de su vida, ¿qué piensan Uds. de Eva Perón? Pongan una **X** delante de las frases (en la página 69) que la describen mejor.

FORMULARIO DE ANÁLISIS DE *LA RAZÓN DE MI VIDA* *continuacíon*

_____ la esperanza de los desafortunados
_____ una idealista ignorante pero con buenas intenciones
_____ una inspiración para la humanidad
_____ una mujer frívola y extravagante
_____ una oportunista que manipuló al pueblo
_____ una fuerza más positiva que negativa
_____ otra descripción: _____
7. ¿Por qué tienen Uds. esta opinión?

_____

_____

▲▼▲▼▲▼▲▼▲▼▲▼▲▼▲▼▲▼▲▼▲▼▲▼▲▼▲▼

Más allá del texto

1. Busque en Internet o en la biblioteca información sobre uno de los siguientes temas: a) la desaparición del cadáver de Evita después de su muerte; b) la influencia de Evita en la moda, la ropa y el peinado (*hairstyle*); c) la vuelta a Argentina de Juan Perón en los años 70 —por qué volvió y qué hizo allá; d) la tercera esposa de Juan, Isabel Perón. Prepare un breve resumen de la información para la clase.

2. Traiga a la clase fotos de Eva Perón y explique cada foto a la clase en español.

3. Encuentre la versión española de una de las canciones de la obra musical *Evita* y haga una copia de la letra en español para leérsela a la clase.

4. Lea un libro sobre Eva Perón y escriba un informe sobre su contenido.

Mafalda

Guernica *de Pablo Picasso: Una pintura de protesta*

✳ *Guernica* del pintor español Pablo Picasso es uno de los cuadros más famosos del arte moderno. (Mírelo Ud. en la página 76.) Muestra un momento dramático de la Guerra Civil Española (1936–1939), una guerra que resultó en cambios sociales muy profundos. Miles de personas llegan todos los años a Madrid para verlo. Casi todas se llevan un choque rudo, pues el cuadro es violento y perturbador. Para comprenderlo, hay que saber un poco sobre la historia.

El texto: Localización de datos importantes

✳ ¿Cuánto sabe Ud. de la historia militar de este siglo? Llene los espacios en blanco con los datos apropiados. Busque en el artículo los datos que no sabe.

1. Las fechas de la Guerra Civil Española: de 19_____ hasta 19_____

2. Los dos bandos que se oponían en la guerra: los _____ y los

   _____

3. Dos países extranjeros que intervinieron de manera decisiva en la Guerra Civil Española: _____ y _____

4. El nombre del dictador que gobernó España por muchos años después de la guerra: _____

5. El tipo de gobierno en España hoy: _____

Guernica *de Pablo Picasso: Una pintura de protesta*

La España actual

La España actual es una nación democrática y moderna que, desde 1986, pertenece a la UE (Unión Europea, inicialmente la Comunidad Europea). Su gobierno es una monarquía constitucional con un rey popular y un primer ministro. Todo esto
5 representa un enorme progreso, pues durante los años 40 y 50 de siglo XX España era un país pobre y atrasado: Mucha gente no se

da cuenta de la pobreza y represión en que vivieron los españoles por muchos años, una situación que tuvo sus raíces en tres años horrorosos de guerra civil.

A quí se ve Plaza de España. La España actual es un país moderno y próspero.

La Guerra Civil Española

10 La Guerra Civil Española fue un preludio militar y político a la Segunda Guerra Mundial. También fue un conflicto cruel que dividió a familias cuando hermano luchaba contra hermano y padre contra hijo. Irónicamente la guerra tuvo sus orígenes inmediatos en la fundación en 1931 de un gobierno liberal: La

15 Segunda República. Este gobierno reformista pronto fue atacado por conservadores y radicales, y durante cinco años España pasó por una época de terrorismo y caos. En 1936 se levantó un grupo de militares que querían restablecer el orden, la seguridad y las tradiciones. Su bando se llamaba «los nacionales», e incluía los

20 militares, la Iglesia católica, los monárquicos y un número
pequeño de seguidores de la Falange, el partido fascista español.
El otro grupo, «los republicanos», estaba compuesto de personas
que, por diversas razones, deseaban mantener una república:
liberales, socialistas, anarquistas y un número pequeño de
25 comunistas. Muchos vascos (un grupo étnico del norte) lucharon al
lado republicano, a pesar de ser muy católicos, porque la
República les había prometido la independencia de su región.

Las influencias externas

Trágicamente, la intervención de Hitler y de Stalin produjo una gran
polarización e hizo que el conflicto se convirtiera en una lucha entre
30 el fascismo y el comunismo, a pesar de que pocos españoles
profesaban esas ideologías. El resultado fue un aumento astronómico
en la potencia destructiva, pues los nacionales obtuvieron armas y
ayuda técnica de Alemania, y los republicanos recibieron apoyo
moral y técnico de Rusia. Voluntarios de todas partes del mundo
35 acudieron a combatir, sumándose al número de las víctimas.
Durante la guerra, los dos bandos cometieron atrocidades. Una
de las más horrorosas fue el bombardeo por los nacionales en 1937
de Guernica, un pequeño pueblo sin ninguna importancia militar en
el norte de España. Por tres horas los aviones alemanes de la *Luftwaffe*
40 bombardearon Guernica, destruyendo gran parte del pueblo más
antiguo de los vascos y el centro de su tradición cultural. Este
bombardeo, el primero contra una población civil indefensa que
utilizara métodos de guerra moderna, produjo gran consternación
en el mundo entero. Ese mismo año Picasso pintó en París su cuadro
45 *Guernica*, que se convirtió en un símbolo de protesta contra los
métodos de la guerra moderna y un homenaje a las víctimas inocentes.

Del franquismo a la democracia

En 1939, la guerra terminó con el triunfo de los nacionales y se
estableció en España una dictadura militar bajo el general
Francisco Franco que iba a durar casi cuarenta años. Había un
50 solo partido, La Falange, y una sola religión oficial: el catolicismo.
Durante y después de la Segunda Guerra Mundial, el
«generalísimo» controló una sociedad profundamente herida por
la guerra civil, con represión y censura. Sin embargo, a partir de

los 60, se logró cierto nivel de industrialización y un notable
55 progreso económico.

Después de la muerte de Franco en 1975, empezó la transición
a la democracia y monarquía parlamentaria que existe hoy. Se
promulgó una nueva constitución que concedió la autonomía a la
región vasca y a cualquier otra región que la quisiera. Esto calmó
60 la mayoría de los problemas regionalistas, pero el grupo vasco
ETA sigue pidiendo la independencia completa, y comete actos de
violencia con el fin de obtenerla. Muchos otros cambios han
ocurrido, y la España de hoy es una sociedad liberal que permite
el divorcio, el aborto, la existencia de partidos políticos de
65 diversas tendencias y la libertad de palabra y de prensa.

El cuadro y su mensaje universal

Durante los años de Franco, *Guernica* estuvo en Nueva York en el
Museo de Arte Moderno. Luego, en septiembre de 1981, se la
envió a España, donde ahora se exhibe en un edificio especial al
lado del Museo del Prado de Madrid. Así, los EE. UU. cumplió con
70 los deseos del gran pintor ya difunto, quien había pedido que se
enviara la pintura a su patria en cuanto se volviera a establecer
allí la democracia.

Hay muchas interpretaciones posibles del cuadro, sobre todo con
respecto al simbolismo que tienen las varias figuras, pero no cabe
75 duda de que Picasso ha captado para siempre la agonía y el terror
de una familia rural y de todo pueblo que haya sufrido la guerra.

C o m p r e n s i ó n

Los dos bandos

* Trabaje con un(-a) compañero(-a) y escriba en la columna apropiada las siguientes palabras para mostrar las grandes divisiones que existían durante la
guerra.

anarquistas	la Falange	socialistas	militares
fascistas	la Iglesia	liberales	marxistas
monárquicos	comunistas	vascos	rojos

Republicanos		Nacionales	
	izquierda		derecha

D i s c u s i ó n

Opiniones

1. Trabajando con tres o cuatro compañeros(-as), discutan los siguientes temas.

   a. *Las guerras civiles.* ¿Por qué son especialmente horribles, en comparación con otras clases de guerra?

   b. *La intervención de Hitler y de Stalin en la Guerra Civil Española.* ¿Qué consecuencias tuvo? ¿Es siempre malo intervenir en la guerra de otra nación? Expliquen.

   c. *El pueblo Guernica.* ¿Qué pasó en este pueblo en 1937? ¿Qué simbolismo tiene *Guernica* hoy?

   d. *El triunfo de Franco.* ¿Fue bueno o malo para España la victoria militar de los nacionales en 1939? ¿Por qué?

2. ¿Qué otras pinturas de protesta conoce Ud.? ¿Qué otras obras de arte, piezas de música, literatura o películas conoce Ud. que se hayan creado como protesta social? ¿Qué opina Ud. de este método de protestar?

A c t i v i d a d

Interpretación de un cuadro

✳Trabajando solo(-a) o con otra persona, mire Ud. el cuadro en la página 76 y trate de interpretarlo. Recuerde que no hay una sola interpretación definitiva.

1. ¿Cuáles son sus primeras impresiones del cuadro? ¿Qué emociones le comunica a Ud.?

2. ¿Por qué cree Ud. que Picasso pintó el cuadro en colores oscuros?

Pablo Picasso, *Guernica* (mayo–junio, 1937). El cuadro mide 7,82 metros (25′5¾″) de ancho por 3,50 metros (11′5½″) de alto. En 1981 fue enviado a España por el Museo de Arte Moderno de Nueva York. Ahora está en un edificio separado, cerca del Museo del Prado, Madrid.

3. ¿Qué evidencias de guerra hay?

4. ¿Dónde ocurre la escena, dentro o fuera de una casa? ¿Cómo sabemos que es un ambiente rural?

5. Para Ud. ¿qué representa la figura que entra desde afuera? ¿la mujer con el niño? ¿la figura en pedazos (*pieces*) sobre el suelo?

6. La figura más enigmática y la única no herida es la del toro. Picasso mismo ha dicho: «El toro es un toro... El público puede ver [en el toro] lo que quiera ver». ¿Qué ve Ud.?

7. Brevemente, ¿qué cree Ud. que es el mensaje del cuadro?

Vocabulario auxiliar

las armas	*weapons*	**la invencibilidad**	
el bien y el mal	*good and evil*	**las llamas**	*flames*
		la luz	
el caos		**la maternidad**	
los civiles	*civilians*	**el miedo, el terror**	
los colores oscuros, sombríos	*dark, somber colors*	**el mundo externo**	
		el soldado	*soldier*
destruir, la destrucción		**sufrir, el sufrimiento**	
		el susto	*scare, shock*
la espada	*sword*		
el fascismo		**la tragedia** (*adj.* **trágico**)	
la fuerza	*strength*		
la gallina	*hen*	**la tristeza** (*adj.* **triste**)	
gritar, los gritos	*to scream, screams*	**la vida familiar, doméstica**	
la guerra mecanizada		**la vulnerabilidad** (*adj.* **vulnerable**)	
indefenso	*defenseless*		
la inutilidad (*adj.* **inútil**)	*futility* (*futile*)		

Poesía de identidad de la República Dominicana (Selecciones)

En años recientes, uno de los grandes cambios ha sido el *multiculturalismo*, la gradual integración en la cultura dominante de grupos minoritarios que antes estaban excluidos. Este fenómeno ha ocurrido, y está ocurriendo en muchos países, siempre con repercusiones políticas, económicas, psicológicas y artísticas.

Blas R. Jiménez es un poeta afrodominicano quien ha vivido una profunda evolución espiritual con respecto a su identidad en una sociedad donde participan principalmente tres grupos culturales: negros, indios y españoles. Jiménez nació en 1949 en Santo Domingo. Fue educado hasta la edad de ocho años por los abuelos paternos en Bayona, una comunidad negra en las afueras de la ciudad. Los estudios básicos fueron en las escuelas del sistema público, el nivel secundario en agricultura en una escuela experimental, el nivel universitario en Texas A&M y el postgrado en Ciencias Políticas en la Universidad Nacional Pedro Henríquez Ureña en la República Dominicana.

Además de ser un excelente poeta y ensayista, Jiménez es gerente de negocios y periodista. Tiene una columna semanal en el periódico *Hoy*, en la que trata de dar una visión afrocéntrica a la realidad dominicana. Los tres poemas que se dan a continuación son de sus libros *Aquí otro español* y *Exigencias de un cimarrón* (*en sueños*).

1. Para abrir el tema

* Piense un momento en el concepto de la identidad personal. ¿Cómo respondería Ud. a la pregunta: «¿quién soy yo?» Trabajando solo(-a) o con otro(s), conteste estas preguntas.

1. ¿Se identifica Ud. más con su nación, con una región particular o con una comunidad? Explique.

2. ¿Qué otros factores son importantes para determinar quiénes somos? ¿La familia? ¿El trabajo? ¿La religión? ¿La escuela? ¿La raza? ¿El aspecto físico? ¿Los deportes, pasatiempos o clubes? ¿Los gustos y preferencias? En su opinión, ¿cuál es el factor más importante? ¿Por qué?

2. Vocabulario: Adivinar los antónimos

✳Antes de leer los poemas, aprenda estas palabras claves. Use sus conocimientos de cognados, su intuición o el proceso de eliminación para escoger un antónimo para cada uno.

Antónimos

1. esclavo _____ adelante

2. fuera _____ esperanzado

3. atrás _____ dentro

4. servil _____ libre

5. desesperado _____ orgulloso

3. El texto: Identificación de las emociones principales

✳En la poesía, las emociones importan tanto como las ideas. Mire rápidamente los tres poemas y diga cuál de las siguientes frases describe las emociones de cada poema.

_____ 1. «Tengo»   _____ 2. «Lamentos»   _____ 3. «Letanía No. 1»

a. desprecio y compasión por una persona que está cambiando su aspecto físico

b. el deseo y la esperanza de tener mejores condiciones en el futuro

c. orgullo y afirmación de una parte de la identidad personal que antes se había escondido

🎧 Poesía de identidad

Blas R. Jiménez

Tengo

Tengo que sentirme negro
por las tantas veces° que fui blanco   ocasiones
tengo que sentirme negro

por las tantas veces que fui indio
5 tengo que sentirme negro
porque soy negro.
Soy la contradicción de mi historia
soy el llamado a re-escribirla
re-escribir la historia de esta tierra
10 y si me llaman racista
le diré que soy racista
le diré que no soy.
Tengo que sentirme negro
aunque sea por un tiempo
15 tengo que sentirme negro
porque soy negro
ahora que soy hombre
tengo que sentirme negro
ahora que conozco la verdad
20 la verdad de la historia presente
presente en la presencia de mi ser
presente en un diario padecer.°   *sufrir*
Entre cañas°   *sugar cane (fields)*
en el café
25 en las calderas°   *boilers (industria)*
en cárceles
encarcelado dentro de una realidad que
hay que echar° fuera   *throw out*
para ser.
30 Tengo que sentirme negro
porque soy el trabajo
      soy el sudor°   *sweat*
      soy la esperanza
      soy el amor
35 tengo que sentirme negro
porque soy negro-humano
            que siente
            que crea
            que crece.
40 Tengo que sentirme negro
vivir la negritud°   *identidad negra*

vivir, vivir, vivir

hasta dejar atrás° el ser negro   **dejar...** *(I) leave behind*

y ser

45 para ello, tengo que sentirme negro

por las tantas veces que fui blanco

por las tantas veces que fui indio

por las tantas veces que dejé de ser°   **dejé...** *I stopped being*

Comprensión

1. Según los cuatro primeros versos, ¿cómo ha escondido el poeta su origen afrodominicano?

2. ¿Qué quiere hacer con la historia de su tierra? ¿Por qué?

3. ¿Cuáles son los cuatro lugares que menciona el poeta con relación al «diario padecer» de su raza? ¿Qué representan?

4. ¿Cuándo podrá «dejar atrás el ser negro»? ¿Cómo interpreta Ud. esta idea?

Lamentos

Negra rubia

negra rubia

desfigurada de mi tierra

te crearon

5 te obligaron

negra rubia

negra rubia

con Lafier*

con tenazas°   *curling irons*

10 con Silueta*

robándote la belleza

negra rubia

negra rubia

sufro por lo que refleja tu espejo°   *mirror*

15 sufro porque tienes que soportarte°   *tolerarte*

sufro por ti

---

*Lafier y Silueta son productos que se usan para cambiar el color y la textura del pelo.

Comprensión

1. En este poema, el poeta le habla a una mujer afrodominicana que se ha teñido (cambiado del color) y relajado el pelo. ¿Qué opina de esta mujer?

2. ¿Qué usaron para cambiar la apariencia de la negra rubia?

3. ¿Qué piensa Ud. de la crítica del poeta? ¿Es justa? ¿Es apropiada?

4. ¿Qué podría decir la mujer para defender sus acciones? («Yo... porque....»)

Letanía No. 1

Por los hijos de quienes tenían miedo
hijos que no tienen miedo.
Por los hijos de quienes fueron esclavos
hijos que no son esclavos.
5 Por los hijos de mujeres que fueron violadas°   raped
hijas que no son violadas.
Por los hijos de negros serviles
negros que no son serviles.
Por los hijos de quienes tenían complejos de inferioridad
10 hijos sin complejos.
Por los hijos de los desesperados
hijos que esperan trabajar.
Por los hijos de quienes no tenían historia
hijos que hacen historia.
15 Por los hijos de quienes no tenían patria
hijos que son la patria.
Por los hijos de quienes no tenían orgullo
hijos orgullosos.

                                        AMÉN.

Comprensión

1. ¿Qué problemas del pasado se mencionan en el poema? ¿Cuáles existen todavía?

2. Tradicionalmente, una letanía es una forma de oración repetitiva en la cual se le hacen a Dios peticiones. En «Letanía», ¿qué se le pide a Dios, básicamente?

D i s c u s i ó n

❋Discuta las siguientes preguntas con otra persona o en grupos pequeños. Luego, compartan sus ideas con la clase.

1. ¿De qué secciones de la sociedad estaban excluidos varios grupos en el pasado? ¿Por qué? ¿Y ahora?
2. ¿Qué grupos sufren discriminación y exclusión ahora? ¿Por qué?
3. ¿Qué piensas de la idea de «pasar» por alguien distinto, como, por ejemplo, por una persona más vieja o más joven, más rica o más pobre, o de otra raza o grupo? ¿Por qué lo hacen algunas personas?
4. En tu opinión, ¿es fácil o difícil formar buenas amistades con gente de otras razas y nacionalidades? ¿Es posible? Explique.

C o m p o s i c i ó n

❋Trabajando solo(-a) o con otro(s), haga Ud. una lista de los problemas y crisis en el mundo de hoy. Escriba un poema en forma de letanía, siguiendo el modelo de «Letanía No. 1» e incluyendo referencias a algunos de estos problemas.

Contribuciones notables

La primera abolición de la esclavitud en América

En Morelia, capital del estado de Michoacán, México, el 19 de octubre de 1810, el alcalde publicó esta declaración:

«A todos los dueños de esclavos y esclavas que inmediatamente que llegue a su noticia esta orden superior, los pongan en libertad otorgándoles las escrituras, para que puedan tratar y contratar, comparecer en juicio y hacer las demás cosas que hacen las personas libres; y no haciéndolo así los citados dueños de esclavos y esclavas, sufrirán la pena capital, y la confiscación de todos sus bienes...»

Esta es la declaración que abolió la esclavitud por primera vez en América, 53 años antes de la *Emancipation Proclamation* del presidente Lincoln de Estados Unidos.

Más allá del texto

Prepare Ud. un informe oral o escrito sobre la situación de uno de estos grupos: los gitanos en España, los afrohispanos en Colombia o Costa Rica, los vascos, los mulatos en el Caribe, los indígenas en Latinoamérica u otro grupo de interés. Para obtener información, se puede consultar la sección de referencia de la biblioteca o Internet.

*I*mpase

Anticipación

＊Este cuento empieza con un momento tenso en el mundo de los negocios internacionales: el agregado (*attaché*) comercial chino y el agregado comercial español llevan tres horas tratando de negociar un convenio (*agreement*), pero, ¡no hay progreso! Parece que la situación ha llegado a un momento de dificultad insuperable, un *impase*. ¿Por qué? La causa parece ser las diferencias culturales.

El experto en análisis de culturas, Edward T. Hall, ha explicado la diferencia entre las culturas de «bajo contexto» donde los mensajes están expresados directamente y las culturas de «alto contexto» donde los mensajes están expresados indirectamente, a veces en frases de cortesía.＊ Hall ha mostrado numerosos ejemplos de malentendidos a causa de esta diferencia. En general, la cultura de Estados Unidos es una de las más bajas de contexto y por eso los comerciantes norteamericanos suelen parecer bruscos cuando hacen tratos en España y Latinoamérica. Sin embargo, todo es relativo, y el cuento nos muestra que, en comparación con el diplomático chino, el diplomático español es mucho más directo.

＊ Es importante comprender que la distinción entre culturas de alto contexto y culturas de bajo contexto no se trata de «mejor» o «peor», sino de diferente.

1. *Para abrir el tema*

✳La verdad es que en todas las culturas hay ocasiones cuando se emplea un lenguaje indirecto y cortés. Trabajando solo(-a) o con otro(s), lea Ud. las siguientes frases indirectas en inglés y en español, y escriba una versión directa.

1. *If it isn't too much trouble, could you possibly be so kind as to lower the window just a bit, please?*

   Versión directa: _____

2. ¿Pudiera Ud. tener la bondad de darme el libro azul, por favor?

   Versión directa: _____

3. Con el permiso de la concurrencia, debiera excusarme de esta agradable conversación para atender a algunas obligaciones urgentes que exigen mi presencia en la oficina.

   Versión directa: _____

   ¿Qué opina Ud. de la manera indirecta de hablar? ¿Cuándo es necesaria o eficaz?

2. *El vocabulario: Adjetivos para describir*

✳Escoja el adjetivo apropiado de la lista para completar cada frase tomada del cuento, usando la definición entre paréntesis. (Sobra un adjetivo en la lista.) ¡Cuidado con la concordancia (*agreement*) de los adjetivos variables!

adecuado	incómodo	infructuoso
benevolente	inconfundible	telepático
cercano		

MODELO un destino (fastidioso y desagradable) <u>incómodo</u>

1. un (típico e imposible de confundir) sonido _____
2. una palabra justa y (apropiada y conveniente) _____
3. una discusión (ineficaz y sin resultados) _____
4. un gesto (bondadoso y generoso) _____
5. un fenómeno (paranormal de transmisión de pensamientos)

   _____

3. *El texto: Saltar las palabras, frases o párrafos que no son necesarios*

✳¿Saltar (*Skipping*) palabras? ¡Qué barbaridad! A primera vista, parece un consejo malo. Pero, saltar las secciones no necesarias es una de las técnicas esenciales para la buena lectura. Es importante leer con un propósito (*purpose*) y *no* leer palabra por palabra.

El cuento de Sepúlveda sirve para practicar esta técnica porque contiene ocho secciones muy complicadas que son simplemente ejemplos de la cortesía y la expresión indirecta de la cultura china. Cada vez que habla el agregado chino o el intérprete chino, hay siempre una sección «impenetrable» y Ud. debe saltarla. El mensaje de estas secciones está expresado en las breves frases del agregado español o del intérprete español.

Trabajando solo(-a) o con otro(s), lea Ud. las líneas 1–27. Identifique los tres pasajes «impenetrables» y déles una ojeada (*give them a quick skim*) sin buscar el significado de ninguna de las palabras desconocidas. Después, haga este ejercicio. (Las líneas de la primera sección se dan como ejemplo.)

1. (La primera sección que debemos saltar es de la línea 5 a la línea 8.) El mensaje de esta sección es: a. las termitas devoran las bases. b. la hiedra cubre los muros y las ventanas. c. las frases tienen éxito. d. creo que estamos en un *impase.*

2. (La segunda sección que debemos saltar es de la línea _____ a la línea _____ .) El mensaje de esta sección es: a. también tienen éxito las mesuradas palabras. b. también creo que estamos en un *impase*. c. los hombres no pueden hablar con los dioses. d. Chang Po es el Viejo Sabio de las montañas.

3. (La tercera sección que debemos saltar es de la línea _____ a la línea _____ .) El mensaje de esta sección es: a. no hay *impase* que valga. b. ¿dónde empieza el arco iris? c. las culebras son mejores que los gusanos. d. necesitamos mayores garantías.

Siga Ud. con el mismo método en el resto del cuento (que tiene cinco otras secciones para saltar). Recuerde Ud.: no es necesario comprender el significado de todas las palabras en una lectura. Lo importante es comprender el significado general.

Impase

Luis Sepúlveda

uego° de tres horas sentado frente al agregado° comercial chino, al agregado comercial español se le ocurrió una frase que siempre tuvo éxito diplomático:

    —Creo que estamos en un *impase** —dijo.

Después / attaché

---

* La palabra *impase* está en cursiva porque ha entrado recientemente en español en imitación de la palabra inglesa *impasse*. Esta palabra va reemplazando expresiones más tradicionales como *atolladero* (*mire, bog*) o *callejón sin salida* (*alley with no exit*) que antes se usaban con un significado similar. Es interesante notar que la palabra *impasse* entró hace unos años en inglés del idioma francés.

5 —«La hiedra° se encarga de cubrir los muros y tapia las ventanas. Malvadas termitas devoran las bases de los puentes. El río desborda° su caudal ante la consternación de los cerezos° en flor» —tradujo° el intérprete chino.

El agregado comercial chino escuchó moviendo la cabeza en
10 señal de afirmación° y dijo:

—Hubo una vez dos hombres que querían hablar con los dioses. Cada uno estaba seguro de poseer la verdad. Pero los dos hablaban al mismo tiempo y los dioses no podían entenderlos. Entonces Chang Po, el Viejo Sabio° de las Montañas que pasaba por ahí, se dirigió a
15 ellos con mesuradas palabras. Necios,° empezó diciéndoles. Písense° la lengua con los talones.° Aquel que no sienta dolor será el primero en hablar. Los dos hombres lo hicieron y supieron que el peso de sus verdades era tan diferente como el peso de sus cuerpos.

—«También creo que estamos en un *impase*» —tradujo el
20 intérprete español.

—Necesitamos mayores garantías —indicó el agregado comercial español.

ivy

overflows

cherry trees

translated

señal... *a sign of agreement*

Viejo... Wise Old Man

Idiotas / *Step on*

heels

—«Queremos saber en cuál de los dos lados empieza el arco
iris,° si el ruiseñor canta porque empieza el día o se alegra por el   **arco...** *rainbow*
25 fin de las sombras, acaso la culebra° por ser más larga alcanzará   serpiente
la meta antes que el pudoroso gusano° de la seda» —tradujo el   *worm*
intérprete chino.

El agregado comercial chino lo escuchó todo con nuevos
movimientos de cabeza y respondió sin perder la sonrisa:
30   —La vergüenza° de la mujer infiel no termina en sus futuras   *shame*
vidas. La alondra° pondrá sus huevos sin pensar en los dientes del   *lark*
zorro. Por muy largo que tenga el cuello, la jirafa no probará la
dulce leche de los astros.°   estrellas

—«Ya tiene nuestras garantías» —tradujo el traductor español.
35   Llevaban° tres horas en eso. El agregado comercial español veía   *They had spent*
con preocupación su futuro diplomático. Si no firmaban° el convenio,   **Si...** *If they didn't sign*
los empresarios de la comunidad europea pedirían su cabeza.

El agregado comercial chino tenía idénticas preocupaciones.
De fracasar la iniciativa° le aguardaba un destino incómodo en los   **De...** *If the initiative*
40 territorios cercanos al Tibet. Además odiaba profundamente los   *failed*
quinquenios° de la reeducación en el campo.   sentencias de cinco
    años

Un *impase*. Qué palabra tan justa y adecuada. Los dos
diplomáticos sentados frente a frente la medían° en sus diferentes   contemplaban
significados. El español tenía la pelota en su campo de juego.°   **pelota...** *ball in his court*
45 Debía responder, tender° un puente, y buscaba y rebuscaba° los   extender / buscaba
argumentos precisos.   otra vez

De pronto, desde un costado° de la sala se escuchó el   lado
inconfundible sonido de un encendedor.°   *lighter*

Los intérpretes y los diplomáticos miraron en esa dirección y
50 vieron a un camarógrafo° de la televisión fumando con absoluta   *cameraman*
displicencia,° tan aburrido como ellos mismos de esas tres horas   indiferencia
de discusión infructuosa.

El hombre, al verse sorprendido,° comprendió de inmediato   **al...** cuando notó que
que había violado normas° sagradas de comportamiento y se   lo miraban /
    restricciones
55 apresuró a apagar° el pitillo.° El problema era que no veía ningún   *put out* / *cigarrillo*
cenicero° y aplastarlo° sobre la alfombra le significaría ser   *ashtray* / *to step on it*
expulsado del club de prensa. Sudaba° el camarógrafo y los dos   *(He) was sweating*
diplomáticos comprendieron que un gesto° benevolente ayudaría   *gesture*
a reanudar° el diálogo.   empezar otra vez
60   Al parecer° los fenómenos telepáticos no son ajenos° a los   **Al...** Aparentemente /
diplomáticos, pues tanto el chino como el español realizaron° al   imposibles / hicieron

mismo tiempo el gesto de indicarle que todo estaba bien y que podía fumar en paz.

Los dos diplomáticos sonrieron y para relajar más la atmósfera
65 echaron mano a sus pitilleras.° La del español era de fino cuero,° joya de talabartería salmantina,° y la del chino de bambú forrada° en pergamino° verde.

Una diligente mano anónima se apresuró° en depositar un cenicero de porcelana entre los diplomáticos.

70 —¿Desea uno hecho con tabaco canario?° —ofreció el español.

—«Tres generaciones de cultivadores se avergüenzan de su dudoso producto. Sé que debiera tenderle una alfombra conducente al país de los sueños. El humo que merecen sus pulmones° ha de ser tan sutil como el rocío° que engalana las
75 espinas de la rosa y tan suave como el vuelo de las nubes en Primavera. Sin embargo, me atrevo a ofrecerle de mi oprobioso placer» —tradujo el intérprete chino.

El agregado comercial aceptó el cigarrillo y estiró° su pitillera.

—El cielo prodiga las lluvias y los labriegos° alzan sus cabezas
80 en un llanto agradecido. Todo lo que se da nos es devuelto. El panda responde a nuestra generosidad escondiendo las garras° y el zorro que devora nuestros pollos termina abrigándonos el cuello. Indigno de mí que me atrevo a ofender su paladar con el fruto oscuro de censurables plantaciones.

85 —«Acepte uno de mis negros°» —tradujo el intérprete español.

Encendieron° los cigarrillos y dieron las primeras chupadas.° El español contuvo la tos° y cerró los ojos para disimular las lágrimas.

—Bueno. Muy bueno —dijo.

—«El cielo tiene siete puertas. Infame° de mí que recién lo
90 comprendo. La casa del placer me recibe con sus mejores frutos y jubiloso dejo mis lamentables costumbres a la entrada. No merecen otro destino que ser pisadas° por los pordioseros. Dichoso de mí. Ocho generaciones venerarán este glorioso momento» —tradujo el intérprete chino.

95 El agregado comercial chino dio la tercera chupada sin llegar al sabor del tabaco canario.

—Ignorante de tal gusto, mi criticable boca sólo supo del sabor del estiércol.° Jamás una caricia tan certera se paseó por su cavidad tendiente a la calumnia. Nunca mis dientes, que sólo
100 disfrutaron del lacerante zumo de los cardos,° fueron

Glosas (margen derecho):

65 paquetes de cigarrillos / *leather* / **de...** *of Salamancan leatherwork* / *lined* / *parchment* / aceleró

70 de las islas Canarias

74 *lungs / dew*

78 ofreció

79 trabajadores

81 *claws*

85 cigarrillos de tabaco negro / *They lighted up* / *puffs* / **contuvo...** *held back his cough*

89 *Unworthy*

92 *stepped upon*

98 fertilizante

100 *thistles*

adormecidos con la ensoñación azul y placentera de tal
inconmensurable placer. Arrogante de mí. Fanfarrón° de mí,   *Boastful*
que me atrevo a suponer que el tabaco fue regado con lágrimas
de colibrí° y segado con espadas matadoras de dragones.   *hummingbird*

105   Luego del intercambio de frases sinceras, los dos diplomáticos
aplastaron las colillas° en el cenicero y se dispusieron a reanudar   **aplastaron...** *put out the*
las conversaciones.   *cigarette butts*

    El aroma de los diferentes tabacos presagiaba° un buen final para   *daba indicaciones de*
ambos° bandos y muy cerca, el camarógrafo encendía un segundo   *los dos*
110 pitillo con la seguridad de haber contribuido a superar° el *impase*.   *terminar con*

C o m p r e n s i ó n

¿Cierto o falso?

✱ Diga si las siguientes frases sobre el cuento son ciertas o falsas. Corrija las frases
falsas.

_____ 1. Los dos agregados creían que estaban en un *impase*.

_____ 2. El agregado español no estaba preocupado porque su futuro
diplomático era seguro.

_____ 3. El agregado chino estaba preocupado porque temía las consecuencias
de un fracaso.

_____ 4. De repente se escuchó el sonido inconfundible de una pistola.

_____ 5. Un camarógrafo de la televisión fumaba un cigarrillo pero no tenía
cenicero.

_____ 6. Los dos agregados le indicaron que podía fumar en paz.

_____ 7. Cada uno de los dos agregados aceptó y fumó un cigarrillo del otro.

_____ 8. Los cigarrillos eran muy similares.

_____ 9. Al final, es casi seguro que los dos diplomáticos van a firmar el convenio.

D i s c u s i ó n

✱ Trabajando con un(-a) compañero(-a), conteste Ud. las siguientes preguntas.

1. El cuento acaba con un tono optimista. Pero, ¿por qué? ¿Exactamente, qué ha
pasado para cambiar la atmósfera y romper el *impase*?

2. Hoy mucha gente deja de fumar. ¿Qué opina Ud. de este habito? ¿Puede pensar en otra solucíon al impase del cuento?

3. Algunos dicen que siempre es mejor «ir al grano» (*to get right to the point*) en
una conversación. ¿Estás de acuerdo o no? ¿Por qué?

¿Qué les parece?

¿De qué conquista hablamos?

Mire Ud. esta foto de la fotógrafa mexicana Lourdes Grobet y piense en qué representa. Trabajando con otros discuta estos temas:

1. **El título de la serie.**   *¿De qué conquista hablamos?*   ¿Creen Uds. que se refiere a una conquista militar, cultural, artística o comercial? Expliquen.

2. **Las tres banderas.**   ¿Pueden Uds. identificarlas? ¿Qué representan?

3. **Las transnacionales.**   ¿Qué opinan Uds. de las compañías transnacionales y su impacto en las diversas culturas del mundo? ¿Es buena o mala esta influencia? ¿Por qué?

4. **El mensaje de la foto.**   ¿Qué opinan Uds. de la foto? En palabras sencillas, ¿cuál es su mensaje?

*El boom de Internet**

***Internet ahora está por todas partes y muchos creen que representa una revolución en la comunicación humana. Desde las junglas de Chiapas, México, los revolucionarios zapatistas han transmitido mensajes políticos en su «sitio de web» *Ya basta.* También hay sitios feministas, como *Hermanas cibernéticas* o *Mujeresaraña.* Los arqueólogos usan Internet, los cocineros, los monjes... hasta el Dalai Lama tiene su sitio en el ciberespacio. El siguiente artículo describe la participación en Internet de los costarricenses.

Una niña ciega usa su computadora.

1. Para abrir el tema

***Internet es un fenómeno que está cambiando nuestra vida. Pero, ¿para bien o para mal? Trabajando solo(-a) o con otro(s), conteste las siguientes preguntas.

1. ¿Usa Ud. Internet? ¿Cómo, cuándo y para qué?
2. ¿Qué peligros hay en Internet? ¿Qué oportunidades hay?

---

* De la revista costarricense *Actualidad económica.*

3. ¿Cree Ud. que es bueno para los negocios o no? Y en general, ¿para la sociedad? Explique.

2. El vocabulario: ¿Quiénes son?

✱Busque Ud. los nombres de los siguientes grupos mencionados en el artículo. Las frases están en el orden de su uso en la selección.

MODELO   *Personas que exportan productos o servicios* en el mundo pueden colocar su catálogo en una vitrina virtual. (Exportadores)

1. Esta red une a científicos, artistas, políticos y *los dueños o representantes de una empresa* sin distingo de raza, nacionalidad o ideología.
2. Por ahora Internet está en más de 3 millones de computadores, con más de 40 millones de *personas que lo usan.*
3. En los 60, algunos *ciudadanos de Estados Unidos* pretendieron crear una red de computadores con fines militares en caso de un ataque nuclear.
4. Pronto se comprendió que tenía potencial para ser aprovechado por los *individuos que hacen investigaciones.*

3. El texto: Prever la organización de ideas

✱Identifique las cuatro secciones del artículo, y complete los títulos de las secciones. Luego, haga una lectura rápida del artículo y escriba en la línea apropiada la letra de la idea central de cada sección. (Hay una idea en la lista que *no* está en el artículo.)

1. Títulos de las secciónes

   I. (Introducción, sin título)
  II. El mundo se «_____»
 III. Herramienta _____
 IV. _____ por Internet

2. Idea central

   I. _____
  II. _____
 III. _____
 IV. _____

Lista de ideas

a. su evolución y la historia de su origen
b. usos y beneficios para la sociedad
c. problemas, crímenes y peligros
d. definición y descripción general
e. nombres y explicaciones de servicios

Ahora, lea el artículo con mayor atención para aprender más sobre estos cuatro temas.

El boom de Internet

Kattia Bermúdez y José Luis Mora

*n*avegar.* Este es el nuevo verbo que se emplea en el lenguaje de la red° de información más grande del mundo: Internet. Una red interactiva que le permite adentrarse° a un nuevo mundo, mágico, lleno de color y de entretenidos ambientes.

     net, network

     entrar

5   En Internet usted puede ingresar° sin complicaciones y, al son del «clic», navegar por cualquiera de las rutas. Esta red transita por computadores†, fibras ópticas, modems y líneas telefónicas del mundo, uniendo a científicos, artistas, políticos y empresarios sin distingo de raza, nacionalidad o ideología.

     entrar

10   Internet se ha convertido en la herramienta° tecnológica de la globalización económica. Por ahora Internet está en más de 3 millones de computadores, con más de 40 millones de usuarios y en al menos 146 países.

     tool

El mundo se «internatiza»

Cuenta la historia que Internet comenzó como un proyecto
15 financiado por la Agencia de Proyectos Avanzados de Investigación (ARPA), del Departamento de Defensa de Estados Unidos a finales de la década del 60. Los estadounidenses pretendieron° crear una red de computadores con fines militares que fuera infalible, para que en caso de un ataque nuclear se
20 mantuviera alguna forma de comunicación a través de ARPAnet.

     tuvieron la intención de

    Pronto se comprendió que tenía mucho potencial para ser aprovechado° por los investigadores científicos y académicos. La Fundación Nacional de Ciencia fue la primera en descubrir que el ritmo de trabajo podría acelerarse si se implementaba una red de
25 computadores que conectara a ARPAnet a todas las universidades y centros de investigación de Estados Unidos. Esta red pasó a ser

     utilizado

---

* *Navegar* quiere decir «ir por el agua o el aire en un vehículo» y se traduce al inglés como *sailing, piloting, navigating, drifting, driving, riding.* En su uso en Internet, *navegar* corresponde a *surfing.*

† Es de notar que en Costa Rica y algunos otros países se usa *el computador,* pero en general la forma femenina, *la computadora,* predomina.

conocida como NSFnet. Tiempo después el Departamento de
Defensa dejó el control de la red y a partir de 1983 comenzó a
llamarse Internet, que se expandió por todo el mundo en tres
30 campos: comercial, gubernamental y académico.

Por eso hoy, en segundos y sin límites, usted puede
comunicarse con cualquier parte del mundo.

Herramienta infalible

Internet también se ha convertido en un útil instrumento de
mercadeo° y apoyo intelectual. Es sorprendente la capacidad que   *marketing*
35 tiene para crear negocios nuevos, e inclusive, para hacer más
atractivos los existentes.

La red incluye servicios como el *E-Mail* (correo electrónico), el
Telnet (acceso a máquina remota), el FTP (*File Transfer Protocol*),
la búsqueda° de información y el WWW (*World-Wide Web*). En   *search*
40 Costa Rica, uno de los sistemas de mayor uso es el *E-Mail,* el cual
permite enviar y recibir correspondencia desde y hacia° cualquier   con destino a
parte del mundo.

El FTP permite bajar o subir información, o sea, que es un
protocolo de transferencia de archivos entre dos máquinas, por lo

45 cual se podrá extraer información, generalmente de manera
gratuita,° de muchos lugares como bibliotecas.   sin costo

    Mediante la WWW se obtienen gráficos, videos y hasta se
puede escuchar música.

Fiebre por Internet

La fiebre por Internet es hoy una realidad. Instituciones de
50 educación, bolsas de valores,° empresas e individuos reconocen   **bolsas...** *stock markets*
su utilidad. Varias compañías se han dedicado al desarrollo de
despliegues° gráficos para este ambiente con fines publicitarios.   *displays*
Tal es el caso de Cool Interamericana o Ticonet.* Otros negocios
surgen amparados° a esta red, como la posibilidad de ganar   apoyados
55 dinero dando capacitación° sobre el uso y acceso de Internet; las   instrucción
ventas de computadores o modems; soportes técnicos o   especializada
asesorías,° etc.   *consulting services*

    El sector financiero también se ha visto beneficiado. A la Bolsa
Electrónica de Valores, por ejemplo, Internet le permite conocer
60 precios de acciones° que se están negociando en la Bolsa de   *stocks*
Nueva York, además de otros servicios.

    La mayor parte de los bancos de Estados Unidos, Europa y
Japón están enlazados° a Internet. Otras instituciones   conectados
financieras en el mundo reclutan° su personal a través de esta   *recruit*
65 red. Pronto se enlazarán los ministerios y otras instituciones
gubernamentales.

    Exportadores en el mundo pueden colocar su catálogo en una
vitrina° virtual y lograr que clientes de todo el planeta soliciten sus   *shop window*
encomiendas,° que pueden ir desde libros, flores y, más adelante,   **soliciten...** *may place*
70 hasta comida. ¡Imagínese el ahorro° que implica para su empresa   *their orders / savings*
esta campaña publicitaria a nivel mundial!

    A nivel individual usted también puede beneficiarse si participa
en los foros° de discusión electrónicos. Sólo basta con accesar a   grupos
Internet, inscribirse en una de las listas según el tema de su
75 predilección° y esperar a que alguien desde cualquier rincón° del   preferencia / *corner*
mundo le pregunte algo.

---

* Es común referirse a los costarricenses como «ticos».

Sin duda, Internet actúa como una fuerza tecnológica que está rompiendo barreras geográficas y, a cambio, está uniendo a la Humanidad en una red donde se privilegia la
80 comunicación.

● ●

Comprensión

1. Selección de datos

✳ Escoja la mejor manera de completar cada frase.

1. En inglés el verbo para moverse en Internet es *surfing*, y en español es...

    a. activar.   **b.** adentrarse.   **c.** navegar.   **d.** volar.

2. La red de Internet consiste en computadores, fibras ópticas, modems y...

    a. radios.   **b.** líneas telefónicas.   **c.** motores.   **d.** máquinas de fax.

3. Internet empezó en Estados Unidos en los 1960 como ARPAnet, un proyecto financiado por el Departamento de...

    a. Educación.   **b.** Tecnología.   **c.** Bienestar.   **d.** Defensa.

4. En 1983, este Departamento dejó el control, y la red (ahora llamada Internet) se expandió por todo el mundo en tres campos: gobierno, universidades y...

    a. comercio.   **b.** arte.   **c.** publicación.   **d.** biología.

5. Ticonet es una compañía costarricense que...

    a. hace publicidad con gráficos.   **b.** enseña el uso y acceso de la red.
    c. arregla computadores.   **d.** vende modems y soportes técnicos.

6. En el momento cuando se escribió el artículo, estaba enlazada a Internet la mayor parte de los bancos de...

    a. Latinoamérica y América Central.   **b.** Asia y África.
    c. Estados Unidos, Europa y Japón.   **d.** el mundo entero.

2. Crucigrama de verbos

✳ Complete el crucigrama, llenando las casillas (*boxes*) con las letras de verbos del artículo, según las indicaciones. La primera letra se da para cada verbo.

Horizontales

2. quebrar, separar con violencia las partes de una cosa (R)
6. ganar acceso a algo (por ejemplo, a Internet) (A)
7. ir por el agua, por el aire o por Internet (N)
8. sacar, quitar (algo) de su sitio (E)

Verticales

1. obtener beneficio con cierta cosa (B)
2. buscar o reunir gente para trabajar en una empresa (R)
3. poner (algo) en el lugar correcto (C)
4. entrar (A)
5. tratar de hacer, intentar (Este verbo es un cognado falso.)* (P)

D i s c u s i ó n

1. Foros de discusión

✳ Trabaje con otros compañeros en *uno* de los siguientes foros. Conteste las preguntas y tome apuntes de las respuestas de los otros. Después de cierto tiempo, alguien le dará un resumen a la clase de las opiniones del grupo.

A. Usos de hoy y de mañana

- *Usos para los negocios.* ¿Cómo usan la red los accionistas de la Bolsa de Valores, las instituciones financieras, los exportadores? ¿Qué negocios existen gracias a Internet? ¿Qué negocios han sufrido a causa de Internet?
- *Usos académicos y gubernamentales.* ¿Cómo se usa Internet en las universidades? ¿en el gobierno? ¿Sería bueno reducir el número de escuelas y de profesores en el futuro y ofrecer cursos en la red?
- *Internet del futuro.* ¿Qué nuevos servicios habrá en el futuro?

B. Abusos y crímenes

- *La juventud.* ¿Pierden los niños y los jóvenes tiempo en la red? ¿Leen menos libros que antes? ¿Practican menos deportes? En fin, ¿es una mala influencia? ¿Es posible ser adicto(-a) a Internet?
- *La libre distribución.* Se circulan libremente literatura, canciones, programas de computación y videos a veces sin compensar a la gente con los derechos

---

* Un *cognado falso* es una palabra que se parece a otra palabra en un idioma diferente pero que tiene un significado totalmente distinto. En español, el ejemplo clásico es la palabra *embarazada:* se parece a *embarrassed,* pero significa *pregnant.*

(*copyright*). También hay pornografía e instrucciones peligrosas, como el método de fabricar una bomba o de suicidarse. ¿Necesitamos más control o censura? ¿Por qué sí o no?

- *Las estafas (con games).* ¿Es fácil engañar a los inocentes en Internet?

C. ¿Igualdad o elitismo?

- *La invisibilidad y el anonimato.* Los usuarios de Internet son invisibles y, si quieren, anónimos. ¿Creen Uds. que por eso hay más igualdad en la red que en la vida diaria? ¿Hay más mentiras? ¿Por qué sí o no?
- *El dinero y la instrucción.* ¿Es elitista la red porque se necesita dinero para conectarse y cierto nivel de instrucción e inteligencia? Expliquen.
- *Las personas con incapacidades.* ¿Qué impacto tiene Internet en la vida de los ciegos, los sordos o las personas con otras incapacidades?
- *Las amistades.* ¿Es posible tener amigos íntimos en Internet o son siempre superficiales estas amistades?

2. *Minidebates*

✳ Trabaje Ud. con otra persona y prepare argumentos a favor o en contra de las siguientes opiniones.

1. Internet es un buen modo de conocer al amor de tu vida.
2. La red es una droga y es posible ser adicto(-a) a ella.
3. El mundo sería mejor si no existieran los computadores y la red.

3. *Juego imaginativo: Mi publicación cibernética*

✳ En una hoja de papel invente Ud. su propia página personal (*home page*) en español para Internet, indicando el texto, gráficos, dibujos, fotos, video o sonido que quisiera incluir.

Más allá del texto

Haga una de las siguientes tareas y comparta los resultados con la clase.

1. Póngase en contacto en español con alguien en España o Latinoamérica, y pregúntele su opinión de Internet, o entre en un foro de discusión en español.
2. Busque en la red información sobre Costa Rica (o algún otro país hispano) con respecto a la literatura, el cine, la meteorología (*weather*), la política u otro aspecto de la sociedad.
3. Infórmese sobre una de las comunidades de habla española en el lugar donde Ud. vive, y verifique cómo la gente de esta comunidad usa Internet.

*A pocalipsis**

. . . . .

A n t i c i p a c i ó n

* La siguiente selección es un «microcuento», una historia muy breve, escrita por un autor famoso por su habilidad de sugerir mucho con pocas palabras.

Para abrir el tema

* ¿Cómo imagina Ud. el fin de la humanidad? ¿la última guerra atómica? ¿la colisión cósmica con un asteroide? ¿o tal vez una epidemia causada por un microbio superresistente? Explique cuál de estos fines le parece más probable y por qué. Aquí se presenta una versión diferente.

Apocalipsis

Marco Denevi[†]

La extinción de la raza de los hombres se sitúa aproximadamente a fines del siglo XXXII. La cosa ocurrió así: las máquinas habían alcanzado tal perfección que los hombres ya no necesitaban comer, ni dormir, ni hablar, ni leer, ni escribir, ni pensar, ni hacer
5 nada. Les bastaba° apretar° un botón y las máquinas lo hacían   **Les...** Era suficiente / *push*
todo por ellos. Gradualmente fueron desapareciendo las mesas, las sillas, las rosas, los discos con las nueve sinfonías de Beethoven, las tiendas de antigüedades, los vinos de Burdeos,° las   *Bordeaux*
golondrinas,° los tapices flamencos,° todo Verdi, el ajedrez,° los   *swallows* / **tapices...** *Flemish tapestries* / *chess*
10 telescopios, las catedrales góticas, los estadios de fútbol, la *Piedad*
de Miguel Ángel, los mapas, las ruinas del Foro Trajano,° los   **Foro...** *Trajan's Forum (in Rome)*
automóviles, el arroz, las sequoias gigantes, el Partenón. Sólo había máquinas. Después los hombres empezaron a notar que ellos mismos iban desapareciendo paulatinamente° y que en   *gradualmente*
15 cambio las máquinas se multiplicaban. Bastó poco tiempo para

---

*El último libro del Nuevo Testamento. Muchas veces se usa el término para significar una revelación o «advertencia» (*warning*).
[†]Marco Denevi (*n.* 1922), novelista y cuentista argentino de gran originalidad.

que el número de los hombres quedase reducido a la mitad y el de
las máquinas se duplicase.° Las máquinas terminaron por ocupar
todos los sitios disponibles.° No se podía dar un paso ni hacer un
ademán° sin tropezarse con° una de ellas. Finalmente los hombres
20 fueron eliminados. Como el último se olvidó de desconectar las
máquinas, desde entonces seguimos° funcionando.

se... se multiplicase
por dos / utilizables

movimiento pequeño
/ **tropezarse...**
encontrar
continuamos

Preguntas

1. ¿Por qué se extinguió la raza humana en el siglo XXXII?
2. ¿Qué objetos desaparecieron gradualmente? ¿Qué pasó con los hombres? ¿Por qué?
3. Al final, ¿qué descubrimos de la identidad del «autor» del cuento?
4. ¿Qué peligro se muestra aquí con respecto al poder creador humano?

Composición

✱ *Apocalipsis* significa *advertencia*. Escriba Ud. una advertencia basada en el cuento,
y compártala con la clase.

Don Gregorio

El hombre y la mujer

✳Estudie estas palabras y haga el ejercicio antes de empezar esta sección sobre las semejanzas y diferencias entre los hombres y las mujeres. Luego utilice este vocabulario como medio de consulta durante su estudio del capítulo.

1. **capacidad, la** habilidad, aptitud de una persona para hacer algo; *adj.* **capaz,** *pl.* **capaces**
2. **cerebro, el** parte superior de la cabeza que sirve para controlar y coordinar las acciones mentales y físicas
3. **competencia, la** rivalidad entre varias personas que aspiran a obtener la misma cosa; *adj.* **competitivo**
4. **criar, se** educar, cuidar en la niñez; desarrollarse, hacerse hombres o mujeres, *s.* **crianza (la)**
5. **distinto** diferente, no semejante
6. **escoger** elegir, optar por
7. **hembra, la** persona o animal del sexo femenino; mujer

8. **jerarquía, la** organización en categorías de personas o cosas; orden
9. **machista, el, la** & *adj.* sexista, persona que practica o defiende **el machismo** o discriminación sexual basada en la superioridad del hombre
10. **macho, el** animal del sexo masculino; *adj.* fuerte, viril
11. **papel, el** *fig.* función, empleo, rol; **hacer el papel,** *e.g.* ¿Qué papel hace la mujer en la sociedad moderna?
12. **semejanza, la** similitud, analogía, afinidad; *adj.* **semejante**
13. **tarea, la** obra, trabajo; deber
14. **varón, el** hombre

Sinónimos

✳Busque un sinónimo para las palabras en cursiva.

Los científicos han encontrado muchas *similitudes* entre el *hombre* y la *mujer*, pero al mismo tiempo han observado que somos *diferentes* desde muy jóvenes. Por ejemplo, en algunos estudios se ha confirmado que muchas niñas prefieren jugar con muñecas o charlar, mientras que los niños *optan por* juegos o actividades en que hay más *rivalidad* o en que se puede establecer *un orden de categorías*. En otros estudios, se ha notado que los dos sexos demuestran distintas *habilidades* basadas en su utilización de los hemisferios de *la parte superior de la cabeza*. Los hombres parecen poseer más aptitud para *trabajos* visuales-espaciales, mientras que las mujeres demuestran mayores talentos verbales. ¿Pero qué o quién influye más en determinar nuestra *función o rol* en la vida? ¿Es nuestra composición genética o es la sociedad en que nos *educamos*? ¿O son las dos cosas? Quizás algún día se halle una respuesta definitiva. Por ahora, ¡viva la diferencia!

El hombre y la mujer: ¿Semejantes o diferentes?

E l hombre y la mujer. ¿Cuáles son las semejanzas entre nosotros y cuáles son las diferencias? Estas preguntas son —y han sido— los temas de investigación y discusión entre psicólogos, biólogos, feministas, lingüistas, poetas... ¡incluso nosotros! ¿Se pueden
5 atribuir las diferencias completamente a factores biológicos o también contribuye el ambiente (los factores socioculturales)? No hay ninguna respuesta cierta, pero sí hay muchas opiniones al respecto.

La teoría sociocultural

Hasta hace muy poco estaba de moda la teoría sociocultural, en
10 que se atribuyen las distintas características en parte al papel en que se coloca al niño o a la niña desde que nace. Los padres educan a sus hijos esperando cosas distintas de cada sexo.

Rius

Comprensión

1. ¿Qué es la teoría sociocultural?

2. ¿Qué ejemplos de esto ofrece el dibujo de Rius?

Opinión

1. ¿Está Ud. de acuerdo con lo que dicen los personajes del dibujo? ¿Por qué?

2. ¿Todavía es relevante la teoría sociocultural o es cosa del pasado?

Dos sexos, dos formas de pensar diferentes*

Estas dos fotografías han causado sensación en todo el mundo. Las imágenes por resonancia magnética (IRM) demuestran por

15 primera vez que el hombre y la mujer no utilizan su cerebro de la misma forma, sobre todo cuando leen.

Los científicos presentaron a dos grupos de hombres y mujeres una serie de palabras y les pidieron que las hiciesen rimar. Lógicamente, al ser todos diestros (de mano derecha), fue la zona

¿Qué partes distintas del cerebro utilizan el hombre y la mujer al hacer la misma tarea?

---

* Fotografías y texto de la revista *Muy interesante*.

20 izquierda la que se activó. Sin embargo, apareció una diferencia:
en la mayoría de las mujeres se encendió otra región en el lado
derecho, prueba que la mujer tiene la capacidad de utilizar
información de varias regiones del cerebro simultáneamente. A la
actividad del hemisferio izquierdo, sede (base) del lenguaje y de

25 la lógica analítica, las mujeres añadieron una zona derecha, en la
que predomina el campo de lo visual, de lo espacial, el
tratamiento de la información y quizás, el de la emoción. Es decir,
al carácter racional del lenguaje, la mujer añadiría un velo de
emoción, de sensibilidad, lo que puede ayudarla a «leer» o

30 interpretar los motivos y emociones de otras personas, en fin, a
«intuir». ¿Una conclusión machista o un experimento
controvertido?

   Por otra parte, los hombres, con su mayor capacidad de usar
un sólo hemisferio (sin la distracción del otro), realizan con más

35 éxito tareas visuales-espaciales, como leer un mapa sin necesidad
de moverlo según cambios de dirección. ¿Pero no hay mujeres
capaces de hacer tareas visuales-espaciales, y hombres
comprensivos y sensibles que entiendan los motivos de otros?
¿Cómo influye el proceso de socialización en determinar las

40 diferencias entre los sexos?

Comprensión

1. ¿Qué tuvieron que hacer los hombres y las mujeres que participaron en un experimento científico?

2. ¿Qué partes distintas del cerebro utilizaron? ¿Qué demuestra esto, según algunos científicos?

Opinión

¿Cree Ud. que el hombre y la mujer piensan de una manera distinta o más o menos de manera igual? Dé algunos ejemplos de su experiencia personal.

Los juguetes infantiles: ¿Cuestión de biología?

¿Por qué prefieren los niños jugar con coches, camiones y juguetes mecánicos? ¿Y las niñas con muñecas y artículos de hogar? Los investigadores teorizan que la hormona masculina, la testosterona, produce una personalidad agresiva y que por eso los niños optan

45 por juegos activos y competitivos. Es interesante que en un estudio
de niñas con niveles anormalmente altos de testosterona (recuerde
que cada sexo produce pequeñas cantidades de la hormona del
sexo opuesto), estas niñas también escogieron los coches y
camiones como juguetes. Naturalmente otros estudios en el pasado
50 han demostrado una gran influencia social en la selección de
juguetes por niñas y niños. Los padres, los amigos, los programas
de televisión, los anuncios comerciales —todos influyen en las
preferencias del niño y la niña, según esta perspectiva.

Comprensión

Según algunos estudios, ¿por qué prefieren los niños jugar con camiones y
juguetes mecánicos?

Opinión

1. ¿Está Ud. de acuerdo con estos estudios? ¿Por qué? Cuando Ud. era pe-
   queño(-a), ¿qué juguetes prefería?

2. Si Ud. fuera padre o madre, ¿le compraría muñecas a su niño o camiones
   a su niña? Explique.

Comentario sobre el dibujo

✳︎¡*Atención*, hombres de la clase! ¿Se identifican con el hombre del dibujo? ¿Por qué? Y las mujeres de la clase, ¿están Uds. de acuerdo con la mujer? Expliquen.

¡*Atención*, los dos sexos! Hagan un nuevo dibujo, con un hombre que dice: «En verdad, no exijo mucho de una mujer: sólo que sea...» Completen el comentario del hombre.

Actividades

1. ¿*Semejantes o diferentes?*

✳︎Trabaje con otra persona para contestar estas preguntas. ¿Es más probable que el hombre o la mujer haga las siguientes cosas? ¿Son factores biológicos los responsables de estas diferencias o semejanzas? ¿O es el ambiente?

	Hombre	Mujer	Los dos iguales
1. hablar (participar) en clase	_____	_____	_____
2. escuchar en una conversación	_____	_____	_____

	Hombre	Mujer	Los dos iguales
3. cometer actos agresivos y antisociales	_____	_____	_____
4. dormir en un lugar incómodo	_____	_____	_____
5. ser fiel en una relación amorosa	_____	_____	_____
6. hacer cálculos matemáticos	_____	_____	_____
7. ayudar a un desconocido	_____	_____	_____
8. cumplir con responsabilidades/ tareas desagradables	_____	_____	_____
9. defender su patria (nación)	_____	_____	_____
10. someterse a la cirugía cosmética	_____	_____	_____

2. *Juego imaginativo: El desempleo en dos barrios*

✳Trabajando con otro(s) estudiante(s), prepare dos descripciones o dibujos (*drawings*) distintos, uno de Barrio A, otro de Barrio B, según las instrucciones.

Barrio A. Imaginen que Uds. están en un barrio en que la mayoría de *las mujeres* no trabajan fuera de casa.

1. ¿Qué ven Uds. en las calles y las casas/los apartamentos?
2. ¿Qué hacen las mujeres?

Barrio B. Ahora, imaginen que están en un barrio en que la mayoría de *los hombres* no trabajan fuera de casa.

1. ¿Qué ven Uds. en las calles y las casas/los apartamentos?
2. ¿Qué hacen los hombres?

¿Qué diferencias existen entre las dos escenas? ¿Por qué?

3. *Entrevistas espontáneas*

✳Tres o cuatro miembros de la clase trabajan para el canal 5, WESP(añol). Entrevistan a dos o tres compañeros de clase cada uno, y luego preparan un informe para presentar a la clase en forma de las noticias del día en la televisión.

¿Cree Ud. que...? ¿Por qué?

1. los medios (*the media*) exageran todo? ¿Cree Ud. que los hombres y las mujeres son más semejantes que distintos?
2. los programas de Estudios Femeninos son intelectualmente débiles y una pérdida de tiempo?
3. los hombres necesitan desarrollar sus cualidades «femeninas» y las mujeres sus cualidades «masculinas»?
4. los niños (varones) que no tienen padres en casa deben asistir a una escuela especial, con maestros y otros hombres que sirvan como modelos?
5. ¿ ?

¿Qué les parece?

¿Moda o mutilación?

Esta joven se puso tantas arracadas en la cara y las orejas que fue despedida de su trabajo en una librería. ¿Es justo o injusto esto?

Trabajando en grupos pequeños, miren y discutan Uds. la foto y el texto.

Algunos dicen que la moda de ponerse arracadas (perforarse el cuerpo) es simplemente otro ejemplo de la mutilación femenina que se ha practicado en muchas sociedades durante siglos. Otros creen que es una buena manera de expresar el valor y el individualismo de la mujer (¡y también del hombre!). ¿Qué opinan Uds.? ¿Se pondrían Uds. arracadas? ¿Por qué?

*L*a ventaja de ser mujer

�֍Uno de los cambios más significativos en las últimas décadas es la creciente participación de la mujer en la fuerza laboral. Sin embargo, aunque casi el 60% de las mujeres en Estados Unidos y Canadá trabajan fuera de casa (y en América Latina, el 32%), sólo el 10% de ellas (y menos del 2% de las latinoamericanas) ocupan puestos de alto mando (*top management*).* ¿Por qué? Según el artículo que sigue, es en parte debido al predominio de los valores «masculinos» —basados en el modelo militar y los deportes masculinos— en el mundo de los negocios. Pero, como el título implica, los tiempos están cambiando y hoy día es cada vez mejor ser mujer. Vamos a ver las razones.

1. Para abrir el tema

✱¿Piensa Ud. trabajar después de terminar su educación? Trabajando solo(-a) o con otro(s), explique sus planes particulares. ¿Qué cualidades necesita una persona en

Cada día estas arquitectas toman decisiones sobre la estructura de edificios nuevos.

---

* Según *The World's Women,* United Nations, 1991; *Statistical Abstract of the United States*–1997, Bureau of the Census; *Boston Globe,* Oct. 1996.

su empleo futuro? ¿Le gustaría a Ud. ser ejecutivo(-a) en su profesión? ¿Por qué? ¿Qué atributos necesita un(-a) buen(-a) gerente o ejecutivo(-a), en su opinión? ¿Cuál cree Ud. que es «la ventaja de ser mujer» en el mundo de los negocios? Explique.

2. Vocabulario: Sinónimos en contexto

✳Complete Ud. las frases, escogiendo el término en paréntesis que es un *sinónimo* de la palabra en cursiva.

En el mundo de los negocios es verdad que...

1. Las *empresas* (compañías, clubes) establecen *reglas* (historias, regulaciones) para el funcionamiento de los distintos departamentos: márketing, finanzas, producción, etc.
2. Los *conductores* (subalternos, ejecutivos) efectivos saben motivar y *conducir* (liderar, obedecer) al *personal* (los miembros de la junta directiva, los demás empleados).
3. Si una empleada *siempre* *logra* (obtiene, pospone) sus objetivos, probablemente *ascenderá* (recibirá una promoción, bajará de categoría) a una posición de *liderazgo* (inferioridad, superioridad).

3. El texto: Buscar información

✳Lea Ud. rápidamente, sin consultar el diccionario, el segundo y tercer párrafos (líneas 12 a 36) del artículo. Busque la siguiente información.

Según la perspectiva de la autora:
1. Tres características de las organizaciones/compañías de hace 20 años
   a) _____
   b) _____
   c) _____
2. Tres características de las organizaciones/compañías más modernas
   a) _____
   b) _____
   c) _____

¿En qué tipo de organización cree Ud. que preferiría trabajar la autora? ¿Cómo sabe Ud. esto?

4. Enfoque

✳Al leer el artículo, concéntrese en los siguientes puntos.

- Penélope como mujer modelo
- el rol fundamental del líder de hoy versus el modelo tradicional masculino
- ejemplos del énfasis más humanista en los negocios

*La ventaja de ser mujer**

María Eugenia Estenssoro

¿ Nena° o varón?   Niña

A lo largo de la historia, y hasta el día de hoy, el nacimiento de
una niña no siempre ha recibido la misma bienvenida que la
llegada de un varón. Decepcionado° al comprobar° que había   Desilusionado /
                                                                 confirmar
5   tenido una hija, Icario, rey de Esparta y padre de Penélope, la
arrojó° al mar.† Obviamente creía que una mujer no era apta ni   *threw*
para sobrevivir por sus propios medios ni para batirse° sola en la   combatir
política o la guerra. Penélope —tenaz,° fogosa,° paciente,   perseverante /
amante— hizo todas estas cosas y mucho más. Pero la idea de   apasionada
10   que la mujer es inadecuada para la cosa pública siguió latente en
nuestra civilización.

Inclusive hace tan sólo veinte años, varios pensadores
—hombres y mujeres— sostenían que el mundo público y más
específicamente el de los negocios eran un terreno «no apto para
15   mujeres». Las organizaciones, explicaban, eran estructuras
basadas en el modelo militar y respondían a las reglas de la
competencia que los hombres habían aprendido desde la infancia,
practicando deportes como el fútbol. Para las mujeres ésta era una
cultura extraña porque de niñas habían «perdido» el tiempo
20   jugando con muñecas y leyendo novelitas rosa,° actividades   románticas
inapropiadas para el mundo de la acción. Si una mujer quería
triunfar en los negocios, había que familiarizarse con la estrategia
militar y los deportes masculinos. Es decir, actuar de acuerdo a los
códigos de los hombres.

25   Por suerte, eso ya es historia vieja. A medida que° más y más   A... *As*
mujeres llegan a posiciones de liderazgo en la sociedad, se
comprueba que no es necesario travestirse° para triunfar en la   vestirse como hombre
vida pública. Y en la medida en que la era post-industrial
descarta° las organizaciones piramidales, autoritarias y rígidas   elimina

---

* De *Mujeres & Compañía*, una revista para mujeres profesionales de Argentina. María Eugenia Estenssoro, directora de la revista, es ahora candidata a diputada (congresista) de la nación.

† Penélope se salvó y se convirtió en una heroína de la mitología griega. Es conocida por su fidelidad a
su esposo Odiseo, quien estuvo ausente durante veinte años. Penélope sobrevivió por su propia
cuenta, exhibiendo inteligencia, lealtad e inventiva al resistir los avances de otros hombres.

30 por modelos más flexibles y horizontales, valores femeninos como
el cuidado de las relaciones humanas y el ambiente de trabajo, el
diálogo, la participación, el espíritu de equipo° y hasta la intuición   grupo que trabaja
son conceptos muy frecuentes entre los expertos y expertas en   junto
management. Aseguran éstos que las empresas más exitosas serán
35 aquéllas que den un lugar primordial a las mujeres y aprovechen°   usen
sus valores y talentos naturales.

    Hay un elemento clave° que permite comprender por qué si   importantísimo
antes la mujer parecía tan inadecuada para la acción hoy resulta
muy apropiada. Es el hecho de que ella conduce de acuerdo a un
40 arquetipo maternal o docente,° sumamente eficaz en la era de   educativo
conocimiento, ya que el rol fundamental del líder, conductor o
gerente° de hoy es ser un transmisor de información y un   director
motivador por excelencia. El modelo tradicional masculino,
basado en el modelo militar, del jefe que da órdenes y subalternos
45 que obedecen sin pensar, está perimido.°   obsoleto

    Desde hace varios años, las empresas han reducido sus niveles
jerárquicos dramáticamente, tratando de armar° estructuras más   *put together*
horizontales, donde la información fluya en todas las direcciones.
En un estudio de casos de ejecutivas exitosas, se demuestra que
50 las mujeres lideran armando organizaciones planas° y circulares,   horizontales
en lugar de las viejas pirámides. La líder generalmente se instala
en el centro del círculo y se ve a sí misma como el núcleo de esta
estructura orbital, no como la cabeza. El círculo no encajona° a   encierra

nadie. Ni la jefa está aislada, ni el personal queda distanciado. Al
55 contrario, la autoridad de la líder deviene de su estrecha
vinculación° y comunicación directa con todo el grupo.   estrecha... *close ties*

En la Argentina las nuevas empresarias desechan° las jerarquías   eliminan
por el trabajo en equipo. Rosita Drescher, vicepresidente de «Caro
Cuore», explica que ella trabaja «con» sus empleados y que si
60 bien conducir desde el centro «es más difícil porque a veces uno
tiene que marcar el límite, así logro que todos den lo mejor de sí.»

Este enfoque no utilitario y más humanista en la relación con
el personal es otro de los aportes° que las mujeres están   contribuciones
introduciendo en el mundo de los negocios. Conciliar la
65 eficiencia con los valores humanos es particularmente importante
en una economía competitiva como la actual,° en donde la   presente
inteligencia, el compromiso° y el entusiasmo del personal son   *commitment*
más decisivos para el éxito de una empresa de lo que fueron en
el pasado. Uno de los casos más elocuentes en este aspecto es,
70 sin duda, «The Body Shop», una empresa inglesa de cosméticos
naturales que utiliza sus tiendas para hacer proselitismo en favor
del medio ambiente, los derechos humanos y los desprotegidos.
Los empleados deben dedicar horas de trabajo semanales a
alguna causa humanitaria, como cuidar ancianos o enfermos de
75 Sida,° o visitar presos. La compañía está reinventando el   *AIDS*
paradigma empresario al servir como un poderoso vehículo para
el cambio social.

En el mundo de hoy se le presenta a la mujer una
oportunidad única como líder y conductora. Las mujeres tienen

Cork

80 su propia forma de liderar y en esa identidad hay enormes ventajas. ¡Señores, si quieren mantener sus empleos, presten atención!

Comprensión

¡Uds. son los maestros!

✳ La clase se dividirá en cinco grupos. Cuatro grupos se encargarán de dos párrafos del artículo cada uno, y un grupo del gráfico «El sexo del management» (pág. 115). Cada grupo preparará preguntas de comprensión: dos de tipo Verdadero/Falso y uno que utilice una palabra interrogativa (*qué, cómo, dónde, por qué,* etc.). Después, cada grupo hará sus preguntas a la clase y corregirá las respuestas erróneas.

Discusión

✳ Trabajando con otro(s) estudiante(s), comente los siguientes temas. Luego, compare sus comentarios con los de otro grupo.

1. ¿Estás de acuerdo que los hombres y las mujeres tienen diferentes formas de liderar? Explica. Si las mujeres son ejecutivas tan efectivas, ¿por qué existe el techo de cristal (*glass ceiling*), en tu opinión? (Primero, define «el techo de cristal».)
2. La autora compara una empresa jerárquica y rígida con otra más descentralizada y flexible. ¿Cuál sería la diferencia entre una familia autoritaria y otra más egalitaria? ¿entre una religión de estructura piramidal y otra de organización horizontal? ¿entre una clase de español (historia, economía, etc.) centralizada y otra descentralizada? (Pueden dibujar o representar dramáticamente las diferentes estructuras, si prefieren.)

Actividades

1. ¿Mujeres liberadas?

✳ En una encuesta sobre las ventajas de ser mujer en el mundo laboral para la revista argentina *Mujeres & Compañía,* las mujeres entrevistadas dieron respuestas sorprendentes. Más de la mitad (el 64%) escogió la seducción, la intuición y la astucia, cualidades tradicionalmente atadas a la femineidad. ¿Qué opina Ud.? Trabajando con otro(s) estudiante(s), estudie los gráficos abajo, luego dé su opinión: Para Ud., ¿cuáles son las tres ventajas más notables? ¿Y las tres desventajas principales? En su opinión, ¿cuáles son algunas ventajas y desventajas de ser hombre en el mundo laboral?

2. Encuesta

* ¿Qué opina Ud. sobre el hombre y la mujer de hoy? Después de participar en la encuesta, explique sus respuestas a otra persona y trate de determinar si hay una diferencia entre las respuestas de los hombres y las mujeres de la clase.

	ESTOY DE ACUERDO	*NO ESTOY DE ACUERDO*	*NO ESTOY DECIDIDO/A*
1. La mujer que tiene hijos pequeños no debe trabajar fuera de casa.	☐	☐	☐
2. El esposo debe compartir las tareas domésticas y el cuidado de los hijos aun cuando su esposa no trabaja fuera de casa.	☐	☐	☐
3. La mujer recibe trato preferencial en el mundo laboral. Los programas de discriminación positiva (*affirmative action*) deben ser eliminados.	☐	☐	☐
4. El acoso (*harassment*) sexual es un problema menor en el mundo laboral.	☐	☐	☐
5. No importa que una mujer gane más dinero que su marido.	☐	☐	☐

Contribuciones notables

La mujer en la política

Loretta Sánchez, la primera congresista hispana en representar Orange County, California, con su hermano Ignacio.

Aunque las mujeres forman la mayoría de la población de algunos países, su representación en la política no corresponde a su predominio demográfico. En EE.UU., gracias a las contribuciones de mujeres como Loretta Sánchez, las perspectivas están mejorando. Hija de inmigrantes mexicanos, es la primera mujer y la primera persona de ascendencia hispana en representar a los habitantes de un distrito de Orange County de Los Ángeles, California. Los hispanos componen más de la mitad de la población del distrito y con la elección de Sánchez, ya tienen una voz.

Más allá del texto

¿Cuál es el estatus de la mujer en España y Latinoamérica? ¿Hay movimientos feministas? ¿mujeres de especial interés en los negocios, la política, el cine, etc.? Busque Ud. información y prepare un informe oral o escrito. Algunas fuentes:

- Internet
- revistas: España: *Cambio 16, Actualidad económica, Muy interesante;* América Latina: *Visión, fem.* (México), *Qué pasa* (Chile), *Brecha* (Uruguay), *Cromos* (Colombia), *Istmos* (México), *Perspectiva* (Bolivia), *Areito* (Cuba)
- periódicos:
    El Tiempo (Colombia), *El País* (España), *El Nacional* (Venezuela),
    Excélsior (México), *La Prensa* (Argentina), *La Nación* (Costa Rica),
    El Mercurio (Chile), *La República* (Perú), *El Salvador Hoy*

El ausente

Anticipación

✳ ¿Cuál es la relación más intensa entre el hombre y la mujer? ¿El noviazgo? Quizás. ¿El matrimonio? No se sabe, pero es cierto que el contacto diario entre una pareja que comparte una casa, hijos y varias esperanzas y pérdidas da lugar a emociones profundas, a veces conflictivas. El cuento que sigue es la historia de un matrimonio, desde el punto de vista de la mujer. Es una historia de amor y de odio, de indiferencia y de pasión, de estancamiento (*stagnation*)... y de crecimiento.

1. Para abrir el tema

✳ ¿Piensa Ud. casarse algún día o está casado(-a) ya? ¿Cómo es el (la) esposo(-a) ideal? Trabajando solo(-a) o con otro(s), explíquese un poco. ¿Qué es lo más importante en un buen matrimonio? ¿Cuál es un síntoma de un matrimonio malo, en su opinión? ¿Se debe casar sin amor? ¿Por qué?

2. Vocabulario: Emociones conflictivas

✳ En el cuento abundan palabras que se asocian con emociones o estados de ánimo (*moods*). Busque los siguientes términos en los dos primeros párrafos, luego indique si tienen una connotación positiva o negativa para Ud. ¿Puede encontrar otras dos palabras en estos párrafos que describan emociones?

	¿CONNOTACIÓN POSITIVA...?	¿O NEGATIVA?
r e n c o r		
d e __ g __ __ c i __ __ __		
__ r g __ l l __ s __		
e __ __ m __ r __ __ a		
l __ g __ i m __ __		
__ r r e p __ __ t i __ __ e __ t __		
_____		
_____		

Mientras lee el cuento, fíjese Ud. en otras emociones o estados de ánimo en el texto.

3. *El texto: Encontrar la idea central*

✳ Lea Ud. rápidamente los dos primeros párrafos, sin consultar el diccionario. ¿Cuál es la idea más importante de cada párrafo?

Del párrafo 1:

1. Luisa se acuesta pero queda despierta mientras duerme su esposo.
2. Luisa está infeliz en su matrimonio.

Del párrafo 2:

1. Luisa nunca ha amado a Amadeo porque no se ha olvidado de su primer amor, Marcos.
2. Luisa ha sido pobre toda su vida pero ha mantenido su delicadeza y cortesía.

✳ Ahora combine Ud. las dos frases centrales. ¿Qué cree Ud. que les va a pasar a Luisa y Amadeo en el cuento?

El ausente

Ana María Matute*

or la noche discutieron.° Se acostaron llenos de rencor el uno por   argumentaron
el otro. Era frecuente eso, sobre todo en los últimos tiempos. Todos
sabían en el pueblo —y sobre todo María Laureana, su vecina—

---

* Ana María Matute (n. 1926 en Barcelona) es una de las mejores y más traducidas escritoras de España. Sus novelas y cuentos combinan temas sociales con una sensibilidad expresiva y poética. Ha ganado varios premios prestigiosos de las letras españolas y ha sido propuesta para el Premio Nóbel.

que eran un matrimonio mal avenido.° Esto, quizá, la amargaba°
5   más. «Quémese la casa y no salga el humo°», se decía ella,
despierta, vuelta de cara° a la pared. Le daba a él la espalda,
deliberada, ostentosamente. También el cuerpo de él parecía
escurrirse como un anguila° hacia el borde opuesto de la cama.
«Se caerá al suelo» se dijo, «en más de un momento». Luego, oyó
10   sus ronquidos° y su rencor se acentuó. «Así es. Un salvaje, un
bruto. No tiene sentimientos.» En cambio ella, despierta. Despierta
y de cara a aquella pared encalada,° voluntariamente encerrada.
       Era desgraciada.° Sí: no había por qué negarlo, allí en su
intimidad. Era desgraciada, y pagaba su culpa de haberse
15   casado sin amor. Su madre (una mujer sencilla, una campesina)
siempre le dijo que era pecado° casarse sin amor. Pero ella fue
orgullosa. «Todo fue cosa de orgullo. Por darle en la cabeza° a
Marcos. Nada más.» Siempre, desde niña, estuvo enamorada de
Marcos. En la oscuridad, con los ojos abiertos, junto a la pared,
20   Luisa sintió de nuevo el calor de las lágrimas entre los párpados.°
Se mordió° los labios. A la memoria le venía un tiempo feliz, a
pesar de la pobreza. Las huertas,° la recolección de la fruta…
«Marcos». Allí, junto a la tapia° del huerto, Marcos y ella. El sol
brillaba y se oía el rumor de la acequia,° tras el muro°. «Marcos».
25   Sin embargo, ¿cómo fue?… Casi no lo sabía decir: Marcos se
casó con la hija mayor del juez:° una muchacha torpe,° ruda, fea,
ya entrada en años por añadidura°. Marcos se casó con ella.
«Nunca creí que Marcos hiciera eso. Nunca.» ¿Pero cómo era
posible que aún le doliese, después de tantos años? También ella
30   había olvidado. Sí: qué remedio. La vida, la pobreza, las
preocupaciones, le borran° a una esas cosas de la cabeza. «De la
cabeza, puede… pero en algún lugar queda la pena. Sí: la pena
renace, en momentos como éste…» Luego, ella se casó con
Amadeo. Amadeo era un forastero,° un desgraciado obrero de las
35   minas. Uno de aquéllos que hasta los jornaleros° más humildes
miraban por encima del hombro. Fue aquél un momento malo. El
mismo día de la boda sintió el arrepentimiento.° No le° amaba
ni le amaría nunca. Nunca. No tenía remedio. «Y ahí está:
un matrimonio desavenido.° Ni más ni menos. Este hombre
40   no tiene corazón, no sabe lo que es una delicadeza. Se
puede ser pobre pero… Yo misma, hija de una familia de

---

mal… en discordia /
causaba disgusto,
resentimiento /
Quémese… proverbio
para indicar que no
se debe hablar de
los problemas
familiares fuera de
casa / **vuelta…** *her
face turned toward* /
escurrirse… *slip
away like an eel* /
snores / pintada de
blanco
desafortunada

transgresión moral

darle… *to get back at*

eyelids
She bit
orchards
pared
irrigation ditch / pared

judge / inepta
por / *besides*

erase

persona de otro lugar
trabajadores

regret / *him* (En
España)

discordante

aparceros.° En el campo tenemos cortesía, delicadeza... Sí: la · los que cultivan la tierra y reparten beneficios con el dueño

tenemos. ¡Sólo este hombre!» Se sorprendía últimamente diciendo:

«este hombre», en lugar de Amadeo. «Si al menos hubiéramos

45 tenido un hijo...» Pero no lo tenían, y llevaban ya cinco años

largos de matrimonio.

Al amanecer le oyó levantarse. Luego, sus pasos por la cocina,

el ruido de los cacharros.° «Se prepara el desayuno.» Sintió una · *pots and pans*

alegría pueril: «Que se lo prepare él. Yo no voy.» Un gran rencor

50 la dominaba. Tuvo un ligero sobresalto.° «¿Le odiaré acaso?» · **ligero...** pequeño temor

Cerró los ojos. No quería pensarlo. Su madre le dijo siempre:

«Odiar es pecado, Luisa». (Desde que murió su madre, sus

palabras, antes oídas con rutina, le parecían sagradas, nuevas y

terribles).

55 Amadeo salió al trabajo, como todos los días. Oyó sus pisadas° · *footsteps*

y el golpe de la puerta. Se acomodó en la cama y durmió.

Se levantó tarde. De mal humor aseó° la casa. Cuando bajó a · limpió

dar de comer a las gallinas la cara de comadreja° de su vecina · *weasel*

María Laureana asomó por el corralillo.° · **asomó...** apareció en el corral pequeño

60 —Anda, mujer: mira que se oían las voces anoche.

Luisa la miró, colérica.

—¡Y qué te importan a ti, mujer, nuestras cosas!

María Laureana sonreía con cara de satisfacción.

—No seas así, muchacha.... si te comprendemos todos, todos...

65 ¡Ese hombre no te merece, mujer!

Prosiguió en sus comentarios, llenos de falsa compasión. Luisa,

con el ceño fruncido°, no la escuchaba. Pero oía su voz, allí, en · **el...** *a frown*

sus oídos, como un veneno° lento. Ya lo sabía, ya estaba · *poison*

acostumbrada.

70 Déjale,° mujer... déjale. Vete con tus hermanas, y que se las · Abandónale / **que...** agitaba

apañe° solo. · *let him manage things*

Por primera vez pensó en aquello. Algo le bullía° en la cabeza:

«Volver a casa.» A casa, a trabajar de nuevo la tierra. ¿Y qué?

¿No estaba acaso acostumbrada? «Librarme de él.» Algo extraño

75 la llenaba: como una agria° alegría de triunfo, de venganza. «Lo · *bitter*

he de° pensar», se dijo. · **he...** voy a

Y he aquí que ocurrió lo inesperado. Fue él quien no volvió.

Al principio, ella no le dio importancia. «Ya volverá», se dijo.

Habían pasado dos horas más desde el momento en que él solía° · acostumbraba

80 entrar por la puerta de la casa. Dos horas, y nada supo de él.
Tenía la cena preparada y estaba sentada a la puerta,
desgranando alubias.° En el cielo azul pálido, brillaba la luna,
hermosa e hiriente°. Su ira se había transformado en una
congoja° íntima, callada. «Soy una desgraciada. Una

85 desgraciada.» Al fin, cenó sola. Esperó algo más. Y se acostó.

     Despertó al alba,° con un raro sobresalto.° A su lado la cama
seguía vacía. Se levantó descalza° y fue a mirar: la casucha°
estaba en silencio. La cena de Amadeo intacta. Algo raro le dio
en el pecho, algo como un frío. Se encogió° de hombros y se dijo:

90 «Allá él.° Allá él con sus berrinches.°» Volvió a la cama, y pensó:
«Nunca faltó de noche.» Bien, ¿le importaba acaso? Todos los
hombres faltaban de noche en sus casas, todos bebían en la
taberna, a veces más de la cuenta. Qué raro: él no lo hacía
nunca. Sí: era un hombre raro. Trató de dormir, pero no pudo.

95 Oía las horas en el reloj de la iglesia. Pensaba en el cielo lleno de
luna, en el río, en ella. «Una desgraciada. Ni más ni menos».

     El día llegó. Amadeo no había vuelto. Ni volvió al día
siguiente, ni al otro.

     La cara de comadreja de María Laureana apareció en el

100 marco° de la puerta.

     —Pero, muchacha... ¿qué es ello? ¿Es cierto que no va Amadeo
a la mina? ¡Mira que el capataz° lo va a despedir!

     Luisa estaba pálida. No comía. «Estoy llena de odio. Sólo llena
de odio», pensó, mirando a María.

105   —No sé —dijo. —No sé, ni me importa. Le volvió la espalda y
siguió en sus trabajos.

     —Bueno —dijo la vecina—, mejor es así, muchacha... ¡para la
vida que te daba!

     Se marchó y Luisa quedó sola. Absolutamente sola. Se sentó

110 desfallecida°. Las manos dejaron caer el cuchillo contra el suelo.
Tenía frío, mucho frío. Por el ventanuco° entraban los gritos de los
vencejos°, el rumor del río entre las piedras. «Marcos, tú tienes la
culpa... tú, porque Amadeo...» De pronto, tuvo miedo. Un miedo
extraño, que hacía temblar sus manos. «Amadeo me quería. Sí: él

115 me quería.» ¿Cómo iba a dudarlo? Amadeo era brusco,
desprovisto de° ternura, callado, taciturno. Amadeo —a medias
palabras ella lo entendió— tuvo una infancia dura, una juventud

desgranando... *shelling beans*
injuriosa
angustia

primera luz del día / miedo, preocupación
sin zapatillas / casa rústica

Se... *she shrugged*

Allá... *The heck with him.* / tantrums

frame

jefe

débil
ventana pequeña
tipo de pájaro

desprovisto... sin

amarga. Amadeo era pobre y ganaba su vida —la de él, la de
ella y la de los hijos que hubieran podido tener— en un trabajo
120 ingrato que destruía su salud. Y ella: ¿tuvo ternura para él?
¿Comprensión? ¿Cariño? De pronto, vio algo. Vio su silla, su ropa
allí, sucia a punto de lavar. Sus botas, en el rincón, aún llenas de
barro.° Algo le subió, como un grito. «Si me quería... acaso ¿será   *mud*
capaz de matarse?»

125   Se le apelotonó la sangre en la cabeza.° «¿Matarse?» ¿No   **Se...** *Blood rushed to her*
saber nunca nada más de él? ¿Nunca verle allí: al lado, las manos   *head.*
grandes enzarzadas° una en otra, junto al fuego, pensativo, el pelo   *covered with brambles*
negro sobre la frente, cansado, triste? Sí: triste. Nunca lo pensó:
triste. Las lágrimas corrieron por sus mejillas. Pensó rápidamente
130 en el hijo que no tuvieron, en la cabeza inclinada de Amadeo.
«Triste, estaba triste. Es hombre de pocas palabras y fue un niño
triste también. Triste y apaleado.° Y yo: ¿qué soy para él?»   *golpeado*
    Se levantó y salió afuera, jadeando°. Corriendo, cogió el   *panting*
camino de la mina. Llegó sofocada y sudorosa.° No, no sabían   *sweaty*
135 nada de él. Los hombres la miraban con mirada dura y
reprobativa. Ella lo notaba y se sentía culpable.
    Volvió llena de desesperanza. Se echó sobre la cama y lloró,
porque había perdido su compañía. «Sólo tenía en el mundo una
cosa: su compañía». ¿Y era tan importante? Buscó con ansia
140 pueril la ropa sucia, las botas embarradas°. «Su compañía. Su   *muddy*
silencio al lado. Sí: su silencio al lado, su cabeza inclinada llena
de recuerdos, su mirada.» Su cuerpo allí al lado, en la noche. Su
cuerpo grande y oscuro pero lleno de sed, que ella no entendía.
Ella era la que no supo: ella la ignorante, la zafia,° la egoísta. «Su   *crude one*
145 compañía.» Pues bien, ¿y el amor? ¿No era tan importante,
acaso? «Marcos...» Volvía el recuerdo; pero era un recuerdo de
estampa,° pálido, frío, desvaído.° «Pues, ¿y el amor? ¿No es   *ilustración /*
importante?» Al fin, se dijo: «¿Y qué sé yo del amor?   *descolorido*
¡Novelerías!°»   *Trashy reading*
150   La casa estaba vacía y ella estaba sola.
    Amadeo volvió. A la noche le vio llegar, con paso cansino.°   *cansado*
Bajó corriendo a la puerta. Frente a frente, se quedaron como
mudos, mirándose. Él estaba sucio, cansado. Seguramente
hambriento. Ella sólo pensaba: «Quiso huir de mí, dejarme, y no
155 ha podido. No ha podido. Ha vuelto.»

—Pasa, Amadeo —dijo, todo lo suave que pudo, con su voz áspera de campesina—. Pasa, que me has tenido en un hilo°...

Amadeo tragó° algo: alguna brizna,° o quién sabe qué cosa, que mascullaba° entre los dientes. Pasó el brazo por los hombros

160 de Luisa y entraron en la casa.

en... *hanging on a thread*

swallowed / blade of grass
he was chewing

Comprensión

1. Expansión de vocabulario: Antónimos

✱Encuentre Ud. los antónimos en la segunda columna para los adjetivos en la primera columna que describen a Luisa y a Amadeo.

_____ 1. cortés (delicado)   a. afortunada

_____ 2. colérico   b. altruista (generoso)

_____ 3. desgraciado   c. tranquilo

_____ 4. taciturno   d. salvaje

_____ 5. egoísta   e. hablador

2. Opciones múltiples

1. Cuando era más joven, Luisa...

   a. trabajaba en las minas.   **b.** estaba enamorada de Marcos.   **c.** se casó con el hijo mayor del juez.

—Siempre juntos, hasta que el matrimonio nos separe.

2. Luisa y Amadeo...

 a. llevaban 5 años de matrimonio sin hijos.   **b.** se casaron muy enamorados el uno del otro.   **c.** venían del mismo pueblo y se consideraban personas corteses y bien educadas.

3. Al comienzo de la historia, Luisa...

 a. siente disgusto, enojo, quizás odio por su esposo Amadeo.   **b.** quiere hablar de sus problemas matrimoniales con su vecina María Laureana.   **c.** vuelve a la casa de sus hermanas para trabajar la tierra y librarse de Amadeo.

4. Cuando Amadeo no volvió a casa por varios días, ...

 a. Luisa lo encontró en las minas.   **b.** Luisa evaluó de nuevo a su esposo y empezó a apreciar sus cualidades especiales.   **c.** es porque había decidido abandonar a Luisa para siempre.

Interpretación: A trabajar con el texto

*La clase se dividirá en pequeños grupos para las siguientes tareas.

- Describan la vida de Luisa antes de Amadeo y sus motivos para casarse con él. En su opinión, ¿debió ella no casarse con él?
- Preparen una lista de palabras que Luisa usa para describir a Amadeo y a sí misma. ¿Por qué creen Uds. que Luisa no puede apreciar a Amadeo?
- Describan la transformación de Luisa y lo que piensa de Amadeo ahora. En la opinión de Uds., ¿por qué cambió ella?
- Piensen en Amadeo. ¿Por qué dejó la casa y por qué regresó? ¿Creen Uds. que es posible conocer a alguien por muchos años sin realmente conocerlo? En un matrimonio infeliz, ¿es mejor divorciarse o perseverar?
- Contesten/reaccionen ante el comentario final de Luisa: «¿Y el amor? ¿No es importante? ...¿Y qué sé yo del amor? ¡Novelerías!» ¿Están Uds. de acuerdo con ella?

Actividades

1. Dramatización

Vamos a darles a Luisa y a Amadeo la oportunidad de expresarse libremente. Trabajando en parejas, un(-a) estudiante adoptará la identidad de Amadeo, y otro(-a) estudiante, la identidad de Luisa. Cada pareja preparará un diálogo para presentar a la clase. Los temas pueden incluir:

- lo que me gusta, disgusta de ti y de mi vida
- cambios necesarios
- nuestro futuro

2. Carta en una botella

✳ Ud. encuentra una botella en la playa con un mensaje adentro. ¡Es de Amadeo! ¿Qué ha escrito? Imagine que Ud. es Amadeo y escriba un mensaje explicando su versión de los sucesos (eventos). Puede incluir: dónde está ahora, cómo se siente, qué quiere.

3. Juego imaginativo: Una nueva vida

✳ Use su imaginación para escribir sobre uno de estos temas.
  • un nuevo fin para el cuento
  • Luisa y Amadeo en diez años

4. El matrimonio

✳ Aquí tiene Ud. dos interpretaciones del matrimonio*. ¿Son parecidas o diferentes? ¿Cuál le gusta más? Explique.

Estar casado
es vivir
en la mitad
de una casa,
dormir en la mitad
de una cama, usar
la mitad de un baño
y comer
en la mitad de una mesa
con todas las otras mitades
ocupadas por una mujer

Gabriel García Márquez

Me gustaría
casarme
porque me fascina la

de que un hombre
se vea
obligado por ley
a dormir
conmigo
todas
las noches

Carnie Shaw

---

* Textos de la revista argentina *Mujeres & Compañía*.

Más allá del texto

¿Cómo son las familias hispanas? Hable con una persona hispana (o directamente o via Internet) sobre las costumbres, actividades, celebraciones, valores, recuerdos, etc. de su familia. ¿Es distinta o semejante su familia a la de Ud.? Explique. Si no es posible ponerse en contacto con hispanoparlantes, busque información en la biblioteca.

Underwood

Anticipación

✱ Se ha dicho que la salud, el dinero y el amor —en ese orden— son las tres cosas más importantes de la vida. ¿Está Ud. de acuerdo? Algunos dirían que el amor es lo más esencial y que sin él, uno no puede existir. La siguiente historia explora los extremos a los que un individuo llega para preservar una relación amorosa. La historia se cuenta desde la perspectiva del hombre, y nos ofrece una gran sorpresa —¡prepárese ahora!— al final.

1. Para abrir el tema

✱ ¿Es muy importante para Ud. tener un(-a) novio(-a)? Trabajando solo(-a) o con otro(s), explique por qué sí o no. ¿Qué hace Ud. para conocer a gente nueva? Si rompe con alguien en una relación amorosa, ¿cuál de las siguientes reacciones es más típica de Ud. y por qué?
  a. Participo en muchas actividades para siempre estar ocupado(-a).
  b. Trato de restablecer la relación con mi amado(-a), y a veces hago cosas un poco locas.
  c. Me deprimo, no tengo energía para nada, no salgo de casa.
  d. Juro (*I swear*) nunca más en esta vida enamorarme de nadie.

2. *Vocabulario: Sinónimos en contexto*

✳Estudie la lista, y luego diga qué palabra o frase de la lista es un sinónimo para las palabras en cursiva en el párrafo.

1. **amar(se)**   querer(se)
2. **angustiado(-a)**   en un estado nervioso o preocupado
3. **esposos**   personas que están casadas, la una con la otra
4. **la hoja**   una página, un papel para escribir
5. **el (la) mentiroso(-a)**   la persona que dice mentiras (falsedades)
6. **la relación**   conexión entre dos personas; e.g. relaciones amorosas
7. **sonriente**   con una sonrisa
8. **teclear**   escribir a máquina
9. **la vergüenza**   humillación, deshonor
10. **volver a** + *infinitivo*   hacer algo otra vez

María Luisa tiene un empleo fascinante. Escribe guiones para las telenovelas, guiones de dramas emocionantes. Todos los días ella pone *un papel* en su máquina de escribir y *teclea* furiosamente de niños *con grandes sonrisas*, de mujeres *nerviosas y preocupadas*, de *personas casadas* y amantes que *se quieren*, de gente honrada y de *los que dicen mentiras*, de *conexiones entre personas* escandalosas y bondadosas. Las historias se repiten día tras día. Mañana María Luisa *escribirá otra vez* un drama con los mismos personajes.

3. *El texto: Buscando pistas (clues)*

✳Trabajando solo(-a) o con otro(s), conteste estas preguntas.

1. Mire Ud. el dibujo en la página 131. ¿Qué es? ¿Qué usamos hoy? ¿Qué cosas escribimos con esta máquina?
2. Mire la línea 12. ¿Cuál es el mensaje de la carta? ¿Cuántas personas cree Ud. que figuran en el cuento? ¿Cuál es su relación? (Mire Ud. la última palabra del primer párrafo.) ¿Están juntos ahora? ¿Cree Ud. que es una relación pacífica o conflictiva? ¿Por qué?
3. Lea rápidamente los dos primeros párrafos. ¿Quién lee la carta —el esposo o la esposa? ¿Quién escribió la carta —él o ella? ¿Quién llega el viernes?
4. ¿Dónde podría llegar ella? Encuentre los dos lugares mencionados en el tercer párrafo. _____ y _____

Ahora, en sus propias palabras, haga un resumen de lo que sabe de la historia hasta ahora. ¿Qué cree Ud. que va a pasar?

🎧 *Underwood*

Enrique Jaramillo Levi*

L a carta había demorado° en llegar. La tenía ahora frente a los ojos,   tardado mucho tiempo
desdoblada,° convulsa entre sus dedos. No lograba iniciar la lectura.   *unfolded*
Las letras se desdibujaban° fundiéndose° unas con otras como si el   **se...** *blurred* /
llanto° las hubiese escurrido.° Pero no lloraba. Hacía mucho tiempo   uniéndose
5   que no se daba esa satisfacción. En cambio vacilaba,° temeroso de   lloro, lágrimas /
la respuesta que había guardado° en secreto durante lo que ya   *dripped on*
parecía una vida. Se concentró, haciendo un esfuerzo enorme, y las   *he hesitated*
letras fueron recuperando sus pequeñas estaturas, la separación   retenido
breve y nítida° que caracterizaba a la Underwood portátil que él   limpia
10   mismo le había comprado poco después de la boda.

     Todo el contenido podía resumirse en la última línea:

             TE AMO AÚN.° LLEGO EL VIERNES.   todavía

     Arrugó° la hoja. Casi en seguida volvió a estirarla.° Sus ojos   *He crumpled / smooth it*
recorrieron ávidos las disculpas, los ruegos,° el esbozo° de planes   *out* / peticiones /
                                                      outline

---

* Enrique Jaramillo Levi (1944), nacido en Panamá, es escritor y profesor. Escribe en sus cuentos de las
posibilidades fantásticas que esconde la realidad y del desarraigo del hombre contemporáneo que
lucha inútilmente por encontrarse.

15 que habrían de realizar juntos. Ella había tenido la culpa de todo,
aseguraba. Pero no volvería a ocurrir. Y luego venía la
reafirmación de lo que él había rogado° todas las noches. Y el ⟶ pedido con fervor
anuncio escueto° de su llegada. Al buscar la hora en su reloj, notó ⟶ conciso
sorprendido que ya era viernes. Corrió hasta el auto anticipando
20 el abrazo, sintiendo contra su cuerpo el arrepentimiento° de ella, ⟶ *regret*
su vergüenza. Amanecía.° ⟶ Rompía el día

Esperó largas horas en la estación. Sus ideas se perdían en las
más enmarañadas° conjeturas. Recordó de pronto que no sabía a ⟶ confusas
qué hora llegaría. Ni cómo viajaría hasta él. Hasta podía llegar
25 en avión, nada tendría de° raro. Entonces, ¿por qué estaba él en ⟶ **nada...** no sería
la estación, esperando quién sabe qué autobús? Sin darse cuenta
manejó hasta allí, guiado quizá por la forma que había tomado
tantas veces aquel sueño. Siempre la miraba bajar sonriente,
buscándolo con la vista, hasta que lo veía de pie junto a° la ⟶ **junto...** al lado de
30 columna que ahora sostenía su peso. Se dijo, angustiado, que era
un imbécil.

Por suerte traía la carta. La desdobló presuroso.° No había ⟶ rápido
ningún indicio de cómo se transportaría hasta la ciudad. Pasaron
los minutos y la incertidumbre se iba espesando° en sus jadeos.° ⟶ **se...** *was thickening /*
35 ¿Cómo no se le ocurrió explicar claramente la hora y el lugar de ⟶ respiraciones
su arribo? No había cambiado. Sigue siendo tan irresponsable ⟶ sofocantes
como siempre. Tendrá que tomar un taxi hasta la casa porque él
no puede hacer nada más. Allá la esperaría.

La noche se hizo densa y angustiosa. De nada le sirvió° leer ⟶ **De...** Era inútil
40 durante el día las revistas que lo rodeaban. Tampoco se distrajo
escuchando la radio ni saliendo al balcón a cada rato. Pronto
serían las doce y entonces la llegada del sábado se encargaría° ⟶ **se...** trataría
de probar° otra vez lo que él siempre sospechó: era una ⟶ demostrar con
mentirosa, la más cruel de las farsantes.° ⟶ convicción /
⟶ mentirosas
45 A la una de la mañana confirmó que ya nunca más le creería
una sola palabra. Aunque llegaran mil cartas pidiéndole perdón o
volviera a escuchar su voz suplicante por teléfono. Caminó hasta
la pequeña Underwood, insertó un papel, tecleó a prisa. Las letras
salían débiles, destintadas.° Cambió la cinta.° Escribió: ⟶ *faint / ribbon*
50 *Querido Ramiro:*

Tienes que perdonarme. Perdí el avión el viernes. Iré la próxima
semana, sin falta.° Ya te avisaré. Te amo. Debes creerme... ⟶ *fail*

Recapitulación de la historia

✱Para resumir la historia, complete las oraciones con sus propias palabras.

1. Ramiro había esperado ansiosamente la carta _____.
2. Él y su esposa habían tenido dificultades en su matrimonio y ella _____.
3. Según la carta, su esposa admite _____.
4. Al recibir la carta, Ramiro fue a la estación de autobús para _____.
5. Ramiro cree que ella no llegó porque _____.
6. Él vuelve a su casa y _____.
7. Pero ella _____.
8. Las dos cartas en el cuento fueron escritas por _____.

✱Trabajando solo(-a) o con otro(s), conteste estas preguntas.

1. ¿Qué tipo de relación tienen Ramiro y su esposa, en su opinión? Y Ud., ¿qué piensa? ¿Por qué habrá escrito Ramiro las cartas?

2. ¿Es posible que no exista la esposa? Explique.

3. ¿Existen hombres o mujeres como Ramiro? ¿Puede Ud. pensar en algunos ejemplos de películas, libros o la vida real?

●●

A c t i v i d a d e s

1. *Juego imaginativo: ¡Somos autores!*

✳Por lo que *no* dice, este cuento deja mucho a la imaginación. Entonces, Uds. también pueden ser autores, creando las partes del cuento que faltan. La clase se dividirá en tres grupos. Cada grupo escogerá uno de los siguientes temas y preparará algo para compartir con la clase.

1. Según Ramiro, su mujer tiene la culpa de todo y cuando ella vuelva, todavía lo amará y tendrá vergüenza por lo que ha hecho. Pero nunca tenemos la perspectiva de ella. ¿Qué diría ella de Ramiro?

2. Es obvio que la esposa de Ramiro lo dejó porque algo había ocurrido o porque había problemas en la relación. ¿Qué habría pasado antes de que comenzara la historia? Invente un párrafo para dar un fondo (*background*).

3. Cuando termina la historia, Ramiro está escribiendo otra carta. ¿Pero qué le pasa a él después? ¿Escribe más cartas? Invente un párrafo para terminar el cuento.

2. *Ud. es consejero(-a)*

✳Imagine que Ud. es consejero(-a) para la agencia *Estamos contigo*. Un día llama Ramiro y le explica su situación personal. Trabajando con un(-a) compañero(-a), invente una conversación telefónica entre Ramiro y Ud., luego preséntela a la clase.

Más allá del texto

Vea Ud. una de las siguientes películas en español: *Camila* (Argentina); *De eso no se habla* (*I Don't Want to Talk About It*, Argentina); *Fresas y chocolate* (*Strawberry and Chocolate*, Cuba); *Como agua para chocolate* (*Like Water for Chocolate*, México); *Mujeres al borde de un ataque de nervios* (*Women on the Verge of a Nervous Breakdown*, España); *Carmen* (España). Explique a la clase: ¿qué tipo de relación amorosa se describe en la película? ¿Qué circunstancias especiales hacen difícil el crecimiento de este amor? ¿Está Ud. contento(-a) con el fin? Explique. ¿Qué aprendió Ud. de la sociedad o la cultura que se presenta en la película?

Composición

El correo electrónico (e-mail) de su amante

*Ud. ha pasado todo el día en el aeropuerto esperando la visita de su amante que vive en San Francisco. Hace varios meses que Uds. no se ven. Supuestamente él/ella iba a llegar hoy, pero nunca aparece. Cuando por fin vuelve Ud. a casa, hay un mensaje esperándolo/la en su computadora. Lo lee:

```
┌──────────────────────────────────────────────────┐
│  ▲                                                │
│  ▼  Send  Address  Detach  Reply  Reply All  Forward  Store  Print  Delete │
├──────────────────────────────────────────────────┤
│  Subject                                          │
│  From                                             │
├──────────────────────────────────────────────────┤
│                                                   │
│     Querido(a) _____                        │
│     Lo siento, pero después de todo no puedo venir a │
│     visitarte, ni siquiera puedo explicarte por qué. Tienes │
│     que creerme. Mándame un e-mail pronto, mi amor. │
│                                                   │
│     Un beso                                       │
│              X                                    │
│                                                   │
└──────────────────────────────────────────────────┘
```

*Escriba su respuesta aquí.

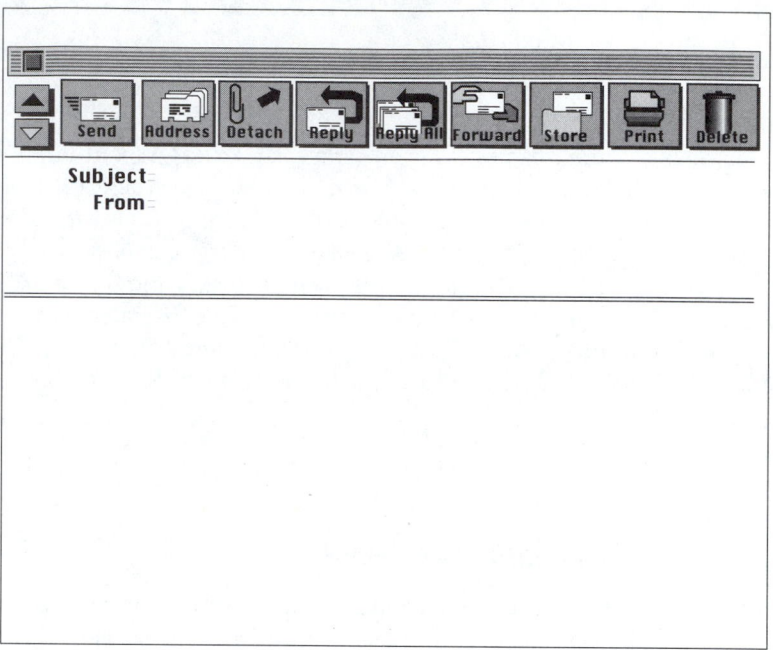

*L*as diversas caras del amor

*Una de las preguntas más difíciles de contestar es: ¿Qué es el amor? ¿Es obsesión? ¿pasión? ¿posesión? ¿armonía? ¿celos (*jealousy*)? ¿miedo? ¿desilusión? ¿belleza? ¿tristeza? ¿adoración? ¿la unión de dos almas (*souls*)? ¿alegría? O, ¿sigue siendo uno de los grandes misterios de la vida? Sin duda la poesía es una de las máximas expresiones de las diversas caras de este sentimiento. A continuación encontramos algunas expresiones poéticas de este fascinante fenómeno.

1. Para abrir el tema

*¿Se enamora Ud. fácilmente? ¿Está enamorado(-a) ahora? Trabajando solo(-a) o con otro(s), amplifique un poco sus respuestas. De las palabras mencionadas en el párrafo arriba, ¿cuál le parece a Ud. la mejor para describir el amor? ¿Y cuál *no* asocia con el amor? Explique.

2. *El texto: Predicción*

❋ Los poemas que siguen fueron escritos por tres hombres y dos mujeres. ¿Cree Ud. que hay diferencias esenciales entre lo que quieren las mujeres y los hombres del amor? Trabajando solo(-a) o con otro(s), escriba abajo sus opiniones.

Las mujeres quieren _____

_____

Los hombres quieren _____

_____

Compare sus respuestas con las de otros estudiantes. Ahora, mientras lee los poemas, verifique si el poeta o la poetisa ha expresado los deseos o esperanzas que Ud. ha anticipado. También, mire los dibujos y los títulos de los poemas antes de leerlos y trate Ud. de inferir o predecir los temas principales.

3. *Vocabulario: La poesía*

❋ Para hablar de la poesía, estudie bien los siguientes términos.

la estrofa (*stanza*)	la imagen	el poema	el poeta, la poetisa
la rima	simbolizar	el símbolo	el verso (*line*)

Con la ayuda de su profesor(-a), prepare una lista de otras expresiones útiles para expresarse mejor sobre los poemas a continuación.

Rima XXIII

Gustavo Adolfo Bécquer*

Por una mirada, un mundo:
por una sonrisa, un cielo;
por un beso... ¡yo no sé
qué te diera por un beso!

---

* Gustavo Adolfo Bécquer (1836–1870), el más famoso de los poetas románticos de España. En sus *Rimas* evoca con fina sensibilidad el mundo íntimo del hombre, sus amores, sus sueños y su búsqueda del ideal.

● ●

Comprensión

1. Trabajando solo(-a) o con otro(s), encuentre Ud. referencias a lo finito (pequeño) y lo infinito (grande) en el poema. ¿Qué progresión ve?
2. ¿Son novios ya el poeta y la mujer? Explique. ¿Qué emociones expresa él hacia ella?
3. ¿Cree Ud. que es una visión idealista o realista del amor? Explique.

El amor y el deseo

Judith Guzmán Vea*

El amor y el deseo,
son sentimientos hermanos
que no van siempre de la mano,
y causan confusión al humano.
5 El deseo es una flama,
que arrasa° todo a su paso,   arruina, aplasta
obstinado y caprichoso,°   sin razón o lógica
cree que muy dentro ama...
El amor, que nace dentro,
10 es apacible° y hermoso,   tranquilo
tiene paciencia y su gozo
es hacer feliz al amado...
Cuando estos dos se conjugan,
se oyen sonidos divinos,
15 y se amalgama el destino
de dos almas en una sola.

● ●

Comprensión

1. Trabajando solo(-a) o con otro(s), explique cómo se diferencian el amor y el deseo, según la poetisa. ¿Está Ud. de acuerdo?
2. ¿Por qué cree Ud. que estos dos sentimientos «causan confusión al humano»?
3. ¿Es posible una verdadera relación amorosa entre dos personas con sólo uno de estos sentimientos? Explique.

---

* Judith Guzmán Vea, escritora contemporánea que nació en Guadalajara, México. Su afición por la poesía empezó a una edad temprana, pues escribió su primer verso a la edad de diez años.

Viceversa

Mario Benedetti*

Tengo miedo de verte
necesidad de verte
esperanza de verte
desazones° de verte   ansiedades

5   tengo ganas de hallarte°   encontrarte
preocupación de hallarte
certidumbre° de hallarte   certainty
pobres dudas de hallarte

tengo urgencia de oírte
10   alegría de oírte
buena suerte de oírte
y temores de oírte

o sea
resumiendo
15   estoy jodido°   arruinado (expresión
                 vulgar en algunos
        y radiante   países)
quizá más lo primero
que lo segundo
y también
20   viceversa.

Comprensión

1. En cada estrofa el poeta usa palabras de contraste. Trabajando solo(-a) o con otro(s), identifique estas palabras y explique el contraste.
2. ¿Cómo explica estas palabras el título (y el último verso)?
3. En su opinión, ¿son palabras que describen el amor? ¿Por qué?

---

* Mario Benedetti, que nació en Uruguay en 1920, es uno de los más destacados escritores de nuestra época. No sólo es poeta, sino también novelista, dramaturgo, ensayista y cuentista.

Qué más da

Luis Cernuda*

Qué más da° el sol que se pone o el sol que se levanta
La luna que nace o la luna que muere.

Mucho tiempo, toda mi vida, esperé verte surgir° entre las
nieblas° monótonas,
Luz inextinguible, prodigio° rubio como la llama;°
5 Ahora que te he visto sufro, porque igual que aquéllos
No has sido para mí menos brillante
Menos efímero° o menos inaccesible que el sol y la luna
alternados.°

Más yo sé lo que digo si a ellos te comparo,
Porque aun siendo brillante, efímero, inaccesible,
10 Tu recuerdo, como el de ambos astros,°
Basta° para iluminar, tú ausente, toda esta niebla que me
envuelve.°

Qué... What difference does it make if it's

aparecer

nubes

marvel, wonder / fuego

transitorio

que aparecen por turnos

cuerpos celestes

Es suficiente

cubre, encierra

Comprensión

1. ¿Qué objetos en el cielo menciona el poeta? ¿Qué cualidades tienen estos objetos? (Busque unos adjetivos que los describen.)
2. ¿Qué cualidades tiene el amado? (Busque unos adjetivos.) ¿Cuál es el único aspecto del amado que le queda al poeta al final del poema?
3. ¿Puede Ud. completar esta analogía?: El sol y la luna dan luz o iluminan temporalmente el cielo nublado. De la misma forma, el hombre amado... del poeta. ¿Es lindo el poema, en su opinión?
4. El poeta amó, pero luego perdió su amor. Para Ud., ¿es mejor amar y perder que nunca amar? ¿Por qué?

---

* Luis Cernuda (1902–1963), poeta y crítico español cuya obra expresa el abismo entre lo que uno desea y lo que uno puede conseguir o realizar. El poema «Qué más da» es de su colección *Los placeres prohibidos*, que describe sus encuentros amorosos con otros hombres.

Ya no°   *No longer*

Idea Vilariño*

Ya no será
ya no
no viviremos juntos
no criaré° a tu hijo   **no...** *I will not raise*
5   no coseré° tu ropa   **no...** *I will not sew*
no te tendré de noche
no te besaré al irme.
Nunca sabrás quién fui
por qué me amaron otros.
10 No llegaré a saber por qué ni cómo nunca
ni si era de verdad
lo que dijiste que era
ni quién fuiste
ni qué fui para ti
15 ni cómo hubiera sido
vivir juntos
querernos
esperarnos
estar.
20 Ya no soy más que yo
para siempre y tú ya
no serás para mí
más que tú. Ya no estás
en un día futuro
25 no sabré dónde vives
con quién
ni si te acuerdas.
No me abrazarás nunca
como esa noche
30 nunca.
No volveré a tocarte.
No te veré morir.

---

* Idea Vilariño (n. 1920), poetisa uruguaya que ha escrito ocho libros de poemas. Escribe con sencillez y emoción sobre lo efímero de esta vida con sus placeres pasajeros, incluso el amor.

Comprensión

1. Trabajando solo(-a) o con otro(s), explique lo que perderá la poetisa. (Busque unos verbos en el tiempo futuro.)
2. ¿Cree Ud. que el amante del poema se fue o que la amante lo abandonó? Explique.
3. ¿Qué visión del amor presenta el poema?
4. ¿Cómo se siente Ud. después de leer este poema? ¿Por qué?

Actividades generales

Sus ideas sobre el amor

*Con otra persona, comente las siguientes preguntas, luego comparta sus respuestas con la clase.

Estoy enamorada de otro, pero eso no cambia las cosas... Tú puedes seguir saliendo conmigo y haciéndome regalos como antes.

1. ¿Cuál de los poemas te gustó más? ¿Por qué?

2. ¿Crees que es posible el amor romántico hoy día? ¿Es algo positivo o no? ¿Qué películas recientes presentan una historia de amor romántico? ¿Te gustan estas películas? Elabora un poco.

Más allá del texto

Trabajando solo(-a) con otro(s), encuentre Ud. canciones de amor en español en la radio o la televisión y descríbalas a la clase. [O si es posible, traiga una cinta (*tape*) o disco compacto.] ¿Quién es el/la cantante o el conjunto (*band, group*)? ¿Cuál es el tema de la canción? ¿Son diferentes estas canciones de otras canciones de artistas populares en Estados Unidos y Canadá? Explique. Ahora bien, ¿por qué no escribe Ud. una canción de amor en español? ¡Ándele!

Composición

✳Escriba un poema sobre cualquier aspecto del amor o de la persona amada. Puede inventar su propia forma o seguir una de las formas a continuación.

a. *¿Por qué, oh, por qué?*
   Este tipo de poema se dirige a un individuo, una idea o un objeto y plantea muchas preguntas.

   Verso 1 la preposición *a* y un sustantivo
   Verso 2 *¿Por qué?* seguido de una pregunta
   Verso 3 *¿Por qué?* seguido de una pregunta
   Verso 4 *¿Por qué?* seguido de una pregunta
   Verso 5 *¿Por qué?* seguido de una pregunta
   Verso 6 *¿Por qué?* repetido tres veces
   Verso 7 espacio en blanco
   Verso 8 una pregunta final (sin el *¿Por qué?*) que resuma los sentimientos o contenido de las otras preguntas.

   Ejemplo: Al amor
             ¿Por qué te escondes de mí por tanto tiempo?
             ¿Por qué no te reconozco a veces?
             ¿Por qué de repente llegas como un huracán?

¿Por qué luego desapareces?
¿Por qué? ¿Por qué? ¿Por qué?

¿No sabes que te necesito todos los días?

b. *Un poema concreto*
Escoja cualquier sujeto/objeto y escriba un poema usando la forma concreta del objeto como bosquejo (*outline*).

c. *Un poema con aliteración* (Cada palabra empieza con el mismo sonido.)

Verso 1 un nombre
Verso 2 el nombre extendido
Verso 3 el nombre extendido con un verbo
Verso 4 el nombre extendido, verbo y un adverbio

Ejemplo: Betina
Betina Benítez
Betina Benítez besa
Betina Benítez besa bien.

El machismo en México

A n t i c i p a c i ó n

Todo el mundo ha oído mencionar el *machismo*. Es un fenómeno que afecta no sólo las relaciones entre hombres y mujeres sino que representa toda una filosofía de vida, según muchos sociólogos y psicólogos.

En el siguiente artículo, un escritor mexicano analiza el machismo en su país. Presenta las ideas del famoso poeta y ensayista mexicano Octavio Paz (Premio Nóbel, 1990), quien cree que el machismo tiene sus orígenes en la historia, específicamente en la conquista de México por los españoles en el siglo XVI. Para facilitar la comprensión del artículo, está dividido en tres partes, con ejercicios de prelectura y comprensión para cada parte.

Pero antes de explorar la historia, hablemos del machismo en general.

1. *Para abrir el tema*

✱ Para Ud., ¿qué significa la palabra *macho?* Trabajando solo(-a) o con otro(s), explique su definición. ¿Qué hombres famosos —actores, atletas, personajes de la tele— considera Ud. muy machos? ¿y poco machos? Entonces, ¿qué es el machismo? ¿Cómo afecta las relaciones entre los hombres y las mujeres? ¿Cuál es su causa, en la opinión de Ud.?

2. *Vocabulario: Adivinar el sinónimo*

✱ De la lista a continuación, escoja el sinónimo que corresponde a las palabras en cursiva en las oraciones.

dominada	el combate	provocan furia en	beber
comprar	abuelos	libre	compañeros
alegran	exclusivo	la reconciliación	mostrar su propia importancia o fuerza

En el artículo leemos que...

1. El machismo no es *privativo* de México.
2. El machista es muy hombre a la hora de *ingerir* licores y en el momento de *la pelea.*
3. Las acciones del machista *enfadan* a las mujeres.
4. El machista quiere que la mujer se encuentre *sometida.*
5. El machista trata de *autoafirmarse* delante de sus *prójimos.*

✱ Ahora lea para aprender más sobre el machismo mexicano y para ver cómo la historia puede influir en la psicología.

El machismo en México*

Salvador Reyes Nevares

---

* De *Mundo Nuevo,* revista argentina publicada en París durante los años 60.

Parte I ¿De qué se trata?

*Trabajando solo(-a) o con otro(s), estudie el dibujo y el texto abajo, luego conteste las preguntas.

Con la conducta machista, el hombre intenta probar que es superior y libre con respecto a la mujer. En realidad, sospecha que es débil y dependiente.

1. ¿Qué hacen los hombres en el dibujo?
2. ¿Qué reacciones distintas demuestran las mujeres?
3. En realidad, ¿qué dudas tiene el machista?

I. La conducta y psicología del machista

El machismo es una característica de ciertos mexicanos. No vale para definir a toda la población del país. Por otra parte, esta singular obsesión no es privativa de México. Puede sospecharse que ciertos españoles o griegos, o franceses o italianos están
5 poseídos de ella.°   se refiere a la obsesión

¿Qué es el machismo? ¿Cómo es el individuo contaminado de machismo?

El machista es un hombre que se da importancia, pero no de cualquier modo: su importancia proviene° de su poderío° sexual.   viene / poder

10 Puede conceder que intelectualmente no descuella gran cosa,° puede estar de acuerdo en que no tiene una habilidad en el trabajo, en que es mediocre para todo, menos en su papel de macho.

descuella... se distingue mucho

El machista es muy hombre con las mujeres, pero también es 15 muy hombre a la hora de ingerir licores y en el momento de la pelea. La borrachera° del varón despierta en las mujeres reacciones: las aterroriza, las escandaliza, las enfada. Lo que hay en el fondo de la conducta machista es una frase: «Para que vean que no me importa lo que ella quiera. Yo hago lo que me da la 20 gana°». Hay un propósito° obsesivo de probar que se es libre respecto a° la mujer y que ésta se encuentra absolutamente sometida.

estado que resulta de tomar mucho alcohol

me... deseo hacer / intención
respecto a *with regard to*

El machista pretende autoafirmarse. ¿Delante de quién? Delante de sus prójimos que lo contemplan. ¿Respecto a quién? Respecto a 25 una mujer.

Ahora bien, ¿cuál es el tipo de reacción que se establece entre el hombre y la mujer, para que aquél se convierta en un machista? Por debajo de las autoafirmaciones es fácil distinguir una radical conciencia de debilidad. Ese hombre que bebe para demostrar 30 que es muy macho y que hace lo que le da la gana, en realidad tiene serias dudas. Sospecha que es débil y que está a merced° de la mujer. El machista se percata° de esa realidad pero no quiere confesarse a sí mismo que se ha percatado. Él es el fuerte. Es el macho, el jefe, el que manda. Y entonces monta su rudimentario 35 mecanismo de prueba: hace lo que a la mujer no le gusta que haga.

a... *at the mercy*

se... está consciente

El machista puede tener muy mal gusto, pero logra° lo que se propone: la derrota lacrimosa° de la hembra. Se consuma° con esa derrota, una especie de venganza° oscura. Voy a explicarme 40 con más rigor.

obtiene
derrota... *tearful defeat* / **Se...** Se completa *vengeance*

Comprensión

1. ¿Qué es un machista? ¿Qué poderío superior cree tener?

2. ¿Qué acciones son típicas del machista?

3. ¿Qué no quiere confesarse?

Parte II   ¿De qué se trata?

✳ Trabajando solo(-a) o con otro(s), estudie el dibujo y el texto abajo, luego conteste las preguntas.

   Según Octavio Paz, la conquista fue para los mexicanos una violación de su tierra y de sus mujeres. El símbolo de esta violación es una mujer, la Malinche, la amante indígena (india) del jefe español Hernán Cortés, que luego de ayudarlo, se casó con uno de sus soldados y se fue a España. La contraparte de ella es Cuauhtémoc, el joven y heroico emperador azteca que prefirió morir torturado antes de cooperar con los españoles. El mexicano contemporáneo siente ambivalencia hacia la parte india de su ser: vergüenza por la capitulación de la traidora (*traitor*) Malinche; orgullo por el heroismo de Cuauhtémoc.

   Al mismo tiempo, la figura del español tiene una doble cara: por un lado, el mexicano odia al conquistador por invadir su tierra; por otro, admira la fuerza y agresividad de los españoles victoriosos. El resultado de todos estos sentimientos conflictivos da origen al machismo, que es una combinación de orgullo y duda, amor y furia, victoria y derrota (conquista).

1. La indígena la Malinche...
   a. cooperó con los españoles.
   b. era amante de Cuauhtémoc.
   c. se quedó con el español Hernán Cortés toda su vida.
2. El joven Cuauhtémoc...
   a. cooperó con Hernán Cortés.
   b. era emperador maya.
   c. murió torturado por los españoles.

3. El mexicano contemporáneo siente...
   a. total admiración y orgullo hacia la parte india de su ser.
   b. emociones contradictorias —positivas y negativas— hacia las dos
      partes de su ser.
   c. sólo odio y rencor hacia la parte española de su pasado.

II. El origen histórico del machismo: El papel femenino y masculino

La Historia de México se inicia con un acto de fecundación entre
los españoles y los indígenas.* De esta conjunción surgió° un   nació
nuevo pueblo.° Lo curioso del caso es que nosotros en México   gente
hemos elegido a uno de los troncos° de nuestra ascendencia° para   branches / ancestry
45 atribuirle nuestro cariño y nuestro respeto. Nos hemos declarado
indígenas. A pesar de esto, tenemos sentimientos ambivalentes
hacia nuestro pasado indio, igual que hacia los españoles.

   Experimentamos° rencor hacia lo ibérico° por haber invadido   Sentimos / español
nuestra cultura indígena. «...la conquista —dice Octavio Paz—
50 fue también una violación,° no solamente en el sentido histórico,   rape
sino en la carne misma° de las indias.» Como consecuencia de   **carne...** *very flesh*
esta violación original, el mexicano siente un temor enfermizo,
violento por todo lo que pueda mancillar° la integridad de sus   deshonrar
mujeres: su madre, su esposa, su hermana, su hija. La modestia
55 femenina llega a constituirse en centro de la vida del hombre.

   Por otro lado, lo ibérico reside también en nosotros. Lo español
fue el elemento activo y predominante en la conquista, así
representando la parte masculina. Lo indígena hace la parte
femenina en aquel trance° de fecundación. El mexicano de hoy,   momento crítico
60 pues, se ve compelido a probar su masculinidad, para no
asociarse con la parte femenina de la conquista. Dedica todos sus
actos a ese propósito fundamental de no permitir que se dude de
él.

   Aunque el mexicano siente cariño y respeto por lo indígena,
65 también experimenta vergüenza.° En la figura de la Malinche, la   *shame*
madre universal del mexicano, Octavio Paz ve «el símbolo de la
entrega°». Dice que repudiamos a la Malinche, pero es un repudio   capitulación
a medias.° Al renegar° de la Malinche, en realidad renegamos a   **a...** parcial / negar
la parte india de nuestro ser. Pero, no obstante, en Cuauhtémoc la   vigorosamente

---

* Aquí se refiere a la conquista española. La combinación de españoles e indios creó una raza nueva:
  los mestizos.

70 reverenciamos y la admiramos. El mexicano oscila entre estos dos
sentimientos —repudio y admiración— siempre que vuelve la cara
hacia su pasado indígena.

Amor contrariado° es, pues, el primer motor° del machismo.   frustrado / *motivating force*
Amor y vergüenza y una rabia° de siglos. El machismo implica un   furia
75 acto de afirmación de la masculinidad. El acto erótico constituirá
la prueba por antonomasia.° Mi conducta al volante° de un   **por...** por excelencia / *steering wheel*
automóvil, o al frente de un grupo de subordinados, o en una
reunión de condiscípulos,° o en una fiesta será siempre una   compañeros
conducta machista. Con ese fin gritaré y reiré más que los otros, y
80 provocaré alguna riña° para que reparen en mí;° y sobre todo,   combate, pelea / **reparen...** me observen
mantendré uncida° a mi mujer a una disciplina que la preserve a   *yoked*
ella y a mí me reafirme en mi condición de jefe de la casa.

Comprensión

1. ¿Por qué siente rencor por los españoles el mexicano? ¿Cómo ha afectado la conquista su actitud hacia las mujeres?

2. Por otra parte, ¿cómo se identifica el mexicano con el español de la conquista? ¿Qué acciones o actitudes provoca esto?

Parte III   ¿De qué se trata?

✳ Trabajando solo(-a) o con otro(s), estudie y el texto abajo, y el dibujo en la página 151 luego conteste la pregunta.

El machista necesita una mujer con cualidades exageradamente femeninas. ¿Qué cualidades ve Ud. en la hembrista?

III. *La contrapartida: El hembrismo*°   *exaggeratedly feminine actions and attitudes*

El machismo supone el otro lado de la medalla,° el hembrismo. Los   coin
rasgos° de la feminidad son normalmente pasivos: la paciencia, la   características
85 fidelidad, la resistencia ante los infortunios,° la dulzura°...   adversidad / *sweetness*

Pues bien, la «abnegada° mujer mexicana» es una suma de   sacrificada
tales virtudes, pero llevadas a lo alto° que acaban° por ser   **a...** a tal extremo / *end up*
ridículas. El hombre machista necesita una mujer así. Para los
alardes° de virilidad insaciable, la mujer que resiste todas las   *boasts*

⁹⁰ infidelidades es ideal; para exabruptos,° y demás actos de tiranía, una mujer inmensamente pasiva, sumisa° y resistente es indispensable.

    Es posible avizorar una curación.° Se trata de atenerse a° la dualidad que nos preside.° En el momento en que no subsistan ni
⁹⁵ la noción del indio ni la del español, sino solamente la del mexicano, en ese momento México se sentirá de una sola pieza, y el machismo se habrá quedado entonces sin base.

grandes descortesías
obediente

avizorar... ver una solución / **atenerse...** aceptar / **nos...** existe en nosotros

Comprensión

1. ¿Qué características tiene la mujer hembrista?

2. ¿Cómo se complementan el machismo y el hembrismo?

Opciones múltiples

1. El machista cree que es muy importante mostrar su habilidad...

   a. intelectual.   **b.** amorosa.   **c.** económica.

2. El machista se emborracha y pelea para probar que tiene...

   a. gran respeto por la mujer.   **b.** miedo de otros hombres.
   c. libertad absoluta de acción.

3. En realidad el machista...

   a. no trata de autoafirmarse.   **b.** duda de su fuerza.
   c. obedece a su mujer.

4. A causa de la violencia que sufrieron los indios durante la conquista española, el mexicano de hoy está obsesionado con...

   a. la pureza de las mujeres de su familia.   **b.** la cultura española.
   c. el miedo de entrar en peleas.

5. ¿Qué siente el mexicano contemporáneo hacia la parte india de su ser?

   a. admiración sin límites.   **b.** indiferencia absoluta.
   c. emociones contradictorias.

6. Como prueba de su masculinidad, el machista *no*...

   a. grita en las fiestas.   **b.** permite que su mujer tenga libertad.
   c. maneja el auto rápidamente.

 ### *La historia mexicana*

✳Trabajando con otro(s) estudiante(s), busque en el artículo palabras o frases que indican actitudes o sentimientos de los mexicanos contemporáneos hacia los dos

ASCENDENCIA	ACTITUDES/EMOCIONES	
	POSITIVAS	NEGATIVAS
la parte india (lo indígena)		
la parte española (lo ibérico)		

troncos de su ascendencia: la parte india (lo indígena) y la parte española (lo ibérico). Luego complete el gráfico para entender mejor la ambivalencia que experimenta el mexicano moderno hacia su pasado.

1. En palabras sencillas, explique a otro estudiante por qué el mexicano contemporáneo siente emociones contradictorias. ¿Cree Ud. que los norteamericanos sienten ambivalencia hacia su pasado? Explique.
2. ¿Qué curación sugiere el autor para el machismo mexicano? ¿Cree Ud. que es posible erradicar el machismo o el hembrismo? ¿Por qué?

A c t i v i d a d e s

En pareja o en grupo: Su opinión

* Con otra persona o en un grupo de tres o cuatro, discuta las siguientes preguntas. Luego, compare sus respuestas con las de otro grupo.

1. ¿Conoces personalmente a personas machistas o hembristas? Describe sus acciones o actitudes típicas.
2. ¿Está relacionado el machismo con la violencia contra las mujeres, en particular la violencia doméstica (de parte de los novios o esposos)? ¿Por qué? ¿Qué soluciones hay para este problema?
3. ¿Puede una mujer ser hembrista y feminista al mismo tiempo? Explícate.

Más allá del texto

1. ¿Qué evidencia hay del machismo o del hembrismo en los anuncios comerciales de las revistas y los periódicos —publicados en inglés y en español— en este país? Explique cómo son y dé su reacción. Ud. puede consultar la biblioteca, Internet, los quioscos (*newstands*) para conseguir algunos ejemplos que ilustren sus puntos.
2. Hable con una persona de habla española (o de otro grupo étnico) —por Internet o en persona— sobre el machismo/hembrismo de su cultura. Haga una comparación con su propia cultura y prepare un informe oral para la clase.

❋ Algunas personas opinan que sin el machismo y el hembrismo, la vida pierde mucho de su emoción y romanticismo. ¿Cree Ud., como consecuencia, que la vida norteamericana es menos interesante y feliz que la de las culturas latinas?

Cuestiones éticas

Vocabulario preliminar

*Estudie el vocabulario antes de empezar esta sección sobre dos cuestiones éticas difíciles. Luego utilice este vocabulario como medio de consulta durante su estudio del capítulo.

1. **apoyar** favorecer, defender, sostener; *s.* **apoyo, el**
2. **crear** producir, hacer, establecer
3. **derecho, el** autoridad de actuar o pedir algo; **tener derecho a** *to have a right to*
4. **ética, la** parte de la filosofía que trata de la moral y de las obligaciones del individuo; *adj.* **ético**
5. **peligro, el** una dificultad inminente, algo que puede causar consecuencias graves; *adj.* **peligroso**
6. **piedad, la** compasión, caridad, bondad; *adj.* **piadoso**

7. **probar** experimentar, verificar, investigar; *s.* **prueba, la**
8. **resaca, la** en lo sociopolítico, una reacción negativa o violenta que se opone fuertemente a otra acción (*backlash*)
9. **ser humano, el** hombre o mujer, persona, individuo
10. **tomar una decisión** decidir o resolver algo, formar juicio definitivo sobre algo dudoso o discutible
11. **tener la culpa** ser moralmente responsable de algo, ser la causa de una situación, ser **culpable** *adj.*

¡Pirámide de $10.000!

*El/la profesor(-a) le da a cada estudiante 4 tarjetas de tamaño 3" × 5". Cada tarjeta tiene una palabra del **Vocabulario preliminar** (y otros términos útiles). Luego la clase se divide en grupos de dos: Jugador A y Jugador B. El Jugador A empieza con una definición de su palabra, *¡pero sin mencionar la palabra!* El Jugador B trata de adivinar (*guess*) cuál es la palabra.

EJEMPLO	Jugador A	Es una dificultad inminente, un...
	Jugador B	¡El examen final!
	Jugador A	No. No. Algo con consecuencias potencialmente graves, como caminar solo a las tres de la mañana en la ciudad.
	Jugador B	¡Un peligro!
	Jugador A	Sí. Eres brillante.

Cuando el Jugador A termina con sus 4 palabras, el Jugador B empieza con las suyas. Al terminarse las 8 palabras, se pueden intercambiar las tarjetas con otro grupo.

Dos cuestiones difíciles

* Cada día se nos presentan situaciones que requieren una decisión moral. Generalmente son decisiones difíciles y polémicas, porque no todos tienen la misma opinión. A continuación examinamos dos de estas cuestiones.

Cuestion uno:
El uso de los animales en los experimentos científicos

¿Es cruel o necesaria la experimentación con animales? Es un tema que provoca bastante controversia estos días. A continuación se encuentra una presentación gráfica de los principales tipos de experimentos.

Lea Ud. el texto* rápida y ligeramente con el fin de *identificar el uso básico de los animales en cada categoría.*

Espacio. *Monos, perros, ratas... se envían al espacio para tratar de resolver las graves enfermedades físicas y trastornos psíquicos que padecen los astronautas durante los viajes muy largos.*

Biotecnología. *Ya se pueden patentar —y comercializar— seres vivos manipulados genéticamente. Esto es una clara muestra del enorme dominio que ejerce el hombre sobre la naturaleza.*

Toxicología. *Las industrias farmacéuticas y de cosmética están obligadas a probar sus productos, una y otra vez, en dos especies distintas de animales como mínimo, antes de lanzarlos al mercado.*

Cirugía. *Perros, cerdos y caballos son elegidos por los científicos para estudiar las nuevas técnicas quirúrgicas, el problema de los trasplantes o para que los médicos nóveles hagan manos.*

Defensa. *Se estima que más del 80 por ciento de los animales de experimentación van a parar a centros militares. ¿Con quién se prueban los nuevos proyectiles, armas convencionales, biológicas...?*

Neurología. *Se va frenando el uso de primates superiores —como el chimpancé y el orangután— para explorar el cerebro. El dolor en estos ensayos puede alcanzar cotas inimaginables.*

---

* El texto y las ilustraciones son de la revista *Muy interesante,* publicada en España.

Identificación

❋ Ahora, identifique el uso principal de los animales en cada categoría.

Los animales: chimpancés, perros, cerdos (*pigs*), caballos, monos (*monkeys*), ratas, gatos, vacas

Ejemplo	Categoría	El uso básico
	__a__ Defensa	a. probar armas nuevas
		b. explorar el cerebro

Categoría

_____ 1. Espacio

_____ 2. Biotecnología

_____ 3 Toxicología

_____ 4. Cirugía (*surgery*)

_____ 5. Defensa

_____ 6. Neurología

El uso básico

a. probar proyectiles, armas convencionales

b. ayudar en el entrenamiento (*training*) de los médicos: investigar nuevas técnicas médicas

c. explorar el cerebro

d. probar productos cosméticos y farmacéuticos antes de venderlos

e. manipular animales genéticamente, e.g., criar vacas que producen máximas cantidades de leche

f. curar enfermedades de los astronautas

Su opinión

❋ Con otra persona, comente las siguientes preguntas, luego comparta sus respuestas con la clase. Consulte el vocabulario del ejercicio de arriba.

1. ¿Qué usos de los animales te parecen necesarios o justificables? ¿Por qué?
2. ¿Qué usos te parecen crueles o injustos? ¿Por qué?

D i s c u s i ó n

1. *¿Tienen derechos los animales?*

❋ Algunos argumentos a favor y en contra de la experimentatión con animales

PRO	CONTRA
• Hay que probar las vacunas (*vaccines*) primero con los animales. Así se conquistaron la polio y la viruela (*smallpox*). ¿Es preferible experimentar con seres humanos?	• Lo que sucede en los laboratorios es asesinato y nada menos. El animal es un ser vivo que tiene derecho a la vida.
• El ser humano es una especie (*species*) distinta, con capacidades superiores	• El ser humano es animal también, pero abusa de los animales no humanos. No es cuestión de superioridad o inferioridad, sino de la coexistencia de las especies.

¿Qué argumentos defiende Ud.? ¿Qué argumentos ataca? Explique sus respuestas a otro estudiante o a la clase.

2. *Entrevista*

❋ Entreviste a un(-a) compañero(-a) sobre los siguientes usos de los animales. Después, explique sus opiniones en un breve resumen oral o escrito.

¿Qué piensas tú de estos usos de los animales? ¿Se deben permitir o prohibir? ¿Por qué?

- los abrigos de piel (*fur*)
- la caza (*hunting*)
- comer carne de animal
- los perros que buscan drogas ilícitas
- usos terapéuticos; e.g., ayudar a enfermos, viejos, ciegos (*blind*) y sordos (*deaf*)

- experimentar con animales de alta inteligencia (cerdos, delfines, simios, ratones)
- llevar zapatos de piel (*leather*)

Comentario sobre el dibujo

✱ ¿Qué dirían los toros? Trabajando solo(-a) o con otro(s), escriba las palabras del toro. ¿Qué piensa él de la corrida de toros?

Cuestion dos:
La discriminación positiva°

affirmative action

Estados Unidos, donde los más se sienten menos*

La población blanca estadounidense tiene una errónea percepción de su tamaño y fuerza; cree que las minorías negra, hispana y asiática han crecido tanto como para copar los espacios sociales y controlar el país en poco tiempo.[†] Como los gráficos a

---

* Basado en un artículo de *Contenido,* una revista mexicana.
[†] Según un estudio de la Universidad de Harvard y la Fundación Kaiser Family.

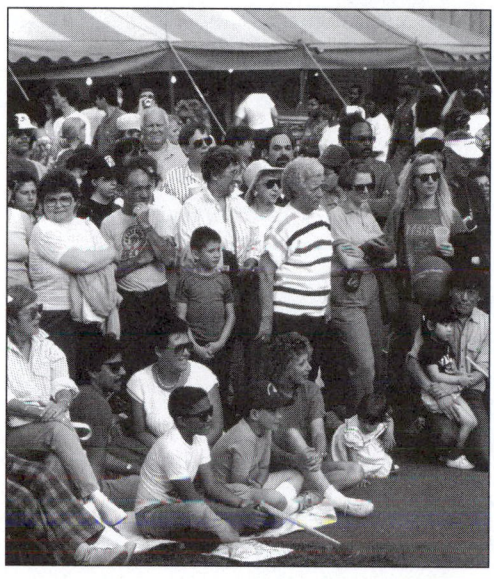

Los espectadores de un desfile reflejan las multiples razas y grupos étnicos que se encuentran en Estados Unidos.

continuación documentan, los blancos sobreestiman el número de negros, hispanos y
5 asiáticos y subestiman su propia presencia.

LA PERCEPCIÓN

A. Los blancos perciben esta distribución
   de las razas en EE. UU.,expresada en el porciento
   de la población total del país.

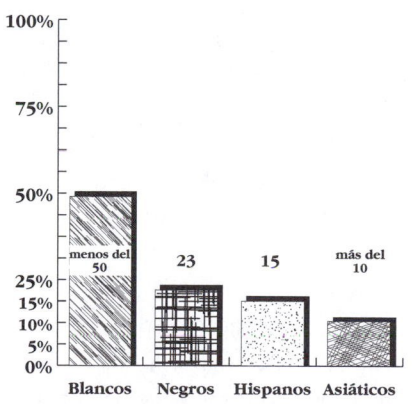

LA REALIDAD

Pero, en realidad, ésta es la
verdadera distribución.

Interpretación

Trabajando con otro(s), estudie los gráficos abajo, luego conteste las preguntas que siguen. Comparta sus observaciones con la clase.

Por su parte, los grupos minoritarios exageran su número e importancia y tienden a minimizar a los otros.

LA PERCEPCIÓN

B. Cada grupo minoritario percibe sus propios números y el número de blancos en EE. UU.

LA REALIDAD

Pero, en realidad, ésta es la verdadera distribución de las razas.

Interpretación

¿Qué percepción tienen los grupos minoritarios de sus propios números y los de los blancos? ¿Cuál es la realidad? ¿Por qué cree Ud. que existen estas percepciones erróneas entre los blancos y los grupos minoritarios?

Quizás como resultado de estas percepciones equívocas, programas de discriminación positiva, que parecen favorecer ciertos grupos minoritarios, se han
10 abolido. En California, por ejemplo, no se pueden incluir la raza, el origen étnico o el sexo como factores en la evaluación de una persona que solicita entrada a la universidad. Entonces surgen unas cuestiones difíciles de contestar: ¿Es necesaria la discriminación positiva para compensar la negativa discriminación histórica y actual? ¿O es una especie de muleta que debilita el desarrollo a largo plazo de individuos o
15 grupos de individuos? ¿Es discriminación «al revés» o justicia merecida?

Interpretación

1. ¿Qué ocurre en California?

2. ¿Qué piensa Ud. de la discriminación positiva? ¿Es necesaria, o es una muleta, o es justicia merecida?

· ·

A c t i v i d a d e s

1. Estudio de caso

✳ En grupos pequeños, comenten el siguiente caso hipotético, y luego compartan sus reacciones con la clase.

Un joven blanco de Canadá sueña desde su niñez con formar parte de la internacionalmente famosa y respetada policía nacional, el RCMP (*Royal Canadian Mounted Police*). Satisface (y excede) todos los rigurosos requisitos físicos y mentales, pero aprende que el RCMP ni siquiera se interesa en él. Estos días y por años en el futuro el RCMP está vigorosamente reclutando a mujeres y nativos, es decir, gente de las Primeras Naciones (de origen indígena), y otros grupos

Un miembro del respetado *Royal Canadian Mounted Police* marcha en un desfile.

minoritarios. El joven blanco se siente totalmente deshecho, porque su sueño de toda la vida ya no se realizará.

¿Es justa o injusta esta situación?

2. *Encuesta y discusión*

✳ ¿Qué opinan Uds.? Trabajando con otro(s), expliquen en cuáles de las siguientes situaciones la raza, el origen étnico y el sexo deben ser factores oficiales o legales en la composición del grupo.

	Sí	No	No sé
senadores y congresistas	☐	☐	☐
colegios públicos (escuelas elementales, secundarias)	☐	☐	☐
ejecutivos de una empresa	☐	☐	☐
bomberos y policías	☐	☐	☐
clubes privados	☐	☐	☐
estudiantes universitarios	☐	☐	☐
vecinos, barrios	☐	☐	☐
¿ ? (otra categoría que Uds. sugieren)	☐	☐	☐

Otras cuestiones éticas

1. *¿Fumar o no fumar?*

✳ En Costa Rica aparecen en los restaurantes y otros lugares públicos estas tarjetitas dirigidas a los fumadores y los no fumadores. Son notables por su tono civil y cortés. ¿Cuál es su reacción al concepto de *La cortesía de Elegir*? ¿Sería aceptado en los restaurantes y lugares públicos de nuestro país?

En grupos pequeños, lean el texto y luego expresen su opinión. Preparen su propio documento explicando cuatro o cinco derechos específicos de los fumadores y los no fumadores. Entonces lean su documento a la clase.

2. *Pequeñas entrevistas espontáneas*

 Imagínese que Ud. es un(-a) periodista que solicita opiniones sobre los temas que se dan a continuación u otros de interés actual. La clase debe dividirse en grupos de 5 personas. Una persona hace las preguntas, otra persona toma apuntes y las 2 o 3 otras contestan las preguntas. Luego, el/la secretario(-a) de cada grupo compartirá las opiniones con la clase.

«Buenos días. Soy periodista del famoso periódico _____. ¿Qué piensa Ud. de...»

- la gente que exagera sus calificaciones o aumenta con información falsa su currículum vitae, su solicitud de trabajo, sus credenciales profesionales, etc.?
- la venta en este país de la píldora RU-486 (que provoca el aborto espontáneamente)?
- un programa federal para pagar dinero a las víctimas del SIDA?
- los estudiantes universitarios que beben de tragos rápidos (4–8 bebidas en una hora)?
- ¿ ? (su propio tema)

C o m e n t a r i o   s o b r e   e l   d i b u j o

 ¿Es uno más culpable que el otro? ¿O es que, en realidad, no hay ningún problema aquí? Explique.

Chiste

—¿Qué es un moralista?
—Una persona que da buenos consejos cuando ya no está en edad de ofrecer malos ejemplos.

Paletitas de guayaba°

Guava popsicles

A n t i c i p a c i ó n

✳ Los abuelos son personas especiales para muchos de nosotros porque su amor por sus nietos es único. A veces nos preocupamos de su salud y de su futuro, hoy día especialmente, ya que los avances médicos hacen posible una vida muy larga. Por lo tanto, surgen preguntas difíciles: ¿qué hacer cuando el abuelito querido está gravemente enfermo? ¿Operar o dejar las cosas seguir su ruta natural? ¿Quién decide —el médico, la familia, el paciente mismo o Dios (o la naturaleza)? En el siguiente fragmento, la narradora recuerda su niñez con su abuelita y luego describe el penoso proceso de acompañarla en sus últimos días de vida.

1. Para abrir el tema

✳ Trabajando solo(-a) o con otro(s), describa algunos recuerdos felices que tiene Ud. de sus abuelos. ¿Dónde y cómo viven ahora? ¿Dónde cree Ud. que deben pasar sus últimos años —en una comunidad especial de ancianos jubilados (*retirement community*), en un asilo para ancianos (*nursing home*), en su propia casa, en la casa de sus hijos o en un hospital? Explique su reacción a cada opción.

2. Vocabulario: Palabras en contexto

✳ Trate de determinar el significado de las palabras en cursiva según el contexto en que aparecen.

1. (línea 18) Yo estaba acostumbrada a mis hermanas y la *bulla* y el desorden que siempre había en casa. Con mi abuela todo siempre estaba arregladito y se hablaba en voz baja.

   a. soledad, paz   **b.** ruido, actividad   **c.** indiferencia

2. (línea 20) En casa todas siempre hablábamos a la misma vez, y gritábamos y *chillábamos* y siempre era un carnaval.

   a. exclamábamos en voz alta (como de pájaros tropicales)   **b.** charlábamos con calma y cortesía   **c.** cocinábamos

3. (línea 29) Entraba yo, muy princesita y me miraban [mis hermanas] con cara de ay qué *asco* y apenas me hablaban.

   a. admiración   **b.** milagro   **c.** disgusto

4. (línea 59) Un hijo de dieciocho años había *chocado* en su moto en frente de la casa de sus padres ... y también estaba como verdura conectado a las máquinas.

   a. tenido un accidente   **b.** viajado   **c.** aparcado/estacionado

3. *El texto: Buscar información*

✳Trabajando solo(-a) o con otro(s), lea rápidamente los tres primeros párrafos del cuento, buscando la siguiente información.

   1. Tres cosas que la abuelita le hacía a la niña (la narradora).
   2. Dos contrastes entre la casa de la abuelita y la de la niña.
   3. Lo que pasó a la abuelita el año pasado y la reacción de la narradora.

Según lo que Ud. ha leído hasta ahora, ¿cuál cree que va a ser el tema central de *Paletitas de guayaba?*

🎧 *Paletitas de guayaba (fragmento)*

Erlinda Gonzales-Berry*

𝓝 o te sentí entrar. Es que estaba durmiendo y soñando. Espera, me
está volviendo.[†] Mi abuelita, sí, estaba soñando con mi abuelita.
Me estaba haciendo un traje, una blusa de encaje° y una falda   *lace*
amarilla, como cuando era niñita y vivía con ella. Siempre me
5 hacía vestidos. Desbarataba° los suyos y los cambiaba y los hacía   *She took apart*
pequeños para mí. Entonces me decía, anda mídetelo.° Cuando   *see how it fits*
me veía con el nuevo traje se le encendía la cara de placer. Ven,
déjame peinarte. Luego me peinaba y me ponía maquillaje.

---

* Erlinda Gonzales-Berry (n. 1942) forma parte de una nueva e importante voz literaria: los escritores que describen la experiencia de ser méxico-americanos en el estado de Nuevo México. Es profesora de la literatura chicana y española en la Universidad de Nuevo México. El fragmento incluido es de su primera novela *Paletitas de guayaba,* que describe el viaje de una mujer nuevomexicana a México y al mundo de los recuerdos en busca de sus orígenes.

† *The narrator is speaking to her companion, Sergio, who has just entered the room. She had been sleeping and dreaming of her **abuelita,** and now recalls her dream and childhood memories for Sergio.*

Nunca tuvo hijos. Es que era mi tía abuela,° no mi abuela. Era tía   *tía... great aunt*
10   de mi papá pero como no tuvo hijos, le pidió a su hermana —sí,
la que se casó con su primo— que lo mandara a vivir con ella y
siempre fue como su mamá. Así que por el lado de papi tuvimos
dos abuelas, una abuela, y la otra, tía que llamábamos abuela.
Cuando yo tenía diez años le pidió a papi que me dejara vivir con
15   ella porque mi abuelo trabajaba en un rancho y sólo venía al
pueblo los fines de semana y ella se ponía muy triste. Así que me
fui a vivir con ella. Al principio fue muy raro. Yo estaba
acostumbrada a mis hermanas y la bulla y el desorden que
siempre había en casa. Con mi abuela todo siempre estaba
20   arregladito° y se hablaba en voz baja. En casa todas siempre   *muy ordenado*
hablábamos a la misma vez, y gritábamos y chillábamos y
siempre era un carnaval. Donde° mi abuelita todo era distinto.   *En casa de*

El amor entre una abuela y su nieta es algo especial.

Después de vestirme y peinarme me decía que si no quería ir a
visitar° a mi mamá porque ella tenía dolor de cabeza y quería   *decía... preguntaba si*
25   dormir un rato. Así que me iba yo feliz de la vida con guantecitos   *quería visitar*
y con una cartera de cuentas de colores° que era de ella. Al llegar   *cartera... purse made of*
colored beads

a la casa de mis padres, mis hermanas siempre estaban con los quehaceres de la casa, lavando platos, limpiando el piso, planchando, barriendo el patio. Entraba yo, muy princesita y me
30 miraban con cara de ay qué asco y apenas me hablaban. Yo iba a hablar con mamá y las podía oír cuchicheando° y riéndose de mí. Antes de irme, me arrinconaban° y empezaban a pellizcarme y a jalarme° el pelo. Cuando llegaba donde mi abuela ya yo venía toda desgreñada° y con el traje nuevo roto. Y cada vez que
35 podía, regresaba con ilusiones de que esta vez me tratarían bien y jugarían conmigo, pero ni modo.° Siempre era igual. Después de unos años volví a vivir con mis padres y todo se olvidó y volví a integrarme a la familia. Creo que esa experiencia tuvo un efecto muy profundo en la formación de mi personalidad. En primer
40 lugar siempre causé como motivo° para manipular a mis padres. Les salía con que ustedes no me querían y me regalaron a la abuelita como a cualquier huerfanita.° No, la verdad es que yo estaba tan feliz de estar una vez más donde había señas de vida que muy pronto las perdoné. A veces nos acordamos y me llaman
45 la princesita y yo las llamo las cenicientas° y nos da mucha risa.

Pues mi abuelita murió el año pasado. Ay Sergio, fue la cosa más horrible y deshumanizante que jamás podrías imaginar. Después de hacerle una operación la conectaron a un montón de máquinas. Estuvo así durante diez días con tubitos en la boca, en
50 la nariz y por donde quiera. La piel la tenía amarilla y llena de moretones.° Nunca abrió los ojos y nunca supimos si estaba consciente o no, y las malditas máquinas forzándola a respirar. Mami y papi se pusieron muy mal, pues ya te puedes imaginar viéndola así.° Papi peor porque a él le había quedado la decisión
55 de sí o no hacerle la operación. Si no se la hubieran hecho, habría muerto a las pocas horas, pero al hacérsela° siguió viviendo en ese infierno mecánico y claro, él se sentía culpable.

Conocimos a otra familia; bueno mi hermana ya la conocía porque eran de su pueblito. Un hijo de dieciocho años había
60 chocado en su moto en frente de la casa de sus padres el día de su graduación de la secundaria, y también estaba como verdura° conectado a las máquinas. Era una familia enorme de diez hijos, y esposos, y niños y los viejitos. Pues esos diez días los pasaron en el hospital. Arreglaban camas en el piso del corredor y allí

65 dormían. Traían comida y en fin, vivían en el corredor. Cada
hora, permitían entrar a uno o dos familiares° a ver a su paciente.   personas de la familia
Los dos, el joven y mi abuelita estaban en condiciones iguales. No
se movían, no hablaban, no abrían los ojos. Nomás° se oía el   Solamente (Mex.)
siseo° de la máquina respiradora. Y a cada hora del día y de la   *hissing*
70 noche entraba alguien a verlos así, por tres, cinco o diez minutos.
Nos quedábamos allí nomás parados° mirándolos sin saber qué   *just standing around*
hacer. Papi por fin ya no aguantó° y se rehusó a entrar a verla   toleró
porque le causaba tanta agonía. Así que nos turnábamos° las   *we took turns*
hermanas y mamá.

75   La décima noche entré con mi hermana, la que hace tiempo se
metió a una religión aleluya° o qué sé yo. No me lo vas a creer   protestante
pero cada aspecto de su vida está ligado a su religión. Antes de
entrar habíamos estado hablando y todas habíamos quedado de
acuerdo° en que era absurdo que la tuvieran viva a pura fuerza de   **habíamos...** *had agreed*
80 las máquinas. Que lo que merecía era morir con dignidad en su
casita. Los médicos, olvídate, que es nuestra responsabilidad moral
tenerla así mientras sigan funcionando tres órganos vitales y quién
sabe cuántas más pendejadas° nos decían. Pues esa noche eran   cosas tontas
como las once cuando entramos a darle vuelta como habíamos
85 hecho durante diez días. Como era la primera vez que entraba con
Luz, me quedé sorprendida cuando empezó a hablarle. Los demás
de la familia no decían nada; nomás se quedaban allí mirándola
llorando y todo lo demás. Pero Luz de una vez se puso a hablarle
como si nada. Le decía que Dios la esperaba con los brazos
90 abiertos, que ya era tiempo que le diera su alma, que no se
resistiera a su voluntad,° que el cielo era bellísimo, que había   *will*
jardines y huertas° por todos lados, que el abuelito la esperaba en   *orchards*
el cielo y no sé cuanto más. Y la abuelita seguía como siempre,
inerte, sin dar señas de oír o de comprender nada. Pero, sabes, de
95 pronto empezó a ocurrir la cosa más rara. A medida que° mi   **A...** *As*
hermana le hablaba, acariciándole siempre la frente, empezaron a
cambiar los números en la máquina que le registraba el pulso.
Cuando entramos estaba a 140. Poco a poco empezó a bajar:
135–134–133–130. A medida que le bajaba el pulso a mí se me
100 aceleraba y se me hacía difícil respirar. Pues, fíjate que jamás
había visto a nadie morir y se me hacía que allí a mi ladito estaba
la calaca,° tú sabes, personificada y todo eso. Cuando por fin   la figura de la Muerte
    (Mex.)

marcó 94 la máquina, se detuvo, pero seguía el siseo de la
respiradora. Pronto entró la enfermera a decirnos que era tiempo
105   de salir. Salimos al corredor, Luz la misma estampa° de la   modelo
serenidad, yo totalmente histérica. Ella me abrazó e
inmediatamente sentí una ola de calma extenderse a través de mi
cuerpo. Así estábamos abrazadas cuando salió la enfermera a
decirnos que había muerto la abuelita.

110   La escena que presencié esa noche me dejó verdaderamente
impresionada. Y todavía todo ese episodio de la muerte de la
abuelita —el horror de las máquinas, la frustración de verla así ni
viva ni muerta durante tanto tiempo— me obsesiona y me
agobia.° A veces logro olvidarlo por algún tiempo, pero hoy volví   angustia
115   a recordar. Quizá quiera que rece° por ella y por eso la soñé. Es   *that I pray*
lo que dicen cuando uno sueña a los muertos, ¿no?

    ¿El muchacho de la moto? Murió esa misma noche, a las doce.

●●

Vocabulario

El diminutivo

✴Se utiliza el diminutivo en español para comunicar, entre otras cosas, 1) el
tamaño pequeño de una persona o cosa, 2) un sentimiento de cariño o amor hacia
una persona/cosa o 3) una cualidad exagerada o excesiva en la descripción de
una persona/cosa. Encuentre Ud. un ejemplo de cada uno de estos usos en *Paletitas de guayaba*. ¿Por qué cree Ud. que la narradora emplea el diminutivo con tanta
frecuencia? ¿Tiene Ud. o su compañero(-a) de clase una palabra o expresión favorita en español? ¿en inglés? ¿En qué situaciones y por qué la utiliza?

●●

Comprensión

1. Opciones múltiples

1. Cuando era niña, la narradora vivía con...

   a. su abuela.   **b.** su familia.   **c.** su abuela y su familia.   **d.** su tía.

2. La abuela...

   a. tenía hijos.   **b.** era tía abuela.   **c.** trabajaba en un rancho.   **d.** nunca se
   había casado.

3. En la casa de la abuela...

   a. las hermanas lavaban y limpiaban.   **b.** la niña hacía vestidos.   **c.** había desorden y bulla.   **d.** todo estaba ordenado y calmado.

4. La abuela murió...

   a. unas horas después de una operación.   **b.** sin la intervención de la tecnología.   **c.** con la ayuda de las palabras calmantes de su sobrina Luz.   **d.** en casa, rodeada de su familia y amigos.

5. El joven de la moto...

   a. estaba consciente pero gravemente herido.   **b.** se recuperó después de una operación.   **c.** no tenía visitas en el hospital.   **d.** murió dentro de una hora de la llegada de Luz.

 2. Resumen y opinión

✳ Cada grupo debe trabajar con unos párrafos diferentes del cuento y luego compartir las respuestas con la clase.

Grupo 1   ¿Cómo era la relación entre la niña y su abuelita? ¿y la niña y sus hermanas? Den ejemplos. En su opinión, ¿son típicas o no estas relaciones? Expliquen.

Grupo 2   ¿Cómo eran los días después de la operación de la abuela? ¿Qué hacía y sentía la familia? ¿Creen Uds. que el papá tomó la decisión moralmente correcta? ¿Por qué?

Grupo 3   ¿Quién era el muchacho de la moto? ¿Creen Uds. que su caso es idéntico al de la abuela? Expliquen.

Grupo 4   ¿Cuál era el mensaje de Luz, la hermana religiosa? ¿Cómo cambió la situación después de su llegada? ¿Qué opinan Uds. de esto?

Todos los grupos   ¿Qué pasó en la última línea de la narración? ¿Es esto pura casualidad (*coincidence*) o no? Expliquen.

• •
Comentario sobre el dibujo

✳ Describa Ud. lo que ve en el dibujo. ¿Cómo está cambiando hoy día el concepto de la vejez (*old age*)? Para Ud., ¿a qué edad es uno «viejo»?

· ·

A c t i v i d a d e s

1. ¡A la pared!

✱ Su profesor(-a) escribirá las siguientes frases en un papel (una frase por cada hoja) y los colgará en la pared (con distancia entre las dos hojas). Los estudiantes se levantarán de su asiento para colocarse a lo largo de la pared debajo de la posición que favorecen o en cualquier punto entre los dos extremos, según sus creencias. Después, cada estudiante le preguntará a un(-a) compañero(-a) *¿Por qué estás aquí?* y varios estudiantes explicarán su posición a la clase.

Dice la narradora:

«La muerte de mi abuela fue un infierno mecánico —la cosa más deshumanizante que jamás podrías imaginar.»

Dicen los médicos:

«Es nuestra responsabilidad moral mantenerla así [conectada a unas máquinas] mientras sigan funcionando órganos vitales.»

2. Encuesta

✱ A continuación encontrará algunas declaraciones sobre el tratamiento médico de los enfermos y los viejos. Trabajando en grupos pequeños, averigüe (*find out*) con cuáles están de acuerdo (o no están de acuerdo) los otros del grupo y por qué. Comparta sus respuestas con la clase.

	Sí	No	No sé
1. El «medicidio» —el suicidio asistido por un médico— no debe ser legalizado. El doctor que participa en esto es un criminal.	☐	☐	☐
2. Un anciano que mata a su esposa que sufre de Alzheimer es un asesino.	☐	☐	☐

	Sí	No	No sé
3. Se debe legalizar el uso de la marihuana en casos médicos.	☐	☐	☐
4. El paciente es la única persona que debe tomar decisiones importantes (o en persona o en un *Testamento en vida*) sobre su vida y muerte.	☐	☐	☐
5. No se deben publicar libros o guías que den instrucciones explícitas para el suicidio.	☐	☐	☐

3. Comentario

✳ Trabajando solo(-a) o con otro(s), lea el texto* y conteste las preguntas.

Vocabulario útil: **calacas** figuras de la muerte; **alfeñiques** *thin sugar wafers;* **calaveras** *skulls;* **cenizas** *ashes;* **módicos** económicos.

Así nos enfrentamos a la muerte

La fiesta de muertos en México es conoocida en todo el mundo por su colorido y originalidad: gastronomía, arte y religiosidad (cristianismo y ritos prehispánicos) se fusionan en esta fecha.

Mexico. Los días 1° y 2 de noviembre, el pueblo se reúne en los cementerios para esperar el regreso de los familiares muertos. Se les ofrece pan, mole, chocolate, tamales, frutas... Se fabrican calacas de cartón, alfeñiques y las mundialmente famosas calaveras de azúcar. Una gran fiesta que recuerda a los muertos y celebra la vida.

EE. UU. En la Unión Americana está poniéndose de moda lanzar las cenizas de los muertos al espacio y congelar los cuerpos y posteriormente extraerles el agua para conservarlos incorruptibles. Todo esto por módicos 25.000 dólares.

1. ¿Qué ritos funerarios se practican en México? ¿Y en EE. UU.?
2. ¿En cuál de las dos culturas cree Ud. que la muerte es un fenómeno más aceptado? Explique.

---

* Texto y fotografía: de la revista *Muy interesante,* publicada en México.

$\mathcal{E}$l fascinante mundo oculto de los mayas

✳ Desde el comienzo de la historia, el ser humano ha expresado su creencia en un ser superior (o varios seres superiores). Para venerar a esta deidad, cada sociedad o grupo de personas ha organizado un sistema de fe y adoración, es decir, ha creado una religión. Hoy día existen muchas religiones en el mundo, algunas muy antiguas. ¿Cómo se diferencian? ¿Cuáles son sus orígenes? ¿Hay una que sea «más correcta» que las otras o son todas igualmente válidas? Piense en estas preguntas mientras lee el siguiente artículo sobre la vieja religión de los mayas.*

1. *Para abrir el tema*

✳ Trabajando solo(-a) o con otro(s), conteste estas preguntas. Para Ud., ¿qué es un dios o una diosa? ¿Por qué creemos en Dios? ¿En qué ocasiones especiales vamos a la iglesia o al templo o celebramos otros ritos religiosos? ¿Qué sabe Ud. de la religión/del dios de los indígenas?

2. *Vocabulario: Palabras en contexto*

✳ De la lista de palabras a continuación, encuentre el sinónimo apropiado para las palabras en cursiva tomadas de los primeros párrafos del artículo.

diaria   apoyo   planeta   controlaban   deseos

1. Los mayas eran una de las más extraordinarias culturas del *orbe*.
2. Los dioses mayas causaban la vida y muerte y *regían* el movimiento y el tiempo.
3. Los mitos y la religión son un reflejo de la vida *cotidiana* de la gente, de sus temores y *anhelos*.
4. Dios es también una manifestación de esperanza, un *sostén* para comprender la vida.

3. *El texto: Anticipar el contenido*

✳ Mire las fotografías y lea la primera frase de cada párrafo, luego decida si las siguientes declaraciones son verdaderas (V) o falsas (F).

---

* Para más información sobre los mayas, véase *El indio y los animales* en la página 42.

_____ 1. El artículo sólo habla de los dioses de los mayas.

_____ 2. Había un solo dios maya y era perfecto.

_____ 3. Los mayas observaban ritos religiosos en ciertas ocasiones especiales de su vida.

_____ 4. Los mayas eran, entre otras cosas, arquitectos, astrónomos y pensadores.

*El fascinante mundo oculto de los mayas**

Helena Rivas López

 ara el ser° humano, su existencia y la del propio Universo se presentan todavía como un enigma. Desde tiempos inmemoriales, los dioses surgieron como seres causantes de la vida y de la muerte que regían el movimiento y el tiempo.   *being*

El observatorio maya en Chichén Itzá, México, donde los sacerdotes (hombres religiosos) llevaron a cabo el estudio y culto de la astronomía.

_____

* Del periódico bilingüe publicado en Cancún, México, *Caribbean News*.

5   Egipcios, griegos, hindúes, japoneses, chinos, árabes, judíos, romanos, cada civilización creaba sus propios seres extraordinarios: Ra, Zeus, Visnú, Buda, Alá, Jehová, Júpiter. Los mitos, las leyendas y la religión son un reflejo de la vida cotidiana de todo pueblo, de sus anhelos, temores, costumbres, estructura

10 social, y ámbito geográfico. Los dioses, o el Dios, son también una manifestación de esperanza, un sostén para comprender la vida.

    Para los mayas —una de las más extraordinarias culturas del orbe— los dioses crearon y destruyeron varias veces el mundo, con el fin de encontrar un ser que los venerara y sustentara;° así el hombre   *que... that would*

15 es hecho primero de tierra y destruido por falta de inteligencia, luego *venerate and sustain them*
de madera y finalmente elaborado con pasta° de maíz.   *mashed kernels*

    Las deidades no eran seres perfectos como en otras religiones, ni autosuficientes. Para poder seguir existiendo necesitaban de los hombres y del culto° y cuando por alguna razón no se les   adoración

20 invocaba, llegaban a padecer «hambre» y a traer desgracias. Podían ser a la vez masculinos y femeninos; jóvenes y viejos; benéficos o maléficos. Se representaban como a seres que compartían las características de los humanos, de los vegetales y de los animales, y que tenían la facultad de repartir en el mundo

25 sus regalos o plagas.°   desastres

    Los principales dioses entre los mayas fueron los siguientes:

- *Itzamná,* dios del cielo que tiene forma de serpiente y presidía°   era jefe
a los demás dioses. También era dios del fuego y del hogar e
inventó la escritura° y los libros.*   sistema de escribir

30 - *Kukulkán,* la serpiente emplumada; es la versión maya del
Quetzalcóatal de los mexicas y toltecas. Era el garante° de la   persona que garantiza
descendencia real y su imagen en forma de cetro° la ostentaban   bastón o insignia de mando
los soberanos.°   gobernadores
- *Kinich Ahau,* dios del Sol.

35 - *Ixchel,* o la luna. La tradición cuenta que su esposo, el Sol, le
arrancó° un ojo en castigo a una infidelidad y a partir de   sacó violentamente
entonces brilla mucho menos que él.
- *Chaac,* dios de la lluvia, tenía una nariz como trompa de
elefante. Era muy venerado en las zonas áridas.

---

* Es interesante notar que los mayas adoraban a un dios de la escritura y los libros, puesto que era la única cultura del Nuevo Mundo que tenía un sistema de escribir.

Los rayos de sol caen sobre la pirámide en Chichén Itzá, México. Entre la luz y la sombra se va formando el cuerpo del dios Kukulkán, la serpiente emplumada.

40   Los ritos religiosos se practicaban principalmente cuando el nacimiento, con la imposición del nombre conforme al calendario de 260 días; la pubertad (rito llamado *caputzihil*), a partir de la cual se estaba en posibilidad de contraer nupcias;° el matrimonio: **contraer...** casarse
y la muerte. No hay indicios de que hayan creído en un paraíso
45 feliz después de la muerte, aunque sí en una supervivencia sin sufrimientos.

    Junto con los zurvanitas de Irán, los mayas son el único pueblo que se conoce haya rendido° un culto religioso a la eternidad del   dado
tiempo. Creían que era un proceso cíclico continuo y de carácter
50 divino. Los conocimientos científicos que se hallan fundidos° en su   combinados
mitología, es la característica distintiva de esta religión. La clase
sacerdotal° llevaba a cabo el estudio y culto de la astronomía,   de los hombres
escritura, arquitectura y detentaba° un gran poder. Estudiaron   religiosos / tenía
cuidadosamente el movimiento de las estrellas y calcularon con
55 precisión el año solar de 365 días (con la astronomía moderna

hay una diferencia de 17,28 segundos), así como la aparición de los eclipses, el año lunar y la órbita de Venus.

Los palacios eran la residencia de los sacerdotes y gobernantes y formaban parte de los centros ceremoniales. Tikal, Palenque,
60 Chichén Itzá, Tulum, Uxmal, son sólo algunos ejemplos del esplendor y magnificencia alcanzada por esta civilización para honrar a sus dioses.

Comprensión

Recapitulación: El mundo de los mayas

✳ Trabajando solo(-a) o con otro(s), lea los párrafos siguientes acerca de los mayas y escriba la letra de la palabra apropiada en cada espacio. ¡OJO! Hay más palabras en la lista que espacios en los párrafos.

a. paraíso feliz	f. pasta de maíz	j. tiempo
b. mitología	g. los sacerdotes y	k. Chaac
c. sacerdotal	los gobernantes	l. animales
d. los dioses	h. calendario	m. la escritura
e. México, Guatemala, Honduras	i. la muerte	

Los mayas vivían en una parte de las Américas que hoy se llama _____. Para ellos, la religión, la _____ y la ciencia eran muy importantes en la vida diaria. _____ crearon y destruyeron el mundo varias veces; al fin, hicieron al ser humano con _____. Los mayas adoraban a muchos dioses: algunos jóvenes, otros viejos; algunos con características de seres humanos, y otros de _____.

Los ritos religiosos eran importantes cuando celebraban el nacimiento, la pubertad, el matrimonio y _____. La clase _____ estudiaba la arquitectura, la astronomía y _____ en los templos. Los mayas eran uno de solamente dos pueblos antiguos que reconocían la eternidad del _____. _____ vivían en los palacios y tenían mucho poder e influencia. En realidad, la religión era el centro de la vida de los mayas.

Actividad

Semejanzas y contrastes culturales

✳ Escriba la información necesaria para completar el gráfico. Compare sus respuestas con las de otro estudiante.

	LOS MAYAS	NUESTRA CULTURA
1. número de dioses		
2. número de creaciones		
3. hay vida después de la muerte		
4. características «humanas» de los dioses/el Dios		
5. concepto del tiempo		

Discusión

✳ Trabajando solo(-a) o con otro(s), conteste estas preguntas.

1. ¿Por qué cree Ud. que los mayas tenían tantos dioses? ¿Qué opina Ud. de esto?
2. Los mayas practicaban un rito religioso (*caputzihil*) al iniciarse la pubertad. ¿Qué otras religiones practican esto? ¿Qué símbolos o prácticas en nuestra cultura indican que uno ya es «adulto»? ¿Son positivos o negativos? Explique.

Comentario sobre el dibujo

✳ Describa Ud. lo que pasa en el dibujo. ¿Cuál es el mensaje del dibujante? ¿Está Ud. de acuerdo? Explique. ¿Qué otros «dioses» adoramos hoy?

¿Qué les parece?

Pensando en Dios

Cada persona tiene su propia interpretación de Dios. ¿Existe o no existe? ¿Cómo explicamos su presencia? A continuación encontrará cinco citas sobre Dios de varias personas famosas. La clase se dividirá en pequeños grupos y cada grupo explicará en sus propias palabras una de las citas, y luego decidirá si está de acuerdo con la cita o no y por qué. Después, cada grupo preparará una cita original sobre Dios o la religión y la compartirá con la clase.

De Dios Citas

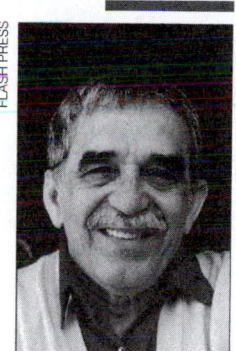

FLASH PRESS

Dios y naturaleza nada hacen en vano.

Aristóteles (384–322 a. de C.), filósofo griego.

Esta vida da pocas explicaciones. Por eso necesitamos algo a lo que agarrarnos por encima de nosotros. Hay que creer en Dios para levantarse cada mañana.

Sofía Loren (nacida en 1934), actriz italiana.

AGE FOTOSTOCK

Mientras que el universo tenga un comienzo, podremos suponer que tuvo un Creador. Pero si el cosmos, en efecto, se contiene en sí mismo, ¿hay lugar para un Sumo Hacedor?

Stephen Hawking (nacido en 1942), físico británico.

Me desconcierta tanto pensar que Dios existe, como que no existe.

Gabriel García Márquez (nacido en 1928), escritor colombiano.

El hombre encuentra a Dios detrás de cada puerta que la ciencia logra abrir.

Albert Einstein (1879–1955), físico estadounidense de origen alemán.

AGE FOTOSTOCK

De la revista Muy interesante

Walimai*

Isabel Allende

Isabel Allende, con la traducción inglesa de su novela *De amor y de sombra.*

Introducción

*Isabel Allende es una de las novelistas latinoamericanas más leídas del mundo. Su primera novela, *La casa de los espíritus,* encabezó la lista de *bestsellers* en varios países después de publicarse en 1982 y fue traducida a muchos idiomas. Allende nació en Perú en 1942, pero es de nacionalidad chilena, sobrina del ex presidente socialista Salvador Allende. Empezó su carrera profesional como periodista, después trabajó en la televisión. En su

---

* Una advertencia: el tema del cuento es fuerte y polémico. Algunos profesores o estudiantes podrían sentirse incómodos al leer y discutirlo.

obra literaria se combinan elementos reales y mágicos para producir una mezcla de crítica social, autobiografía y fantasía.

«Walimai» es de su colección de cuentos *Los cuentos de Eva Luna* (1990). Relata la historia de un joven indígena, Walimai, que cae preso de los caucheros blancos (*rubber plantation workers*). En el campamento conoce a otra prisionera que ha sufrido muchos abusos. Walimai entonces ayuda a la mujer a liberarse por un método cruel. Es una historia sencilla pero provoca una cuestión ética difícil: ¿Está bien hacer mal para conseguir un bien? Para facilitar la lectura y la discusión de «Walimai», se ha dividido el cuento en cuatro secciones, con algunos ejercicios correspondientes. Se debe leer el cuento dos veces: la primera vez para seguir la trama (*plot*) y hacer los ejercicios en cada sección; la segunda vez, para participar en las actividades al final y debatir las distintas reacciones que el cuento seguramente provocará.

Anticipación

1. Para abrir el tema

✳ Trabajando solo(-a) o con otro(s), describa la vida hoy día de los indígenas de este país. ¿Dónde viven? ¿Cómo subsisten? ¿Qué cosas valoran? ¿Hay algunas noticias recientes sobre ellos? ¿Cree Ud. que se han asimilado a la cultura dominante o que son sus víctimas? Explique.

2. El texto: Adivinar la trama

✳ En grupos de 4 o 5, imaginen qué va a ocurrir en la historia. Cada grupo leerá los siguientes extractos del cuento y preparará su versión de los eventos, que compartirá con la clase. Inventen libremente, sin restricciones; al terminar el cuento, pueden comparar su versión con los hechos del cuento.

1. El nombre que me dio mi padre es Walimai, que en la lengua de nuestros hermanos del norte quiere decir *viento*.
2. Nosotros, los Hijos de la Luna, no podemos vivir sin libertad.
3. Un día llegó un grupo de hombres pálidos a nuestra aldea.
4. Me cogieron los soldados.
5. Ese fue un período sin libertad...
6. Ella era de la tribu de los Ila...
7. Ella abrió los ojos y me miró largamente. Comprendí.
8. ...su cuerpo se murió sin luchar...
9. ...soñé que ella volaba...

Walimai

Mirada rápida   Parte I

1. ¿De qué se trata?

✲ Trabajando solo(-a) o con otro(s), mire los dibujos y describa lo que ve. Después, trate de hacer un resumen de la acción de este fragmento del cuento.

2. *Palabras importantes*

✲ En la columna B encuentre la definición de las palabras en la columna A.

A

_____ 1. arco y flechas
_____ 2. selva
_____ 3. extranjeros
_____ 4. cazador

B

a. bosque denso
b. hombre que busca y mata animales para comer
c. instrumentos para matar animales
d. personas desconocidas, de otra región

l nombre que me dio mi padre es Walimai, que en la lengua de nuestros hermanos del norte quiere decir *viento*. Puedo contártelo, porque ahora eres como mi propia hija* y tienes mi permiso para

_____

* Walimai le cuenta su historia a una mujer joven, Eva Luna.

nombrarme, aunque sólo cuando estamos en familia. Se debe

5   tener mucho cuidado con los nombres de las personas y de los
seres vivos, porque al pronunciarlos se toca su corazón y entramos
dentro de su fuerza vital. Así nos saludamos como parientes de
sangre. No entiendo la facilidad de los extranjeros para llamarse
unos a otros sin asomo° de temor, lo cual no sólo es una falta de   indicio

10 respeto, también puede ocasionar graves peligros. He notado que
esas personas hablan con la mayor liviandad°, sin tener en cuenta   frivolidad
que hablar es también ser. El gesto y la palabra son el
pensamiento del hombre. No se debe hablar en vano, eso le he
enseñado a mis hijos, pero mis consejos no siempre se escuchan.

15 Antiguamente los tabúes y las tradiciones eran respetados. Mis
abuelos y los abuelos de mis abuelos recibieron de sus abuelos los
conocimientos necesarios. Nada cambiaba para ellos. Un hombre
con buena memoria podía recordar cada una de las enseñanzas
recibidas y así sabía cómo actuar en todo momento. Pero luego

20 vinieron los extranjeros hablando contra la sabiduría° de los   conocimiento
ancianos y empujándonos° fuera de nuestra tierra. Nos   forzándonos
internamos cada vez más adentro de la selva, pero ellos siempre
nos alcanzan°, a veces tardan años, pero finalmente llegan de   llegan hasta donde
nuevo y entonces nosotros debemos destruir los sembrados°,   estamos

                                                                         tierras cultivadas

25 echarnos a la espalda° a los niños, atar° los animales y partir. Así   **echarnos...** *throw on*
ha sido desde que me acuerdo: dejar todo y echar a correr como   *our backs / to tie*
ratones y no como los grandes guerreros° y los dioses que   *together*
poblaron este territorio en la antigüedad. Algunos jóvenes tienen   *soldados valientes*
curiosidad por los blancos y mientras nosotros viajamos hacia lo

30 profundo del bosque para seguir viviendo como nuestros
antepasados°, otros emprenden° el camino contrario.   predecesores / toman
Consideramos a los que se van como si estuvieran muertos,
porque muy pocos regresan y quienes lo hacen han cambiado
tanto que no podemos reconocerlos como parientes.

35   Dicen que en los años anteriores a mi venida al mundo no
nacieron suficientes hembras° en nuestro pueblo y por eso mi   mujeres
padre tuvo que recorrer largos caminos para buscar esposa en
otra tribu. Viajó por los bosques, siguiendo las indicaciones de
otros que recorrieron esa ruta con anterioridad por la misma

40 razón, y que volvieron con mujeres forasteras.° Después de   de otro lugar
mucho tiempo, cuando mi padre ya comenzaba a perder la

esperanza de encontrar compañera, vio a una muchacha al pie
de una alta cascada,° un río que caía del cielo. Sin acercarse   *waterfall*
demasiado, para no espantarla°, le habló en el tono que usan   causarle miedo
45 los cazadores para tranquilizar a su presa°, y le explicó su   persona capturada
necesidad de casarse. Ella le hizo señas° para que se   gestos
aproximara, lo observó sin disimulo° y debe haberle complacido°   **sin...** abiertamente /
el aspecto del viajero, porque decidió que la idea del   dado satisfacción
matrimonio no era del todo descabellada°. Mi padre tuvo que   loca
50 trabajar para su suegro hasta pagarle el valor de la mujer.
Después de cumplir con los ritos de la boda, los dos hicieron el
viaje de regreso a nuestra aldea.°   pueblo muy pequeño
    Yo crecí con mis hermanos bajo los árboles, sin ver nunca el
sol. A veces caía un árbol herido° y quedaba un hueco° en la   *wounded / hole*
55 cúpula profunda del bosque, entonces veíamos el ojo azul del
cielo. Mis padres me contaron cuentos, me cantaron canciones y
me enseñaron lo que deben saber los hombres para sobrevivir sin
ayuda, sólo con su arco y sus flechas. De este modo fui libre.
Nosotros, los Hijos de la Luna, no podemos vivir sin libertad.
60 Cuando nos encierran entre paredes o barrotes° nos volcamos°   *steel bars* / volvemos
hacia adentro, nos ponemos ciegos y sordos° y en pocos días el   **ciegos...** sin capacidad
espíritu se nos despega° de los huesos° del pecho y nos abandona.   de ver u oír
A veces nos volvemos como animales miserables, pero casi   separa / *bones*
siempre preferimos morir.
65   Por eso nuestras casas no tienen muros,° sólo un techo   paredes
inclinado para detener el viento y desviar° la lluvia, bajo el cual   separar de su camino
colgamos° nuestras hamacas muy juntas porque nos gusta   suspendemos
escuchar los sueños de las mujeres y de los niños y sentir el
aliento de los monos°, los perros y las lapas,° que duermen bajo   *monkeys* / animal de
70 el mismo alero.°   Sudamérica
    Los primeros tiempos viví en la selva sin saber que existía   *eaves*
mundo más allá de los acantilados° y los ríos. En algunas   precipicios
ocasiones vinieron amigos visitantes de otras tribus y nos
contaron rumores de Boa Vista y de El Platanal,° de los   **Boa...** lugares
75 extranjeros y sus costumbres, pero creíamos que eran sólo   colonizados por los
cuentos para hacer reír. Me hice hombre y llegó mi turno de   extranjeros
conseguir una esposa, pero decidí esperar porque prefería
andar con los solteros, éramos alegres y nos divertíamos. Sin
embargo, yo no podía dedicarme al juego y al descanso como

80 otros, porque mi familia es numerosa: hermanos, primos, sobrinos, varias bocas que alimentar°, mucho trabajo para un cazador.

dar de comer

Comprensión

1. ¿Verdadero o falso?

✳ Si es falso, corrija la información.

_____ 1. Walimai creció con sus hermanos en la selva, bajo el sol brillante.

_____ 2. Sus padres le contaron cuentos y le enseñaron cómo sobrevivir sin ayuda.

_____ 3. Era cazador y utilizaba arco y flechas para matar a los animales.

_____ 4. Walimai se casó joven y vivía con su esposa e hijos.

2. Punto clave

✳ ¿Qué importancia tenía la libertad para Walimai y los Hijos de la Luna? ¿Qué ocurre cuando pierden esta libertad?

Mirada rápida   Parte II

1. ¿De qué se trata?

✳ Trabajando solo(-a) o con otro(s), mire los dibujos y describa lo que ve. Después, trate de hacer un resumen de la acción de este fragmento del cuento.

2. *Palabras importantes*

*Elija el sinónimo apropiado para reemplazar las palabras en cursiva.

1. Los hombres pálidos cazaban sin *destreza* ni valor; apenas podían moverse en la selva.

   a. habilidad   **b.** armas   **c.** entusiasmo

2. Los hombres pálidos no eran misioneros ni soldados; querían la tierra y buscaban *piedras*.

   a. animales exóticos   **b.** joyas preciosas   **c.** tierras fértiles

3. Walimai se echó a descansar y le *cogieron* los soldados.

   a. vieron   **b.** captaron   **c.** abandonaron

4. En un extremo del campamento los blancos habían instalado una *choza* grande donde mantenían a las mujeres.

   a. casa bonita   **b.** clínica médica   **c.** cabaña rústica

Un día llegó un grupo de hombres pálidos a nuestra aldea. Cazaban con pólvora,° desde lejos, sin destreza ni valor. Eran

85 incapaces de trepar° a un árbol o de clavar° un pez con una lanza en el agua. Apenas podían moverse en la selva, siempre enredados en sus mochilas,° sus armas y hasta en sus propios pies. No se vestían de aire, como nosotros, sino que tenían unas ropas empapadas y hediondas.° Eran sucios y no conocían las

90 reglas° de la decencia, pero estaban empeñados° en hablarnos de sus conocimientos y de sus dioses. Los comparamos con lo que nos habían contado sobre los blancos y comprobamos la verdad de esos chismes.°

Pronto nos enteramos de que éstos no eran misioneros,

95 soldados ni recolectores de caucho.° Estaban locos, querían la tierra y llevarse la madera; también buscaban piedras. Les explicamos que la selva no se puede cargar° a la espalda y transportar como un pájaro muerto, pero no quisieron escuchar razones. Se instalaron cerca de nuestra aldea. Cada uno de ellos

100 era como un viento de catástrofe, destruía a su paso todo lo que tocaba, dejaba un rastro de desperdicio,° molestaba a los animales y a las personas. Al principio cumplimos con° las reglas

gunpowder

subir / *spear*

enredados... *tangled up in their knapsacks*

empapadas... *soaked and smelly* / normas / insistentes

rumores

recolectores... *rubber gatherers*

llevar

rastro... *trail of waste*

cumplimos... observamos

de cortesía y les dimos el gusto, porque eran nuestros huéspedes,°   invitados

pero ellos no estaban satisfechos con nada, siempre querían más,

105 hasta que, cansados de esos juegos, iniciamos la guerra con todas

las ceremonias habituales. No son buenos guerreros, se asustan

con facilidad y tienen los huesos blandos. No resistieron los

garrotazos° que les dimos en la cabeza. Después de eso   golpes

abandonamos la aldea y nos fuimos hacia el este, donde el

110 bosque es impenetrable, viajando grandes trechos° por las   distancias

copas° de los árboles para que no nos alcanzaran° sus   partes de arriba / **para...** *so that (they)*

compañeros. Nos había llegado la noticia de que son vengativos y   *couldn't find us*

que por cada uno de ellos que muere, aunque sea en una batalla

limpia, son capaces de eliminar a toda una tribu, incluyendo a los

115 niños. Descubrimos un lugar donde establecer otra aldea. No era

tan bueno. Las mujeres debían caminar horas para buscar agua

limpia pero allí nos quedamos porque creímos que nadie nos

buscaría tan lejos.

    Al cabo de un año, en una ocasión en que tuve que alejarme

120 mucho siguiendo la pista° de un puma,° me acerqué demasiado a   *trail* / tigre americano

un campamento de soldados. Yo estaba fatigado y no había

comido en varios días, por eso mi entendimiento estaba aturdido.°   confundido

En vez de dar media vuelta cuando percibí la presencia de los

extranjeros, me eché a descansar. Me cogieron los soldados. Me

125 llevaron a trabajar con los caucheros, donde había muchos

hombres de otras tribus, a quienes habían vestido con pantalones

y obligaban a trabajar, sin considerar para nada sus deseos. El

caucho requiere mucha dedicación y no había suficiente gente por

esos lados, por eso debían traernos a la fuerza.° Ese fue un   **a...** *by force*

130 período sin libertad y no quiero hablar de ello. Me quedé sólo

para ver si aprendía algo, pero desde el principio supe que iba a

regresar donde los míos. Nadie puede retener por mucho tiempo

a un guerrero contra su voluntad.

    Se trabajaba de sol a sol, algunos sangrando° a los árboles   *bleeding*

135 para quitarles gota a gota la vida°, otros cocinando el líquido   **quitarles...** *take away*

recogido para espesarlo° y convertirlo en grandes bolas. El aire   *their lives drop by drop* / condensarlo

libre estaba enfermo con el olor de la goma° quemada y el aire en   *rubber*

los dormitorios comunes lo estaba con el sudor° de los hombres.   *sweat*

En ese lugar nunca pude respirar a fondo. Nos daban de comer

140 maíz, plátano y el extraño contenido de unas latas°, que jamás   *tin cans*

probé porque nada bueno para los humanos puede crecer en
unos tarros.° En un extremo del campamento habían instalado una   latas
choza grande donde mantenían a las mujeres. Después de dos
semanas trabajando con el caucho, el capataz° me entregó un   jefe
145 trozo° de papel y me mandó donde ellas. También me dio una   pedazo
taza de licor que yo volqué° en el suelo, porque he visto cómo esa   eché
agua destruye la prudencia. Hice la fila,° con todos los demás. Yo   **Hice...** *I waited in line*
era el último y cuando me tocó entrar en la choza, el sol ya se
había puesto y comenzaba la noche, con su estrépito de sapos y
150 loros.°   **estrépito...** ruido de
     animales y pájaros

Comprensión

1. ¿Verdadero o falso?

✳Si es falso, corrija la información.

_____   1. Los blancos que llegaron a la aldea de Walimai querían llevarse la madera de la selva.

_____   2. Después de cortar los árboles, los sembraban otros, pues se
preocupaban del medio ambiente.

_____   3. En la guerra entre indios y blancos, ganaron los indígenas.

_____   4. Los blancos se fueron de la selva.

_____   5. Walimai y los otros indígenas trabajaban voluntariamente
con los caucheros.

_____   6. A las mujeres del campamento cauchero las forzaron a
servir de prostitutas.

2. Punto clave

✳¿Cómo eran los hombres pálidos? ¿Cómo cambiaron la vida de Walimai
y los otros indígenas?

Mirada rápida   Parte III

1. ¿De qué se trata?

✳Trabajando solo(-a) o con otro(s), mire los dibujos y describa lo que ve. Después,
trate de hacer un resumen de la acción de este fragmento del cuento.

2. *Palabras importantes*

* A continuación hay una descripción de las mujeres de la tribu de los Ila (líneas 162 a 166). Trabajando solo(-a) o con otro(s), mire las categorías de palabras indicadas en el triángulo, luego busque los términos en el texto que van debajo de las categorías y escríbalas en el triángulo. Por fin, prepare un dibujo de una Ila típica y muéstreselo a unos compañeros de clase.

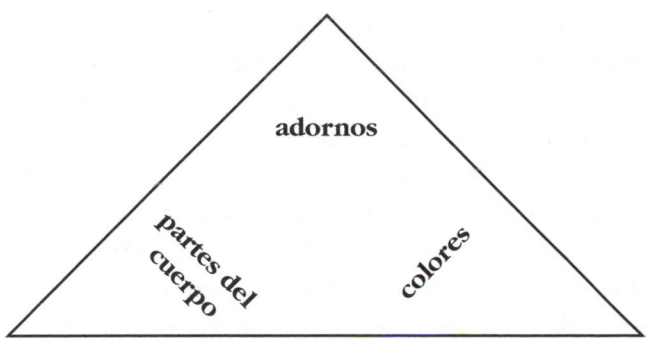

Ella era de la tribu de los Ila, los de corazón dulce, de donde vienen las muchachas más delicadas. Algunos hombres viajan durante meses para acercarse a los Ila. Les llevan regalos y cazan para ellos, en la esperanza de conseguir una de sus mujeres. Yo

155 la reconocí a pesar de su aspecto de lagarto,° porque mi madre   *lizard*
también era una Ila. Estaba desnuda sobre un petate,° atada por   *mat*

el tobillo° con una cadera° fija en el suelo, aletargada,° como si
hubiera aspirado por la nariz el «yopo» de la acacia.° Tenía el
olor de los perros enfermos y estaba mojada por el rocío° de todos
160 los hombres que estuvieron sobre ella antes que yo. Era del
tamaño° de un niño de pocos años, sus huesos sonaban como°
piedrecitas en el río. Las mujeres Ila se quitan todos los vellos° del
cuerpo, hasta las pestañas,° se adornan las orejas con plumas y
flores, se atraviesan palos pulidos en las mejillas y la nariz,° se
165 pintan dibujos en todo el cuerpo con los colores rojo del onoto,°
morado° de la palmera y negro del carbón. Pero ella ya no tenía
nada de eso. Dejé mi machete en el suelo y la saludé como
hermana, imitando algunos cantos de pájaros y el ruido de los
ríos. Ella no respondió. Le golpeé° con fuerza el pecho, para ver si
170 su espíritu resonaba entre las costillas,° pero no hubo eco, su alma
estaba muy débil y no podía contestarme. En cuclillas° a su lado le
di de beber un poco de agua y le hablé en la lengua de mi
madre. Ella abrió los ojos y me miró largamente. Comprendí.

   Antes que nada me lavé sin malgastar° el agua limpia. Me eché
175 un buen sorbo° a la boca y lo lancé en chorros° finos contra mis
manos, que froté° bien y luego empapé° para limpiarme la cara.
Hice lo mismo con ella, para quitarle el rocío de los hombres. Me
saqué los pantalones que me había dado el capataz. De la cuerda
que me rodeaba la cintura° colgaban mis palos° para hacer
180 fuego, algunas puntas de flechas, mi rollo de tabaco, mi cuchillo
de madera con un diente de rata en la punta y una bolsa de
cuero° bien firme, donde tenía un poco de *curare.*° Puse un poco
de esa pasta en la punta de mi cuchillo, me incliné sobre la mujer
con el instrumento envenenado y le abrí un corte en el cuello.° La
185 vida es un regalo de los dioses. El cazador mata para alimentar a
su familia. Él procura° no probar la carne de su presa° y prefiere
la que otro cazador le ofrece. A veces, por desgracia, un hombre
mata a otro en la guerra, pero jamás puede hacer daño° a una
mujer o a un niño. Ella me miró con grandes ojos, amarillos como
190 la miel, y me parece que intentó sonreír agradecida.° Por ella° yo
había violado el primer tabú de los Hijos de la Luna y tendría que
pagar mi vergüenza con muchos trabajos de expiación. Acerqué
mi oreja a su boca y ella murmuró su nombre. Lo repetí dos veces
en mi mente para estar bien seguro pero sin pronunciarlo en alta

ankle / hip / narcotizada

«yopo»... sustancia alucinante de un árbol / líquido

size / **sonaban...** *sounded like*
pelos
eyelashes

se... *they pierce their cheeks and nose with polished sticks* / una planta / purpúreo

tapped

resonaba... *was vibrating between her ribs* / **En...** *Squatting*

utilizar sin cuidado

porción de agua /
streams / *I rubbed* / *I drenched*

me... *circled my waist* /
sticks

piel de animal /
sustancia venenosa
(poisonous) de una
planta / *neck*

trata de / *prey*

harm

con gratitud / **Por...**
For her sake

195 voz, porque no se debe mentar° a los muertos para no perturbar   nombrar
su paz, y ella ya lo estaba, aunque todavía palpitara su corazón.
Pronto vi que se le paralizaban los músculos del vientre,° del   estómago
pecho y de los miembros, perdió el aliento,° cambió de color, se le   respiración
escapó un suspiro° y su cuerpo se murió sin luchar, como mueren   *sigh*

200 las criaturas pequeñas.

De inmediato sentí que el espíritu se le salía por las narices° y   *nostrils*
se introducía en mí, aferrándose a mi esternón.° Todo el peso° de   **aferrándose...** *clinging*
ella cayó sobre mí y tuve que hacer un esfuerzo para ponerme de   *to my breast bone /*
pie. Me movía con torpeza,° como si estuviera bajo el agua.   *weight*
                                                                              clumsiness
205 Doblé su cuerpo en la posición del descanso último, con las
rodillas tocando el mentón,° la até° con las cuerdas del petate,   *chin / I tied*
hice una pila con los restos de la paja° y usé mis palos para hacer   *straw*
fuego. Cuando vi que la hoguera ardía° segura, salí lentamente de   **hoguera...** *fire was*
la choza, trepé el cerco° del campamento con mucha dificultad,   *burning*
                                                                              trepé... *I climbed the*
210 porque ella° me arrastraba hacia abajo, y me dirigí al bosque.   *fence / she (her spirit,*
Había alcanzado los primeros árboles cuando escuché las   *which is now inside*
campanas de alarma.   *him)*

Comprensión

1. *Preguntas importantes*

*Trabajando solo(-a) o con otro(s), conteste las siguientes preguntas.

1. ¿Por qué la mujer del campamento no se arregla ni se pinta como las mujeres de su tribu?
2. ¿Por qué ella no se alegra ni reacciona al ver a Walimai?
3. ¿Qué le pide la mujer sólo con los ojos?
4. ¿Cumple Walimai el deseo de la mujer?
5. ¿Qué hace Walimai con el cuerpo de la mujer?
6. ¿Qué hace con el espíritu de la mujer?

2. *Punto clave*

*Con otro estudiante, escoja *la frase más importante* de esta sección y justifique su selección. Comparta la frase con otros de la clase para ver si ellos han escogido la misma frase.

Mirada rápida   Parte IV

1. ¿De qué se trata?

❋Trabajando solo(-a) o con otro(s), mire los dibujos y describa lo que ve. Después, trate de hacer un resumen de la acción de este fragmento del cuento.

2. Palabras importantes

❋Adivine el significado de las palabras en cursiva según su contexto. Elija una de las tres posibilidades.

1. El guerrero que carga el peso de otra vida humana debe *ayunar* por diez días, así se debilita el espíritu del difunto.

   a. beber   **b.** no comer   **c.** hacer ejercicio

2. El espíritu debilitado del difunto *se desprende* del guerrero y se va al territorio de las almas.

   a. se separa   **b.** se enamora   **c.** se acerca

3. Durante *una vuelta completa de la luna* Walimai se internó en la selva.

   a. un día   **b.** una semana   **c.** un mes

   Toda la primera jornada° caminé sin detenerme ni un instante.   día
   Al segundo día fabriqué un arco y unas flechas y con ellos pude
215 cazar para ella y también para mí. El guerrero que carga el peso
   de otra vida humana debe ayunar por diez días, así se debilita el
   espíritu del difunto,° que finalmente, se desprende y se va al   muerto

territorio de las almas. Si no lo hace, el espíritu engorda con los
alimentos y crece dentro del hombre hasta sofocarlo. He visto

220 algunos de hígado° bravo morir así. Pero antes de cumplir con   *liver*
esos requisitos yo debía conducir el espíritu de la mujer Ila hacia
la vegetación más oscura, donde nunca fuera hallado.° Comí muy   **donde...** *where she never*
poco, apenas lo suficiente para no matarla por segunda vez.   *would be found*
Cada bocado en mi boca sabía° a carne podrida° y cada sorbo   tenía el sabor /

225 de agua era amargo°, pero me obligué a tragar° para nutrirnos a   putrefacto
los dos.   ácido / comer

Durante una vuelta completa de la luna me interné selva
adentro llevando el alma de la mujer, que cada día pesaba más.°   **pesaba...** *was growing*
Hablamos mucho. La lengua de los Ila es libre y resuena° bajo los   *heavier*

230 árboles con un largo eco. Nosotros nos comunicamos cantando,   reverbera
con todo el cuerpo, con los ojos, la cintura, los pies. Le repetí las
leyendas que aprendí de mi madre y de mi padre, le conté mi
pasado y ella me contó la primera parte del suyo, cuando era una
muchacha alegre que jugaba con sus hermanos. Por cortesía, no

235 mencionó su último tiempo de desdichas° y de humillaciones. Cacé adversidades
un pájaro blanco, le arranqué° las mejores plumas y le hice   quité
adornos para las orejas. Por las noches mantenía encendida una
pequeña hoguera°, para que ella no tuviera frío y para que los   fuego
jaguares y las serpientes no molestaran su sueño. En el río la bañé

240 con cuidado, frotándola con ceniza° y flores machacadas,° para   **frotándola...** *rubbing*
quitarle los malos recuerdos.   *her with ash* /
                                                                     pulverizadas
Por fin un día llegamos al sitio preciso° y ya no teníamos más   exacto
pretextos para seguir andando. Allí la selva era tan densa que en
algunas partes tuve que abrir paso rompiendo la vegetación con

245 mi machete y hasta con los dientes, y debíamos hablar en voz
baja, para no alterar el silencio del tiempo. Escogí un lugar cerca
de un hilo de agua°, levanté un techo° de hojas e hice una   *small stream* / *shelter*
hamaca para ella con tres trozos largos de corteza.° Con mi   parte exterior de un
cuchillo me afeité la cabeza y comencé mi ayuno.   árbol o planta

250 Durante el tiempo que caminamos juntos la mujer y yo nos
amamos tanto que ya no deseábamos separarnos, pero el hombre
no es dueño° de la vida, ni siquiera de la propia,° de modo que   *master* / **de...** *of his own*
tuve que cumplir con mi obligación. Por muchos días no puse
nada en mi boca, sólo unos sorbos° de agua. A medida° que mis   *sips* / **A...** *As*

255 fuerzas se debilitaban ella se iba desprendiendo° de mi abrazo, y   separando

su espíritu, cada vez más etéreo,° ya no me pesaba como antes. A   insubstancial
los cinco días ella dio sus primeros pasos° por los alrededores,   *steps*
mientras yo dormitaba, pero no estaba lista para seguir su viaje
sola y volvió a mi lado. Repitió esas excursiones en varias
260 oportunidades, alejándose cada vez un poco más. El dolor de su
partida era para mí tan terrible como una quemadura° y tuve que   *burn*
recurrir a todo el valor° aprendido de mi padre para no llamarla   valentía, fuerza
por su nombre en alta voz atrayéndola así de vuelta° conmigo   **de**... *back again*
para siempre. A los doce días soñé que ella volaba como un
265 tucán° por encima de las copas de los árboles y desperté con el   pájaro tropical
cuerpo muy liviano° y con deseos de llorar. Ella se había ido   de poco peso
definitivamente.

  Cogí mis armas y caminé muchas horas hasta llegar a un
brazo° del río. Me sumergí en el agua hasta la cintura, ensarté° un   *branch* / *I skewered*
270 pequeño pez con un palo afilado° y me lo tragué° entero, con   con una punta / comí
escamas y cola.° De inmediato lo vomité con un poco de sangre,   **escamas**... *scales and*
como debe ser. Ya no me sentí triste. Aprendí entonces que   *tail*
algunas veces la muerte es más poderosa que el amor. Luego me
fui a cazar para no regresar a mi aldea con las manos vacías.

Comprensión

1. Opciones múltiples

✳ Escoja la mejor respuesta, según el texto.

1. Walimai debe ayunar por diez días...

   a. porque no encuentra qué comer en la selva.   **b.** para que el espíritu de la mujer que carga se desprenda de él.   **c.** porque necesita purificar su cuerpo después del asesinato.

2. Antes de ayunar, el guerrero necesitaba...

   a. llevar el espíritu a un lugar especial, de vegetación densa.   **b.** bañarse en el río.   **c.** decir unas oraciones de los Ila.

3. Durante el viaje Walimai y la mujer Ila...

   a. hablaron sobre su vida.   **b.** permanecieron en silencio.   **c.** disputaron mucho.

4. Durante el tiempo que caminaron juntos, Walimai y la mujer...

   a. se hacen amigos.   **b.** se enamoran.   **c.** se hacen enemigos.

5. Al final de la historia Walimai decide...

   a. volver a trabajar con los caucheros.   **b.** regresar a su tribu.   **c.** quedarse en ese lugar.

2. *Punto clave*

❋En esta sección aparecen varios elementos mágicos o de la fantasía. Recuerde de la parte III: ¿Qué hizo Walimai con el cuerpo de la mujer? Entonces en esta parte, ¿con qué parte de la mujer comunica? ¿Qué crea en su imaginación? ¿Qué pasó al final con el alma de la mujer? ¿Es real todo esto, dentro de sus tradiciones?

•
D i s c u s i ó n   e   i n t e r p r e t a c i ó n

1. *A contestar*

❋Con otra persona, comente las siguientes preguntas, luego comparta sus respuestas con la clase.

1. ¿Cuál es la reacción de Ud. a lo que hizo Walimai? ¿Fue un acto inmoral e imperdonable? ¿O un acto compasivo y necesario? Explique.
2. ¿Cuál era la característica definitiva de los Hijos de la Luna (vea la línea 59)? ¿y de los Ila (vea las líneas 151–52)? ¿Qué acciones del hombre blanco amenazaron (*threatened*) o destruyeron esta identidad básica? ¿Qué piensa Ud. de la llegada de los blancos? ¿Qué peligros hay ahora para las culturas indígenas?

2. *Juego imaginativo: ¿Culpable o inocente?*

❋Dice Walimai: «A veces, por desgracia, un hombre mata a otro en la guerra, pero jamás puede hacer daño a una mujer o a un niño... Por ella yo había violado el primer tabú de los Hijos de la Luna...»

¿Es culpable o inocente Walimai?

La clase dramatizará el caso de Walimai en un tribunal. Cinco o más personas presentan argumentos y al final afirman la inocencia o culpabilidad de Walimai.

Las figuras centrales:
1. el espíritu de la mujer de los Ila
2. un cauchero

3. el padre de la mujer de los Ila
4. los Hijos de la Luna
5. Walimai

También participan un juez y miembros del jurado (*jury*), que pueden ser los demás estudiantes de la clase.

Se pueden usar las preguntas a continuación en la preparación de su argumento.

- ¿Por qué es culpable o no Walimai de la muerte de la mujer?
- ¿Ha matado Walimai a la mujer? ¿En qué sentido?
- ¿Hay testigos (*witnesses*) a la matanza? ¿Qué saben?
- Si es culpable Walimai, ¿cuál debe ser su castigo?
- Si no es culpable, ¿cómo se pueden explicar sus acciones a la familia de la mujer o a las autoridades del campamento cauchero?

• •

Composición

1. Escriba una carta a Walimai defendiendo/criticando sus acciones.
2. Desde el punto de vista de Walimai, describa y comente la imagen de los indígenas en el cine, la televisión y otras áreas de la vida contemporánea.

Contribuciones notables

Rigoberta Menchú es una indígena de Guatemala que ha dedicado su vida a la causa de su gente. Abandonó a su país natal durante la época violenta de los 1980, cuando el gobierno mandó matar a miles de sus ciudadanos indígenas, incluyendo a los padres de Menchú. En 1983 se publicó el testimonio conmovedor de su vida, *Me llamo Rigoberta Menchú y así me nació la conciencia*, un libro que atrajo atención internacional. Ganó el Premio Nóbel de la Paz en 1992 por su lucha en defensa de los indígenas de todas partes del mundo.

Rigoberta Menchú, de Guatemala, ganó el Premio Nóbel de la Paz por defender los derechos de los indígenas.

¿Nacen o se hacen?

• •

Anticipación

✱ En años recientes los derechos y la presencia de los gays han llegado a ser un tema cada vez más visible en los medios de comunicación, las legislaturas y

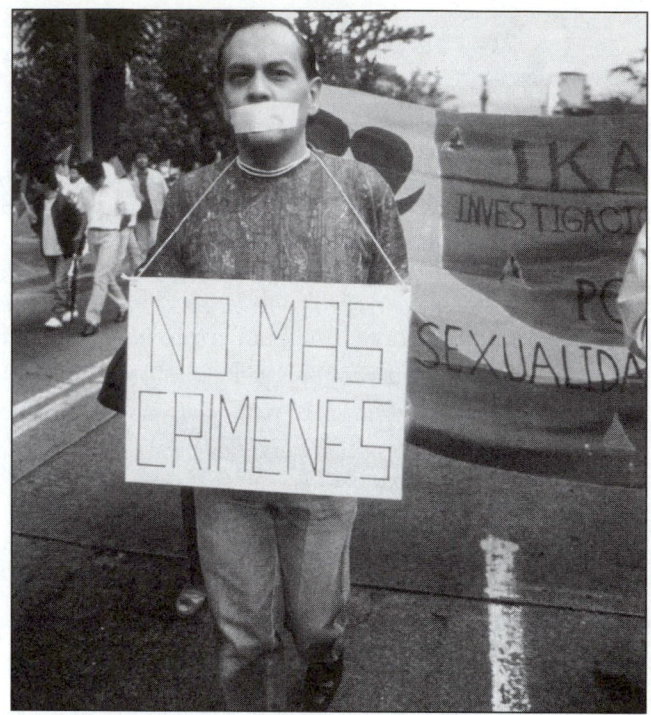

En una manifestación en México a favor de los derechos de los homosexuales, un participante protesta el silencio de la sociedad ante los crímenes cometidos contra los gays.

cortes y las universidades y colegios de nuestra sociedad. Ahora la ciencia ha abierto un nuevo enfoque al tema, con evidencia de que la orientación sexual podría tener un componente genético. En el siguiente artículo de la revista *Muy interesante*, publicada en México, el autor describe las nuevas investigaciones científicas y sus posibles ramificaciones sobre el público mexicano y norteamericano.

1. *Para abrir el tema*

✳ Trabajando solo(-a) o con otro(s), reaccione a las siguientes preguntas.

1. ¿Hay un club o alianza de gays y lesbianas en su universidad/colegio? ¿Es bien conocido y dinámico o no muy activo? ¿Tiene los mismos derechos que los otros clubes?

2. ¿Ha habido algo de interés en las noticias sobre el tema recientemente? ¿una decisión legal? ¿una protesta? ¿una película u obra de teatro?

2. Vocabulario: Palabras relacionadas

* Un grupo de palabras relacionadas forma una *familia*, por ejemplo: *investigar, investigación, investigador, investigado.* En la columna A abajo hay algunas palabras relacionadas a ciertos términos en «¿Nacen o se hacen?». Busque Ud. en el artículo una palabra (verbo o sustantivo) de la misma familia que el término en la columna A y escríbala en la columna B.

A	B
Palabra relacionada	**En el texto**
EJEMPLO: descubrimiento	descubrirse
sustantivo	*verbo*
1. predisposición	1.
2. valor	2.
3. herencia	3.
verbo	*sustantivo*
4. discriminar	4.
5. esclarecer	5.
6. desmitificar	6.

3. El texto: Buscar información

* Trabajando solo(-a) o con otro(s), encuentre la siguiente información en los párrafos indicados.

1. ¶ 1   la contribución de la ciencia al tema del origen biológico de la homosexualidad _____

2. ¶ 2   el descubrimiento de 1993 _____ y quién lo descubrió _____

3. ¶ 2   el nombre de la región del cromosoma X que se asocia con la homosexualidad _____

¿Nacen o se hacen?

Gonzalo Casino

Antes de descubrirse las leyes de la herencia° y el papel rector° del cerebro de la conducta humana, ya existían explicaciones mitológicas y poco rigurosas sobre el origen biológico de la homosexualidad. Ahora, la ciencia ha aportado° algo de lo que antes se carecía:° 5 pruebas°. Según las últimas investigaciones neurológicas y genéticas, la conducta homosexual podría transmitirse por la herencia. Si se confirma esta teoría, la discriminación podría tocar a su fin.°

heredity / **papel...** rol principal

contribuido / faltaba

demostración, evidencia

tocar... *draw to a close*

En julio de 1993 saltó° por sorpresa a la prensa el llamado   aparecció
gen° gay. Sí, por fin parecía que se había hallado una prueba   *gene*
10 genética de la homosexualidad. En realidad, lo que habían
identificado Dean Hamer y su equipo° del Instituto del Cáncer de   grupo de científicos
Estados Unidos no era ningún gen, sino una región entera del
cromosoma sexual X, en concreto la Xq28, que parecía
predisponer hacia la homosexualidad masculina.

15 El paso dado por Hamer era sin duda histórico. El propio
científico valoraba su trabajo como «la mayor evidencia de que la
orientación sexual tiene un componente genético». Incluso° ciertos   *Even*
grupos gay norteamericanos dieron la bienvenida° a la primera   **dieron...** *welcomed*
gran prueba de la base biológica de la orientación sexual.

20 Algunos homosexuales salieron a la calle en Washington con
camisetas que decían «Xq28. Thanks, Mom» (Xq28. Gracias,
mamá), pues de los dos cromosomas sexuales del hombre (XY) el
X se hereda de la madre.

Muchos homosexuales, no todos, lejos de molestarse,° se   **lejos...** *far from being*
25 sienten aliviados con toda nueva prueba biológica de su   *upset*
orientación sexual. Para ellos, su homosexualidad no es una
elección perversa, sino una forma de ser inmutable, una identidad
natural que la biología o la genética vienen a avalar.° Como   apoyar, garantizar
habían observado los sexólogos Masters y Johnson en los años
30 cincuenta, ningún homosexual se hace heterosexual con el tiempo.

De todos es sabido que en nuestra° cultura ser homosexual   se refiere a la cultura
supone cargar con° un estigma vergonzante que conduce a la   mexicana
discriminación y la marginación. Muchos encubren sus   **cargar...** llevar el peso
de
inclinaciones sexuales o las tienen reprimidas. De ahí° que no sea   **De...** *Consequently*
35 nada fácil conocer qué porcentaje de la población participa de
esta identidad. Aunque en la mayoría de los estudios se acepta
una cifra° que oscila entre el 1% y el 5%, no se puede fijar a   número
ciencia cierta. En cualquier caso, las encuestas° muestran un   cuestionarios para
heterogéneo panorama de la sexualidad humana, en el que la   conocer la opinión
del público
40 atracción por el otro sexo parece ser la norma, una minoría
notable se siente atraída sólo por personas del mismo sexo, y
otros, en grado variable, por hombres y mujeres.

No es fácil desligar° lo natural de lo cultural, el instinto   separar
biológico de los condicionantes educativos, religiosos y legales en
45 el comportamiento humano, y especialmente en la conducta

sexual. Si definitivamente se confirma la investigación de Hamer, sería la primera vez que se consigue identificar un gen implicado en un rasgo° importante de la conducta humana. A pesar de la sólida evidencia que se creía tener, hasta ahora no ha sido

50 posible encontrar una base genética para el alcoholismo, la esquizofrenia ni la depresión.

característica

En el caso de la homosexualidad, el esclarecimiento° de su base biológica podría alejar° algunos prejuicios y tabúes, pero también podría abrir la puerta a otros peligros. Como apuntó Eric

55 Juengst, del Centro Nacional para la Investigación del Genoma° Humano de Estados Unidos, «la investigación del gen gay es un arma de doble filo.° Puede ser usada en beneficio de los gays y lesbianas, pues este rasgo por el que son discriminados no es peor que el color de la piel. Pero, por otro lado, podría ser interpretado

60 en el sentido de que esta diferencia es patológica. Incluso podría nacer la idea de que se trata de una «enfermedad» curable mediante terapia génica.°

aclaración, explicación

poner lejos

características genéticas

arma... *double-edged sword*

Para los homosexuales, sin embargo, el principal problema no es el origen de su conducta. «La homosexualidad no es algo que

65 deba ser justificado y explicado, sino algo que debería ser aceptado» sostiene la Alianza de Gays y Lesbianas contra la Difamación, de los Estados Unidos. En México, volvemos al caso de los números, nadie sabe con certidumbre cómo responde

terapia... *tratamiento que permite reemplazar genes defectuosos por otros sanos*

Tres filósofos griegos —Platón, Aristóteles y Sócrates— que consideraban el amor homosexual como una parte natural de la vida humana.

estadísticamente la población nacional a la presencia homosexual
70 en la sociedad. Aunque las perspectivas no son muy optimistas:
una gran parte la rechaza° por considerarla *antinatural.* Pero no   niega, no acepta
todo es oscuridad, en las sociedades conservadoras, incluso la
mexicana, se han abierto canales de comunicación y
desmitificación. Y ya nada podrá ser como antes.

•••

Comprensión

1. Opciones múltiples

Según el artículo...

1. En tiempos pasados se aclaraba el origen biológico de la homosexualidad con...
   a. explicaciones muy rigurosas. **b.** explicaciones mitológicas. **c.** explicaciones religiosas.

2. En México la persona gay...
   a. es discriminada y marginada. **b.** puede expresar su orientación sexual libremente. **c.** es aceptada.

3. El porcentaje de la población mexicana que participa en la identidad homosexual...
   a. es un número exacto. **b.** representa la mayoría. **c.** es pequeño.

2. Preguntas

1. ¿Cómo reaccionaron algunos gays ante el trabajo de Hamer y otros sobre la orientación sexual?
2. ¿Qué otros factores (no biológicos) mencionados en el artículo pueden influir en la conducta sexual?
3. Explique, en sus propias palabras, por qué se cree que la investigación del gen gay es «un arma de doble filo» (*double-edged sword*).
4. ¿Cómo interpreta Ud. la última frase del artículo: «Y ya nada podrá ser como antes»? ¿Está Ud. de acuerdo?

•••

Actividad

Encuesta

❋ Trabajando con otro estudiante, conteste las siguientes preguntas.

¿Crees que los gays deben tener derecho a...

	Sí	No	No sé
• entrar legalmente en el servicio militar?	☐	☐	☐
• adoptar y criar a los niños?	☐	☐	☐
• casarse legalmente?	☐	☐	☐
• formar parte de la educación sexual en las escuelas públicas?	☐	☐	☐
• hacer una declaración de ingresos en común (*joint income tax return*) con su compañero(-a)? (Los impuestos de una pareja son más bajos que los de dos individuos solteros.)	☐	☐	☐
• gozar de los mismos derechos que los demás con respecto al empleo, la vivienda y el acceso a lugares públicos?	☐	☐	☐

Génesis

Marco Denevi

. . . .

Anticipación

✴ Todos sabemos que en la Biblia «Génesis» describe la creación del universo. ¿Pero también podría referirse al fin de la civilización tal como la conocemos? El microcuento del renombrado novelista y cuentista argentino Marco Denevi (*n.* 1922) ofrece una perspectiva interesante sobre el tema. Lea Ud. el cuento y decida por su propia cuenta —«génesis»: ¿comienzo o fin?

1. Para abrir el tema

✴ Trabajando solo(-a) o con otro(s), conteste estas preguntas.
¿Cree Ud. que la Tierra es eterna o que un día desaparecerá? ¿Qué elementos o factores de la vida contemporánea podrían acelerar «el fin del mundo»? ¿Qué podemos hacer para preservar la humanidad?

2. *Vocabulario: Antónimos*

✳En el texto aparecen los antónimos de las siguientes palabras. ¿Cuáles son?

1. paz _____   4. encontrarse _____

2. reír _____   5. anciano _____

3. silencio _____

🎧 *Génesis*

Con la última guerra atómica, la humanidad y la civilización desaparecieron. Toda la tierra fue como un desierto calcinado.° En cierta región de Oriente sobrevivió un niño, hijo del piloto de una nave espacial.° El niño se alimentaba de hierbas° y dormía

5 en una caverna. Durante mucho tiempo, aturdido° por el horror del desastre, sólo sabía llorar y clamar° por su padre. Después sus recuerdos se oscurecieron, se disgregaron,° se volvieron arbitrarios y cambiantes como un sueño, su horror se transformó en un vago miedo. A ratos recordaba la figura de su padre, que

10 le sonreía o lo amonestaba,° o ascendía a su nave espacial, envuelta° en fuego y en ruido, y se perdía entre las nubes. Entonces, loco de soledad, caía de rodillas y le rogaba que volviese. Entretanto la tierra se cubrió nuevamente de vegetación: las plantas se cargaron de flores: los árboles, de

15 frutos. El niño, convertido en un muchacho, comenzó a explorar el país. Un día vio un ave.° Otro día vio un lobo.° Otro día inesperadamente, se halló frente a una joven de su edad que, lo mismo que él, había sobrevivido a los estragos° de la guerra atómica.

20 —¿Cómo te llamas? —le preguntó.

—Eva, —contestó la joven—. ¿Y tú?

—Adán.

incinerado

nave... *spaceship / herbs*
stunned
gritar

se... se disolvieron

scolded
wrapped

pájaro / wolf

ruina

1. Cronología

✳ Indique el orden correcto.

_____ 1. Sobrevivió un niño que lloraba y gritaba por su padre.

_____ 2. El muchacho conoció a una joven de su edad.

_____ 3. La vegetación empezó a crecer de nuevo sobre la tierra.

_____ 4. Una guerra horrible dejó la tierra en ruinas.

_____ 5. En los recuerdos, el padre ascendía a una nave espacial y desaparecía.

2. Preguntas

1. En cierta región de Oriente, ¿quién sobrevivió a la destrucción del mundo? Con el tiempo, ¿qué pasó con los recuerdos de su vida anterior?

2. ¿Por qué pensaba en su padre? ¿Qué recuerdos guardaba de él?

3. ¿Qué hizo el niño convertido en muchacho? ¿A quién conoció?

4. En la nueva civilización, ¿a quién podría representar el padre de los recuerdos de Adán?

3. La moraleja

✳ Si «Génesis» tuviera una moraleja (*moral*), ¿cuál sería, en su opinión? Si no encuentra una que sea apropiada de la lista a continuación, invente su propia moraleja. Siempre justifique su selección.

1. El mensaje de la Biblia es eterno.

2. El Bien predomina sobre el Mal.

3. El amor siempre triunfará.

4. ¿ ?

1. Los avances

✳ En grupos pequeños, preparen un avance (*preview*) de dos minutos para anunciar (*advertise*) «Génesis». El avance debe consistir en una narrativa breve que hable de los aspectos extraespeciales de la historia, con referencias entusiasmadas a momentos dramáticos/románticos de la trama (*plot*). Cada grupo presentará su avance, con un(-a) narrador(-a) y actores.

2. *Juego imaginativo: Anticipando el futuro*

¿Cómo serán Adán y Eva en 25 años? Invente una continuación.

Comentario sobre el dibujo

¿Cuál es el mensaje del dibujo? ¿Está Ud. de acuerdo? En vez de «optimismo», ¿qué palabra escribiría Ud.?

Arte y fantasía

*D*os artistas y sus circunstancias

··

Anticipación

❋ ¿Qué tipo de arte prefiere Ud.? ¿El impresionismo? ¿El cubismo? ¿El arte abstracto o el arte medieval? La tradición del arte hispano es muy variada; desde las más antiguas pinturas de las cuevas de Altamira en el norte de España (15.000 a. de J. C.), hasta los magníficos cuadros de hoy, que se venden por millones de dólares, el arte hispano representa un tesoro cultural. ¿Qué temas se presentan en esta tradición? Mirando los cuadros, ¿podemos ponernos en contacto con las emociones e ideas de sus creadores? Vamos a examinar la vida y la obra de dos artistas muy diferentes: Diego Velázquez, pintor español clásico y realista, y Frida Kahlo, pintora mexicana posmoderna, cuya obra está llena de sorpresas.

Comprensión

1. ¿Dónde están las pinturas más antiguas de España?
2. ¿Cuánto valen los cuadros de famosos pintores hoy día? ¿Qué piensa Ud. de estos precios?
3. ¿Cómo se llaman los dos pintores que vamos a estudiar? ¿De dónde son?

··

Vocabulario preliminar

❋ Estudie estas palabras y haga los ejercicios antes de leer el ensayo sobre los dos artistas. Luego, utilice esta lista como medio de consulta durante su estudio del capítulo.

1. **alcanzar** conseguir, lograr; llegar a cierto punto
2. **cuadro, el** representación pictórica, pintura
3. **entretener** divertir, distraer, ocupar la atención; *adj.* **entretenido** divertido, ocupado
4. **estilo, el** manera de expresarse, carácter original de un(-a) artista, época, moda, etcétera
5. **impedimento, el** limitación física o mental, *handicap*

6. **ingenio, el** habilidad para inventar o resolver dificultades; talento
7. **mensaje, el** comunicación enviada de una persona a otra; significado o aportación de una obra o de un escritor o artista
8. **merecer** ser digno(-a) de algo
9. **obra, la** cosa hecha o producida por alguien; producción artística o literaria; **obra maestra, la** ejemplo excelente o perfecto

10. **personaje, el** ser humano verdadero o simbólico que se representa en una obra literaria; persona notable

11. **posmodernismo, el** una clasificación general del arte de la segunda parte del siglo XX (a partir de la explosión de la bomba atómica). Se caracteriza por el rechazo (*rejection*) de la tradición clásica y la celebración de una visión fragmentada y abierta de la existencia humana. Los artistas posmodernos combinan elementos de su vida personal y de la cultura popular con elementos intelectuales y abstractos, usan mucha ironía y presentan múltiples realidades en sus obras; *adj.* **posmoderno(-a)**

12. **retrato, el** representación de una persona en dibujo, pintura o fotografía

Expansión de vocabulario

1. Sinónimos

✳ Dé palabras de la lista que, en algún sentido, pueden servir como sinónimos para las siguientes.

1. talento
2. limitación
3. pintura
4. lograr
5. moda
6. aviso
7. divertir
8. rechazo de la tradición clásica

2. Palabras relacionadas

✳ ¿Puede Ud. adivinar el significado de las siguientes palabras que están relacionadas con palabras de la lista? Conteste las preguntas.

1. ¿Qué ejemplo puede Ud. dar de una persona **ingeniosa?**
2. ¿Qué cosas desea Ud. que no son **alcanzables** ahora?
3. ¿Qué les pasa a veces a los **mensajeros** que traen malas noticias?
4. ¿Cree Ud. que en general los criminales **llevan su merecido** o no? Explique.
5. ¿Qué edificio es **posmoderno** —la Casa Blanca de Washington o el Museo Guggenheim de Nueva York?

QUICO...!

Diego Velázquez, español, (1599–1660): Su vida y obra

España ha producido un gran número de artistas: El Greco, Goya, Dalí, Miró y Picasso, entre muchos otros.* Uno de los más notables es Diego Rodriquez de Silva y Velázquez. Sus cuadros están en los mejores museos del mundo y valen cantidades inimaginables. Considerado como uno de los realistas más grandes de todos los tiempos, Velázquez es el pintor clásico por excelencia. Pintaba lo que veía, ni más, ni menos. Siempre mantenía una distancia entre su «yo» y la escena o persona que pintaba. Por eso, en su obra nos ha dejado una buena representación de la sociedad de sus tiempos, pero de él mismo —de su vida, personalidad, emociones u opiniones— sabemos muy poco.

Diego Velázquez, autorretrato (detalle de *Las Meninas*), Madrid, Prado.

---

* Véase un cuadro de El Greco en la página 239 de este libro, y un cuadro de Picasso en la página 76.

elázquez nació en Sevilla en 1599 y empezó a pintar a la edad
de once años. Se casó cuando tenía dieciocho años con la hija de
su maestro y poco después se fue a Madrid a la corte del rey
Felipe IV. Pronto se hizo famoso por sus maravillosos retratos del
5   monarca y su familia. Era pintor oficial pero también era
cortesano y tenía que cumplir con varios deberes por lo cual no
disfrutaba de mucho tiempo para pintar. No participaba mucho
en las intrigas de la Corte. Pasó su vida pintando y sirviendo al
rey hasta su muerte por enfermedad a la edad de sesenta y un
10 años. Su mujer se murió seis días más tarde.

    A primera vista las obras de Velázquez parecen
convencionales. Pero la persona que las observa con cuidado
descubre que casi todas contienen un secreto: un mensaje
sutil y original. Además, mediante la manipulación de luz y
15 sombra, Velázquez alcanzó a representar a las figuras en su
ambiente sin necesidad de trazarlas con líneas. Por eso, se le
considera un precursor del impresionismo y siglos después de su
muerte, Manet y otros pintores impresionistas franceses hicieron
viajes especiales a Madrid para estudiar su obra. Vamos a
20 examinar algunos de sus cuadros para buscar sus mensajes
secretos.

Comprensión

1. ¿Por qué podemos decir que Velázquez era realista y clásico?

2. ¿Qué circunstancias de su vida lo ayudaron a ser un gran pintor?

3. ¿Por qué es necesario mirar atentamente los cuadros de Velázquez?

    Hoy día, con la facilidad de la fotografía, tendemos a
olvidarnos de la importancia que tenía la pintura en el pasado
como modo de conservar los recuerdos de momentos históricos.
25 El enorme cuadro *La rendición de Breda* fue pintado para
conmemorar la victoria militar española de 1625 contra los
holandeses. Pero, ¡qué sorpresa! El cuadro no es típico de las
pinturas militares porque evita la violencia, la guerra y el orgullo

La rendición de Breda por Diego Velázquez, Madrid, Prado.

nacional para evocar, en cambio, un sentido de tranquilidad y
30 compasión humana. La fuerza militar está simbolizada por una
fila de lanzas, y la destrucción de la ciudad solamente está
insinuada. La atención del observador está dirigida a las
relaciones humanas entre el vencedor y el vencido: entre el
general español y el general holandés que le entrega la llave de la
35 ciudad de Breda. La obra celebra las cualidades de reconciliación,
generosidad y cortesía, y los soldados menores están
representados como individuos, preocupados con sus propios
pensamientos.

Comprensión

1. ¿Para qué pintó Velázquez *La rendición de Breda?*

2. ¿Cómo sería una típica pintura en honor de una victoria militar? ¿En qué sentido es original y diferente la pintura de Velázquez?

Interpretación

Mire bien el cuadro. ¿Qué objeto hay en el centro exacto de la pintura? En su opinión, ¿por qué lo ha puesto allí el pintor?

A Velázquez le interesaba el ser humano en toda su variedad.
40 Pintaba a reyes y princesas, pero también a pobres, mendigos, borrachos y a la gente con impedimentos físicos o mentales, que se empleaban en la Corte como bufones o compañeros para los niños reales. Es importante recordar que un buen retrato no es simplemente una copia de apariencias externas; exige
45 imaginación e intuición porque el artista observa a su sujeto

Retrato del papa Inocente X por Diego Velázquez, Roma, Galería Doria-Pamphile.

Retrato de don Sebastiano de Morra por Diego Velázquez, Madrid, Prado.

durante horas para escoger la expresión, la postura y los gestos
más aptos. El papa Inocente X era uno de los hombres más
poderosos del mundo y también uno de los más feos.* Velázquez
revela sin piedad la astucia y crueldad de su carácter. En el retrato
50 de don Sebastiano de Morra aparece uno de los enanos (personas
muy pequeñas) que entretenían en la Corte. Lo que sorprende es
la mirada irónica y triste, llena de inteligencia.

Comprensión

1. ¿A quiénes pintaba Velázquez? ¿Por qué?

2. ¿Por qué es necesario tener imaginación e intuición para pintar un buen retrato?

3. ¿Qué cualidades negativas son evidentes en el retrato del papa Inocente X? ¿Qué cualidades hay en el retrato de Sebastiano de Morra?

La Venus del espejo por Diego Velázquez, The National Gallery, London.

---

* Según el crítico Paul Westheim, «El papa Inocente X era tan repulsivamente feo que en el Cónclave de 1546 se había discutido si era posible elegir papa a un hombre de ese 'aspecto de sátiro torvo (terrible) y brutal'».

Una de las pinturas principales de Velázquez es la fascinante y misteriosa *Venus del espejo,* el primer desnudo no religioso de la
55 pintura española. No se sabe mucho del cuadro. El tema es una vista íntima de la diosa de amor romana, Venus, acompañada de su hijo Cupido. Seguramente se trataba de un encargo privado porque el «Santo Oficio» de la Inquisición no habría permitido el uso del cuerpo desnudo, ni siquiera para un tema mitológico.
60 Velázquez ha representado a la bella mujer como delgada, modesta y con dignidad, en contraste con las figuras voluptuosas y lascivias que se veían en la pintura italiana de aquellos tiempos.

Comprensión

1. ¿Cuál es el tema de *La Venus del espejo*?

2. ¿Cómo sabemos que este cuadro tenía que ser un encargo privado?

Interpretación

¿Qué piensa Ud. del cuadro? ¿Cree que la representación de una mujer desnuda es insultante a las mujeres, o no? Explique.

Sin duda alguna, la obra maestra de Velázquez es *Las Meninas* en la cual el pintor alcanzó a hacer presente un ambiente
65 particular por la hábil manipulación de luz y sombra. El cuadro representa una escena de la vida cotidiana de la Corte. Velázquez mismo (con una cruz en el pecho) está presente, en un cuarto grande, pintando. La joven princesa acaba de entrar, acompañada de sus meninas (damas de honor), una dama enana
70 que sirve de compañera, y un niño. También hay una monja, un guardia y un perro. Todas son figuras típicas pero cada una parece individual. Un hombre noble se asoma a la puerta en el fondo. Pero, ¿a quién está pintando el Velázquez representado en el cuadro? Pues, a los reyes, por supuesto. ¿Y dónde están los
75 reyes? La respuesta está en el cuadro. Mírelo bien, porque su composición es una de las más originales e ingeniosas de toda la historia del arte.

Las Meninas por Diego Velázquez, Madrid, Prado.

Comprensión

1. ¿Qué representa *Las meninas?*

2. ¿Qué personajes aparecen en el cuadro y qué hacen?

3. ¿Dónde están los reyes? ¿Cómo lo sabe Ud.?

Interpretación

En su opinión, ¿por qué pintó así a los reyes Velázquez?

D i s c u s i ó n

1. ¿Podemos decir que Velázquez era convencional? ¿original? Explique.
2. ¿Cuál de los cuadros de Velázquez le parece a Ud. el más bello? ¿el más interesante? ¿Por qué?

1. Su opinión

*Trabajando con otra persona, explique brevemente por qué Ud. está de acuerdo o no con las siguientes opiniones.

1. Hoy día, un pintor realista como Velázquez no tendría mucho valor porque tenemos la fotografía.
2. El empleo en las Cortes del siglo XVII de enanos y de otras personas con impedimentos, para entretener a los nobles o servir como compañeros, era una costumbre mala.

2. Juego imaginativo: Retratos inventados

*En parte, Velázquez es importante porque sus pinturas nos dan una visión bastante exacta de las personas importantes y representativas de sus tiempos. Ahora, si Velázquez viviera hoy, ¿a quiénes pintaría? ¿En qué ambiente y con qué objetos? ¿Qué cualidades mostraría en las caras y posturas? Trabajando en grupos pequeños, imagine tres retratos de personas actuales, pintados por Velázquez para representar nuestra sociedad, y llene el siguiente formulario para cada retrato.

Retrato 1 (2, 3)

Persona retratada: _____

Título: _____

Ambiente: _____

Objetos: _____

Cualidades: _____

3. Comentario sobre el dibujo

1. ¿Cuál es el mensaje de esta tira cómica de Quico?
2. ¿Qué personas famosas de hoy están asociadas con productos comerciales? ¿Qué opina Ud. de esto?

QUICO

¿Qué les parece?

El arte de Velázquez distorsionado por Francis Bacon

Estudio del *Retrato del papa Inocente X* de Velazquez, hecho por Francis Bacon, 1953.

Muchas veces las pinturas clásicas les sirven de inspiración a los pintores más modernos, aun varios siglos después. Pablo Picasso, por ejemplo, pintó 58 cuadros inspirados en *Las Meninas* de Velázquez. (Véase la página 218.) Otra pintura de Velázquez fue la inspiración de una serie de más de 25 cuadros del extraño pintor británico Francis Bacon (1909–1992): el *Retrato del papa Inocente X*, que se ve en la página 215. Este cuadro le fascinó tanto a Bacon que una vez dijo que durante años se sentía «obsesionado» por él.

continuación

Las imágenes violentas y distorsionadas de Francis Bacon provocan reacciones distintas. Bacon mismo explicó que con estas imágenes quería «abrir las válvulas de las emociones». Muchos lo consideran uno de los pintores más importantes del posmodernismo: sus pinturas están en los mejores museos y se venden por precios astronómicos.

Comparación de dos retratos

Trabaje Ud. con un(-a) compañero(-a) y complete el cuadro para hacer una comparación de la figura central (el Papa) en las dos representaciones, separadas por 300 años. Después, contesten la pregunta.

	Apariencia *¿Cómo es?*	Cualidades *¿Qué cualidades parece tener?*	Emociones *¿Qué emociones siente?*
1. El retrato de Velázquez (pág. 215)			
2. El retrato de Bacon (pág. 220)			

¿Cuál de los dos retratos le parece mejor? Explique.

Frida Kahlo, mexicana, (1907–1954): su vida y obra

La rica y antigua tradición artística de México incluye, entre muchas otras obras, las bellas estatuas precolombinas y los magníficos murales revolucionarios de Orozco, Siqueiros y Rivera. En tiempos recientes, una de las artistas mexicanas más famosas es Frida Kahlo. Su obra es posmoderna. Kahlo no pertenece a la tradición clásica y realista. Por eso no se conserva en sus pinturas la distancia entre el «yo» de la artista (vida, personalidad, emociones y opiniones) y la persona o escena que pinta. Al contrario, la presencia de la artista está en todas partes: su propia figura, sus amores, sus celos, sus penas físicas y emocionales, y hasta sus opiniones políticas.

*K*ahlo nació en Coyoacán, en México, en 1907. Su madre era mestiza y su padre un inmigrante alemán judío, quien trabajaba como fotógrafo. Frida sufrió toda su vida de impedimentos físicos causados por la polio que contrajo como niña, y por un horrendo
5 accidente de autobús que ocurrió cuando tenía dieciocho años. Su columna vertebral fue rota en tres partes. En el hospital empezó a pintar para entretenerse. A los veinte años conoció al célebre muralista Diego Rivera, quien tenía cuarenta y uno, y se casó con él. La pareja llevó una vida tempestuosa, viajando por México,
10 Europa y Estados Unidos, y participando activamente en el movimiento socialista. Se divorciaron en 1939 pero volvieron a casarse al año siguiente. Kahlo se murió a la edad de cuarenta y siete, sin haberse nunca recuperado completamente del accidente.

  Frida Kahlo poseía un espíritu libre, ingenioso y apasionado, y
15 una gran valentía. Su obra muestra la influencia del paisaje y de la mitología indígena de México, y a veces presenta crítica social.

Frida Kahlo, autorretrato titulado *Diego y yo*, 1949, colección privada.

Pero ella misma es el tema más común de sus cuadros, junto con sus propias emociones, y los dolores e impedimentos que sufría. Sin embargo, cada día su fama crece y hay más personas que
20 encuentran en su arte un valor universal.

Comprensión

1. Muchos creen que los artistas llevan una vida triste, llena de sufrimiento. ¿Cómo describiría Ud. la vida de Frida Kahlo?

2. ¿Qué circunstancias de su vida la ayudaron a ser una famosa pintora?

3. ¿Cómo es la obra de Frida Kahlo? ¿Cuál es su tema predilecto? ¿Qué opina Ud. de esto?

En 1933, mientras su esposo trabajaba en un mural para el Centro Rockefeller, Kahlo pintó *Mi vestido está colgado allí*. A primera vista se nota la visión humorística que ofrece de Nueva York, representando las obsesiones norteamericanas por la
25 limpieza y por los deportes con dos pedestales que llevan un

Mi vestido está colgado allí, collage, 1933, de Frida Kahlo, Hoover Gallery.

inodoro y un trofeo monumentales. En el centro de todo se
encuentra el tema personal: el vestido mexicano de Frida, colgado
entre los grandes edificios. La artista proyecta en su obra la
nostalgia que siente por su patria, insinuando que la parte esencial
30 de su ser *no esta allí* porque ella no se identifica con Nueva York.

   Al mismo tiempo, una observación cuidadosa revela que la
pintura también presenta un mensaje social: una crítica de las
condiciones en los Estados Unidos durante los años de la gran
depresión económica. Hay un contraste entre la riqueza de los
35 rascacielos y los miles de pobres que aparecen como pequeños
puntos bajo las estatuas de George Washington y de la Libertad y
el dibujo publicitario de la actriz Mae West. También hay un
enorme basurero con un extraño contenido.

Comprensión

1. ¿Qué simbolizan el inodoro y el trofeo monumentales?

2. ¿Cómo se puede explicar el título del cuadro?

Interpretación

¿Qué mensaje social presenta esta pintura sobre Nueva York? ¿Qué piensa
Ud. de Nueva York? Explique.

Retrato de Luther Burbank, 1931, de Frida
Kahlo, colección privada.

El venadito, 1946, por Frida Kahlo, colección de Carolyn Farb,
Houston.

  Muchos cuadros de Kahlo están pintados en un estilo que
40 combina el realismo y la fantasía. En parte, esta tendencia se
debía a la influencia surrealista que era tan popular entonces.
Influidos por Freud, los surrealistas buscaban penetrar en la
subconsciencia para unirla con la realidad externa y crear así una
realidad más completa. Vemos a Luther Burbank en un paisaje de
45 sueño que sugiere su trabajo como inventor de las plantas
híbridas. Con humor irónico, la artista ha presentado al famoso
botánico mismo como un híbrido: medio hombre, medio árbol. El
tema de la muerte aparece en las raíces que se nutren de un
cadáver humano. Pero la mayoría de los cuadros de Kahlo son
50 autorretratos. En *El venadito,* se representa a sí misma con típica
ironía en forma de un pobre venado herido por flechas que
simbolizan sus heridas físicas y también sus penas psicológicas. En
el habla popular, una persona «lleva cuernos» cuando su amante
le es infiel, así que los grandes cuernos son una alusión obvia a
55 las infidelidades de Diego. El bosque participa en sus dolores
porque los árboles están rotos y destruidos.

Comprensión

1. ¿Qué buscaban hacer los surrealistas?

2. ¿Qué elementos de fantasía hay en el *Retrato de Luther Burbank?*

3. ¿Por qué se retrata Kahlo a sí misma como un venado herido?

  Frida Kahlo tenía un carácter especial y a veces era difícil
comprender sus acciones. En 1938, aceptó un encargo de la
política norteamericana Claire Boothe Luce para pintar de
60 memoria un retrato de Dorothy Hale, una amiga mutua, después
de su suicidio. Deprimida por problemas amorosos, la famosa
modelo se había tirado de un alto edificio. Sintiendo compasión
por la madre de Dorothy, la señora Boothe Luce quería regalarle
un retrato de su hija como consuelo. ¡Qué susto experimentó
65 cuando vio el retrato hecho por Frida! El cuadro muestra a la bella
Dorothy en tres momentos. Arriba su figura aparece, pequeña, en
la ventana. En el centro su cuerpo está suspendido en un espacio
irreal y nebuloso y, al pie del cuadro, su cadáver está

El suicidio de Dorothy Hale por Frida Kahlo, 1939, Phoenix Art
Museum.

representado con un gran realismo aumentado por la extensión
70 del pie y una mancha de sangre que sale fuera del marco.

Comprensión

¿Para qué encargó Claire Boothe Luce un retrato de Dorothy Hale? ¿Por
qué experimentó un susto después?

Interpretación

1. ¿Cree Ud. que Kahlo hizo bien o mal cuando aceptó el encargo y pintó
   un retrato de ese tipo? ¿Era una acción egoísta y cruel, o simplemente la
   libertad artística? Explique.

2. En su opinión, ¿cuál es el mensaje de esta pintura?

El abrazo de amor del universo, 1949, por Frida Kahlo, colección privada. Fotografía, cortesía del Metropolitan Museum of Art.

La influencia de la tradición mexicana es evidente en la pintura *El abrazo de amor del universo*. Frida misma está en el centro del cuadro, sosteniendo en sus faldas a Diego, desnudo, como si fuera un niño. De esta manera expresa el aspecto materno del amor que

75 sentía por su marido y, al mismo tiempo, el deseo frustrado de tener su hijo. Entre los ojos de Diego aparece un tercer ojo en la frente, que simboliza su gran talento artístico. Detrás de estas figuras y abrazándolas, hay una enorme diosa-montaña, en forma de un ídolo indígena con pelo de cacto, que representa la

80 tierra mexicana. Detrás hay otra diosa aun más grande, la fuerza creadora del universo, mestiza y dividida en dos partes de luz y sombra. En contraste con esta grandeza cósmica, se ve el toque personal y humorístico, típico de Kahlo, en la presencia de su perro, «el señor Xolotl», que duerme a sus pies.

QUICO

Discusión

1. ¿Cuál de los cuadros de Kahlo le parece a Ud. el más bello? ¿el más interesante? ¿Por qué?
2. ¿Considera Ud. feminista el arte de Frida Kahlo, o no? ¿Por qué? Y el arte de Diego Velázquez, ¿es machista? Explique.
3. En su opinión, ¿cuál de estos artistas merece mayor respeto? ¿Por qué?

Actividades

1. Su opinión

✳ Trabajando solo(-a) o con otra persona, explique brevemente por qué Ud. está de acuerdo o no con las siguientes opiniones.

1. Si no fuera por sus impedimentos físicos, Frida Kahlo no sería una pintora famosa.

2. Las pinturas de Frida Kahlo muestran más imaginación que las de Diego Velázquez.

2. *Hablando del arte...*

✳ ¿Para qué miramos el arte? A continuación hay algunas de las reacciones positivas que a veces sentimos ante un cuadro. Hable en un grupo con tres o cuatro compañeros, y conteste la siguiente pregunta: ¿a cuál o cuáles de los cuadros de Diego Velázquez o de Frida Kahlo aplicaría Ud. las siguientes descripciones?

1. Presenta una nueva manera de ver la realidad.
2. Me hace reír (o sonreír).
3. Expresa emociones con las que me identifico.
4. Me gustaría tenerlo en mi casa.
5. Me enseña algo interesante sobre la historia.
6. Revela aspectos intrigantes de la naturaleza humana.
7. Transmite un mensaje importante.
8. Expresa un punto de vista que me agrada.
9. Es bello.
10. ¿ ? _____

 ·

Composición

Comparaciones

1. Haga una lista de diferencias y semejanzas entre las vidas de los dos artistas.
2. Escriba una comparación entre un cuadro de Velázquez y un cuadro de Kahlo.

Refranes

✳ Comente Ud. uno de los siguientes refranes, relacionándolo con Velázquez, con Kahlo o con la vida de hoy en general.

No corre más el que más camina, sino el que más imagina.

Lo que se piensa es lo que se vive.

De ilusiones vive el hombre.

La necesidad inventó el arte.

Quien tiene arte va por todas partes.

Más allá del texto

Prepare uno de los siguientes temas y comparta sus conocimientos con un grupo de compañeros o con la clase.

1. Busque información sobre Diego Velázquez o Frida Kahlo en Internet.
2. Traiga reproducciones de cuadros de su pintor(-a) favorito(-a) y explique por qué le gustan.
3. Haga una investigación sobre los cuadros inspirados por obras de Velázquez o la escultura de Pablo Picasso.
4. Escriba un pequeño informe sobre la arquitectura de Antonio Gaudí.

La teleadicción*

Anticipación

✳ La televisión es un nuevo arte del siglo XX que ha extendido el alcance de la imaginación humana por el espacio y por el tiempo. Sin duda, ha tenido un gran impacto para el bien y para el mal. El siguiente artículo examina algunos aspectos de este impacto y sus consecuencias en la sociedad española de hoy.

1. Para abrir el tema

✳ Trabajando solo(-a) o con otro(s), conteste estas preguntas.

1. ¿Cuántas horas de televisión ve Ud. cada semana (más o menos)?
2. ¿Cree Ud. que la conversación de una persona que nunca ve televisión es más interesante o menos interesante que lo normal? ¿Por qué?
3. ¿Le gustan a Ud. los docudramas? ¿Por qué? ¿Qué programas mira Ud. a menudo?

2. Vocabulario: Búsqueda de términos

✳ En España se usa la palabra *culebrones*, que quiere decir «serpientes grandes», para hablar de las telenovelas (*soap operas*). En su opinión, ¿por qué usarán este

---

* De *Tribuna*, una revista española.

término? Aprenda más términos relacionados con la televisión. Busque en los seis primeros párrafos las siguientes palabras:

1. El verbo que quiere decir *rompiendo la conexión eléctrica* (*de un aparato*): _____ (párrafo 1)

2. Una palabra usada en España para indicar los *programas de noticias: los* _____ (párrafo 2)

3. En muchos países latinos se habla de los *canales* de televisión, pero en España se habla de las _____ *de televisión.* (párrafo 2)

4. Una frase de tres palabras que significa el pequeño aparato que se tiene en la mano para cambiar de volumen o de programa: *el* _____ _____ _____ (párrafo 4).

5. Una frase despectiva (negativa y condescendiente) de dos palabras que se usa para hablar de la televisión: *la* _____ _____. (párrafo 6)

3. *El texto: Hacer predicciones*

✳ Después de mirar el título de la selección, los subtítulos y la foto, la clase debe dividirse en grupos de dos o tres personas. La mitad de estos grupos harán una lista de las consecuencias buenas de la televisión y la otra mitad una lista de las consecuencias malas. Después de cinco minutos, una persona de cada grupo leerá su lista o la escribirá en la pizarra. ¿Cuáles de estas consecuencias cree Ud. que se mencionarán en el artículo? Búsquelas en el artículo para ver si sus predicciones son ciertas.

La teleadicción

Lourdes Muñoz y Natalia Valdés

H ace unos días Santiago M. M., un vecino de la localidad°
murciana de Lorca, decidió castigar a su mujer desenchufando el
televisor° a la hora en que se emitía° el culebrón *Cristal*. La afrenta
acabó en los tribunales° con una denuncia por malos tratos
5 presentada por la esposa agraviada.° *«La televisión es un motivo*
frecuente de discusiones familiares. En Norteamérica es causa de
divorcio porque allí suelen alegarse cosas muy triviales. Pero en
España este hecho no se admite legalmente», comenta Pedro
López Anadón, abogado divorcista y sociólogo.

10   La televisión ejerce tal influencia en la sociedad actual que
alguna diferencia de opiniones por ver una telenovela o los
informativos que se emiten a la misma hora en otras cadenas ha
acabado en los servicios de urgencias de los hospitales.

       «En el fondo siempre hay una falta de comunicación, pero
15 *cuando una pareja acude° a mi despacho° lo que acaba es*
reprochándose cosas tan pequeñas como: "Siempre pone el
programa que a él le gusta" o "me apagó el televisor". Esta es
una de las causas que hace que actualmente se compren en
España tantos segundos televisores», señala Anadón.

20   Lo cierto es que quien tiene en su poder el mando a distancia
lleva los pantalones.°

La «droga que se enchufa»

La televisión o «droga que se enchufa», como la denomina la
socióloga americana Marie Winne, puede crear una gran
dependencia entre sus seguidores.° En los casos más extremos es
25 parecida a la dependencia producida por el alcohol, ciertas drogas
o el juego,° según el profesor de la Universidad de Nuevo México
Robin Smith Jacobvitz. Un estudio publicado por el diario *New York*
Times indica que *«los rasgos° más característicos de esta adicción a*
la televisión son: el uso de ésta como un sedante, aunque no
30 *produzca satisfacción; el sentimiento de culpa al saberse adicto; la*
nula capacidad de seleccionar los programas y los cambios de
humor° cuando hay algo que impide ver la pequeña pantalla°…

pequeña ciudad

T.V. set / transmitía

cortes

ofendida

llega / oficina (de un
    abogado)

lleva... *wears the pants*
    (is boss)

sus... personas que la
    usan

gambling

cualidades

estado emocional /
    screen

La pasión por la caja tonta ha llegado a tales extremos que en algunos países, como Estados Unidos, entre el 2 y el 12 por ciento

35 de los telespectadores,° según los casos, se consideran teleadictos porque no son capaces de *desengancharse*° de este vicio por sí solos, según refleja Jacobvitz, en un estudio realizado recientemente entre las personas que ven regularmente la televisión. El profesor señala que cada vez es más frecuente

40 encontrarse con casos como el de un oficial de policía americano con dos hijos a quienes atender, que encuentra tiempo para estar 72 horas semanales° delante de la pequeña pantalla. Para la mayoría de los psicólogos especializados en este tema, teleadictos son todas aquellas personas que están *pegadas*° a la pantalla una

45 media° de 56 horas semanales, casi 26 horas más que un telespectador considerado normal.

personas que miran televisión
liberarse

cada semana

glued

average

Hábitos

La media de tiempo que invierten los españoles delante de la pequeña pantalla es aproximadamente de veinte horas semanales. Pero, aparte de las tendencias de los diseñadores, la televisión

50 crea estilo. Después de ver el último episodio de *Cristal* muchas jóvenes se lanzaron a encargar° su tocado de vestido de novia° con la condición de que fuera exacto al que lucía° la mujer de *Luis Alfredo*.°

Las modas televisivas son seguidas a tal punto que a las

55 consultas de los cirujanos plásticos acuden mujeres ansiosas por lucir unos pómulos° como los de una actriz de la tele.

*ordenar / **tocado...***
bridal head piece /
usaba
un personaje de la telenovela

cheekbones

Ocio° y escape

Las películas y las series siguen ocupando los primeros puestos en los índices de audiencia de las diferentes cadenas. Las causas por las que uno enciende la televisión son diversas. La mayoría lo

60 hace con el fin° de pasar un rato entretenido y agradable, pero también hay quienes pretenden° utilizarlo como vía de escape a sus problemas personales o para superar el estrés. En opinión de Alfredo Calcedo Ordóñez, psiquiatra del hospital Gregorio Marañón de Madrid, *«la gente cuando tiene algún tipo de*

65 *problema intenta distraerse y lo que les entretiene más, por ahora, es la televisión»*.

Tiempo libre

propósito
intentan

La pequeña pantalla ocupa cada vez más momentos de ocio en nuestro país. De la misma manera de que las finales futbolísticas° consiguen paralizar la vida, las grandes series e incluso los

70 dibujos animados° consiguen reunir multitudes delante de la pantalla.

finales... *soccer championships*

dibujos... *cartoons*

Los más pequeños

El problema de la teleadicción es importante en los más pequeños porque la pequeña pantalla llama su atención con gran facilidad. Dibujos animados como *Las tortugas Ninja* y *La pandilla basurita*,

75 de Telemadrid, en las que sus protagonistas manejan frases como «*no puedo dejar que me gane,° prefiero morir*» o «*la cerveza sí que le deja a uno el cuerpo bien*», han creado una fuerte polémica por su contenido y el lenguaje que utilizan sus protagonistas.

no... *I can't let anyone beat me*

80 Lo primero que se deteriora en los niños atrapados por la pequeña pantalla, según los expertos, es su vitalidad. Se quedan sentados, como ausentes, frente al televisor. Los niños teleadictos juegan menos, su curiosidad desciende, no pueden concentrarse bien y —poco a poco— van perdiendo la alegría y la necesidad

85 de comunicarse con los demás.

Comprensión

Preguntas

1. ¿Por qué presentó una denuncia contra su esposo la mujer de Lorca?
2. En su opinión, ¿es cierto que la televisión es «causa de divorcio» en Norteamérica como opina el abogado López Anadón? ¿Es una droga?
3. ¿Qué rasgos son característicos de la adicción a la televisión?
4. ¿Cuántas horas pasa cada semana un teleadicto delante del televisor? ¿y Ud.?
5. ¿Cómo influye la televisión sobre la moda en España? ¿y en Estados Unidos o Canadá?
6. ¿Cuáles son las tres causas mencionadas por las que encendemos la televisión? ¿Qué opina Ud. de éstas?
7. ¿Qué les pasa a los niños adictos a la pequeña pantalla?

Expansión de vocabulario

Antónimos

✽ Dé antónimos, usados en el artículo, para las siguientes palabras.

1. apagar
2. enchufar
3. aburrimiento
4. presentes
5. importantes
6. estimulante

Actividades

1. Casos y soluciones

✽ Con un grupo de compañeros, lean los siguientes casos y completen las evaluaciones. Comparen sus opiniones con las de los otros grupos.

1. Un padre se preocupa cuando hay disputas entre sus tres hijos, su mujer y él porque todos quieren ver diferentes programas de televisión. Por eso, decide comprar cinco televisores para que cada persona pueda ver lo que le dé la gana.
   Esta solución es ☐ buena / ☐ mala porque _____

2. Una madre ve que una de sus hijas no tiene buenas notas en la escuela. Entonces, le prohibe a esta hija que mire televisión por dos meses. La otra hija puede mirar las horas de televisión que quiera.
   Esta solución es ☐ buena / ☐ mala porque _____

3. Dos jóvenes de trece y catorce años saben arreglar su televisor para poder ver todas las cadenas. Cuando sus padres salen, siempre ven las películas «prohibidas» porque creen que la censura es estúpida y es necesario ver la realidad de la vida.
   Esta decisión de los jóvenes es ☐ buena / ☐ mala porque _____

Quico

2. Los mensajes directos o indirectos

✱ Trabaje Ud. con otra persona y analicen los siguientes dibujos, contestando las preguntas. Estos representan imágenes visuales del tipo que se ven en la televisión en los programas para niños.

1. ¿Qué pasa?
2. ¿Qué tipo de programa es?
3. ¿Cuál es el mensaje?

1. ¿Qué pasa?
2. ¿Qué tipo de programa es?
3. ¿Cuál es el mensaje?

1. ¿Qué pasa?
2. ¿Qué tipo de programa es?
3. ¿Cuál es el mensaje?

El conde Lucanor

Introducción

eneralmente, al mencionar la literatura española, pensamos en los dos famosos «dones»: don Quijote, el gran soñador, y don Juan, el gran seductor, creaciones literarias del siglo XVII. Pero hay muchos otros libros clásicos de España que son interesantes como, por ejemplo, *El conde° Lucanor* de don Juan Manuel.

Count

Don Juan Manuel fue un señor de la alta nobleza° de Castilla   aristocracia
que vivió a fines del siglo XIII y que dedicaba las horas que no
pasaba en guerra o intrigas a escribir libros. Su obra maestra, *El*
conde Lucanor, trata de la conversación entre un señor° y su astuto   lord
criado° Patronio, quien le sirve de consejero.° Cada capítulo sigue   sirviente / *adviser*
la misma fórmula en tres partes: 1) un problema que el conde le
describe a Patronio; 2) una historia que Patronio cuenta como
ejemplo de cómo solucionar el problema, y 3) la moraleja del
cuento que el conde expresa en dos versos.

Así que *El conde Lucanor* está compuesto de muchas historias
dentro de una historia general. Este tipo de libro se llama un *libro*
de historias enmarcadas,° y era muy común en la Edad Media.   **libro...** *framework tale*
(Otro ejemplo es *Los cuentos de Canterbury* de Chaucer.) Don
Juan Manuel tomó cuentos de muchas fuentes;° la Biblia,   orígenes
colecciones orientales y árabes, historias populares, manuscritos
griegos y latinos. Algunos de sus cuentos han influido en la
literatura mundial, y aparecieron más tarde en nuevas versiones,
como, por ejemplo, *The Taming of the Shrew* de Shakespeare y el
popular cuento para niños *The Emperor's New Clothes.*

Como los otros cuentos de *El conde Lucanor,* la siguiente
selección, presentada en lenguaje modernizado, ilustra una
lección práctica, pero, a diferencia de los otros, éste también
introduce la dimensión mágica.

Comprensión

1. ¿Quién fue don Juan Manuel y cuándo vivió?
2. ¿Cómo se llama su obra maestra?
3. ¿Quién es Patronio? ¿Cómo ayuda a su señor?
4. ¿Qué es un libro de historias enmarcadas?
5. ¿Cuáles son las fuentes de *El conde Lucanor?* ¿Qué importancia ha tenido?

Anticipación

*A continuación se presenta un capítulo de *El conde Lucanor*. Mirando el título, Ud. puede ver que los dos personajes principales son un deán (un oficial menor de la Iglesia en la Edad Media) de Santiago y un mago (*magician*) de Toledo. ¿Cree Ud.

que una reunión entre un representante de la Iglesia y un mago sería oficial o clandestina? ¿Por qué?

1. Para abrir el tema

✳Trabajando solo(-a) o con otro(s), conteste estas preguntas.

1. ¿Cree Ud. en la magia? ¿en la predicción del futuro por medio de los naipes de tarot o por algún otro medio?
2. ¿Qué piensa Ud. de la astrología? ¿Sabe Ud. su signo?
3. ¿Qué opina Ud. de las personas que dicen que han visto a extraterrestres (seres de otros planetas)? ¿Hay personas con la capacidad de leer los pensamientos de otros o de viajar fuera de su cuerpo? ¿Cree Ud. que sí o que no, o que todo es posible?

2. El texto: Identificación del problema central

✳Lea las líneas 1–9 y escoja la mejor manera de completar la frase. ¿Cuál es el problema que el conde Lucanor desea solucionar?

El conde desea saber...

a. si su esposa lo ama realmente.   **b.** si sus amigos le harán favores en el futuro.
c. si debe ayudar a un conocido o no.   **d.** si va a salir bien en un asunto de negocios.

3. El texto: Seguir los cambios de lugar y posición

✳En la historia de Patronio (líneas 14–106) hay cuatro cambios de lugar y de título para el personaje principal. Al principio él está en Toledo en la casa de un mago y tiene el título de deán (*deacon*). Busque en la historia las tres otras ciudades adonde va y las tres diferentes posiciones que tiene, y complete el cuadro en orden cronológico.

	CIUDAD	POSICIÓN
1.	*Toledo*	*deán*
2.		
3.		
4.		

Se dice que en tiempos antiguos los magos de Toledo usaban sus poderes satánicos para *leer en las almas humanas y manipular el espacio o el tiempo*. Lea el cuento para ver qué pasa en estos diferentes lugares y cómo la magia puede influir en la vida humana.

El conde Lucanor

Ejemplo XI: Lo que le pasó a un deán de Santiago con don Illán, el gran mago de Toledo

Don Juan Manuel

Vista de Toledo, pintada en el siglo XVI por Doménico Theotocopulos, mejor conocido como «El Greco». La pintura capta la atmósfera extraña y mágica de la antigua cuidad. ¿Qué lugares asocia Ud. con la magia? New York, Metropolitan Museum of Art (gift of Mrs. H. O. Havemeyer, 1929, from the H. O. Havemeyer Collection).

n día hablaba el conde Lucanor con su consejero Patronio y le dijo lo siguiente:

—Patronio, un hombre vino a rogarme° que le ayudara en un   implorarme
asunto.° Me prometió que, más tarde, él haría por mí muchos   *matter*

5 favores en recompensa. Y comencé a ayudarlo. Luego, le pedí
cierta cosa que realmente quería y me dio excusas. Después, le
pedí otra cosa y me dio otra excusa. Pero no tiene todavía lo que
él quería, ni lo tendrá sin mi ayuda. Por la confianza que tengo en
usted y en su buen entendimiento,° le ruego que me dé consejos.   intelecto

10   —Señor conde —respondió Patronio—, me gustaría contarle lo
que le pasó a un deán de Santiago con don Illán, el gran mago de
Toledo.

     Entonces el conde le preguntó qué había pasado.

     —Señor conde —dijo Patronio—, en Santiago había un deán

15 que tenía muchas ganas de aprender la magia negra. Como oyó
decir° que don Illán de Toledo sabía más que nadie sobre ese   **oyó...** *he heard it said*
arte, fue a Toledo a hablar con él. Fue a la casa del mago y lo
encontró leyendo en un salón apartado.° Don Illán lo recibió con   privado
mucha cortesía. Le dio alojamiento° en su casa y todo lo necesario   una habitación donde
         dormir

20 para su comodidad.°   *comfort*

     Después de comer juntos, los dos hombres quedaron solos.
Entonces el deán le explicó al mago la razón de su visita:
aprender las ciencias mágicas. Don Illán le contestó que él era
deán y hombre de gran poder por su puesto° en la Iglesia y que   posición

25 posiblemente iba a estar algún día en un puesto aun más alto y
que en general los hombres que tienen mucho poder se olvidan
muy pronto de los que les han ayudado en el pasado. Y por eso
temía que, después de aprender lo que él quería, no le haría
ningún favor ni le mostraría nada de gratitud.

30   El deán le prometió que no sería así y le aseguró° que, en   garantizó
cualquier circunstancia, siempre estaría muy agradecido.°   lleno de gratitud

     En esta conversación estuvieron hasta la hora de cenar. Don
Illán le dijo al deán que la ciencia mágica no se podía aprender
excepto en un lugar muy apartado. Luego, tomándolo de la mano,

35 lo llevó a una sala donde llamó a una criada° y le dijo que   sirvienta
preparara perdices° para la cena de esa noche, pero *que no las*   *partridges*
pusiera a asar hasta que él lo mandara.°   **que...** *that she not start*
         roasting them until he
         gave the order

     Dicho esto, el mago y el deán descendieron por una escalera
de piedra muy bien labrada° y bajaron tanto que parecía que el   *carved*

40 río Tajo° pasaba por encima de° ellos. Finalmente, llegaron al final   *Tagus* (*River*) / **por...**
y se hallaron en un espacio grande donde había una habitación   *above*
llena de libros. Se sentaron y estaban decidiendo con qué libros

iban a empezar el estudio cuando de repente° entraron dos
hombres por la puerta con una carta para el deán. La carta era de

45 su tío el obispo° de Santiago, y le hacía saber° que estaba muy
enfermo y le rogaba que fuera° en seguida a Santiago. El deán se
sintió muy triste por la enfermedad de su tío. Pero su corazón no le
permitió que dejara tan pronto el estudio, y escribió una carta de
respuesta al obispo, su tío.

50 A los tres o cuatro días llegaron otros hombres a pie° que
traían otras cartas para el deán. Estas cartas le hacían saber que
el obispo había muerto y que los hombres importantes de la
Iglesia estaban en el proceso de elecciones.

   Y a los siete u ocho días vinieron dos escuderos° muy bien

55 vestidos que llegaron hasta el deán y le besaron la mano° y
mostraron las cartas que anunciaban que lo habían elegido
obispo. Cuando don Illán oyó esto, fue al nuevo obispo y le dijo
que estaba muy contento y, puesto que Dios le había hecho
tanto bien, le pedía un favor: que le diera° a su hijo el puesto de

60 deán que ahora quedaba vacante. El nuevo obispo le respondió
que prefería dar aquel puesto a un hermano suyo, pero que

de... suddenly

Bishop / **hacía...**
  informaba / **que...**
  that he should go

a... *caminando*

pages

le... *kissed his hand*

que... *that he give*

más tarde le haría un gran favor y que le rogaba que fuera con
él a Santiago y que llevase° a su hijo. Don Illán dijo que lo
haría.

que... to bring along

65   Se fueron para Santiago. Cuando llegaron, fueron recibidos
con mucha honra. Después de vivir allí un tiempo, un día llegaron
hasta el obispo mensajeros del Papa° con cartas que decían que lo
había hecho arzobispo° de Tolosa y que, como favor, él podía dar
el puesto de obispo a quien él quisiera.° Cuando don Illán oyó
70 esto, le pidió con mucha emoción que le diera el puesto a su hijo.
Pero el arzobispo dijo que quería dárselo a un tío suyo, hermano
de su padre. Don Illán le contestó que era una injusticia pero que
aceptaría su decisión con tal de estar seguro° de recibir el favor en
el futuro. El arzobispo le prometió que así lo haría y le rogó que lo
75 acompañara a Tolosa y que llevase a su hijo.

Pope

Archbishop

*a... to whomever he
wanted*

*con... provided he was
sure*

Cuando llegaron a Tolosa, fueron muy bien recibidos por todos
los nobles de la región. Llevaban dos años de vivir allí cuando
llegaron mensajeros con cartas para el arzobispo que decían que
el Papa lo había hecho cardenal,° y que él podía dar el puesto de
80 arzobispo a quien él quisiera. Entonces don Illán fue a hablar con
él y le dijo que ya no había excusa para no darle a su hijo el
puesto de arzobispo. El cardenal le informó que iba a darle aquel
puesto a un tío suyo, hermano de su madre, pero dijo que fuese
con él a la corte° en Roma donde habría muchas oportunidades
85 de hacerle un favor a su hijo.

alto oficial de la Iglesia

court (del Papa)

Al llegar a Roma, fueron muy bien recibidos por los otros
cardenales y por toda la corte, y vivieron allí mucho tiempo. Cada
día, don Illán le rogaba al cardenal que le diera a su hijo algún
puesto, y él respondía siempre con excusas.

90   Un día murió el Papa; y todos los cardenales eligieron al
antiguo° deán por papa. Entonces, don Illán fue a hablarle y le
dijo que ahora no podía dar excusa alguna para no cumplir° lo
que había prometido. El Papa contestó que no insistiera tanto,°
que siempre habría alguna oportunidad para hacerle un favor
95 razonable. Don Illán empezó a quejarse° mucho, y le dijo que esto
lo había temido° desde la primera vez que había hablado con él;
y que ya no le tenía confianza. Al oír esto, el Papa se enfadó°
mucho y comenzó a insultarlo y a decirle que si él continuara

former

hacer

*que... that he not be so
pushy*

complain

feared

irritó

hablando así, lo pondría en la cárcel, pues bien sabía que él era
100 hereje° y encantador.°

a heretic / mago

Nota para los lectores

Descripción de un encanto (*enchantment*). En el próximo párrafo se termina la manipulación del tiempo y del espacio iniciada por el mago don Illán. Lea Ud. el próximo párrafo con cuidado y conteste estas preguntas para ver si Ud. realmente lo comprende.

1. ¿Qué hizo don Illán cuando el Papa lo despidió sin comida?

2. Mire Ud. las líneas 36–37 y 103–106. ¿Qué palabras usó don Illán para suspender el tiempo?

3. ¿Qué pasó como consecuencia?

Cuando don Illán vio el mal tratamiento del Papa, se despidió de él.° Y el Papa ni siquiera° le ofreció comida para el viaje. Entonces, don Illán le dijo al Papa que, pues no tenía otra cosa para comer, era necesario *volver a las perdices que había*
105 *mandado asar*° *aquella noche, y llamó a la mujer y le mandó que asara las perdices.* Cuando don Illán dijo esto, el Papa se halló° en Toledo, deán de Santiago, tal como° lo era cuando allí llegó, y sentía tanta vergüenza° que no supo qué decir. Don Illán le dijo que se fuera en paz,° que había mostrado bastante su verdadero
110 carácter y que ya no tenía ganas de invitarlo a comer su parte de las perdices.

se... le dijo adiós / *ni...*
didn't even

que... that he had
ordered to be roasted /
se encontró
tal... just as

humillación

que... to go in peace

—Y usted, señor conde, —dijo Patronio—, pues ve que aquel hombre que le pide ayuda no le muestra ninguna gratitud, me parece que usted no debe trabajar para elevarlo a un puesto
115 desde el cual él le dé° a usted el mismo tratamiento que le dio el deán al gran mago de Toledo.

desde... from which he
might give you

El conde consideró que esto era buen consejo, y lo hizo así y le resultó muy bien.

Como don Juan pensó que el cuento era muy bueno, lo hizo
120 poner° en este libro y compuso estos versos:

La persona que no sepa agradecerte tu ayuda
menos ayuda te dará, cuánto más alto suba.°

hizo... incluyó

cuánto... the higher (in
position and power)
he/she gets

Resumen de la acción

✳Complete el resumen de la acción, escogiendo la mejor manera de terminar cada frase.

1. El deán fue a Toledo porque quería aprender...

   a. el arte.   **b.** la física   **c.** la magia.   **d.** la geografía.

2. Don Illán lo recibió con cortesía, y le dijo que tenía un temor: pensaba que después de aprender lo que quería, el deán...

   a. ganaría un alto puesto en la Iglesia.   **b.** se mudaría a otra ciudad.
   c. haría un viaje a Roma.   **d.** se olvidaría del mago.

3. Después, el deán tuvo la suerte de ser nombrado a buenos puestos y varias veces el mago pidió que le diera...

   a. una casa para su hermana.   **b.** un puesto para su hijo.
   c. una cadena de oro.   **d.** una nueva biblioteca.

4. Siempre el deán le contestó al mago...

   a. que nunca le haría ningún favor.   **b.** que algún día le haría un favor.
   c. que su petición era inmoral.   **d.** que su petición era imposible.

5. Finalmente, el deán (que ya era Papa) insultó al mago y éste hizo un encanto que los transportó...

   a. al pasado.   **b.** al futuro.   **c.** a Francia.   **d.** a Italia.

6. En palabras sencillas, la moraleja del cuento es...

   a. la gente pobre no recuerda favores.   **b.** la gente rica es más generosa.
   c. la gente poderosa no muestra gratitud.   **d.** la gente religiosa siempre ayuda.

1. En el cuento de don Juan Manuel, ¿cómo se presenta el nepotismo (la práctica de dar empleos a los amigos y familiares) en los tiempos medievales? ¿Dónde existe el nepotismo en nuestros tiempos? ¿Qué piensa Ud. de esta práctica?

2. Escriba en la pizarra una lista de las supersticiones que existen en nuestra sociedad (como no vivir en un apartamento con el número 13, no usar un espejo roto para no atraer la mala suerte, etcétera). Luego, pregunte a un(-a) compañero(-a) si él/ella cree en estas cosas o no. En general, ¿somos supersticiosos?

✴ ¿Qué otras historias (de libros, películas o programas de la tele) conoce Ud. que tratan el tema de la manipulación mágica o científica del tiempo? Trabaje con otro(-a) estudiante para presentarle a la clase una escena de magia o de lo sobrenatural (con el diálogo en español, por supuesto) de alguna obra. Luego, la clase tratará de adivinar (*guess*) el título de la obra de la cual han tomado la escena.

La guitarra

✴ ¿Ha oído Ud. flamenco? Es un estilo de música de guitarra, danza y canto del sur de España donde viven muchos gitanos y donde todavía permanece la influencia árabe. Tradicionalmente, el arte de tocar flamenco se aprende por oído, imitando a los maestros, y no en la escuela. Se necesita cierta participación entre el guitarrista y el público. Los espectadores comentan y dan palmadas y poco a poco se va creando una atmósfera en la cual la música flamenca «ocurre». Dicen que, además del dominio técnico del instrumento, hay que tener *ángel* o *duende,* una cualidad inexplicable que pertenece principalmente a los gitanos.

1. *Para abrir el tema*

✴ Trabajando solo(-a) o con otro(s), describa los siguientes puntos.

1. La música que más me gusta para escuchar. ¿Dónde? ¿Cómo? ¿Cuándo?
2. La música que más me gusta para bailar. ¿Dónde? ¿Cómo? ¿Cuándo?
3. La importancia de la música en mi vida.

2. *El texto: Relacionar el sonido con el significado*

✳ En el siguiente poema, García Lorca nos describe la guitarra flamenca al mismo tiempo que nos transmite su música en los ritmos de los versos y en los sonidos de las palabras. Escuche el poema recitado (por su profesor, por un disco, o por un amigo). Luego, léalo Ud. en voz alta y escoja la mejor manera de terminar estas frases.

1. Para dar énfasis, el poeta repite los versos...

   a. 1 y 2.   **b.** 10 y 11.   **c.** 17 y 18.   **d.** 21 y 22.

2. Para expresar la llegada de la luz después de la noche, el poema usa la imagen de...

   a. pájaros muertos.   **b.** camelias rojas.   **c.** vasos rotos.   **d.** blancas nevadas.

3. ¿Qué sonidos usa el poeta para imitar el gemir (*moaning*) del agua y del viento?

   a. s y z.   **b.** l y p.   **c.** i y e.   **d.** o y a.

La guitarra

Federico García Lorca*

La pintura *El Jaleo* de John Singer Sargent, 1882, representa una bailarina española del Flamenco, Isabella Stewart Gardener Museum, Boston.

---

* Federico García Lorca (1898–1936), poeta y dramaturgo español de gran renombre, murió trágicamente al principio de la guerra civil española.

Empieza el llanto°   cry of grief
de la guitarra.
Se rompen las copas°   vasos para el vino
de la madrugada.°   comienzo del día
5   Empieza el llanto
de la guitarra.
Es inútil callarla.°   silenciarla
Es imposible
callarla.
10 Llora monótona
como llora el agua,
como llora el viento
sobre la nevada.°   caída de nieve
Es imposible
15 callarla.
Llora por cosas lejanas.°   que están lejos
Arena del Sur caliente
que pide camelias blancas.
Llora flecha° sin blanco,°   arrow / target
20 la tarde sin mañana,
y el primer pájaro muerto
sobre la rama.°   branch
¡Oh guitarra!
Corazón malherido°   badly wounded
25 por cinco espadas.°   swords

· ·

A c t i v i d a d e s

1. Análisis del significado

✳ Trabajando solo(-a) o con un(-a) compañero(-a), conteste las siguientes preguntas.

1. ¿Qué referencias a la naturaleza hay en el poema?
2. En su opinión, ¿por qué llora la guitarra? ¿Qué parte de la vida humana representa?
3. ¿Qué quiere decir el verso: «Es imposible callarla»?
4. Los últimos versos presentan una de las metáforas más conocidas de Lorca. En España se usa la palabra *corazón* para referirse al pequeño círculo abierto de la guitarra, pero ¿qué son las «cinco espadas»? Explique la comparación.

2. *Recital de poesía*

* Trabaje Ud. con un(-a) compañero(-a) y prepare una sección del poema (de 4 o 5 versos) para recitarla. Practiquen en voz alta la pronunciación y la expresión. Luego, hagan un «recital» con la participación de todos.

▲▼▲▼▲▼▲▼▲▼▲▼▲▼▲▼▲▼▲▼▲▼▲▼▲▼▲▼▲▼

Más allá del texto

Escuchar y sentir

Traiga discos compactos, videos (como *Carmen*, *Bodas de Sangre* con Antonio Gadés o *Strictly Ballroom*) o cintas de música flamenca a la clase. Escuche o mire por 10 minutos en un grupo con cuatro o cinco compañeros. Después, llenen Uds. el cuestionario y comparen sus respuestas. (Si no es posible hacer esto en la clase, hágalo en casa.)

Cuestionario sobre tu experiencia con la música flamenca

Nombre del artista o del grupo: _____

Nombres de piezas o canciones: _____

Medio: ☐ disco compacto ☐ cinta ☐ disco ☐ video ☐ en vivo y en directo (*live*)

El ritmo
1. ¿Cómo es el ritmo? ☐ lento ☐ moderado ☐ rápido ☐ agitado
2. ¿Cuántos ritmos hay? ☐ uno solo ☐ dos ritmos básicos ☐ ritmos variados

Los sonidos
3. ¿Qué sonidos escuchas? ☐ guitarras ☐ voz humana ☐ zapateo (*tapping of shoes*) ☐ castañuelas ☐ palmadas ☐ otros sonidos: _____
4. ¿Qué sonido te parece el dominante? _____

Las emociones
5. ¿Qué emociones están transmitidas en la música?
   ☐ alegría ☐ tristeza ☐ pena ☐ serenidad ☐ pasión ☐ protesta ☐ enojo ☐ inspiración ☐ frustración ☐ ambición ☐ anhelo (deseo intenso) ☐ miedo ☐ esperanza ☐ desesperanza ☐ gozo ☐ otra emoción: _____
6. Tu impresión general: _____

Episodio del enemigo

* Piense Ud. un momento en el concepto de *un enemigo*. El siguiente cuento está narrado en primera persona y trata de la llegada de un antiguo enemigo del narrador.

1. Para abrir el tema

* Trabajando solo(-a) o con otra persona, conteste estas preguntas.

1. ¿Cree Ud. que todos tenemos enemigos o sólo ciertas personas los tienen?
2. ¿Qué piensa Ud. de una persona que no tenga ningún enemigo?
3. ¿Existen los enemigos en la realidad o en nuestra imaginación? Explique.

2. Vocabulario: Palabras en contexto

* Use el contexto, su intuición, o el vocabulario al final del libro para comprender el significado de las siguientes palabras del cuento y para terminar cada oración con la frase más apropiada.

1. **huir**
   Los niños estaban **huyendo** de esos hombres porque: **a.** los admiraban.
   b. les tenían miedo.   **c.** no trabajaban con ellos.
2. **anómalo**
   En el museo de la electrónica, el objeto que parecía **anómalo** era: **a.** el televisor.   **b.** el radio.   **c.** el zapato.
3. **desplomarse**
   Al llegar a la casa, Marta **se desplomó** en el sofá porque: **a.** estaba cansada.
   b. quería estudiar.   **c.** se sentía contenta.
4. **el sobretodo**
   Alfonso se puso el **sobretodo** porque: **a.** iba a salir.   **b.** hacía calor.   **c.** estaba aburrido.
5. **misericordioso**
   Mi tío es tan **misericordioso** que siempre: **a.** lee el periódico.   **b.** da dinero a los pobres.   **c.** escucha la música clásica.
6. **venganza**
   Paco buscaba la **venganza** contra los soldados que habían: **a.** ayudado
   b. visto   **c.** matado   a su mejor amigo.

3. *El texto: Búsqueda de información*

✳Antes de leer el cuento, busque en el primer párrafo las respuestas a estas preguntas sobre el enemigo.

1. ¿Era joven o viejo? ☐ joven ☐ viejo
   ¿Cómo lo sabe Ud.? _____

2. Al llegar a la casa, ¿estaba fuerte o débil? ☐ fuerte ☐ débil
   ¿Cómo lo sabe Ud.? _____

3. En la opinión del narrador, ¿a quién se parecía el enemigo? Se parecía a
   ☐ su hermano ☐ Artemidoro
   ☐ Simón Bolívar ☐ Abraham Lincoln

El cuento se presta a varias interpretaciones. Léalo ahora para formular su propia interpretación sobre quién es el enemigo y qué significa su visita.

Episodio del enemigo

Jorge Luis Borges*

𝒯antos años huyendo y esperando y ahora el enemigo estaba en mi
casa. Desde la ventana lo vi subir penosamente° por el áspero   con dificultades
camino del cerro.° Se ayudaba con un bastón° que en viejas   hill / cane
manos no podía ser un arma sino un báculo.° Me costó° percibir   staff / **Me...** fue difícil
5 lo que esperaba: el débil golpe contra la puerta. Miré no sin

---

* Jorge Luis Borges (1899–1986), escritor argentino que ha tenido una enorme influencia sobre la literatura internacional. Según su visión, lo histórico y lo fantástico coexisten en una misma dimensión, mientras las acciones y las identidades de las personas se repiten continuamente con pequeñas variaciones.

nostalgia, mis manuscritos, el borrador° a medio concluir y el
tratado° de Artemidoro sobre los sueños, libro un tanto anómalo
ahí, ya que no sé griego. Otro día perdido, pensé. Tuve que
forcejar con la llave. Temí que el hombre se desplomara, pero dio

10 unos pasos inciertos, soltó° el bastón, que no volví a ver, y cayó en
mi cama, rendido.° Mi ansiedad lo había imaginado muchas
veces, pero sólo entonces noté que se parecía, de un modo casi
fraternal, al último retrato de Lincoln. Serían las cuatro de la tarde.

    Me incliné sobre él para que me oyera.

15   —Uno cree que los años pasan para uno —le dije—, pero
pasan también para los demás.° Aquí nos encontramos al fin y lo
que ocurrió no tiene sentido.°

    Mientras yo hablaba, se había desabrochado° el sobretodo. La
mano derecha estaba en el bolsillo del saco.° Algo me señalaba° y

20 yo sentí que era un revólver.

    Me dijo entonces con voz firme:

    —Para entrar en su casa, he recurrido° a la compasión. Lo
tengo ahora a mi merced y no soy misericordioso.

    Ensayé° unas palabras. No soy un hombre fuerte y sólo las

25 palabras podían salvarme. Atiné° a decir:

    —Es la verdad que hace tiempo maltraté° a un niño, pero usted
ya no es aquel insensato.° Además, la venganza no es menos
vanidosa y ridícula que el perdón.

    —Precisamente porque ya no soy aquel niño —me replicó—

30 tengo que matarlo. No se trata de un acto de venganza sino de un
acto de justicia. Sus argumentos, Borges, son meras estratagemas
de su terror para que no lo mate. Usted ya no puede hacer nada.

    —Puedo hacer una cosa —le contesté.

    —¿Cuál? —me preguntó.

35   —Despertarme.

    Y así lo hice.

*Glosses (right margin):*

- manuscrito en forma preliminar / libro erudito
- dejó
- exhausto
- otros
- significado
- abierto
- chaqueta / **me...** *was pointing at me*
- **he...** *I have appealed*
- *I tried out*
- Alcancé
- causé daño
- loco

Comprensión

Búsqueda de datos

✽ Trabajando solo(-a) o con otro(s), busque la siguiente información.

1. el objeto que el enemigo tenía en la mano derecha
2. el indicio (*clue*) en el primer párrafo que sugiere que Borges estaba soñando

3. el objeto que el enemigo llevaba en el bolsillo del saco
4. la emoción que le ayudó a entrar al enemigo
5. lo que Borges trató de usar primero en su defensa
6. lo que hizo Borges al final para salvarse

Discusión

1. En el sueño, Borges dice que la venganza es vanidosa y ridícula. ¿Está Ud. de acuerdo o no? ¿Puede ser dulce a veces la venganza? Explique.
2. En su opinión, ¿cuáles de las siguientes palabras servirían para describir a Borges? ¿Cuáles servirían para describir a su enemigo?
intelectual, apasionado, vengativo, misericordioso, miedoso
3. ¿Qué podemos aprender de los sueños?

Actividad

 Un informe psicoanalítico

✱Imagine que Ud. forma parte de un equipo de psicoanalistas que tratan de interpretar el sueño de Borges. Trabaje con dos o tres personas para completar el siguiente informe. Después de un rato, compare su informe con los de sus compañeros de clase.

Informe psicoanalítico: Interpretación del sueño de Borges

1. El enemigo que aparece en el sueño es realmente (su hermano, su hijo, algún aspecto de Borges mismo, un antiguo amigo) _____
2. Este enemigo quiere matar a Borges porque _____ _____
3. Borges sueña que el enemigo se parece a Lincoln porque _____ _____
4. Nuestra sugerencia para Borges es: _____

Composición

 ✱Describa un sueño que Ud. ha tenido o imaginado.

$\mathscr{C}$asa tomada

A n t i c i p a c i ó n

✳ ¿Qué importancia tiene una casa? En este cuento, es muy importante, y funciona casi como un personaje. Al principio, la casa parece normal: el lugar donde viven el narrador y su hermana Irene en la ciudad de Buenos Aires. Pero, poco a poco la casa llega a convertirse en una fuerza aterradora.

1. Para abrir el tema

✳ Trabajando solo(-a) o con otro(s), conteste estas preguntas.

1. ¿Cómo explica Ud. las casas embrujadas (*haunted*)?
2. ¿Dónde y cuándo visitan los fantasmas (*ghosts*)? ¿Por qué?
3. ¿Cree Ud. en la existencia del diablo y de los ángeles y en su intervención en la vida humana? Explique.

2. Vocabulario: Habitaciones revueltas

✳ ¿Se acuerda Ud. de cómo se llaman las habitaciones de una casa? Los nombres están en el cuadro que sigue, pero con sus letras revueltas (*scrambled*). Escriba la forma correcta de cada palabra. (Todas estas palabras están en el cuento, líneas 35–54.)

LETRAS REVUELTAS	PALABRA CORRECTA	DEFINICIÓN
1. *tabboilice*		habitación donde se guardan los libros
2. *nacico*		habitación donde se prepara la comida
3. *modroce*		habitación para comer
4. *roomitidor*		habitación de dormir
5. *nigvil*		habitación para estar con la familia
6. *lliposa*		corredor, espacio por donde se pasa de una parte a otra
7. *alsa*		habitación donde se recibe a los invitados
8. *nazáug*		entrada

3. El texto: Visualización del ambiente

✳Lea la descripción de la distribución (*layout*) de la casa (líneas 35–54) y conteste estas preguntas.

1. ¿Cuál de las dos ilustraciones a continuación es la correcta y cuál es la falsa?
2. ¿Por qué?

4. El texto: Búsqueda de datos personales

✳Busque rápidamente en las líneas 1–27 los siguientes datos sobre los personajes.

	El narrador	**Irene**
nombre:		
edad:		
estado civil:		
profesión:		
actividad(es) preferida(s):		
a qué hora se levanta:		
a qué hora almuerza:		

Ahora, lea el cuento con cuidado para ver los misteriosos incidentes que ocurren en la casa de los dos hermanos.

Casa tomada

Julio Cortázar*

Parte A[†]

𝓝 os gustaba la casa porque aparte° de espaciosa y antigua   además
guardaba los recuerdos° de nuestros bisabuelos,° el abuelo   memories / great-
paterno, nuestros padres y toda la infancia.   grandparents

    Nos habituamos Irene y yo a persistir solos en ella, lo que era
5 una locura pues en esa casa podían vivir ocho personas sin
estorbarse.° Hacíamos la limpieza por la mañana,   getting in each other's
levantándonos a las siete, y a eso de las once yo le dejaba a   way
Irene las últimas habitaciones por repasar° y me iba a la cocina.   terminar
Almorzábamos a mediodía, siempre puntuales; ya no quedaba
10 nada por hacer fuera de unos pocos platos sucios. Nos resultaba
grato° almorzar pensando en la casa profunda y silenciosa. A   agradable
veces llegamos a creer que era ella° la que no nos dejó   it, i.e., the house

---

* Julio Cortázar (1914–1984), cuentista y novelista argentino de fama internacional. Sus cuentos, escritos en un estilo natural, crean un mundo de misterio y fantasía. El cuento «Casa tomada» está presentado aquí en forma levemente abreviada.

† El cuento está dividido en dos partes para facilitar su estudio.

casarnos.° Irene rechazó dos pretendientes° sin mayor motivo, a
mí se me murió María Esther antes que llegáramos a

15 comprometernos.° Entramos en los cuarenta años° con la
inexpresada idea de que el nuestro, simple y silencioso
matrimonio de hermanos, era necesaria clausura° de la
genealogía asentada por los bisabuelos en nuestra casa.

    Irene era una chica nacida para no molestar° a nadie. Aparte

20 de su actividad matinal° se pasaba el resto del día tejiendo° en el
sofá de su dormitorio. No sé por qué tejía tanto. Tejía cosas
siempre necesarias, tricotas° para el invierno, medias para mí,
mañanitas° y chalecos° para ella. Los sábados iba yo al centro a
comprarle lana.° Yo aprovechaba° esas salidas para dar una

25 vuelta por las librerías y preguntar vanamente si había
novedades° en literatura francesa. Desde 1939 no llegaba nada
valioso° a la Argentina.

    Pero es de la casa que me interesa hablar, de la casa y de
Irene, porque yo no tengo importancia. Me pregunto qué hubiera

30 hecho Irene sin el tejido. No necesitábamos ganarnos la vida,
todos los meses llegaba la plata° de los campos° y el dinero
aumentaba. Pero a Irene solamente la entretenía el tejido,
mostraba una destreza° maravillosa y a mí se me iban las horas
viéndole las manos. Era hermoso.

35   Cómo no acordarme° de la distribución de la casa. El
comedor, una sala con gobelinos,° la biblioteca y tres dormitorios
grandes quedaban en la parte más retirada.° Solamente un
pasillo° con su maciza° puerta de roble° aislaba esa parte del ala
delantera° donde había un baño, la cocina, nuestros dormitorios

40 y el living central, al cual comunicaban los dormitorios y el
pasillo. Se entraba a la casa por un zaguán° con mayólica,° y la
puerta cancel° daba al living. De manera que uno entraba por el
zaguán, abría la cancel y pasaba al living; tenía a los lados las
puertas de nuestros dormitorios, y al frente el pasillo que

45 conducía a la parte más retirada; avanzando por el pasillo se
franqueaba° la puerta de roble y más allá empezaba el otro lado
de la casa, o bien se podía girar° a la izquierda justamente antes
de la puerta y seguir por un pasillo más estrecho° que llevaba a
la cocina y al baño. Cuando la puerta estaba abierta advertía°

50 uno que la casa era muy grande; si no, daba la impresión de un

---

*Glosses (right margin):*

no... *prevented us from getting married* / *suitors*

to become engaged / **los...** la edad de 40 años

conclusión

causar problemas

de la mañana / *knitting*

suéteres

chaquetas para la cama / *vests* / *wool* / utilizaba

libros nuevos

de importancia

dinero / *(rented) estates*

habilidad

Cómo... Recuerdo bien

French tapestries

lejos de la calle

hall / sólida / *oak*

ala... *front wing*

front hall / *Mallorcan tile*

puerta... *inner door*

pasaba por

doblar

narrow

notaba

departamento° de los que se edifican ahora, apenas para   apartamento
moverse; Irene y yo vivíamos siempre en esta parte de la casa,
casi nunca íbamos más allá° de la puerta de roble, salvo para   **más...** al otro lado
hacer la limpieza.

55   Lo recordaré siempre con claridad porque fue simple y sin
circunstancias inútiles.° Irene estaba tejiendo en su dormitorio,   innecesarias
eran las ocho de la noche y de repente se me ocurrió poner al
fuego la pavita del mate.° Fui por el pasillo hasta enfrentar la   **pavita...** *pot of mate tea*
entornada° puerta de roble, y daba la vuelta al codo° que llevaba   medio cerrada / *pasillo*
60   a la cocina cuando escuché algo en el comedor o la biblioteca. El
sonido venía impreciso y sordo,° como un volcarse° de silla sobre   *muffled / knocking down*
la alfombra o un ahogado susurro° de conversación. Me tiré   **ahogado...** *choked*
contra la puerta antes de que fuera demasiado tarde, la cerré de   *whisper*
golpe apoyando el cuerpo, felizmente la llave estaba puesta de
65   nuestro lado y además corrí° el gran cerrojo° para más   moví / *bolt*
seguridad.

     Fui a la cocina, calenté la pavita, y cuando estuve de vuelta con
la bandeja° del mate le dije a Irene: *tray*

     —Tuve que cerrar la puerta del pasillo. Han tomado la parte
70   del fondo.   **del...** más retirada

Comprensión continuación

1. «Nos resultaba grato almorzar pensando en la casa profunda y silenciosa. A veces llegamos a creer que era ella la que no nos dejó casarnos.»
   Inferencia: _____

2. «Pero es de la casa que me interesa hablar, de la casa y de Irene, porque yo no tengo importancia.»
   Inferencia: _____

3. «Tuve que cerrar la puerta del pasillo. Han tomado la parte del fondo.»
   Inferencia: _____

Parte B

Dejó caer el tejido y me miró con sus graves ojos cansados.

—¿Estás seguro?

Asentí.°   Dije que sí.

—Entonces —dijo recogiendo las agujas°— tendremos que vivir   *knitting needles*
75 en este lado.

Los primeros días nos pareció penoso° porque ambos°   *muy difícil / nosotros dos*
habíamos dejado en la parte tomada muchas cosas que
queríamos. Mis libros de literatura francesa, por ejemplo, estaban
todos en la biblioteca. Irene extrañaba° unas carpetas,° un par de   *missed / folders*
80 pantuflas° que tanto la abrigaba° en invierno. Con frecuencia   *slippers / protegía*
(pero esto solamente sucedió los primeros días) cerrábamos algún
cajón° de las cómodas° y nos mirábamos con tristeza.   *drawer / bureaus*

—No está aquí.

Y era una cosa más de todo lo que habíamos perdido al otro
85 lado de la casa.

Pero también tuvimos ventajas.° La limpieza se simplificó tanto que aun levantándose tardísimo, a las nueve y media por ejemplo, no daban las once y ya estábamos de brazos cruzados.°

beneficios

de... with folded arms, (i.e., all finished)

90   Irene estaba contenta porque le quedaba más tiempo para tejer. Yo andaba un poco perdido a causa de los libros, pero por no afligir° a mi hermana me puse a revisar la colección de estampillas° de papá, y eso me sirvió para matar el tiempo. Nos divertíamos mucho, cada uno en sus cosas, casi siempre reunidos

95   en el dormitorio de Irene que era más cómodo. Estábamos bien, y poco a poco empezábamos a no pensar. Se puede vivir sin pensar.

causar pena

stamps

(Cuando Irene soñaba en alta voz° yo me desvelaba° en seguida. Nunca pude habituarme a esa voz de estatua o

100   papagayo,° voz que viene de los sueños y no de la garganta.° Aparte de eso todo estaba callado° en la casa. De día eran los rumores° domésticos. En la cocina y el baño, que quedaban tocando la parte tomada, nos poníamos a hablar en voz más alta o Irene cantaba canciones de cuna.° Muy pocas veces

105   permitíamos allí el silencio, pero cuando tornábamos° a los dormitorios y al living, entonces la casa se ponía callada. Yo creo que era por eso que de noche, cuando Irene empezaba a soñar en voz alta, me desvelaba en seguida.)

soñaba... talked in her sleep / me... tenía insomnio
parrot / throat
silencioso
sonidos

canciones... lullabies
volvíamos

Es casi repetir lo mismo salvo las consecuencias. De noche

110   siento sed, y antes de acostarnos le dije a Irene que iba hasta la cocina a servirme un vaso de agua. Desde la puerta del dormitorio (ella tejía) oí ruido en la cocina; tal vez en la cocina o tal vez en el baño. A Irene le llamó la atención mi brusca manera de detenerme,° y vino a mi lado sin decir palabra. Nos quedamos

115   escuchando los ruidos, notando claramente que eran de este lado de la puerta de roble, en la cocina y el baño, o en el pasillo mismo, casi al lado nuestro.

pausing

No nos miramos siquiera. Apreté° el brazo de Irene y la hice correr conmigo hasta la puerta cancel, sin volvernos hacia atrás.°

120   Los ruidos se oían más fuerte pero siempre sordos, a espaldas nuestras. Cerré de un golpe la cancel y nos quedamos en el zaguán. Ahora no se oía nada.

I squeezed
sin... without looking back

—Han tomado esta parte —dijo Irene.

—¿Tuviste tiempo de traer alguna cosa? —le pregunté inútilmente

125   —No, nada.

Estábamos con lo puesto.° Me acordé de los quince mil pesos   **lo...** *what we had on*
en el armario de mi dormitorio. Ya era tarde ahora.

Como me quedaba el reloj pulsera,° vi que eran las once de   **reloj...** *wristwatch*
la noche. Rodeé° con mi brazo la cintura° de Irene (yo creo que   *I encircled / waist*
130 ella estaba llorando) y salimos así a la calle. Antes de alejarnos°   *salir*
tuve lástima, cerré bien la puerta de entrada y tiré la llave a la
alcantarilla.° No fuese que° a algún pobre diablo se le ocurriera   *sewer /* **No...** *Let it not
                                                                          be that*
robar y se metiera° en la casa, a esa hora y con la casa   **se...** *entrara*
tomada.

Comprensión de la parte B

1. Preguntas

1. ¿Cómo se adaptaron Irene y su hermano a la pérdida de la parte reti-rada de su casa?
2. ¿Por qué hablaban en voz alta cuando estaban en la cocina o el baño?
3. ¿Qué le parecen a Ud. las reacciones de los dos hermanos ante su nueva situación?
4. ¿Qué pasa después para interrumpir su tranquilidad? ¿Cómo reaccionan?

Interpretación

1. Entrevista con Irene

✳ Haga una entrevista con un(-a) compañero(-a). Una persona hace el papel de Irene y la otra el papel de un(-a) periodista que la entrevista para la televisión sobre los extraños incidentes que pasaron en su casa. Naturalmente, es posible que Irene cuente una historia muy diferente de la de su hermano.

2. El comité de interpretaciones

✳ ¿Quiénes «toman» la casa y por qué? Discutan esta cuestión en un comité de cu-atro o cinco personas, evaluando las siguientes interpretaciones de 1 a 4 (con 4 para la que más les guste y 1 para la que menos). Una persona es el director y llama a los otros en turno para que lean cada interpretación en voz alta y den su opinión sobre ella. Después, escriban una continuación para la interpretación que más les ha gustado. Comparen su evaluación con las de los otros comités.

_____ **Interpretación psicológica.** Irene y su hermano son dos neuróticos que tienen miedo de la vida real y quieren permanecer en la infancia (simbolizada por la casa). Los ruidos que oyen son realmente...

_____ **Interpretación bíblica.** Irene y su hermano representan a Adán y Eva, y la casa es el paraíso. La misteriosa presencia que habita el fondo de la casa representa...

_____ **Interpretación política.** Irene y su hermano representan la clase media de Buenos Aires de los años 40 y la casa simboliza Argentina cuando se mantenía «neutral» durante la segunda guerra mundial y tenía un gobierno pro-nazi. El grupo que está al otro lado de la puerta es...

_____ **Interpretación sobrenatural.** Irene y su hermano viven en una casa embrujada por los fantasmas de sus antepasados. Estos fantasmas empiezan a hacer ruidos porque...

· ·

Actividad escrita

Juego imaginativo: Voces escondidas

✳Trabaje Ud. con otra persona y escriba un diálogo sobre uno de los siguientes temas.

1. **Al otro lado de la puerta.** Imaginen que Uds. son dos de los seres (fantasmas, personas, animales o lo que sea) que han tomado una parte de la casa. Inventen un diálogo en el que se describen las acciones de Irene y su hermano.

2. **Un mensaje desde el futuro.** En su opinión, ¿qué efecto tendrá la salida de la casa sobre los personajes del cuento? ¿Será una catástrofe o una liberación? Inventen Uds. un diálogo que tienen Irene y su hermano cinco meses después de salir de la casa «tomada».

La luz es como el agua

· ·

Anticipación

✳COSAS. OBJETOS. PRODUCTOS. Vivimos en un mundo de productos, con la propaganda comercial por todas partes. Hoy día el deseo de obtener nuevas cosas es tan fuerte que ejerce un poder especial, casi mágico, sobre nuestras vidas.

El siguiente cuento presenta el ejemplo de dos niños, Totó y Joel, que desean ciertas cosas locamente y las consiguen, pero con consecuencias inesperadas.

1. Para abrir el tema

✳ Trabajando solo(-a) o con otro(s), conteste estas preguntas.

1. ¿Cuál fue el primer objeto comercial que Ud. deseaba intensamente? ¿Cuántos años tenía entonces?
2. ¿Cree Ud. que los padres deben comprarles a sus hijos los objetos que desean mucho? Explique.
3. ¿Qué pasa si conseguimos las cosas que deseamos? ¿Nos traen la felicidad?

2. El texto: Documentar la acción repetida

✳ Tres veces en el cuento Totó y Joel piden cosas y sus padres les dicen que no. Luego, los niños prometen hacer algo para obtener la cosa deseada. Lea las líneas 1–19 y llene los espacios en blanco del siguiente recuadro (*box*) sobre el primer objeto deseado.

Documentación 1

1. Es Navidad y el objeto que desean los niños es un
   _____ .

2. Desean este objeto con sus dos accesorios atractivos: un
   _____ y una _____ .

3. Para merecer este objeto, Totó y Joel prometen que van a
   _____ .

4. En mi opinión, este objeto (es / no es) apropiado para los niños porque
   _____ .

Busque en el texto los otros recuadros (*boxes*) que se refieren a las cosas que piden Totó y Joel. Antes de leer cada parte, llene los blancos para comprender mejor la manipulación psicológica que forma la base del cuento.

3. Vocabulario: Verificación de sustantivos

✳ Verifique si Ud. comprende los siguientes sustantivos (*nouns*) importantes del cuento. Use el contexto para completar cada frase con la palabra apropiada. Si

Ud. tiene dudas, busque las frases en el cuento o en el vocabulario al final del libro.

bomberos   cascada   grifo
bombilla   condiscípulos   premiación

1. Sin embargo, la tarde del sábado siguiente los niños invitaron a sus

   _____ para subir el bote por las escaleras...

2. Los niños... cerraron puertas y ventanas, y rompieron la

   _____ encendida de una lámpara de la sala.

3. La luz es como el agua —le contesté—: uno abre el _____ y

   sale.

4. En la _____ final los hermanos fueron aclamados como

   ejemplo para la escuela, y les dieron diplomas de excelencia.

5. El miércoles siguiente,... la gente que pasó por la (avenida) Castellana vio una

   _____ de luz que caía de un viejo edificio....

6. Llamados de urgencia, los _____ forzaron la puerta del

   quinto piso....

4. *El texto: Analizar la intervención del autor*

＊Gabriel García Márquez usa un truco posmoderno* en este cuento para introducir la fantasía: el autor «entra» en su historia y «habla» con un personaje, y sus palabras determinan la acción que sigue. Lea las líneas 38–44 y conteste estas preguntas.

1. ¿Con quién habla García Márquez en esta parte?
2. ¿Qué le pregunta este personaje?
3. ¿Qué respuesta le da el autor?
4. Claro, lo que dice el autor llega a ser «realidad» en su cuento (como lo que pronuncia Dios llega a ser realidad en el universo). ¿Cree Ud. que las palabras del autor van a tener buenas o malas consecuencias para los niños? ¿Por qué?

Ahora, lea el cuento para ver lo que puede pasar cuando «la luz es como el agua».

---

* La intervención o participación del autor en la acción de su historia es característica de muchas obras posmodernas pero no es típica de García Márquez. Sin embargo, las obras de este renombrado autor suelen sorprender por su originalidad y vuelo imaginativo.

La luz es como el agua

Gabriel García Márquez*

E n Navidad los niños volvieron a pedir un bote de remos.°

    —De acuerdo —dijo el papá—, lo compraremos cuando volvamos a Cartagena.

    Totó, de nueve años, y Joel, de siete, estaban más decididos de
5 lo que sus padres creían.

    —No —dijeron a coro°—. Nos hace falta ahora y aquí.

    —Para empezar —dijo la madre—, aquí no hay más aguas navegables que la que sale de la ducha.

    Tanto ella como el esposo tenían razón. En la casa de
10 Cartagena de Indias había un patio con un muelle° sobre la bahía,° y un refugio para dos yates grandes. En cambio aquí en Madrid vivían apretujados° en el piso quinto del número 47 del Paseo de la Castellana. Pero al final ni él ni ella pudieron negarse,° porque les habían prometido un bote de remos con su
15 sextante y su brújula° si se ganaban el laurel del tercer año de primaria,° y se lo habían ganado. Así que el papá compró todo sin decirle nada a su esposa, que era la más reacia° a pagar deudas de juego.° Era un precioso bote de aluminio con un hilo dorado° en la línea de flotación.

20   —El bote está en el garaje —reveló el papá en el almuerzo—. El problema es que no hay cómo subirlo° ni por el ascensor ni por la escalera, y en el garaje no hay más espacio disponible.°

    Sin embargo, la tarde del sábado siguiente los niños invitaron a
25 sus condiscípulos para subir el bote por las escaleras, y lograron llevarlo hasta el cuarto de servicio.°

    —Felicitaciones —les dijo el papá—. ¿Y ahora qué?

    —Ahora nada —dijeron los niños—. Lo único° que queríamos era tener el bote en el cuarto, y ya está.

bote... rowboat

a... juntos

pier
bay
crowded together

decir que no

compass

si... *if they could pass third grade*
opuesta
deudas... *debts for amusements*
hilo... *golden stripe*

no... es imposible moverlo

utilizable

cuarto... *maid's room*

Lo... *The only thing*

---

* Gabriel García Márquez (n. 1928), famoso y prolífico escritor colombiano que ganó el Premio Nóbel en 1982. Muchos de sus cuentos y novelas están clasificados como ejemplos del *realismo mágico* porque mezclan escenas realistas con escenas fantásticas. Entre sus novelas más conocidas se destacan *Cien años de soledad* y *El amor en los tiempos del cólera*.

30   La noche del miércoles, como todos los miércoles, los padres se
fueron al cine.* Los niños, dueños y señores° de la casa, cerraron   dueños... *lords and*
puertas y ventanas, y rompieron la bombilla encendida° de una   *masters*
                                                                             lighted
lámpara de la sala. Un chorro° de luz dorada y fresca como el   *flood*
agua empezó a salir de la bombilla rota, y lo dejaron correr hasta
35   que el nivel° llegó a cuatro palmos.° Entonces cortaron° la   *depth /* cuatro... *four*
corriente, sacaron el bote, y navegaron a placer por entre las islas   *hands deep (about*
                                                                              three feet) / turned off
de la casa.

      Esta aventura fabulosa fue el resultado de una ligereza° mía   comentario frívolo
cuando participaba en un seminario sobre la poesía de los
40   utensilios domésticos. Totó me preguntó cómo era que la luz se
encendía con sólo apretar un botón,° y yo no tuve el valor de   se... *got turned on with*
                                                                              only the touch of a
pensarlo dos veces.   *switch*

      —La luz es como el agua —le contesté—: uno abre el grifo, y
sale.

Documentación 2
(Lea las líneas 48–55 y llene los espacios en blanco.)

1. Unos meses más tarde, el objeto deseado por los niños es un
    _____.

2. Desean este objeto con todos sus cuatro accesorios:
    _____, _____,
    _____ y _____.

3. Para merecer este objeto, Totó y Joel prometen que van a
    _____.

Ahora veremos que hacen los niños con este equipo...

45   De modo que siguieron navegando° los miércoles en la noche,   *sailing*
aprendiendo el manejo° del sextante y la brújula, hasta que los   manera de usar
padres regresaban del cine y los encontraban dormidos como
ángeles de tierra firme.° Meses después, ansiosos de ir más lejos,   de... *on dry land*
pidieron un equipo de pesca submarina° con todo: máscaras,   equipo... *underwater*
                                                                              fishing outfit / fins /
50   aletas,° tanques y escopetas de aire comprimido.°   escopetas... *compressed*
                                                                              air spear guns

---

* Muchos edificios de apartamentos en ciudades españolas o latinoamericanas tienen un guardián. Es
  probable que antes de salir los padres hayan avisado al guardián o a sus vecinos para que vigilen
  que nadie entre a hacerles daño a sus hijos.

—Está mal que tengan en el cuarto de servicio un bote de
remos que no les sirve para nada —dijo el padre—. Pero está
peor que quieran tener además equipos de buceo.°   *diving*

   —¿Y si nos ganamos la gardenia de oro° del primer semestre?   **gardenia...** *gold*
55 —dijo Joel.   *gardenia (i.e., top*
    honors)

   —No —dijo la madre, asustada—. Ya no más.

El padre le reprochó su intransigencia.

   —Es que estos niños no se ganan ni un clavo° por cumplir con   **ni...** *even a nail*
su deber° —dijo ella—, pero por un capricho° son capaces de   *duty / silly gadget*
60 ganarse hasta la silla del maestro.

Los padres no dijeron al fin ni que sí ni que no. Pero Totó y
Joel, que habían sido los últimos en los dos años anteriores, se
ganaron en julio las dos gardenias de oro y el reconocimiento
público del rector.° Esa misma tarde, sin que hubieran vuelto a   *director de la escuela*
65 pedirlos,° encontraron en el dormitorio los equipos de buzos° en   **sin...** *without them*
su empaque° original. De modo que el miércoles siguiente,   *having to ask again /*
mientras los padres veían *El último tango en París*, llenaron el   *diving / wrapping*
apartamento hasta la altura de dos brazas,° bucearon como   **dos...** *two fathoms*
tiburones° mansos por debajo de los muebles y las camas, y   *sharks*
70 rescataron del fondo° de la luz las cosas que durante años se   **rescataron...** *salvaged*
habían perdido en la oscuridad.   *from the bottom*

Documentación 3
(Lea las líneas 72–78 y llene los espacios en blanco.)

1. En la premiación final de su escuela, los niños fueron aclamados como
   _____.

2. Después, Totó y Joel no pidieron un objeto; sólo quisieron una
   _____ para _____.

3. El padre cree que esto es una _____ de
   _____.

Ahora veremos que harán los niños...

En la premiación final los hermanos fueron aclamados° como   *proclamados*
ejemplo para la escuela, y les dieron diplomas de excelencia. Esta
vez no tuvieron que pedir nada, porque los padres les preguntaron
75 qué querían. Ellos fueron tan razonables, que sólo quisieron una
fiesta en casa para agasajar° a los compañeros de curso.   *dar placer*

El papá, a solas con su mujer, estaba radiante.

—Es una prueba de madurez° —dijo.   *maturity*

—Dios te oiga° —dijo la madre.   **Dios...** *May God grant that you're right*

80   El miércoles siguiente, mientras los padres veían *La batalla de Argel,* la gente que pasó por la Castellana vio una cascada de luz que caía de un viejo edificio escondido entre los árboles. Salía por los balcones, se derramaba a raudales por la fachada,° y se   **se...** *it poured out in torrents down the outer walls*
encauzó por la gran avenida en un torrente dorado que iluminó la
85   ciudad hasta el Guadarrama.°   *un río cerca de Madrid*

Llamados de urgencia, los bomberos forzaron la puerta del quinto piso, y encontraron la casa rebosada° de luz hasta el   *overflowing*
techo.° El sofá y los sillones forrados° en piel de leopardo flotaban   *ceiling* / *cubiertos*
en la sala a distintos niveles, entre las botellas del bar y el piano
90   de cola° y su mantón° de Manila que aleteaba a media agua°   **piano...** *grand piano* / *shawl* / **aleteaba...** *fluttered half submerged*
como una mantarraya de oro. Los utensilios domésticos, en la plenitud de su poesía, volaban con sus propias alas por el cielo de
la cocina. Los instrumentos de la banda de guerra,° que los niños   **banda...** *marching band*
usaban para bailar, flotaban al garete° entre los peces de colores   **flotaban...** *drifted*
95   liberados de la pecera° de mamá, que eran los únicos que   *acuario*
flotaban vivos y felices en la vasta ciénaga° iluminada. En el   *swamp*
cuarto de baño flotaban los cepillos de dientes de todos, los

preservativos° de papá, los pomos° de cremas y la dentadura de
repuesto° de mamá, y el televisor de la alcoba principal flotaba de
100 costado,° todavía encendido en el último episodio de la película
de media noche prohibida para niños.

    Al final del corredor, flotando entre dos aguas, Totó estaba
sentado en la popa° del bote, aferrado° a los remos° y con la
máscara puesta, buscando el faro° del puerto hasta donde le
105 alcanzó el aire de los tanques, y Joel flotaba en la proa° buscando
todavía la altura de la estrella polar con el sextante, y flotaban por
toda la casa sus treinta y siete compañeros de clase, eternizados°
en el instante de hacer pipí en la maceta° de geranios, de cantar
el himno de la escuela con la letra cambiada por versos de burla°
110 contra el rector, de beberse a escondidas un vaso de brandy de la
botella de papá. Pues habían abierto tantas luces al mismo tiempo
que la casa se había rebosado,° y todo el cuarto año elemental de
la escuela de San Julián el Hospitalario se había ahogado° en el
piso quinto del número 47 del Paseo de la Castellana. En Madrid
115 de España, una ciudad remota de veranos ardientes° y vientos
helados, sin mar ni río, y cuyos aborígenes° de tierra firme° nunca
fueron maestros en la ciencia de navegar en la luz.

condoms / botellas

dentadura... *spare
dental plate* / **de...** de
un lado

stern / *gripping* / *oars*

lighthouse
bow

eternalized

flowerpot

mocking jokes

flooded

se... *had drowned*

muy calientes

nativos / **de...**
landlocked

C o m p r e n s i ó n

1. Clarificación de elementos

❋Trabaje con un(-a) compañero(-a) para contestar las preguntas sobre los personajes y el argumento (*plot*) del cuento.

    1. **La familia.** ¿De dónde es originalmente? ¿Piensan los padres volver allí o no?
¿Cree Ud. que la familia es «normal»?

    2. **La manipulación.** ¿Qué opina Ud.? ¿Quiénes manipulan a quiénes?

    3. **Las noches del miércoles.** ¿Qué hacen los padres la noche del miércoles? ¿Y
Totó y Joel? ¿Qué opina Ud. de estas actividades?

    4. **Actitudes.** ¿Qué diferencias de actitud hay entre la madre y el padre con res-
pecto a la educación de sus hijos? ¿Cuál tiene razón?

    5. **El momento culminante.** ¿Qué pasó durante la fiesta? ¿Por qué acabó tan
mal?

Una protesta contra el sistema educativo. ¿Qué han aprendido (o no han aprendido) estos niños en su escuela? Explique.

La misteriosa identidad de los padres. ¿Quiénes son realmente, y por qué viven en Madrid?

El cuento

La luz es como el agua

El simbolismo del agua. ¿Cómo funciona el agua en la historia y qué simboliza?

Una <<fábula>> con un mensaje. El autor describe su cuento como <<esta aventura fabulosa>>. ¿Cuál es la moraleja de la fábula?

¿Otra interpretación inventada por el grupo?

Una crítica de los valores de muchas familias. ¿Son los padres responsables de la tragedia, o no? ¿Por qué?

 2. *Interpretaciones de una obra «abierta»*

✳Como mucha de la literatura posmoderna, este cuento es una obra *abierta*, es decir, no tiene un solo significado o mensaje. Por eso, es posible interpretar el cuento de varias maneras distintas. Trabaje con un grupo sobre uno de los temas mostrados en el gráfico. El grupo debe contestar la pregunta, inventar su propia interpretación del cuento y hacer un dibujo (*drawing*) para ilustrarla. Después, comparen su interpretación con las de los otros grupos.

Más allá del texto

Los objetos más deseados de hoy

¿Qué deseamos hoy? Busque fotos, modelos, ilustraciones o propaganda comercial de revistas y periódicos para mostrar uno o dos de los objetos que Ud. considera «los más deseados de nuestros tiempos». Muestre la ilustración a la clase o a un grupo y explique brevemente por qué la gente desea tener ese objeto. ¿Cree Ud. que el objeto podría ser peligroso?

*L*a expresión

* El siguiente microcuento relata el extraño caso del «niño prodigio», Milton Estomba, que sufre una gran catástrofe.

Para abrir el tema

* Trabajando solo(-a) o con otro(s), conteste estas preguntas.

1. ¿Qué es un «niño prodigio»?
2. En general, ¿llevan estos niños vidas felices? ¿O tienen menos felicidad en la vida que la persona normal? Explique su opinión.

La expresión

Mario Benedetti*

Milton Estomba había sido un niño prodigio. A los siete años ya tocaba la Sonata Número 3, Opus 5 de Brahms, y a los once, el unánime aplauso de crítica y de público acompañó su serie de conciertos en las principales capitales de América y Europa.

5   Sin embargo, cuando cumplió° los veinte años, pudo notarse en el joven pianista una evidente transformación. Había empezado a preocuparse desmesuradamente° por el gesto ampuloso,° por la afectación del rostro,° por el ceño fruncido,° por los ojos en éxtasis, y otros tantos efectos afines.° El llamaba a todo ello «su
10 expresión».

    Poco a poco, Estomba se fue especializando en «expresiones». Tenía una para tocar la *Patética,*° otra para *Niñas en el Jardín,* otra para la *Polonesa.* Antes de cada concierto ensayaba° frente al espejo, pero el público frenéticamente adicto tomaba° esas
15 expresiones por espontáneas y las acogía° con ruidosos aplausos, bravos y pataleos.°

    El primer síntoma inquietante apareció en un recital de sábado. El público advirtió° que algo raro pasaba, y en su aplauso llegó a filtrarse un incipiente estupor.° La verdad era que Estomba había
20 tocado la *Catedral sumergida* con la expresión de la *Marcha turca.*

    Pero la catástrofe sobrevino° seis meses más tarde y fue calificada° por los médicos de amnesia lagunar. La laguna° en cuestión correspondía a las partituras.° En un lapso de veinticuatro
25 horas, Milton Estomba se olvidó para siempre de todos los nocturnos, preludios y sonatas que habían figurado° en su amplio repertorio.

    Lo asombroso,° lo realmente asombroso, fue que no olvidara ninguno de los gestos ampulosos y afectados que acompañaban
30 cada una de sus interpretaciones. Nunca más pudo dar un concierto de piano, pero hay algo que le sirve de consuelo.

	llegó a
	con exceso / pomposo / cara / **ceño...** *knitted brow* similares
	una pieza de Beethoven practicaba interpretaba recibía *stamping of feet*
	notó sorpresa
	ocurrió diagnosticada / pérdida de memoria / piezas de música
	formado parte
	Lo... *The amazing thing*

---

* Mario Benedetti (n. 1920), ingenioso escritor uruguayo. Véase su poema en la página 139.

272 *capítulo 5*

Todavía hoy, en las noches de los sábados, los amigos más fieles
concurren° a su casa para asistir a un mudo° recital de sus   llegan / silencioso
«expresiones». Entre ellos es unánime la opinión de que su
35 *capolavoro°* es la *Appasionata*.   mejor pieza

Comprensión

1. *Descripción de elementos*

✱ Describa los siguientes incidentes o cosas.

    1. la transformación de Milton a la edad de 20 años
    2. las expresiones «espontáneas» que usaba durante sus recitales
    3. su catástrofe
    4. los recitales en las noches de los sábados

2. *Reacciones*

✱ ¿Qué dirían las siguientes personas, al enterarse de la catástrofe de Milton Estomba?

    1. un famoso crítico de música   2. un pianista rival
    3. la abuela de Milton

3. *Invención del «subtexto»*

✱ Muchas veces, para comprender una historia, lo que *no* se dice es más importante
que lo que se dice. Esta parte no mencionada (censurada) puede explicar el *porqué*
de la acción. Hable Ud. con un(-a) compañero(-a) de los temas (amigos, coches,
vida social, etcétera) que *no* se mencionan en esta breve descripción de la vida de
Milton Estomba. En su opinión, ¿qué le pasó realmente y por qué? ¿Cree Ud. que
esta historia es trágica o cómica?

Más allá del texto

¿La música o la presentación?

1. Trabajando con tres o cuatro compañeros, haga una lista de los tres músicos o grupos musicales que (en su opinión) tienen más éxito ahora: (Se puede escoger representantes de cualquier clase de música: rock, clásica, jazz, grunge, etcétera.) Luego, diga en cada caso, ¿cuál es más importante —la música que tocan o su presentación (apariencia, vestidos, decoraciones, gestos / movimientos)?

2. Haga una lista de profesiones en las que la apariencia externa (la «expresión») sea muy importante. ¿Hay profesiones en las que no sea importante? ¿Por qué?

«¿Qué es la vida? Un frenesí.
¿Qué es la vida? Una ilusión,
una sombra, una ficción,
y el mayor bien es pequeño;
que toda la vida es sueño,
y los sueños, sueños son.»

De *La vida es sueño*, pieza dramática del siglo XVII de Pedro Calderón de la Barca.

Dibujo de Rogelio Naranjo, dibujante mexicano.

Los hispanos en los Estados Unidos

Vocabulario preliminar

✳ Estudie el vocabulario antes de empezar este capítulo sobre los hispanos en Estados Unidos. Luego, utilice Ud. esta lista como medio de consulta durante su estudio del capítulo.

1. **anglo, el** el norteamericano blanco
2. **boricua, el, la** el (la) puertorriqueño(-a); nombre asociado con la tradición indígena de Puerto Rico
3. **chicano(-a), el, la** el (la) mexicano(-a) o el (la) méxico-americano(-a); el (la) méxico-americano(-a) que afirma una determinada conciencia política y cultural
4. **cubano(-a) exiliado(-a), el, la** el (la) cubano(-a) que salió de Cuba por razones políticas; el (la) refugiado(-a)
5. **desarrollar(se)** *to develop* **desarrollo, el** *the development*. Se han desarrollado programas de educación bilingüe en años recientes.

6. **EE. UU.** forma abreviada de Estados Unidos
7. **éxito, el** *success* **tener éxito** Algunos inmigrantes han tenido éxito económico en EE. UU.
8. **fracasar** *to fail* **fracaso, el** *the failure*. Los planes para construir un centro social fracasaron por falta de fondos.
9. **herencia, la** los valores culturales, tradiciones e historia de una nación o grupo de personas
10. **hispanoparlante, hispanohablante, el, la** la persona de habla española (su lengua materna es el español)
11. **patria, la** tierra o lugar donde uno ha nacido
12. **orgullo, el** *pride*
13. **vergüenza, la** *shame* El niño sintió vergüenza al no entender la pregunta de la maestra.

Sinónimos

✳ Busque un sinónimo de la lista para las palabras en itálica.

Las últimas décadas han visto la llegada a *Estados Unidos* de un enorme número de inmigrantes, entre ellos millones de *personas de habla española* y asiáticos. Han venido por razones económicas, como en el caso de los mexicanos, o por motivos políticos, como los *refugiados* cubanos y vietnamitas. Entre los hispanos, los cubanos se han instalado principalmente en la Florida, los *boricuas* en el noreste y la mayoría de los mexicanos en sólo dos estados, California y Tejas.

Todos los inmigrantes han traído consigo *los valores culturales* de su *tierra donde nacieron* y al mismo tiempo, un deseo fuerte de encontrar una vida mejor. A veces encuentran la resistencia de ciertos individuos de grupos bien establecidos, pero en general tanto los *anglos* como otros grupos raciales y étnicos esperan que la aceptación de los miembros más recientes de la sociedad sea pacífica y total.

*L*a tradición mexicana

El Castillo de San Marcos en San Agustín, Florida—la ciudad más antigua de Estados Unidos.

¿Qué ven los miles de viajeros que llegan al Aeropuerto Internacional de Denver, el aeropuerto más grande y tecnológicamente adelantado de EE. UU.? Un enorme mosaico y una pintura mural que representan escenas históricas de mexicanos e indígenas° en
5   colores brillantes. ¡Quizás algunos turistas piensen al verlo que su avión se haya equivocado de país y aterrizado en México! Pero, no es así. El mosaico y el mural celebran la antigua presencia en Colorado y otras partes del oeste de las culturas española e india, que estaban allí mucho antes de la llegada a *Plymouth Rock* de los
10 *Pilgrims*. Mucha gente se sorprende al saber que la ciudad más antigua de esta nación no es *Jamestown* (1607), sino San Agustín en la Florida, fundada en 1565. La verdad es que una gran parte de esta nación fue explorada y poblada° por los españoles y mexicanos siglos antes de la presencia anglosajona.
15 El mosaico y el cuadro mural ilustran una nueva apreciación de la herencia hispana en EE. UU., que hoy día es el quinto país más

nativos originarios de las Américas

settled

grande de hispanoparlantes del mundo. La influencia hispana se
nota por todas partes, desde la enorme popularidad de la comida
mexicana hasta la proliferación de periódicos, letreros, programas
20 y hasta canales de televisión en español.

En los cinco estados del suroeste (Arizona, California,
Colorado, Nuevo México y Tejas), las personas de ascendencia
mexicana hoy componen casi el 25% de la población y algunos
son descendientes de los primeros exploradores de la región.
25 Dado que muchos grupos de inmigrantes no llegaron en grandes
números a esta nación hasta el siglo XX, la larga herencia cultural
de más de tres siglos es una característica muy especial de los 18
millones* de mexicanos que residen en EE. UU.

Comprensión

1. ¿Cómo se llama el pueblo más antiguo de EE. UU. y quiénes lo fun-
daron?

2. Complete la siguiente información sobre los mexicanos in EE.UU.
Dónde viven: _____
Cuántos son: _____
Herencia y presencia en EE. UU. _____
(Mencione al menos dos hechos)

Cómo un vasto territorio mexicano llegó a ser parte de EE. UU.

Para mejor entender la presencia mexicana, repasemos un poco la
30 historia de nuestro país. Antes de 1845 el suroeste fue poblado
primero por los indígenas, y luego pasó a ser territorio español y
mexicano. En 1845 EE. UU. «anexó» a Tejas, y un año más tarde
se declaró en guerra contra México por una disputa de fronteras,
siguiendo la filosofía del «Destino Manifiesto»† que prevalecía en
35 aquella época. EE. UU. ganó la guerra en 1848 y le obligó a

---

* Las estadísticas de éste y otros párrafos son del *Statistical Abstract of the United States, 1997, Bureau of
the Census.* Algunos creen que este número realmente excede los 25 millones, debido a los muchos
mexicanos que no forman parte del Censo.

† «Destino Manifiesto» era la creencia de que era la clara voluntad de Dios que EE. UU. extendiera su
sistema democrático a todo el territorio entre los dos océanos.

México que cediera° el territorio que ahora forma Utah, Nevada, diera
California, Arizona, Nuevo México y parte de Colorado y
Wyoming. En principio, el gobierno de EE. UU. garantizó a los
80.000 habitantes mexicanos todos los derechos como
40 ciudadanos° norteamericanos, pero los miles de anglos que citizens
llegaron a la región no respetaron estas garantías. Les quitaron a
muchos mexicanos sus propiedades y los trataron como a pueblo
conquistado, demostrando desde el comienzo una convicción de
superioridad racial.

45   Hoy día existe una nueva valoración de la enorme contribución
al desarrollo del oeste por estos habitantes y por los otros
mexicanos que entraron en las décadas después. Ayudaron a
explorar y poblar, y luego a criar ganado,° a construir **criar...** *raise cattle*
ferrocarriles, a trabajar las minas y a recoger° las frutas y *pick*
50 legumbres para la expansión de esta nación.

Comprensión

1. Ponga en orden cronológico.

   _____ Los norteamericanos les quitaron sus tierras a muchos mexicanos, pese a que habían prometido respetar esas propiedades.

   _____ Estados Unidos anexó Tejas.

   _____ El suroeste de lo que hoy es EE. UU. era parte de México.

   _____ Luego de una guerra, México cedió los territorios de Utah, Nevada, California, Arizona, Nuevo México y partes de Colorado y Wyoming.

2. ¿Qué es el «Destino Manifiesto»?

3. ¿Qué contribuyeron los mexicanos al desarrollo del oeste de EE. UU.?

La frontera

La proximidad de la frontera entre EE. UU. y México crea una
situación de interdependencia económica y cultural en los dos
lados. Miles de mexicanos, algunos sin documentación, trabajan
por sueldos mínimos en las ciudades fronterizas° de California, cerca de la frontera
55 Arizona, Nuevo México y Tejas, manteniendo así negocios que no
existirían de otra manera. Por su parte, estos trabajadores
mandan dinero a sus familiares en México, los que tendrían gran
dificultad en sobrevivir sin este apoyo.

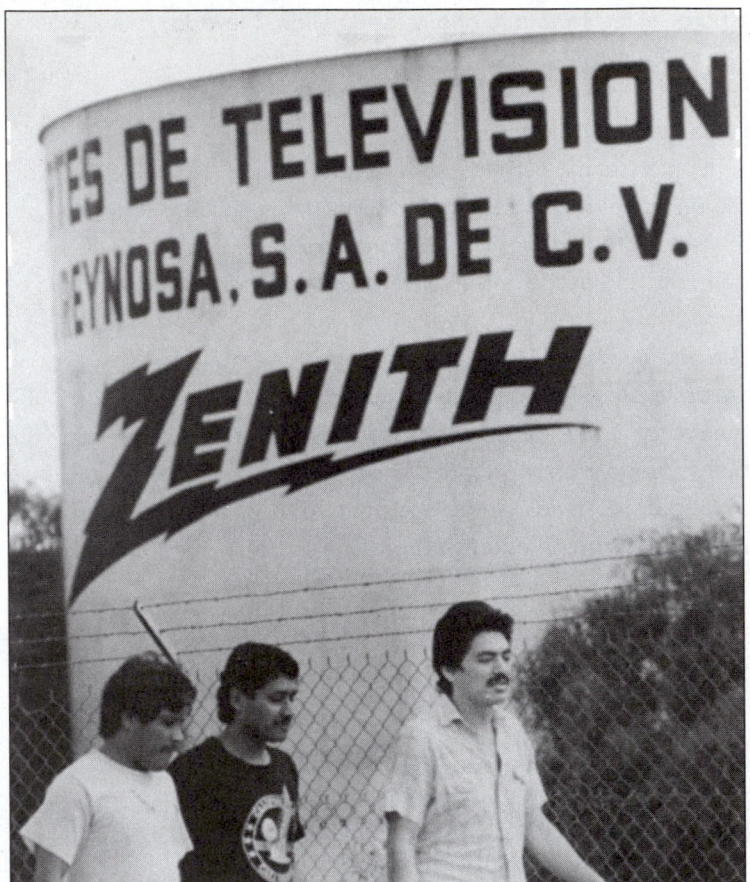

Tres trabajadores mexicanos salen de una maquiladora situada en Reynosa, México, una ciudad fronteriza cerca de Tejas.

En tiempos de necesidad de mano de obra,° como durante las
60 dos guerras mundiales, permitieron entrar a gran número de
mexicanos. Por otro lado, durante la Gran Crisis° de 1929, el
gobierno de EE. UU. «repatrió»° a miles de mexicanos a México,
algunos de ellos ciudadanos norteamericanos. Hoy día, a pesar
de una economía saludable, sigue el debate sobre la inmigración
65 de los trabajadores mexicanos.*

mano... *labor*

Depression

exilió por fuerza

---

* Para discutir más ampliamente la cuestión de la inmigración y los temas relacionados del inglés como idioma oficial y la educación bilingüe, véase págs. 295–30 de este capítulo. Otro tema de interés, la discriminación positiva (*affirmative action*), se discute en el capítulo 4, págs. 160–64.

Comprensión

¿Verdadero (**V**) o falso (**F**)? Si la información es falsa, corríjala.

_____ Estados Unidos siempre ha intentado impedir la inmigración de mexicanos.

_____ Todos los mexicanos del suroeste de EE. UU. son inmigrantes.

_____ Los mexicanos y estadounidenses que viven cerca de la frontera dependen económicamente los unos de los otros.

Las maquiladoras

Otra manifestación de la interdependencia entre EE. UU. y México son *las maquiladoras,* o plantas de montaje,° que están situadas en México cerca de la frontera. Las maquiladoras son filiales° de empresas norteamericanas, japonesas y de otras naciones. Estas

70 empresas mandan piezas° o materiales a sus plantas en México, donde se montan° con mano de obra mexicana. Luego se devuelven los productos acabados a EE. UU. y otros países.

Las compañías norteamericanas se benefician de la mano de obra barata, las pocas restricciones ecológicas y los aranceles°

75 bajos sobre los bienes acabados. México, por su parte, saca el 15% de su ingreso en el extranjero° de las maquiladoras, que ofrecen empleos y sueldos no disponibles en otras partes de la nación.

Mucha gente, sin embargo, se opone a las maquiladoras porque afirman que EE. UU. sufre una pérdida de empleos cuando

80 las empresas norteamericanas trasladan parte de sus operaciones a México y también porque la falta de controles ecológicos crea contaminación ambiental en ambos países.

assembly

subsidiaries

parts

se... *they are assembled*

tarifas

ingreso... *foreign earnings*

Comprensión

1. ¿Qué son las maquiladoras y dónde se sitúan? _____

2. Identifique dos beneficios que obtienen las compañías norteamericanas de las maquiladoras y dos beneficios que obtiene México de ellas.

Estados Unidos	México
_____	_____
_____	_____

3. Identifique dos desventajas de las maquiladoras. _____

Pérdidas y ganancias

Como es el caso con muchos grupos, hay las buenas y las malas noticias con respecto a la situación actual de las personas de

85 ascendencia mexicana en EE. UU. Aproximadamente el 91% vive en centros urbanos, con más de un millón concentrados en Los Ángeles y otros miles en ciudades grandes como Houston y Chicago. A pesar de tantos siglos de estar aquí, los méxico-americanos tienen un nivel de vida y de instrucción inferior al

90 promedio° nacional. El porcentaje de adultos que han terminado   *average* la escuela secundaria es el 83% entre los anglos, el 74,3% entre los africano-americanos y el 46,9% entre los mexicanos. Por cada dólar que gana la familia anglo, sólo gana 58 centavos la familia méxico-americana. Pero el nivel educativo sube cada año y la

95 unidad familiar mexicana es bien fuerte: en la gran mayoría de las familias los dos padres están presentes. Además, la próspera clase media hispana está creciendo rápidamente, especialmente en Los Ángeles.

Miles de mexicanos todavía trabajan en los campos como

100 obreros migratorios. Sus condiciones de vida, que mejoraron de manera notable durante los años 60 y 70, gracias a las protestas y los boicoteos de César Chávez y su Unión de Campesinos Unidos,° han empeorado en años recientes debido a las   **Unión...** *United* reducciones fiscales del gobierno federal y la resistencia de los   *Farmworkers Union*

105 grandes cosecheros.° Ahora Arturo Rodríguez, el yerno de   *growers* Chávez, continúa la lucha por los derechos de los campesinos. Es de notar que el número de obreros migratorios que trabajan en el campo ha disminuido en la última década. Hoy la mayor parte se encuentra en puestos de poco pago en las industrias de

110 construcción y el procesamiento y embalaje° de carne.   *packing*

Comprensión

¿Verdadero (**V**) o falso (**F**)? Si la información es falsa, corríjala.

_____ El 91% de los mexicanos viven en el campo.

_____ Los mexicanos ganan lo mismo que los anglos.

_____ En la mayoría de las familias mexicanas, el padre está ausente.

_____ La clase media mexicana de Los Ángeles es cada vez más grande.

_____ César Chávez luchó por los derechos de los campesinos y la lucha sigue hoy.

Un sentido de orgullo y éxito

Por otra parte, hay también las buenas noticias. Hoy día un sentido de orgullo en «La Raza»° está en el aire, una consecuencia permanente del movimiento para ganar derechos civiles básicos en los años 60 y 70. Desde entonces los mexicanos (o *chicanos*, como algunos prefieren denominarse) han avanzado notablemente en varios campos, en especial en la política, donde se han inscrito a los residentes del barrio y elegido a candidatos mexicanos, como Loretta Sánchez, la primera mujer en representar un distrito de Orange County, CA; Henry González, el poderoso congresista de Tejas, y Gloria Molina, la primera hispana en ser miembro de la Junta Directiva del Condado° de Los Ángeles.

race; in this context "our people"

Junta... *Board of Supervisors of the county*

Numerosas universidades ahora ofrecen programas de estudios chicanos, y cada día se nota que lo mexicano se ha puesto de moda en la cultura popular. Temas mexicanos aparecen en libros de gran tiraje° por autores conocidos como Sandra Cisneros (*Woman Hollering Creek and Other Stories, The House on Mango Street*), Clarissa Pinkola Estés (*Women Who Run with the Wolves*) y Rudolfo Anaya (*Bless Me, Ultima*); también se encuentra el ámbito mexicano en las películas *Lone Star, Mi familia, El norte, Stand and Deliver* y en reproducciones de las pinturas de Frida Kahlo* y el arte muralista chicano de Judy Baca y John Valadez, para sólo nombrar algunos. La música *tejano* ha ganado renombre con cantantes como Selena, la joven méxico-tejana que ganó un Grammy antes de su trágica muerte. Dicen que las canciones y cultura mexicanas son tan famosas ahora en Latinoamérica que los jóvenes chilenos usan jerga° típicamente mexicana, saludándose con: «¿Quiúbole, mano?»°

de... *leídos por mucha gente*

slang

"What's up, bro'?"

Algunas figuras públicas de ascendencia mexicana sobresalen en varios campos y sirven como modelos para la juventud: Edward James Olmos, el actor; los músicos Carlos Santana, Joan Baez y Los Lobos; el beisbolista Fernando Valenzuela y el futbolista Jorge Campos; los cómicos "Cheech" Marin y Paul Rodríguez, y la primera astronauta hispana, Ellen Ochoa, entre tantos otros. Con todo, los mexicanos son ahora el segundo grupo

---

* Véase las páginas 221–227 para algunos ejemplos de las pinturas de Frida Kahlo.

minoritario más grande del país, y para el año 2050, juntos con
los otros hispanos, formarán casi el 25% de la población total. En
su larga historia en EE. UU. han hecho notables progresos y
150 seguirán contribuyendo al rico mosaico nacional.

Comprensión

1. ¿Qué connotación tiene el término «La Raza» para los mexicanos? ¿favorable? ¿desfavorable? ¿neutro? Explique.

2. ¿A qué categoría pertenecen las siguientes personas/cosas?

   A = arte   **L** = literatura   **E** = entretenimiento (cine, TV, comedia)
   M = música   **D** = deportes   **P** = política   **C** = ciencia

   _____ Henry González   _____ Judy Baca
   _____ Edward James Olmos   _____ Carlos Santana
   _____ Cheech Marin   _____ Ellen Ochoa   _____ *Lone Star*
   _____ Sandra Cisneros   _____ Fernando Valenzuela
   _____ *Bless Me, Ultima*   _____ Gloria Molina

Actividades

1. Línea temporal

✱Trabajando solo(-a) o con otro(s), busque en el texto los acontecimientos que corresponden a las siguientes fechas y escríbalos sobre la fecha.

1565   1607   1845–48   1929   1960–79   hoy día

2. Un discurso político

✱Imagine que Ud. es un(-a) candidato(-a) a senador(-a) del estado de California. Debe preparar un breve discurso (1–2 minutos) sobre un tema específico (por ejemplo, los beneficios de la diversidad o el acceso a los servicios de salud y educación a los trabajadores mexicanos). Presente su discurso ante la clase y luego conteste sus preguntas.

3. Debate

✱¿Qué piensa Ud. de las maquiladoras? En grupos pequeños o en forma de un debate, organice una discusión, adoptando la identidad de las siguientes personas.

• un(-a) obrero(-a) mexicano(-a) que trabaja en una maquiladora
• un(-a) trabajador(-a) de EE. UU.

- un(-a) representante de *Engulf,* una compañía norteamericana con una planta de montaje en Matamoros
- un(-a) ecologista
- ¿ ?

Más allá del texto

1. Vea una de las películas o lea uno de los libros mencionados en el ensayo, luego comparta sus impresiones con la clase. O prepare un informe sobre una figura pública de ascendencia mexicana o sobre algún aspecto de la influencia mexicana en la vida nacional.

2. En Internet consulte uno de los siguientes sitios (u otro sitio pertinente).

   a) *www.fishnet.net/~karenm/latino.html*

   b) *www.mundolatino.org/index.htm*

   c) *www.latinolink.com/*

   ¿Qué hay de interés sobre los méxico-americanos? ¿Qué aprendió de su investigación?

3. En Internet o la biblioteca, investigue el tema de NAFTA (Tratado de Libre Comercio entre México, Estados Unidos y Canadá). Escriba una defensa o una crítica de este tratado.

Chiste

Un mexicano, apenas llegado a EE. UU., va al estadio de Houston a ver un partido de béisbol. Para ver mejor, trepa (*climbs*) el palo de la bandera (*flagpole*). Cuando termina el partido, sus amigos le preguntan:

—José, ¿te gustó? ¿Qué es lo que más te impresionó?

—Me gustó todo —responde José. —¡Y tendrían que ver lo corteses que son los norteamericanos!

—¿Por qué? —le preguntaron.

—Porque al principio del partido, todos se levantan, me miran y se ponen a cantar y dicen: «JOSÉ, CAN YOU SEE?»

Viejita analfabeta*

· ·

Anticipación

✳ Todos agradecemos las contribuciones a nuestra vida de una persona especial —padre, profesor, amigo, etc. ¿Pero cuántos lo expresamos abiertamente? A continuación leemos un poema escrito por una mujer que recuerda a su madre.

1. Para abrir el tema

✳ *Gato, gatito. Casa, casita. Vieja, viejita.* Para Ud., ¿qué comunica el diminutivo en el título? Trabajando solo(-a) o con otro(s), conteste Ud. estas preguntas. ¿Implica el título algunas diferencias entre la hija y la madre? ¿En su familia hay diferencias (de educación, empleo, etc.) entre Ud. y sus padres o sus abuelos? ¿Cuáles? ¿Son importantes estas diferencias? ¿Por qué?

2. Vocabulario: La aliteración

✳ Una de las técnicas de la poesía es la aliteración. ¿Puede Ud. definir esto en español? Encuentre Ud. dos ejemplos (¡hay muchos!) en el poema. Su profesor(-a) puede leer el poema en voz alta a la clase (libros cerrados) ¿Qué palabras se destacan (*stand out*)?

3. El texto: Búsqueda de información

✳ Lea rápidamente la primera estrofa. ¿Qué versos describen la familia y el trabajo de la madre? Ahora, termine esta frase: «La madre de la poetisa tiene _____ y su trabajo es _____».

Viejita analfabeta

Guadalupe Ochoa Thompson[†]

> ¡Viejita bonita!
> ¡Qué bonita!
> Tuviste trece hijos
> Diez vivos educados
> 5 Criándolos trabajando

---

* Que no sabe leer ni escribir

[†] Guadalupe Ochoa Thompson (n. 1937), profesora y poetisa de ascendencia mexicana.

Cosiendo° y pelando°　　　　　　*Sewing / peeling*
tomates en la tomatera

Cosiendo vestidos chillones°　　　que llaman la atención
pa' las putas° de　　　　　　　　manera vulgar de
10　la casa rosa　　　　　　　　　　　　decir prostitutas
Cosiendo hasta las dos
o tres de la mañana
Quejándote nunca
Cuidando siempre
15　tu cosecha°　　　　　　　　　　*crop, harvest*

Viejita analfabeta
No hay palabra
que te alabe°　　　　　　　　　celebre, honre
Tienes el amor de diez

20　　　　　　　　　　y

la envidia y respeto de muchos.

Comprensión

✳ Trabajando solo(-a) o en grupos pequeños, escoja dos de las siguientes palabras y decida cómo se relacionan con el poema. Puede escribir sus comentarios en la pizarra o presentarlos a la clase oralmente.

sacrificio　　　　　　　　　　　humildad
analfabetismo/sabiduría　　　　respeto
amor

✳ ¿Cuál le parece la palabra más importante? (¿O hay otra que Ud. sugiere?)

Interpretación

1. ¿Cómo interpreta Ud. los versos «Cuidando siempre tu cosecha»? ¿Qué cualidades posee esta madre?
2. ¿Qué nos comunica el poema de la experiencia méxico-americana en este país?

1. Describa a una persona en su vida que ha hecho/sacrificado mucho por Ud., o que ha sido una gran influencia. Si Ud. prefiere, escriba un poema breve.
2. Describa Ud. la familia y en particular la madre del poema, notando el contraste entre las generaciones. Según su opinión ¿cuál es la importancia o el significado de la familia en la cultura méxico-americana?

1. Juego imaginativo: Una entrevista con la autora

✱Imagine que Ud. es la autora de «Viejita analfabeta». Otro(-a) estudiante le hará una entrevista, preguntándole, entre otras cosas, cómo era su niñez, cómo ha cambiado su vida desde que salió de casa y por qué escribió el poema.

2. Nombres geográficos

✱Hay unos dos mil pueblos y ciudades (y también muchos ríos, montañas, etc.) en EE. UU. que tienen nombres españoles. Explique el significado u origen de los siguientes nombres geográficos.

Buena Vista (Illinois)	Perdido (Alabama)	Toledo (Ohio)
Agua Caliente (Arizona)	Bonita (Kansas)	Los Angeles (California)
Mesa Verde (Colorado)	Alma (Nueva York)	Las Vegas (Nevada)
Punta Gorda (Florida)	Amarillo (Tejas)	Santa Fe (Nuevo México)

Entró y se sentó

✱¿Qué le pasa a una persona si abandona sus orígenes humildes para entrar en la clase media? ¿Pierde parte de su identidad o lleva una vida mejor, más rica? He aquí el dilema de un méxico-americano que superó sus orígenes pobres por medio de una educación universitaria. Pero no encontró la felicidad ni el respeto que esperaba, como el siguiente cuento ilustra.

1. Para abrir el tema

✳ ¿Por qué asiste Ud. a la universidad? ¿Para ampliar su conocimiento? ¿Porque todos de su grupo social asisten? ¿Para conseguir un trabajo interesante? Trabajando solo(-a) o con otro(s), conteste estas preguntas. Si Ud. no saca un título universitario, ¿cómo será su vida? ¿Se siente Ud. obligado(-a) a ayudar a personas menos educadas que Ud.? ¿Por qué?

2. Vocabulario: Sinónimos

✳ Escoja Ud. el sinónimo de las palabras en itálica que aparecen en la primera parte del cuento.

1. El protagonista furioso llama a los estudiantes «*Bola de desgraciados*».

   a. grupo de personas miserables   **b.** grupo de felices   **c.** grupo de estudiosos

2. Los estudiantes tienen *el descaro* de insultarlo porque no se casó con una mejicana.

   a. la generosidad   **b.** el dolor   **c.** la insolencia

3. Él se defiende, diciendo que lo hizo todo por ellos, por *la raza*.

   a. la campaña política   **b.** los chicanos   **c.** los anglos

4. Él tiene muchos *gastos* —gasolina, comida, motel. Se le permiten 22 dólares de *gastos* diarios.

   a. precios   **b.** diversiones   **c.** expensas

5. Ahora los estudiantes querían que los apoyara en su *huelga*.

   a. exámenes que se toman a medio semestre   **b.** protesta en que no asisten a clases   **c.** investigación científica

3. El texto: Aclarar el presente y el pasado

✳ El autor utiliza unos retrocesos (*flashbacks*) para presentar el pasado del personaje central. Vamos a determinar algunos hechos importantes del presente y del pasado. Lea rápidamente las líneas indicadas del texto, luego indique si las siguientes declaraciones son verdaderas (**V**) o falsas (**F**).

A. Hoy día el personaje central...

(*líneas 1 a 36*)

_____   es profesor universitario.
_____   se casó con una mujer de su raza.
_____   asiste a reuniones importantes.
_____   apoya las demandas de los estudiantes.

B. En los retrocesos al pasado, el personaje central...

(*líneas 40 a 64*)

_____ está en un carro perdido en la lluvia.

_____ es un joven de una familia rica.

_____ hace trabajos meniales.

_____ no piensa asistir a la universidad.

✱ Ahora lea el cuento para ver si el profesor acepta o niega su pasado.

🎧 *Entró y se sentó*

Rosaura Sánchez*

Entró y se sentó frente al enorme escritorio que le esperaba lleno de papeles y cartas. Estaba furioso. Los estudiantes se habían portado° como unos ingratos.

behaved

—Bola de infelices, venir a gritarme a mí en mis narices que
5 soy un 'Poverty Pimp'. Bola de desgraciados. Como si no lo hiciera uno todo por ellos, por la raza, pues.

Llamó a Mary Lou, la secretaria, y le pidió que le trajera café y un pan dulce de canela.°

cinnamon

—Y luego tienen el descaro de insultarme porque no me casé
10 con una mejicana. Son bien cerrados, unos racistas de primera.° Lo que pasa es que no se dan cuenta que yo acepté este puesto para ayudarlos, para animarlos° a que continuaran su educación.

de... de primera clase

encourage them

En ese momento sonó el teléfono. Era el Sr. White, el director universitario del departamento de educación. No, no habría más
15 problemas. Él mismo hablaría con el principal Jones para resolver el problema. Era cosa de un mal entendido° que pronto se resolvería.

mal... error de comprensión

Mary Lou llegó con el café cuando terminó de hablar. Después de un sorbo° de café, se puso a hacer el informe de gastos para el mes. Gasolina. Gastos de comida con visitantes importantes.
20 Vuelo a Los Ángeles para la reunión de educadores en pro de la educación bilingüe. Motel.

sip

---

* Rosaura Sánchez (n. 1941) nació en el barrio mexicano de San Angelo, Tejas. Como el protagonista de «Entró y se sentó», ella es de padres obreros y asistió a la Universidad de Tejas en Austin. También como su protagonista, es profesora universitaria (Universidad de California en San Diego). En varios de sus numerosos cuentos y artículos escribe sobre sus orígenes.

—Para ellos° yo sólo estoy aquí porque el sueldo es bueno. Si
bien es verdad que pagan bien y que las oportunidades son
muchas, también es verdad que los dolores de cabeza son diarios.

25 Yo podría haberme dedicado a mi trabajo universitario y no
haberme acordado° de mi gente.

Se le permitían 22 dólares de gastos diarios y como había
estado 5 días podía pedir 110 dólares. A eso se agregaban° los
gastos de taxi. Ahora querían que los apoyara en su huelga

30 estudiantil. Pero eso ya era demasiado. Lo estaban
comprometiendo.°

—Si supieran esos muchachos lo que he tenido que sudar° yo
para llegar aquí. Con esa gritería de que hay que cambiar el
sistema no llegamos a ninguna parte. No se dan cuenta que lo

35 que hay que hacer es estudiar para que el día de mañana puedan
ser útiles a la sociedad.

De repente se apagaron las luces. Afuera comenzaba a tronar°
y la lluvia caía en torrentes. Volteó° en su silla rodante y se acercó
a la ventana. Primero vio los edificios grises universitarios que se

Para... Ellos creen que

recordado

se... were added

poniendo en peligro

trabajar con fatiga

to thunder

Dio vuelta

Los obreros mexicanos trabajan en los campos en condiciones difíciles.

40 asemejaban a los recintos° de una prisión. Se oscureció más y   *grounds*
más hasta que vio la troca° perdida en la lluvia.   *pickup truck* (Mex.)

—Con este aguacero° tendremos que parar un rato, hijo.   *lluvia de poca*
Llegando a la orilla del surco,° nos metemos debajo de la troca   *duración / furrow (in*
hasta que escampe° un poco.   *field)*
    deje de llover

45 Pesó el algodón pero no vació el costal° arriba porque con la   *sack*
lluvia le estaba dando frío.

—Mira hijo, si te vas a la escuela no sé cómo le vamos a
hacer.° Con lo que ganas de *busboy* y lo que hacemos los   **le...** *we are going to*
sábados pizcando,° nos ayudamos bastante. Ya sabes que en mi   *manage*
    picking (cotton)
50 trabajo no me pagan gran cosa.

Sabía lo que era trabajar duro, de sol a sol, sudando la
gorda.° Entonces que no me vengan a mí con cuentos, señores.   **sudando...** *trabajando*
¿Qué se han creído esos babosos?° Después de tanto trabajo,   *duro / idiotas*
tener que lidiar° con estos huevones.° Porque lo que pasa es que   *luchar / perezosos*
55 no quieren ponerse a trabajar, a estudiar como los meros   *(vulgar)*
hombres.

—Mire, papá, le mandaré parte de mi préstamo° federal cada   *loan*
mes. Verá que no me he de desobligar y ya estando en Austin,°   *la Universidad de*
buscaré allá otro trabajito para poder ayudarles.   *Tejas*

60 Éramos pocos los que estudiábamos entonces. Estos que tienen
la chiche° del gobierno no saben lo que es canela.° Sólo sirven   *teta / la vida dura*
para quejarse de que no les den más.

—Yo ya estoy muy viejo, hijo. Cuida a tu mami y a tus
hermanos.

65 Seguía lloviendo y la electricidad no volvía. Afuera
relampagueó.°   *flashed with lightning*

El carro° se les había parado en la esquina. El semáforo° ya se   *vehículo / traffic light*
había puesto verde pero el carro no arrancaba.° Su papá salió,   *empezaba a andar*
levantó el capacete° y quitó el filtro. Mientras su papá ponía y   *hood*
70 quitaba la mano del carburador, él pisaba el acelerador. Atrás los
autos pitaban° y pitaban. Por la izquierda y la derecha se   *were honking*
deslizaban° los *Cadillacs* y los *Oldsmobiles* de los rancheros   **se...** *avanzaban*
airados° con el estorbo° en plena calle Chadbourne. Su papá   *enojados / obstáculo*
estaba empapado° por la lluvia cuando por fin arrancó el carro.   *soaked*
75 Ese día los había maldecido° a todos, a todos los gringos de la   *cursed*
tierra que los hacían arrastrar° los costales de algodón por los   *drag*
surcos mientras los zapatos se les hundían° en la tierra arada, a   **se...** *sank*

los gringos que les pagaban tan poco que sólo podían comprar
aquellas garraletas° que nunca arrancaban. Años después se   *coches viejos*
80 había casado con una gringa°. Y ahora después de tanto afán,°   *mujer anglo / trabajo*
querían que se rifara el pellejo.° Qu'esque° por la causa. Como si   **que...** *that he risk his*
fuera tan fácil cambiar el sistema. No señores, que no contaran   *career / Que es que*
con él. Volvió la electricidad y se puso a ver la correspondencia.

—Gracias a Dios que tengo mi oficina aquí en la Universidad,
85 en el sexto piso de esta monstruosidad donde no tengo que ver a
nadie. No más le digo a la secretaria que diga que no estoy, así
puedo dedicarme al papeleo° que siempre hay que atender. Estos   *paperwork*
estudiantes del Cuerpo de Maestros° van a tener que sujetarse a   **Cuerpo...** *Teacher Corps*
las reglas o si no, pa fuera.° Tiene uno que ponerse duro, porque   *para afuera* (*get out*)
90 si no, se lo lleva la chingada.° Alguna vez les contaré mi vida a   **se...** *you get screwed*
esta gente... A ver... Bueno mañana no será. Tengo que ir a
Washington a la reunión nacional de programas federales de
educación para las minorías y luego... a ver... tengo que ir a San
Antonio como consultante del programa bilingüe. Vale más llamar
95 a Mary Lou para ver si me consiguió ya el pasaje de avión para
mañana. Mary Lou... ah, si mmmhhhmmm, en el Hilton, del 8 al
10 de noviembre. Muy bien. Y ¿qué sabes del vuelo?... ¿Por
Continental o *American?*...

Miró por la ventana y vio a su papá empapado de agua y lleno
100 de grasa.°   *grease*

• •

Comprensión

Resumen de la acción

✳ Trabajando solo(-a) o con otro(s), termine las siguientes frases, según la trama
(*plot*) del cuento.

1. Cuando el profesor entró en su oficina, estaba furioso porque...
2. Él explica que enseña porque...
3. En vez de hablar con los estudiantes, el profesor se interesa más en...
4. Los estudiantes quieren que el profesor apoye... pero él se niega porque cree
   que...
5. Cuando empieza a llover y tronar, el profesor recuerda...

6. De joven, el protagonista y su familia trabajaban...

7. El padre del protagonista no quería que su hijo asistiera a la universidad porque...

8. El joven prometió a su papá que...

9. Los rancheros ricos se impacientaban con el joven y su padre porque...

10. La última imagen del cuento es...

A c t i v i d a d e s

1. Cuestionario interpretativo

 Las siguientes preguntas no dependen de una comprensión literal del cuento, sino de una interpretación individual. Por eso no hay una sola respuesta apropiada. En grupos pequeños, traten Uds. de dar el mayor número posible de interpretaciones.

1. El padre del protagonista se preocupaba del futuro de su familia. ¿Por qué?

2. El hijo quería asistir a la universidad. ¿Por qué?

3. El profesor se casó con una mujer anglo, no con una mexicana. ¿Por qué?

4. Los estudiantes querían cambiar el sistema. ¿Por qué?

5. El profesor prefería esconderse en su oficina y pensar en sus reuniones importantes en vez de ver y hablar con los estudiantes. ¿Por qué?

2. Inferencias

 Trabajando con un(-a) compañero(-a), piense sobre el fin del cuento y prepare respuestas a estas preguntas.

¿Por qué crees que la autora termina el cuento con el profesor pensando una vez más en su padre? ¿Es probable que cambie su decisión con respecto a los estudiantes? ¿Por qué sí o no?

D i s c u s i ó n

1. ¿Qué opina Ud. del profesor? ¿Se ha vendido al sistema o realmente trabaja para ayudar a su gente? ¿Cree Ud., como él, que los estudiantes deben cambiar la sociedad por medio de la educación o las leyes, y no con huelgas? Explique.

2. ¿Está Ud. satisfecho(-a) con la diversidad de la población de estudiantes y profesores en su universidad? ¿Qué cambios recomienda Ud.?

3. Había un gran contraste entre la vida del padre y la de su hijo, el profesor. En su familia o la de sus amigos, ¿hay una gran diferencia entre las generaciones? Describa Ud., por ejemplo, las actitudes de las diferentes generaciones sobre el dinero y el trabajo.

Más allá del texto

1. Vea Ud. la película *Stand and Deliver*, sobre los problemas y triunfos de un maestro y sus alumnos mexicanos. Prepare un informe oral o escrito sobre lo que Ud. observó y aprendió.

2. Busque Ud. en Internet o en la biblioteca información y estadísticas sobre la educación de los hispanos en este país. ¿Cuál es su situación actual? ¿Qué obstáculos encuentran y qué logros han tenido?

Dos temas contemporáneos

Anticipación

✳ ¿Sabía Ud. que Estados Unidos es el quinto país más grande del mundo en número de hispanohablantes? Sí, hoy día el 25% de los habitantes del suroeste son de origen hispano y para el año 2050 se calcula que aproximadamente 1 de cada 4 personas de todos los Estados Unidos será de ascendencia hispana.* ¿Qué implican estas estadísticas para el futuro de EE. UU.? Para algunos, es obvia la necesidad de programas de educación bilingüe para ayudar a los nuevos inmigrantes. Para otros es hora de establecer el ingles como idioma oficial del país. Y otras personas creen que los grandes números prueban la necesidad de reformar las leyes de inmigración. A continuación encontramos dos expresiones de estos temas contemporáneos: un microcuento sobre dos cubanoamericanos que aprenden que no hablan la misma lengua y un debate sobre los pros y contras de la inmigración.

---

* Según el *Bureau of the Census, Statistical Abstract of the U.S., 1997*

1. Para abrir el tema

※ ¿Cuáles son los diferentes idiomas que se hablan en este país? ¿Existe un idioma oficial en EE. UU.? Trabajando solo(-a) o con otro(s), conteste Ud. estas preguntas. ¿De qué ascendencia (origen) es Ud.? ¿Hablan otros idomas en su familia? ¿Por qué continúan las personas hablando su propio idioma? ¿Cuáles son las ventajas? ¿Y las desventajas?

2. El texto: Mirando el dibujo

¿Qué diferencias ve Ud. entre los dos señores?

¿Qué lenguas cree Ud. que hablan?

¿Cuál es la ironía del dibujo?

En sus propias palabras, ¿cuál cree Ud. que va a ser el conflicto central en «Micky»?

Micky

Roberto Fernández*

¡Qué casualidad° encontrarte aquí en la guagua!° Me has caído del cielo°. Figúrate tú que me quiero bajar en la 27° y no se lo puedo decir al guagüero.° Pero bueno, gracias al cielo que me he topado° contigo.

5 —What?

—Sí, ¡ha sido la gran casualidad!

—Excuse me, I can't understand you.

—¿Tú no eres el hijo de Serafina?

—I'm sorry, but I can't understand you.

10 —Claro que sí onderstand mí, si yo he oído cuando tu madre te grita: M-I-G-U-E-L-I-T-O M-A-I-Q-U-I a comer.

—Please. I don't want to understand you.

—Sí. Tú mismo eres Miguelito Hernández, el hijo de Serafina.

—My name is Micky. I don't understand you.

> coincidencia accidental / autobús (Cuba) / *You have been sent from heaven.* / calle 27 / conductor del autobús / *bumped into*

Comprensión

1. ¿A qué se refiere... ? (en el texto)

- línea 1: la gran casualidad
- línea 2: la 27
- línea 2: no se lo puedo decir
- línea 11: M-A-I-Q-U-I

2. Preguntas

1. ¿Por qué está feliz el señor al ver a Miguelito? ¿Qué dice para indicar que conoce al joven?

2. ¿Cómo cree Ud. que se siente Micky cuando ve al señor? En su opinión, ¿por qué no quiere hablar en español?

---

* Roberto Fernández nació en Cuba en 1951 y vino a EE. UU. a la edad de diez años. Sus novelas y cuentos (escritos en inglés y español) describen la vida diaria de los cubanos (nacidos en Cuba) en exilio en Miami, una cultura que se está desapareciendo, según Fernández.

Minidebates

✳Trabajando con un(a) compañero(-a), explique en una o dos frases por qué Ud. está de acuerdo o no con las siguientes declaraciones. Luego comparta sus opiniones con la clase.

1. Los inmigrantes merecen programas bilingües en las escuelas para facilitar su transición a la vida norteamericana. Sin estos programas, pierden terreno y a veces fracasan en las escuelas.

2. Es necesario establecer el inglés como idioma oficial en los asuntos gubernamentales del país. «Sólo inglés» (el uso exclusivo del inglés) es preferible a «Inglés más otras lenguas» (el multilingüismo).

¡Micky se enoja!

✳Imagine Ud. la siguiente escena: Micky se da cuenta que el señor a su lado no entiende inglés y decide que ya no quiere hablarle más. Le da unas órdenes en español. Escriba Ud. algunos mandatos desde el punto de vista de Micky. El contenido del cuento le ayudará a determinar si el mandato es afirmativo o negativo. Por ejemplo:

ser mi amigo   No sea mi amigo.
sentarte lejos   Siéntese lejos.

1. llamarme Miguelito

    _____.

2. hablarme en inglés

    _____.

3. recordarme (*to remind*) mi origen cubano

    _____.

4. irte de mi lado

    _____.

5. (una frase original de Ud.)

    _____.

La inmigración: ¿E pluribus unum?

Bárbara Mujica

Cada día miles de inmigrantes entran en Estados Unidos, en su mayoría jóvenes de México, Centroamérica y el Caribe que se escapan de la pobreza u opresión política. Sus números han aumentado tanto, sobre todo en los estados de California, Tejas y Nueva York, que algunos proponen reformas drásticas a las leyes federales de inmigración. Otros declaran con orgullo que EE. UU. siempre ha sido y debe ser un país de inmigrantes. Aquí hay dos puntos de vista sobre una cuestión controvertida: ¿Debe Estados Unidos limitar radicalmente el número de inmigrantes?

¡Sí!

«El país no puede absorber un número indefinido de nuevos habitantes, porque no hay suficientes trabajos, viviendas, escuelas, servicios sanitarios u otros recursos. Además, si el influjo de inmigrantes no se frena, dentro de un par de décadas la composición étnica del país habrá cambiado radicalmente —y con ella, el sistema de valores, las costumbres y el idioma. Una nación tiene el derecho y aun el deber de mantener intactas sus instituciones y de preservar sus tradiciones.»

¡No!

«Este país, con sus inmensos recursos naturales y sus grandes llanuras despobladas, podría sostener a una población aun más grande. Los Estados Unidos siempre les han abierto sus puertas al pobre y al desamparado. El inmigrante, con su energía, optimismo y voluntad de trabajar y de seguir adelante, renueva y enriquece al país. Históricamente la capacidad de transformarse con cada ola de inmigrantes ha sido fundamental al éxito de los EE. UU. Por eso nuestro lema es *E pluribus unum o De muchos, uno.*»

✳Trabajando con un(-a) compañero(-a), exprese primero, en sus propias palabras, los dos puntos de vista. (¡Sólo un punto de vista por estudiante!) Luego, escoja la posición que Ud. defiende y explique por qué.

Reforma de la inmigración

✳Imaginen que Uds. son especialistas en la inmigración y que aconsejan al gobierno sobre la reforma de las leyes federales. En grupos pequeños, decidan su posición sobre las siguientes preguntas, y luego compartan y expliquen sus decisiones a la clase.

1. ¿Quién debe recibir la preferencia? ¿Por qué? Pongan en orden de preferencia, de 1 (más) a 6 (menos).

    _____ refugiados económicos que se escapan de la pobreza

    _____ refugiados políticos que se escapan de la opresión o de una dictadura militar

    _____ personas con familiares en EE. UU.

    _____ personas con algún talento o conocimiento deseado en este país (profesionales o trabajadores con entrenamiento especializado)

    _____ personas con $350.000,00 o más que quieren invertir en un negocio y crear empleos

    _____ otro grupo: _____

    o

    _____ Todos deben recibir igual preferencia.

2. ¿Quién debe ser excluido? Pongan *Sí* o *No*. ¿Por qué?

    _____ terroristas

    _____ personas con enfermedades mortales contagiosas

    _____ criminales

    _____ ex oficiales comunistas, nazis y personas que apoyan a estos grupos

    _____ enfermos mentales

    _____ otro grupo: _____

    o

    _____ nadie

3. ¿Cómo se debe limitar el número de inmigrantes? Escojan UNA opción. Explíquense.

    _____ Limite el número total de inmigrantes por año, sin referencia a su país de origen.

_____ Limite el número por año según el país de origen.

_____ No debe haber límites.

4. ¿Qué beneficios deben recibir los inmigrantes legales que trabajan y pagan impuestos? ¿Por qué? Escojan UNA opción.

_____ Deben recibir los mismos beneficios que los ciudadanos de este país.

_____ No deben recibir beneficios hasta que sean ciudadanos de este país.

Contribuciones notables

"¡Let's vamoose, hombre!"

Muchos en este país reconocen las contribuciones de los mexicanos a la música, el arte, los deportes, la arquitectura, la comida, etc., pero no todos aprecian su gran contribución al inglés. *Bonanza, rodeo, siesta, adobe, palomino* son sólo unas de cientos de palabras españolas que deben su presencia en inglés a los españoles y mexicanos del oeste de hace varios siglos.

El «*cowboy*» norteamericano no tenía palabras para muchas de las cosas nuevas que aprendía de los vaqueros mexicanos, así que imitó los términos españoles, a veces cambiando la pronunciación y ortografía. *Lariat*, por ejemplo, viene de «la reata»; *lasso*, de «lazo»; *chaps*, de «chaparejos», y *stampede*, de «estampida». Aun la palabra «vaquero» (*cowboy*) aparece en inglés como *buckaroo*.

A veces la musicalidad o el humor implícito en las palabras españolas atrajo al *cowboy*. *Calaboose*, de «calabozo» (*prison*), y *hoosegow*, de «juzgado» (juzgar, *to judge*), eran más pintorescas que *jail*. También, *cockroach*, de «cucaracha», *savvy*, de «sabe»; *vamoose* y *mosey along*, ambos términos modificaciones de «vamos».

En cuestiones de dinero, se ve una vez más la influencia española. Orgullosos de su descubrimiento de las Américas, los españoles crearon una moneda en el siglo XVIII, con las Columnas de Hércules (*the symbolic Straits of Gibraltar*), envueltas por banderas que tenían las palabras «PLUS ULTRA» (*more beyond*).

Así los españoles proclamaron que un nuevo mundo español existía «Plus Ultra», y la columna a la izquierda se convirtió en el símbolo ($) del dólar y del peso que se usa hoy en EE. UU., México y otros países latinoamericanos.

Así que la próxima vez que Ud. piense en $, o diga *patio*, ¡recuerde a los españoles y a los mexicanos!

*Los puertorriqueños: Brincando el charco**

¿**Q**uiénes son los puertorriqueños? Algunos tienen nombres que ya
son famosos —si no legendarios—, como el beisbolista Roberto
Clemente, el ya fallecido actor Raúl Juliá, la popular escritora
Esmeralda Santiago (*Cuando era puertorriqueña*), la ex Cirujana
5 General Antonia Coello Novello y el locutor° de TV Geraldo   presentador de un
Rivera. Pero hay miles de otros puertorriqueños en los centros   programa
urbanos de Nueva York, Nueva Jersey, Illinois, Pennsylvania,
Florida, Massachusetts, Tejas, etc., y los encontramos trabajando
en una gran variedad de empleos: de profesores en las
10 universidades, de costureras° en las industrias de confección° y de   mujeres que cosen
textiles, de directores de servicios médicos y sociales, de   (*sew*) por oficio /
camareros en los restaurantes. Desde que empezó la gran   fabricación en serie
emigración de Puerto Rico durante la Segunda Guerra Mundial,   de ropa de vestir
más de 2,7 millones de puertorriqueños han venido al norte,
15 trayendo consigo una riqueza étnica y cultural y la esperanza de
una vida mejor.

Comprensión

1. ¿Cuántos puertorriqueños hay en EE. UU. y dónde viven?

2. ¿Desde cuándo emigraron a EE. UU. en grandes números?

3. ¿Qué trabajos tienen y quiénes son algunos puertorriqueños famosos?

La isla de Puerto Rico

Los puertorriqueños comparten con los cubanos y mexicanos
una larga tradición hispana, empezando con la llegada de
Colón a la isla en 1493.[†] Pero desde la guerra de 1898 entre

---

* *Jumping the Puddle* (i.e., the ocean separating Puerto Rico from the U.S. mainland)

[†] Los españoles le pusieron el nombre «Puerto Rico» a la isla, pero algunos puertorriqueños contemporáneos se identifican con el nombre taíno (indio) «Boriquén», y se llaman a sí mismos «boricuas».

El actor puertorriqueño Raúl Juliá en una de sus películas más memorables, *The Addams Family*.

20 EE. UU. y España, Puerto Rico ha sido un territorio
norteamericano. Al principio, el gobierno de EE. UU. trató de
quitar a la isla su cultura hispana, imponiendo el inglés como
idioma oficial y nombrando gobernadores norteamericanos. En
1917 los puertorriqueños recibieron la ciudadanía°   *citizenship*
25 norteamericana.

    Luego, en los años 50 el Congreso de EE. UU. aprobó° la   *autorizó*
elección del gobernador por voto popular, y en 1952 el estatus de
la isla cambió de territorio a Estado Libre Asociado.° Así puede   **Estado...** *Commonwealth*
desarrollar su propio idioma y cultura, y administrar sus asuntos°   *affairs*
30 domésticos. Pero el nombre «Estado Libre Asociado» da lugar a
mucha controversia, puesto que Puerto Rico no es estado, ni es
libre: su política exterior,° su sistema de correos° y de aduana° y   **política...** *foreign policy /*
su moneda° son oficialmente estadounidenses.   *postal service / customs*
    bureau / dinero

Comprensión

1. ¿Desde qué año existe la presencia española en Puerto Rico y desde cuándo es Puerto Rico parte de Estados Unidos? ¿Por qué?

2. ¿Qué hizo EE. UU. al principio de su gobierno en Puerto Rico y cómo cambió sus acciones después?

3. ¿Qué pasó en 1952? ¿Por qué el nombre da lugar a controversia?

Debates sobre el estatus

La asociación de Puerto Rico con EE. UU. trae consigo ventajas° y
35 desventajas. Los puertorriqueños se benefician de programas de
educación y salud pública que están entre los mejores de América
Latina, sin necesidad de pagar impuestos° federales. Además las
industrias estadounidenses en Puerto Rico son una fuente°
importante de empleo y dinero para la isla. Han reemplazado la
40 vieja economía agrícola con fábricas, centros comerciales,
rascacielos° y una infraestructura muy desarrollada. Las compañías
estadounidenses también sacan provecho° de la situación, debido
a la mano de obra° barata y al hecho de que, en muchísimos
casos, no pagan impuestos al gobierno puertorriqueño. Otra
45 ventaja para los puertorriqueños es que, a diferencia de los
cubanos y mexicanos, los puertorriqueños pueden entrar y salir de
EE. UU. sin visas especiales. No obstante, aunque son ciudadanos
de EE. UU., no pueden votar en las elecciones federales, ni tiene
voto su único representante en Washington.
50   Por todas estas razones, hay un debate continuo entre los
puertorriqueños sobre el estatus de su país, dividiendo la isla en tres
grupos: los estadistas,° los que favorecen el Estado Libre Asociado
(ELA) y los independistas. En varios plebiscitos no vinculantes° a
través de las décadas, la mayoría de los isleños han favorecido el
55 ELA. En 1993, el 48% apoyó el ELA, el 46% quería que Puerto Rico
fuera estado y el 4% votó por la independencia. Recientemente, el
Congreso de EE. UU. (el cuerpo oficial que determina el estatus de
la isla) ha respondido a peticiones de la legislatura de Puerto Rico
para resolver la cuestión. Se propone un referéndum vinculante de
60 los residentes, con el fin de ofrecer una respuesta final a la
pregunta: ¿estado, país independiente o estado libre asociado?

puntos positivos

dinero pagado al
  gobierno
source

edificios muy altos
sacan... *profit*
mano... *labor*

las personas que
  quieren que Puerto
  Rico sea un estado
  de EE. UU. /
plebiscitos... *non-binding referendums*

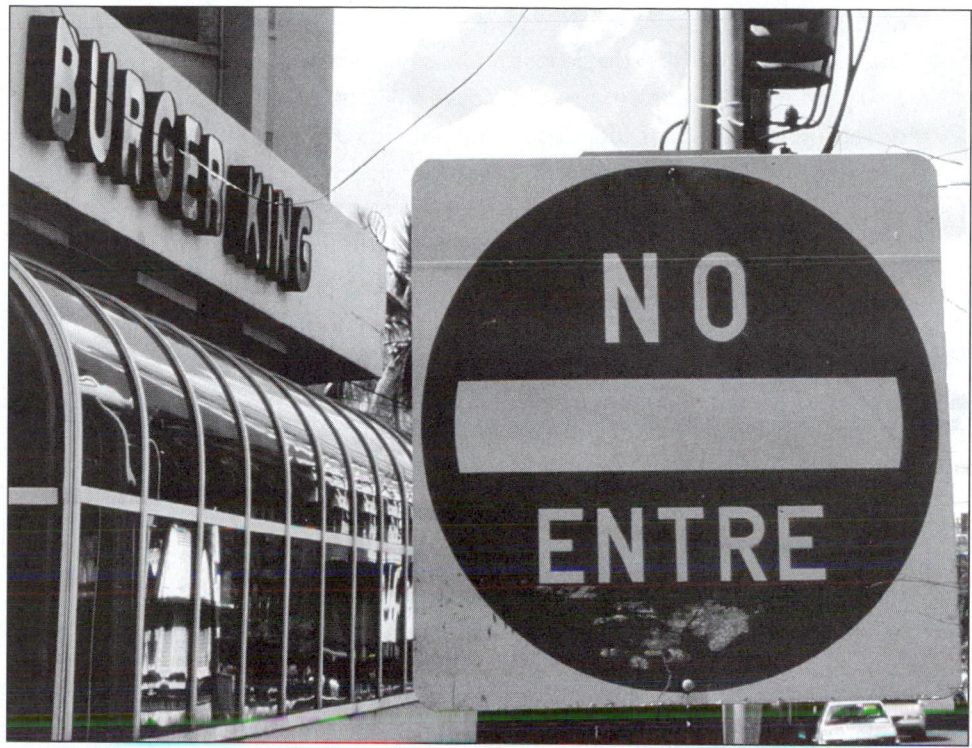

Esta escena urbana en Puerto Rico revela un ejemplo moderno de los cien años de presencia norteamericana en la isla.

Comprensión

1. Identifique dos ventajas y dos desventajas de la unión de Puerto Rico y EE. UU.

2. En cuanto al estatus de la isla, ¿qué grupos de opinión existen? ¿Qué opina Ud.?

3. ¿Qué iniciativas recientes hay sobre la cuestión?

El viaje a EE. UU.

¿Por qué vienen los puertorriqueños al continente?° Porque la isla   *mainland*
es uno de los lugares más superpoblados° del mundo, donde los   *overpopulated*
sueldos son bajos, el costo de vida es alto y no hay suficiente
65 trabajo. Los puertorriqueños que inmigraron en mayores números
a Nueva York, Filadelfia, Chicago, etc., eran durante varias

décadas los jíbaros° pobres sin educación ni entrenamiento°   campesinos
especializado. A diferencia de los cubanos, que no pueden volver   puertorriqueños /
                                                                      training
a su patria, muchos de estos puertorriqueños llegaron con la idea
70 de regresar a su isla en cuanto ganaran un poco de dinero. Pero
una vez en EE. UU., algunos se han visto atrapados° en un círculo   *trapped*
vicioso de pobreza—trabajos serviles—falta de educación—pobreza.

Como muchos representan la mezcla de dos o tres de los
grupos que históricamente han formado su cultura —los indios, los
75 españoles y los africanos— se ven discriminados aquí por su color
y, en muchos casos, por su falta de inglés. El ingreso anual
promedio° de la familia boricua es tres mil dólares menos que el   **ingreso...** *average yearly*
de la familia méxico-americana y veinte mil menos que el de la   *income*
familia anglo. En Nueva York, donde hay más puertorriqueños
80 que en San Juan,° sólo la madre está presente en un alto   la capital de Puerto
porcentaje de las familias.* Pero los horizontes de los   Rico
puertorriqueños en EE. UU. se han expandido en las dos últimas
décadas, como pronto se explicará.

Comprensión

¿Verdadero **(V)** o falso **(F)**? Si la información es falsa, corríjala.

_____ Los puertorriqueños salen de la isla a causa del clima caluroso y
la falta de vivienda.

_____ En EE. UU. algunos encuentran la pobreza y la discriminación.

_____ Dos grupos principales, los africanos y los españoles, formaron la
cultura puertorriqueña.

_____ El ingreso anual promedio de la familia boricua es tres mil
dólares menos que el de la familia anglo.

Cambios significativos

Ciertas tendencias positivas han emergido en años recientes,
85 según el *National Puerto Rican Coalition.* Primero, un número
significativo de puertorriqueños han dejado la clase baja
económica para entrar en la clase media, consiguiendo empleos
administrativos y técnicos con sueldos respetables. También, la
participación de la mujer en la fuerza laboral ha subido

---

* Las estadísticas son del *Statistical Abstract of the United States, 1997, Bureau of the Census.*

90   notablemente. En parte estos avances reflejan la afluencia° a EE.   *influx*
UU. de profesionales —abogados, profesores, científicos, hombres
y mujeres de negocios— que empezaron a emigrarse de Puerto
Rico en los años 70. Por fin, dos de cada tres puertorriqueños hoy
viven fuera de la ciudad de Nueva York (donde residen casi un
95   millón de dominicanos) en ciudades más pequeñas del este,
medio-oeste y suroeste, y su progreso económico en estos lugares
es visible, especialmente en California, Tejas y Nueva Jersey.

    Una nueva organización, *Boricua First!,* se dedica a unir los
puertorriqueños a nivel nacional, a formular un plan político-social
100 para presentárselo a los líderes del país y a expresar el orgullo
que sienten de su herencia de tres culturas. Nydia Velázquez de
Nueva York, la primera puertorriqueña elegida al Congreso;
Rafael Ferrer, el respetado artista experimental; Piri Thomas, autor
de *Down These Mean Streets;* «Chi Chi» Rodríguez, el golfista;
105 Judith Ortiz Cofer, propuesta para el Premio Pulitzer y autora de
The Line of the Sun; la cantante de salsa, La India; ¡aún la bebida
piña colada!: gente y cosas de distintos campos que señalan la
vitalidad y diversidad de los puertorriqueños, que después de
varias décadas de difícil transición en este país, ya están contando
110 sus fuerzas y celebrando sus ricas contribuciones culturales.

Comprensión

1. Identifique tres cambios significativos de las últimas décadas para los puertorriqueños.

2. Dé cuatro ejemplos de personas o cosas que representan las contribuciones de los puertorriqueños a la vida nacional. ¿Hay otras figuras o cosas notables que conozca Ud.?

A c t i v i d a d e s

1. *Línea temporal*

✳Trabajando solo(-a) o con otro(s), busque en el texto los acontecimientos que corresponden a las siguientes fechas y escríbalos sobre la fecha.

1493	1898	1917	1952	los años 70	1993	hoy día

2. *Una diferencia de opinión*

 * Ud. y su amigo(-a) hablan frecuentemente sobre cuestiones importantes, ¡aunque *nunca* están de acuerdo! Escogiendo una de las siguientes declaraciones, explique y defienda su punto de vista. Su compañero(-a) le llevará la contra (*will argue against you*).

1. Creo que Puerto Rico debe ser un estado de EE. UU.
2. Yo soy puertorriqueño(-a) y estoy contento(-a) con las condiciones de vida en EE. UU.

Más allá del texto

1. Si es posible donde Ud. vive, visite un restaurante o mercado puertorriqueño y pruebe la comida típica. ¿Qué son *frituras, mofongo, adobo, tostones* y *sofrito*? Comparta sus experiencias con la clase.

2. Vea una de las películas (u otra película pertinente), *El Súper, Nueba Yol* y *Hangin' with the Homeboys,* sobre las experiencias de los cubanos, dominicanos y puertorriqueños, respectivamente, en la ciudad de Nueva York. Prepare un informe oral para la clase.

3. En Internet, consulte uno de los siguientes sitios (u otro sitio pertinente):
   a) *www.fishnet.net/~karenm/latino.html*
   b) *www.mundolatino.org/index.htm*
   c) *www.latinolink.com/*

   ¿Qué hay de interés sobre los puertorriqueños? ¿Aprendió algo nuevo? Explique.

4. En Internet o en la biblioteca, investigue los temas del *espiritismo* o *fiestas religiosas y nacionales puertorriqueñas.* Prepare un informe escrito.

*P*asaje de ida y vuelta*

 ●

Anticipación

* Puesto que los puertorriqueños son ciudadanos estadounidenses, pueden entrar y salir de los EE. UU. sin visa o pasaporte. Todos los años, miles hacen el viaje a este país. Algunos se quedan para siempre, pero muchos otros regresan, a veces

---

* *The Round Trip*

años después. El siguiente poema describe las aventuras de un joven puertorriqueño, Ramón, que hizo un viaje de ida y vuelta.

1. *Para abrir el tema*

*❋*Trabajando solo(-a) o con otro(s), piense Ud. en un lugar que Ud. visitaba o conocía muy bien de niño(-a). ¿Cómo era el lugar? ¿Ha regresado allí recientemente? ¿Qué cambios ha observado (o son muy probables, si no ha vuelto)?

2. *Vocabulario: La rima*

*❋*Una de las características de la poesía es la rima. Lea Ud. las últimas palabras de los versos de las cuatro primeras estrofas. ¿Qué palabras riman? ¿Es consistente la rima? Lea las estrofas en voz alta. ¿Qué efecto tiene la rima?

3. *El texto: Anticipar la historia (story)*

1. El título: ¿Cuáles son los infinitivos de *ida* y *vuelta?* Dado que se refiere a un puertorriqueño, ¿de dónde se va y hacia dónde va? ¿Adónde vuelve?
2. El dibujo en la página 311:
   a. En la parte de arriba, ¿cuál de los dos lados representa Puerto Rico? ¿Cómo es el Puerto Rico de Ramón? ¿Cómo es Ramón? ¿Cómo es Nueva York?
   b. En la parte de abajo, ¿cómo ha cambiado Ramón? ¿Cuál es la expresión en su cara? ¿Por qué?
3. Ahora bien, haga Ud. un resumen de lo que Ud. cree que será la historia del poema.

🎧 *Pasaje de ida y vuelta*

Jacobo Morales*

Ésta es la historia, señores,
de un jíbaro borincano°
que se fue pa' los *niuyores*°
con líos de sinsabores°
5 y una cajita° en la mano.

Acá dejaba a Mercedes,
a Confesor, a Dolores;°
y a sus queridos hermanos.
Eran ocho: flacos, «jinchos», barrigones.°

jíbaro... campesino puertorriqueño
pa'... a Nueva York
líos... bundles of problems
little box

Mercedes... nombres de mujeres

flacos... *thin, pale, stomachs swelled by malnutrition*

---

* Jacobo Morales (n. 1934), escritor, productor, actor y director de películas puertorriqueñas contemporáneas. Ha ganado muchos premios internacionales por su obra cinematográfica.

10 Fue en nave° de dos motores   *avión*
que alzó su vuelo Ramón.°   **alzó...** *Ramón took flight*
¡Y que verse en un avión,
más alto que un guaraguao!°   *pájaro que vuela muy alto* / *(trepado)*
Él, que nunca había trepao°   *climbed*

15 más allá del tamarindo.°   *árbol frutal bastante bajo*
El cielo le pareció lindo
y trató de ver a Dios,
pero un ruido de motor
lo sacó de sus ensueños°   *daydreams*
20 y abajo en la tierra vio
algo como un cementerio: Nueva York.

Un mal entendido° hubo   **mal...** *misunderstanding*
porque nadie lo esperó.°   *was waiting for*
De momento se sintió
25 como un becerro perdío.°   **becerro perdío (perdido)** *lost calf*
—¡Ay Dios mío!, ¿y ahora qué me hago yo?—
dijo Ramón.

Se acercó a un guardia pecoso°   *freckled*
al que preguntó asustao:°   *(asustado) con miedo*
30 —¿Usted ha visto a Sinforoso?
Es uno que es primo mío,
es bajito y «percudío»,°   *dark-skinned*
medio «enjiyío»° y calmoso.   **medio...** *half-stooped*

El guardia le contestó:—*What do you say?*
35 Ramón se sentó en la caja
y dijo pa' sus adentros:°   **pa'...** *a sí mismo*
«Esto no es ningún mamey».°   **ningún...** *cosa fácil*
Pero al° mes ya decía *okey.*   *después del*

El resto es historia vieja:
40 El trabajo, un reloj, horas extra,
el *subway,*
«*No portoricans*», «*No dogs*»,
y en un cuarto dormir seis.
Y un pensamiento a las siete,
45 y un pensamiento a las diez:

«Volver a la tierra amada;
hacer «chavos»° y volver.   dinero
¿Cuándo? Mañana... Mañana».

Mientras tanto los inviernos,
50 los muchachos en la calle,
la droga, la marihuana.

«Volver... mañana;
los nenes° hablan inglés,   niños
a la doña° le da asma,   la esposa

55 hay que «trabajar corrido°»   sin períodos de
    y todita la semana;   descanso
    pero volver...
    pa'° nacer otra vez en la tierra,   (para)

    pa' nacer otra vez en la calma,
60 pa' sembrar° de flores la *yarda*,   plantar
    digo, el batey;° ay virgen. Volver...   *Puerto Rican word for*
                                                               yard / dawn
    pa' respirar madrugada,°
    pa' tomarme mi café
    antes de ordeñar° la vaca».   *to milk*

65 Fue en siete cuarentisiete°   **siete...** 747, tipo de
    que alzó su vuelo Ramón.   avión
    A su lao° su mujer, sus hijos,   (lado)
    y en el resto del avión:
    mulatos, soldados,
70 tomateros,° «tecatos°»,   *tomato pickers* / adictos
    un abogado, un doctor,   a las drogas
    y quién sabe en qué lugar
    también se encontraba Dios.
    De pronto, el pelo se le erizó;°   *stood on end*
75 —Nos han secuestrao° —gritó,   **(secuestrado)** *hijacked*
    —aquello no es Puerto Rico,
    no se ve más que concreto,
    ni siquiera un arbolito.

    Llegó.

80 A un guardia le preguntó:
    —*Where I am?* Digo, ¿dónde estoy yo?
    —En San Juan —le contestó.
    —Gracias.
    —*Okey.*
85 Y en un taxi se montó.°   **se...** entró

    El resto es historia vieja:
    El trabajo, un reloj, horas extra,
    humo,° fábricas,° chimeneas,   *smoke / factories*
    extranjeros° y camas,   *foreigners*

90 niños en las calles,
desahucios° y marihuana. *evictions*

«Y pensar que ya es mañana
y yo no quepo° en el hoy. *fit*
¿En dónde están mis caminos?
95 ¿Hacia adónde voy»?

C o m p r e n s i ó n

1. Aquí y allá

* ¿Qué sabemos de Ramón y de su viaje de ida y vuelta? Trabajando con otra(s) persona(s), busque la información en el poema y luego escríbala en los espacios indicados.

	En Puerto Rico	En Nueva York
1. Vida personal de Ramón (familia, etc.)		
2. Sus experiencias, impresiones en el avión	*Viaje de <u>ida</u> a NY*	*Viaje de <u>vuelta</u> a PR*
3. Sus sentimientos, experiencias en el aeropuerto	*En NY (al llegar)*	*En PR (al volver)*
4. la «historia vieja»	*En NY*	*En PR*
5. elementos de ironía, sorpresa	*Al llegar a NY*	*Al volver a PR*

2. *Crucigrama*

Horizontales

1. Ramón asocia el cielo con esto.
4. jerga (*slang*) puertorriqueña para *Nueva York*
7. El jíbaro trabaja según esto.
10. la primera impresión de Ramón de Nueva York
13. el sueño de Ramón
14. donde los jíbaros trabajan en las ciudades
16. ¿Quién acompañó a Ramón a Puerto Rico?
17. Ramón se siente así al final del poema.

Verticales

2. Ramón dijo esto después de un mes.
3. Ramón vio esto al regresar a Puerto Rico.
5. Ramón vuelve aquí.
6. Ramón se sintió así en el aeropuerto.
8. un aspecto de la «historia vieja»
9. sinónimo para *puertorriqueño*
10. jerga puertorriqueña para *dinero*
11. número de personas que duermen en un cuarto, según el poema
12. Ramón realizará sus sueños _____ ? _____.
15. sinónimo para *avión*

Discusión

✱ ¿Cómo se siente Ramón al final del poema? ¿Por qué? ¿Cree Ud. que el poema es cómico o triste? Explique.

Actividad

 ¿Volver o no volver?

✱ Con otro(-a) estudiante, comente la siguiente pregunta; luego comparta sus respuestas con la clase.

Dicen que «Es mejor no regresar» porque así se preservan intactos los recuerdos felices de algún lugar. ¿Estás de acuerdo? ¿Por qué?

Chiste

S-O-C-K-S

Una señora puertorriqueña, recién llegada a Nueva York, quería comprar unos calcetines para sus hijos. Hablaba muy poco inglés, y no sabía la palabra para «calcetines». Entró en una tienda grande, y trató de explicar a la dependienta lo que quería, pero la dependienta no entendió. Por fin, la dependienta decidió llevar a la señora a los varios mostradores, esperando encontrar directamente el artículo deseado.

—*Is it this?* —preguntó la dependienta.

—No, no es eso —respondió la señora.

—*This?*

—No, tampoco es eso.

—*How about this?*

—No, eso no es.

Por fin llegaron al mostrador de los calcetines y la señora exclamó felizmente:

—¡Eso sí que es!

—*Well,* —dijo la dependienta, un poco perpleja, —*if you can spell it, why can't you say it?*

$\mathcal{E}$l día que fuimos a ver la nieve

＊Este cuento está basado en un hecho real. En los años 50 la alcadesa (*mayor*) de San Juan arregló que dos aviones llenos de nieve de EE. UU. llegaran a Puerto Rico en Navidades, cuando hacía una temperatura de 85 grados. El autor recrea esta ocasión especial —y cómica— en la vida de su familia, cuando hicieron un viaje para ver la nieve. Al mismo tiempo, agrega elementos de observación social sobre la identidad nacional de Puerto Rico. ¿Traer la nieve fue un acto inocente y bondadoso de la alcadesa para entretener a los niños? ¿O representa la imposición de la cultura norteamericana sobre la isla? Uds. mismos decidirán.

1. Para abrir el tema

＊Trabajando solo(-a) o con otro(s), piense Ud. en su propia niñez y en un viaje familiar para ver algo espectacular, como el océano, Santa Claus, el circo, un concierto o el jardín zoológico, etc. Incluya los siguientes puntos.

- Escriba un título: «El día que fuimos a ver _____»
- ¿Cómo se sentían todos de su familia antes del gran acontecimiento (evento)?
- ¿Hubo preparaciones especiales?
- ¿Cómo fue el viaje al lugar? ¿el comportamiento de sus hermanos y sus padres?
- Después del gran acontecimiento, ¿se sentía Ud. contento(-a) o desilusionado(-a)? ¿Por qué?

＊Después de leer el cuento, compare sus experiencias con las del joven narrador.

2. Vocabulario: Adivinando por el contexto

＊El contexto le ayudará a adivinar el sentido de estas palabras del primer párrafo del cuento.

1. Aquel día *amaneció* de golpe, con el sol... Escuché a mamá en la cocina, ya preparando el desayuno...
   a. terminó   **b.** empezó   **c.** pasó
2. Recordé de qué día se trataba y el corazón me *latió* más rápido.
   a. palpitó   **b.** ayudó   **c.** rompió
3. Escogí un sweater crema, unos pantalones de corduroy, y medias gruesas. Mami, al verme entrar así *ataviado*, se echó a reír.
   a. informado   **b.** vestido   **c.** aburrido

4. Papi... comentó que... quizás no valía la pena hacer el viaje. —Ese tapón (congestión de vehículos) va a *estar del mero*... nos tomará dos horas llegar a San Juan—.
   a. ser insignificante   **b.** ser agradable   **c.** ser extraordinario

5. Nos tomará dos horas llegar a San Juan—. —Con lo *sobrada* que es la gente, no lo dudo—, agregó mami.
   a. demasiado numerosa   **b.** demasiado religiosa   **c.** demasiado cortés

3. *El texto: Buscar detalles*

✳ Trabajando solo(-a) a con otro(s), busque Ud. la siguiente información en el primer párrafo.

* número de personas en la familia
* el tiempo que hacía aquel día
* la ropa que llevaba el narrador
* el lugar adonde iban y las condiciones del viaje que se anticipaban

✳ Ahora en sus propias palabras, cuéntele a su compañero(-a) lo que ha pasado hasta este punto. ¿Cómo cree Ud. que va a ser el viaje?

El día que fuimos a ver la nieve

Alfredo Villanueva-Collado*

Aquel día amaneció de golpe, con el sol agarrado° de las persianas° como si quisiera derretirlas.° Escuché a mami en la cocina, ya preparando el desayuno, a papi dejando caer el chorro° sobre el agua del inodoro,° a Roberto trasteando° en las
5 gavetas° del cuarto al lado del mío. Recordé de qué día se trataba y el corazón me latió más rápido. Corrí a lavarme y a vestirme. Escogí un sweater crema, unos pantalones de corduroy, y medias gruesas. Mami, al verme entrar así ataviado, se echó a reír. Papi, con su paso lento y pesado, dejando escapar un gruñido,°
10 comentó que hacía demasiado calor y que quizás no valía la pena

grabbing hold
blinds / to melt them

dejando... orinando /
toilet / rummaging /
drawers

grunt

---

* Alfredo Villanueva-Collado (n. 1941) nació en Santurce, Puerto Rico, pero se crió en Venezuela. Volvió a Puerto Rico para terminar sus estudios universitarios, y luego vino a EE. UU. donde sacó el doctorado y donde trabaja actualmente como profesor en la Universidad de la Ciudad de Nueva York. Él cree que parte de su labor como escritor es contar la tragedia colonial de la identidad puertorriqueña.

hacer el viaje. —Ese tapón° va a estar del mero—, dijo, dirigiéndose a nadie en particular. —Ya son las nueve, y nos tomará dos horas llegar a San Juan—. —Con lo sobrada que es la gente, no lo dudo—, agregó mami. —Mejor nos vamos

15 apurando.°

    Ya montados en el carro, papi tuvo que ir al baño de urgencia, de manera que perdimos otros veinte minutos. Roberto y yo nos acomodamos en la parte de atrás, cada uno en su ventana. Mami nos advirtió que ya sabíamos lo que pasaría si no nos estábamos

20 quietos. Y al decirlo, mostró las largas uñas inmaculadamente manicuradas y pintadas de un rojo oscuro con las que en más de una ocasión nos había llevado los cantos,° forma absoluta de ganar control inmediato sobre nuestras personas. Papi regresó y nos pusimos en camino.

25   Salir de Bayamón* fue fácil, pero una vez que caímos en Santurce,* el tapón fue apoteósico.° Nos movíamos cuatro pies cada media hora y, con el calor y la falta de una brisita, el interior del carro estaba pegajoso° como un baño de vapor. Roberto se puso a matar indios, porque ese día le había dado por ponerse su ropa de

30 vaquero,° completa con sombrero de ala ancha y cinturón con revólver. «¡Zas!» y allí caía un indio y ¡zas! allí caía otro indio, hasta que mami, fijándose en las miradas de horror que los ocupantes de otros baños de vapor nos dirigían, se viró° enérgica, lo agarró por el brazo y le dijo que se dejara de jueguitos, que era mala educación

35 apuntarle° a la gente, y más con un revólver, que qué se iban a creer, que ella no había salido para pasar vergüenzas, y si no se controlaba nos regresábamos ahí mismito, ¿verdad Casimiro°?

    Soltó° a Roberto y se viró del otro lado, a ver qué estaba haciendo yo. Pero mi juego era mucho más pacífico. Mi pasión

40 consistía en contar marcas° de carros, específicamente Studebakers, lo cual, hay que reconocer, no era nada fácil en aquel tremendo tapón. Por lo menos lo podía hacer sin llamar demasiado la atención de los de al frente. Allí iba un Ford, y más adelante un Chrysler; había montones de Chevrolets y uno que

45 otro Cadillac, pero no veía un Studebaker ni para remedio,° de manera que me fui levantando despacio a mirar por el cristal

---

* Bayamón y Santurce son ciudades de Puerto Rico que forman parte del área metropolitana de San Juan (la capitol).

congestión de
vehículos

con prisa

llevado... hecho llorar

extraordinario

sticky

cowboy

(she) turned around

to point

nombre de papá

Liberó

nombres comerciales

ni... *no matter how hard
I looked*

trasero° cuando paf, un manotón° me tumbó de nuevo sobre el
asiento mientras me advertían que si todos moríamos en un
accidente cuando papi no pudiera ver los otros carros en el cristal

50 de atrás porque yo estaba en el medio, yo y nadie más que yo iba
a ser el responsable, y que era mejor que nos devolviéramos° allí
mismito, para evitar una desgracia.

Al fin llegamos a los puentes del Condado;° una brisita alivió la
piquiña° que me estaba comiendo el cuerpo. Iba a quitarme el

55 sweater, pero mami, que tenía ojos en la nuca,° me informó que
me vería en el hospital con pulmonía, empapado en sudor° como
estaba, además de la paliza° que me iba a llevar porque la gente
decente no se quitaba la ropa en público. Roberto se encontraba
en peor situación: le picaba° en mal sitio y trataba de rascarse° sin

60 que nadie lo notara. El resultado fue que de un jalón° fue a parar
al frente, dejando una mancha de sudor sobre el plástico rojo del
asiento al lado de la ventana, mientras le advertían que perdería
la salud del espíritu si se seguía metiendo la mano en cierto sitio.
La radio anunciaba el portento° del regalo de la gran dama a su

65 pueblo, lo que sólo prendía° la ira de papi cada vez más.
—Maldita sea° la gente y maldita sea la vieja esa, mira y que
ocurrírsele traer esa porquería° para que cuanto idiota hay en San
Juan se crea esquimal° por un día—. Pero mami le leyó la
cartilla.° —Mira Casimiro, tú fuiste quien se lo prometió a los

70 nenes, y tú eres el primer averiguado;° si no, ¿qué hacemos
metidos en este tapón? Sería mejor dejar el carro por aquí y
caminar hasta el parque. Pero tú eres un vago de primera y no
quieres pasar el trabajo; total, que estamos ahí al ladito.

Como si lo hubiera conjurado,° apareció un espacio y papi,

75 rabioso, metió el carro con una sola vuelta del volante. —¿Estás
seguro de que es legal? —preguntó mami, siempre temerosa de la
ley. —Vete al carajo°—, contestó papi, que ya no estaba para
cuentos. Nos apeamos,° papi y mami caminando al frente, él con
su guayabera° y ella con un chal° sobre los hombros, por si acaso,

80 como ella decía. Roberto y yo íbamos agarrados de la mano, él
dando saltitos y tratando de despegarse° los pantalones de
vaquero, que se habían convertido en instrumento de tortura,
mientras que yo batallaba con el sweater, que me parecía una
túnica de hormigas.° Era casi mediodía.

Glosas

cristal... ventana de
atrás / golpe con la
mano

regresáramos

sección de San Juan

irritación

nape of the neck

empapado... *drenched
in sweat*
golpes dados con un
palo (*stick*)

he itched / *to scratch
himself*
yank

maravilla

provocaba

Maldita... *Damn*

cosa de poco valor
(basura) / *eskimo*

le... *read him the riot act*

nosy

llamado por magia

diablo

bajamos

camisa que se lleva en
los trópicos / *shawl*

to unstick

insectos que siempre
están en los picnics

85　　Ya en el parque nos abrimos paso a través de la multitud que
se apelotonaba° en una dirección solamente, aguantando los
chillidos,° no sé si de excitación o de angustia, de millones de
muchachitos vestidos con levis, corduroys, guantes y hasta unas
raras gorras rojas con moñas° de colores. Y en el medio, blanca,
90　o casi blanca, brillante, pero ya medio aguada,° la nieve. Me
zafé° y corrí hacia ella, llenándome los pantalones de barro° en el
proceso, porque el agua derretida° se mezclaba en los pies de la
muchedumbre° con tierra de todas partes de la isla. Toqué la
nieve. No era gran cosa; se me ocurrió que, si quería, podría
95　hacerla en el freezer de casa, o jugar con el hielo hecho polvo de
las piraguas.° ¿Tanto lío° para esto? Pero obviamente mi actitud
crítica no era compartida. La gente estaba loca con la nieve. Le
daban vuelta a la pila con los ojos desorbitados, mientras que los
nenes chapoteaban en el fangal° o posaban para las Kodaks de
100　los padres. A un lado, en una tarima,° la benefactriz del pueblo,
que había hecho posible el milagro y mi desencanto, movía su
hermoso moño° blanco, sonreía, y se echaba fresco con un
abanico de encaje.°

　　Evidentemente la frescura del espectáculo no había mejorado el
105　humor de papi porque lo llegué a ver, casi púrpura, con mami al
lado, aguantando a Roberto que chillaba desconsoladamente con
los pantalones caídos sobre las rodillas. Quise darme prisa y,
llegando a donde estaban, resbalé,° quedando sentado a cinco
pulgadas° de las uñas de mami, quien se limitó a levantarme,
110　inspeccionar las ruinas de mi sweater, y comentar: —esperen que
lleguemos a casa—. Para colmo,° cuando al fin logramos recordar
dónde papi había dejado el carro, lo encontramos con un ticket
incrustado en una ventana. Papi lo recogió, se lo metió en el
bolsillo y exasperado se volvió a mami: —¡Bueno, m'ija, otra idea
115　brillante de tu partido y me meto° a estadista°!

se... *crowded together*

aguantando...
　tolerando los gritos

ribbons

watered down

separé (de la familia) /
　mud / *melted*

multitud

snow cones / big fuss

chapoteaban... *splashed
　about in the quagmire*
　/ plataforma

bun (estilo de pelo)

abanico... *lace fan*

me caí

a... *5 inches away*

Para... *To top it all off*

me... *I'll join* / el grupo
　a favor de que
　Puerto Rico se
　vuelva un estado de
　EE. UU.

● ●

Comprensión

✳ La clase se dividirá en 5 grupos para trabajar con las siguientes partes del cuento.
Después, un representante de cada grupo leerá las respuestas a la clase.

Grupo 1: Párrafos 1 y 2

¿Verdadero **(V)** o falso **(F)**? Si la información es falsa, corríjala.

_____ 1. El narrador se llama Roberto.

_____ 2. Ese día hacía calor y el narrador se puso ropa de verano.

_____ 3. Mucha gente iba a San Juan en coche.

_____ 4. En el coche la madre disciplinó a sus hijos mostrándoles su nariz larga y amenazante.

Grupo 2: Párrafos 3 y 4

1. ¿Por qué no viajaban muy rápidamente en el coche?
2. ¿Cuál era la temperatura dentro del auto?
3. ¿Qué ropa llevaba Roberto y a qué jugaban él y su hermano?
4. ¿Por qué creen Uds. que el autor incluye estos elementos?

Grupo 3: Párrafo 5

Escoja la respuesta apropiada.

1. Por fin la familia llegó a...

   a. un parque en Bayamón. **b.** una sección de Santurce. **c.** el Condado, en San Juan.

2. En la radio...

   a. se criticaba el regalo de la alcadesa. **b.** se maravillaba del regalo de la alcadesa. **c.** se anunciaba la temperatura con frecuencia.

3. El padre creía que era una idea... traer nieve a Puerto Rico.

   a. muy tonta **b.** muy generosa **c.** muy cómica

Grupo 4: Párrafos 6 y 7

1. ¿Cómo se sentían el narrador y su hermano en su ropa?
2. ¿Qué influencias de EE. UU. se notan en estos párrafos?
3. ¿Le impresionó la nieve al narrador? ¿Y a los demás? Explique.

Grupo 5: Párrafo 8

1. ¿Por qué estaban de mal humor los padres?
2. ¿Cuál fue el colmo para el padre?
3. Cuando el padre dice al final «me meto a estadista», ¿cree Ud. que habla en serio? ¿Por qué?

Discusión

✱Trabajando solo(-a) o con otro(s), conteste estas preguntas. ¿Qué opina Ud. de la acción de traer nieve a Puerto Rico durante la Navidad? ¿Fue un «milagro» para entretener a los niñitos puertorriqueños o la intrusión de EE. UU. en la isla? ¿Cuál cree Ud. que es la opinión del autor sobre este asunto? Explique.

¿Qué exportamos?

✳ Traiga Ud. a clase un objeto o una ilustración/fotografía de un aspecto de la cultura norteamericana que es muy popular en otras partes del mundo. Explique a la clase por qué es tan popular y qué imagen presenta de EE. UU. Al mismo tiempo, piense Ud. en otro elemento de la vida norteamericana que no recibe tanta atención pero que para Ud. tipifica nuestra cultura o nuestros valores. Explique su selección a la clase.

¿Qué les parece?

¿Qué precio la fama?

Selena Quintanilla-Pérez, la joven estrella de la música *tejano*, fue asesinada a los 23 años por la jefa de su club de aficionados.

continuación

En 1995 la talentosa cantante méxico-americana Selena fue matada por una de sus aficionados y la administradora de sus *boutiques,* a quien se había descubierto robando fondos. La trágica muerte de esta estrella conmovió no sólo a los millones de aficionados a la música *tejano* sino al público en general, que vio la muerte temprana de todavía otro joven famoso. En su música Selena combinaba elementos tradicionales de las rancheras y polkas mexicanas con salsa, *pop* y el *country* y *western* de Tejas. Estaba al punto de entrar al mercado angloparlante con su nuevo disco compacto en inglés cuando fue asesinada. Una cantante enérgica y optimista, Selena era —y sigue siendo— muy querida por su comunidad porque nunca se olvidó de sus orígenes tejano-mexicanos. La película *Selena,* la venta sensacional de su último disco y su estatus como santa entre muchos aficionados son testimonio a la persistente popularidad de Selena, que tanto en su vida como en su muerte ha atraído la atención de gran número de personas.

¿Qué precio tuvo la fama de Selena?

En busca de una explicación

Trabajen en grupos pequeños con las siguientes preguntas.

1. ¿Creen Uds. que Selena fue una víctima de nuestra adoración a la personalidad? ¿Pueden Uds. pensar en otras jóvenes estrellas que han sufrido las consecuencias de la fama?

2. ¿Es peligroso estos días ser famoso en EE. UU.? ¿Por qué? ¿Qué tipos de presiones, expectaciones especiales, etc., sufren las estrellas? ¿Qué o quién tiene la culpa? a) los medios masivos b) el público norteamericano c) los artistas inmaduros d) ¿_____? Explíquense. ¿Hay solución al problema o tiene la fama su precio, aun si es la muerte?

3. ¿Por qué es tan violenta nuestra sociedad? ¿Qué cambios recomendarían Uds. para controlar o eliminar este elemento?

Los cubanoamericanos: En la «Pequeña Habana»

Colegio de Belén... Restaurante Camagüey... Asociación de Pescadores° Libres... pero, ¿dónde estamos? ¿Es posible que ésta sea una ciudad de Estados Unidos? Pues, ¡sí! Estamos en la sección cubana de Miami («*Little Havana*»), que ha crecido tan
5 rápidamente y con una prosperidad tan obvia que no deja de

Fishermen

impresionar° a cualquiera. A partir del año 1959, vinieron gran *no... does not fail to*
número de cubanos, situándose no sólo en Miami, sino por todas *impress*
partes de EE. UU. Hoy la población cubana de este país ha
llegado a más de un millón de personas.* En general, se han
10 incorporado fácilmente a la clase media norteamericana
gozando de un éxito extraordinario. ¿Por qué vinieron los
cubanos? ¿Cómo lograron° tanto? Para contestar estas preguntas, *did they accomplish*
vamos a repasar las razones históricas que han causado el
«fenómeno cubano».

15   Colón llegó a la isla de Cuba en 1492. La población indígena° *de indios nativos*
desapareció pronto principalmente a causa de las nuevas
enfermedades traídas por los colonizadores. Después, los
españoles trajeron un gran número de negros para trabajar en las
plantaciones de azúcar. Por eso, en contraste con los mexicanos,
20 cuya cultura se caracteriza por la combinación de lo español y lo
indio, la cultura cubana muchas veces refleja la mezcla° del *combinación*
elemento español con el africano, especialmente en la literatura y
la música.

Una pintura mural en la Calle Ocho de "Little Havana," Miami muestra el carácter bicultural de la ciudad.

---

* Las estadísticas de éste y otros párrafos son del *Statistical Abstract of the United States, 1997, Bureau of the Census.*

Comprensión

¿Verdadero **(V)** o falso **(F)**? Si la información es falsa, corríjala.

_____ Muchos cubanos han gozado de un notable éxito económico en este país.

_____ La cultura cubana se caracteriza por ser una mezcla de lo indio y lo español.

_____ Colón llegó a Cuba en su segundo viaje al nuevo mundo (1493).

_____ Muchos indígenas murieron por enfermedades traídas por los españoles.

La intervención norteamericana

Cuba se liberó de España en 1898, después de la intervención
25 norteamericana en la guerra de independencia cubana. Usando
como pretexto la explosión del barco *Maine* en el puerto de La
Habana, EE. UU. entró en guerra con España y la venció°   *defeated*
fácilmente. Como resultado, Cuba se independizó, y Puerto Rico,
las Filipinas y Guam pasaron a ser posesiones norteamericanas.
30 En 1901 EE. UU. obligó a los cubanos a aceptar la Enmienda°   *Amendment*
Platt, que autorizó su intervención en los asuntos internos de la
nueva república y facilitó el establecimiento de una base naval en
Guantánamo, que hasta hoy existe.

Con el tiempo se revocó la Enmienda Platt y Cuba disfrutó° de   *enjoyed*
35 un régimen bastante democrático hasta 1952, cuando Fulgencio
Batista derribó° el gobierno constitucional y estableció una   *hizo caer*
dictadura° militar. Esta acción provocó un levantamiento° que   *dictatorship / uprising*
terminó finalmente en 1959 con el triunfo de Fidel Castro, que
luego fundó el primer gobierno comunista de Hispanoamérica.

Comprensión

1. ¿Cómo ganó Cuba su independencia?

2. ¿Qué era la Enmienda Platt?

3. ¿Cuándo y cómo llegó al poder Fidel Castro?

La Cuba de Castro

40 Durante su régimen de más o menos cuarenta años, Castro ha
traído ciertos beneficios a Cuba: el analfabetismo° ha sido en gran   *illiteracy*
parte eliminado, el nivel de mortalidad infantil ha bajado mucho,
el entrenamiento científico y técnico es bastante avanzado y por
cada 300 habitantes se encuentra un médico. Por otra parte, no

45 ha existido la libertad de expresión ni de prensa durante su
régimen y siempre ha habido escaseces° de comestibles y   *shortages*
medicamentos.

Con la disolución de la Unión Soviética, Cuba perdió su
enorme apoyo° financiero y técnico y el mercado principal para   *support*

50 sus productos. Entre 1989–94 pasó por una crisis económica, con
severas restricciones en la disponibilidad° de gasolina, petróleo,   *availability*
electricidad, comida y otras necesidades básicas. En años
recientes Castro ha inaugurado unas cautelosas° reformas   *cautious*
económicas que han permitido un crecimiento de la producción

55 nacional de entre el 2% y el 5%. Entre las reformas: 1) la inversión
extranjera° de millones de dólares, especialmente en la industria   *inversión... foreign*
turística; 2) la libre empresa° limitada, principalmente en forma de   *investment / libre...*
restaurantes pequeños en casa de los dueños y mercados para   *free enterprise*
campesinos y artesanos, y 3) la introducción del dólar

60 estadounidense como moneda legal. La «dolarización» del país
ha producido inequidades entre los que tienen contacto con
extranjeros y acceso al dólar y los que dependen del peso cubano
menos valorado. Aun con las reformas económicas, los cubanos
siguen dependiendo de la generosidad de sus familias y amigos

65 en EE. UU., quienes mandan anualmente más de mil millones° de   *mil... one billion*
dólares en ayuda privada.

El embargo comercial entre Cuba y EE. UU. y más
recientemente la ley Helms-Burton,* que impone sanciones° sobre   *punishments*
ciertas compañías extranjeras que negocian con Cuba, han

70 contribuido a un ambiente tenso entre las dos naciones. Según los
defensores de tales medidas,° la presencia de un régimen   *measures*
comunista a 90 millas de EE. UU. es una clara amenaza° que hay   *threat*
que disminuir, o aun eliminar. Otros mantienen que EE. UU.

---

* En 1996 el Congresó aprobó esta ley, después de que aviones militares cubanos derribaron (*shot down*) a dos aviones civiles de Miami (de un grupo de exiliados cubanos), que anteriormente habían violado el espacio aéreo cubano.

comercia con países comunistas como Vietnam y China, que Cuba
75 no representa ninguna amenaza, y que sería beneficioso
participar en la lenta apertura° de su economía.   *opening*

Comprensión

1. Identifique tres beneficios y tres problemas del régimen de Castro.

2. Describa dos reformas económicas de Castro y sus efectos.

3. ¿Qué restricciones comerciales existen entre Cuba y EE. UU.?

Los refugiados

Por razones políticas y económicas, miles y miles de cubanos han
abandonado la isla. La primera gran ola de refugiados llegó a EE.
UU. durante los años 60, algunos de ellos escapándose en
80 pequeños barcos o balsas° y muchos otros en vuelos organizados   *rafts*
por el gobierno norteamericano. Por tratarse de un grupo de
refugiados del comunismo, la actitud de los norteamericanos en

Un refugiado de Cuba, que lleva mucho tiempo separado de su familia, se reúne con ellos en Miami.

general fue acogedora.° A diferencia de los mexicanos,   de mucha hospitalidad
puertorriqueños y varios otros inmigrantes, muchos de estos
85   cubanos ya sabían un poco de inglés y tenían una profesión. Al
principio la mayoría de los refugiados pensaban que su exilio iba
a durar poco, pero después del desastre de la Bahía de
Cochinos,* su esperanza de liberar a Cuba disminuyó.°   se redujo

   Dos otros grupos significantes de refugiados cubanos han llegan
90   a Miami. En 1980, Castro permitio salir a 125.000 personas, los
«Marielitos°», entre ellos gente pobre y algunos criminales. Luego,   salieron del Puerto
al comienzo de los 90, miles de balseros° se escaparon de las   Mariel en Cuba
gravísimas condiciones económicas en Cuba. Después de un   *rafters*
período de difícil adaptación, la mayoría de los Marielitos y
95   balseros se han integrado con éxito a la comunidad hispana. Para
resolver de una vez la cuestión de los refugiados, Cuba y EE. UU.
firmaron un acuerdo en 1995 que autoriza la entrada legal a EE.
UU. de 20.000 cubanos al año y la devolución a Cuba de balseros
y otros que viajan en botes pequeños.

Comprensión

Llene los espacios con la información apropiada sobre los refugiados
cubanos.

Grupo	Año(s) de su salida	Motivo por salir/Características
a. La primera ola	_____	_____
b. _____	_____	Castro permitió salir a mucha gente
c. _____	los 1990	_____

Los cubanos en Miami

100   El poder económico y político de los cubanos en EE. UU. es más
visible en Miami, la «capital» de América Latina, según el chiste
corriente. Si en Miami la conversación no es siempre en español,
la vida y el comercio de la ciudad sí lo son. Hay periódicos, ballet,

---

* En 1961 un grupo de cubanos exiliados, apoyados por la *Central Intelligence Agency* de EE. UU., in-
vadieron la Bahía de Cochinos en la costa sur de Cuba. El plan —según los invasores— fracasó
porque EE. UU. no los protegió con la aviación y con el poderío naval que se les había prometido.

105 hospitales, hoteles, escuelas, barberos y arquitectos cubanos y la
ciudad es la sede° de una de las principales cadenas° televisivas
en español, Telemundo. Se dice que en Miami se puede ir del
nacimiento a la muerte completamente en español.

oficina central / *networks*

Y no sólo es el español de los cubanos. Hoy, el 66% de los
hispanos del Condado° Dade (con su ciudad principal, Miami) son
110 de origen cubano, pero los demás son de todas partes del mundo
hispano: Nicaragua, El Salvador, Colombia, Puerto Rico, México,
etc. Es más, ahora Miami es una de las ciudades más diversas de
la nación, con inmigrantes de Haití, Jamaica, Trinidad, Vietnam,
India y otros lugares. Sin embargo, algunos resienten la
115 «cubanización» o «españolización» de la ciudad, al notar la
presencia hispana en sus antiguos barrios y el predominio del
español.

County

Los cubanos gozan del nivel económico y educativo más alto de
los hispanos de EE. UU. pero en comparación con los anglos, la
120 familia cubana gana $10.000 menos anualmente y el porcentaje
que se gradúa del colegio y de la universidad es menor.

La influencia política de los hispanos en Miami es notable, ya
que el 70% de los votantes inscritos° son hispanohablantes. Han
ayudado a elegir a un alcalde cubanoamericano, Xavier Suárez,
125 al primer gobernador cubano de la Florida, Bob Martínez, y a la
primera cubanoamericana en el Congreso, Ileana Ros-Lehtinen.

registered

Comprensión

1. ¿Cómo se nota la presencia económica y política cubana en Miami?

2. ¿Qué otros grupos étnicos se encuentran en Miami y el Condado Dade?

3. ¿Cierto o falso y por qué? Los cubanos tienen un nivel de vida superior al de los anglos y otros hispanos de EE. UU.

Contribuciones a la vida nacional

Además de la política, se siente la presencia cubana en muchos
lugares distintos. Cualquier persona que ha escuchado la música
palpitante de Gloria Estefan o bailado a la incesante energía de la
130 salsa reconoce la influencia de los ritmos afro-cubanos en la
música norteamericana. Autores respetados como Cristina García,

Dreaming in Cuban, y Oscar Hijuelos, recipiente del Premio Pulitzer por la novela *The Mambo Kings Play Songs of Love,* contribuyen a la rica literatura sobre la experiencia cubana en EE.
135 UU. En la alta moda° se destaca el diseñador Adolfo. Alberto   *fashion* Salazar, corredor olímpico y ganador de los maratones en Boston y Nueva York y José Canseco, el talentoso beisbolista, señalan las aportaciones de los cubanos al mundo deportivo. La presencia cubana es ya una rica contribución permanente tanto a Miami
140 como al diverso carácter étnico de EE. UU.

Comprensión

¿A qué categoría pertenecen las siguientes personas/cosas cubanas?
A = moda   **L** = literatura   **E** = entretenimiento (cine, TV)
M = música   **D** = deportes   **P** = política

_____ la salsa   _____ Alberto Salazar
_____ *The Mambo Kings Play Songs of Love*
_____ Ileana Ros-Lehtinen   _____ Cristina García
_____ Adolfo   _____ José Canseco   _____ Gloria Estefan
_____ Bob Martínez   _____ Telemundo

A c t i v i d a d e s

1. Línea temporal

✳Trabajando solo(-a) o con otro(s), busque en el texto los acontecimientos que corresponden a las siguientes fechas y escríbalos sobre la fecha.

1492   1898   1901   1952   1959   los años 60   1980   1989–94   1995   hoy día

2. Debate

✳En grupos pequeños o en forma de un panel de expertos, defiendan o critiquen el siguiente punto de vista.

Debemos preservar el embargo comercial contra Cuba y respetar la ley Helms-Burton porque Cuba es un país comunista y queda a sólo 90 millas de EE. UU.

Más allá del texto

1. Si es posible donde Ud. vive, visite un restaurante o mercado cubano y pruebe la comida/bebida típica. ¿Qué son *lechón asado, moros, ropa vieja, yuca con mojo, picadillo, Cuba libre*? Comparta sus experiencias con la clase.

2. Vea una de estas películas (u otra película pertinente) y cuéntele a la clase lo que aprendió sobre los cubanos en EE. UU.: *El Súper, The Mambo Kings,* o *The Perez Family,* o traiga a clase un disco de salsa u otro ejemplo de música cubana y explique por qué sí o no le gusta.

3. En Internet, consulte uno de los siguientes sitios (u otro sitio pertinente):
   a) *www.fishnet.net/~karenm/latino.html*
   b) *www.mundolatino.org/index.htm*
   c) *www.latinolink.com/*
   ¿Qué hay de interés sobre los cubanoamericanos? ¿Aprendió algo nuevo? Explique.

Declaración

Anticipación

✳ El tema de la nostalgia es muy fuerte para los cubanoamericanos. A pesar de que muchos llevan dos o tres décadas en Estados Unidos, todavía persiste el deseo de regresar algún día a su tierra natal. El siguiente poema expresa los sentimientos de una mujer que nació en Cuba pero que ha pasado la mayor parte de su vida en EE. UU.

1. Para abrir el tema

✳ Trabajando solo(-a) o con otro(s), piense en estas preguntas.

1. Para Ud., ¿qué es la nostalgia? (El verbo **extrañar** o **echar de menos** = *to miss* le ayudará.) ¿Qué emociones asocia con este sentimiento?

2. ¿Qué cosas echa Ud. de menos de su familia o su pueblo natal? Pero, ¿qué ventajas (puntos positivos) hay de su vida ahora en la universidad? ¿Dónde prefiere estar y por qué?

2. *El texto: Búsqueda de información*

✳ Lea Ud. rápidamente los diez primeros versos del poema. Encuentre tres cosas que ligan (*tie*) a la poetisa a Estados Unidos.

Ahora, lea todo el poema para ver dónde preferiría estar la poetisa —en Cuba o en EE. UU.

Declaración

Uva A. Clavijo*

Yo, Uva A. Clavijo,
que salí de Cuba todavía una niña,
que llevo exactamente
la mitad de mi vida en el exilio,
5 que tengo un marido con negocio propio,
dos hijas nacidas en los Estados Unidos,
una casa en los «suburbios»

_____

* Uva A. Clavijo (n. 1944) poetisa, cuentista y ensayista; ha ganado premios literarios en Cuba, Estados Unidos y Francia. Vino a EE. UU. en 1959 y actualmente reside en Miami.

(hipotecada° hasta el techo)   *mortgaged*
y no sé cuántas tarjetas de crédito.
10 Yo, que hablo el inglés casi sin acento,
que amo a Walt Whitman
y hasta empiezo a soportar el invierno,
declaro, hoy último lunes de septiembre,
que en cuanto pueda lo dejo todo
15 y regreso a Cuba.

Declaro, además, que no iré
a vengarme de nadie,
ni a recuperar propiedad alguna,
ni, como muchos, por eso
20 de bañarme en Varadero,°   una playa cerca de La
Volveré, sencillamente,   Habana
porque cuanto° soy   todo lo que
a Cuba se lo debo.

Comprensión

* Trabajando con otra persona o en pequeños grupos, busque información sobre los siguientes aspectos del poema.

1. la narradora de niña
2. su familia y casa en Estados Unidos
3. ejemplos de su adaptación a EE. UU. ¿Está infeliz o no? Explique.
4. fecha y acción principal de su declaración
5. lo que *no* piensa hacer en Cuba
6. por qué ella quiere regresar a Cuba. ¿Siente Ud. lo mismo por su patria? ¿Por qué?

Actividad

Encuesta

* Pregunte a cinco compañeros diferentes la siguiente pregunta, anotando sus respuestas según el modelo. ¿Qué extrañarías si tuvieras que salir de tu país? ¿Por qué? Luego comparta la información con la clase.

1. Mi declaración

✳Imagine que Ud., por razones políticas o económicas, tuvo que abandonar los Estados Unidos hace diez años. Ahora vive en España pero quiere volver a EE. UU. Ud. escribe este poema.

Yo _____

que llevo exactamente

diez largos años en el exilio,

que tengo _____

_____

_____

Yo, que hablo español casi sin acento,

que amo a _____

y hasta empiezo a soportar _____

declaro hoy, _____

que en cuanto pueda lo dejo todo

y regreso a Estados Unidos.

Declaro además que no iré

a _____

ni a _____

ni, como muchos, por eso

de ir a Disney World en Orlando.

Volveré, sencillamente,

porque _____

_____

_____

2. El futuro es ahora

✳Imagine que Uva Clavijo ha regresado a Cuba este año. En forma oral o escrita, describa sus impresiones.

Los amigos en Miami

❋Estados Unidos es un país de inmigrantes. Algunos son recién llegados, otros vinieron hace siglos, pero todos han encontrado una cultura nueva en este país. Con el tiempo, muchos se acostumbran a las diferencias culturales y hasta se ríen de ellas. La siguiente selección fue escrita por Eladio Secades, un escritor cubano que vino en la primera ola de refugiados políticos que estaban en contra del comunismo. A continuación, él nos ofrece una perspectiva humorística sobre las experiencias del exilio.

1. Para abrir el tema

❋Trabajando solo(-a) o con otro(s), piense Ud. en una experiencia que tuvo en una cultura o unas circunstancias nuevas (un viaje a otro país, su primer semestre en la universidad, los primeros meses en una nueva casa o ciudad, etc.). ¿Cómo se sentía Ud.? ¿Qué cosas nuevas lo/la sorprendían? ¿En qué actitudes y actos viejos y cómodos insistía Ud.? ¿Qué cosas de esa época/experiencia le parecen cómicas ahora? ¿Qué aprendió Ud.?

2. Vocabulario: Encontrar la pareja

❋Las palabras a la izquierda son del primer párrafo del ensayo y su significado se encuentra en la segunda columna. ¿Qué letra va con qué número?

_____	1. nos lo figuramos	a. ruido
_____	2. asombro	b. ritmo
_____	3. callados	c. nos parece
_____	4. bulla	d. sorpresa
_____	5. compás	e. silenciosos

3. El texto: Anticipando las costumbres

❋El autor describe varias situaciones y costumbres de los cubanos en Miami. ¿En qué párrafo encontramos las siguientes situaciones? (¡Ojo! Una situación *no* aparece en el ensayo. ¿Cuál es?)

Número del ¶		*Situación*
_____	1.	Una familia cubana visita un restaurante.
_____	2.	Los cubanos reparan sus coches.
_____	3.	Los cubanos van de compras.
_____	4.	Los cubanos hablan y caminan por las calles.

Ahora leamos más sobre los cubanos en Miami.

Los amigos en Miami

Eladio Secades*

Ahora resulta que medio° Miami es nuestro. Por lo menos, nos lo figuramos así. Hay legiones infinitas de cubanos en Miami. Se repite con asombro que en las calles de Miami sólo se oye hablar español. En realidad, el éxodo ha sido tremendo. Pero no se

5 olvide que los norteamericanos van por las aceras, callados y con prisa... Nosotros, inevitablemente, vamos hablando. Por lo mismo que repudiamos la gravedad excesiva, la etiqueta y el silencio absoluto, no escondemos los sentimientos. Dejamos que salgan. Y formando bulla además. Hablamos con efusión. Y llevamos el

10 compás con las manos.

Para las cubanas que vemos por Flagler,° los escaparates° de las tiendas no son simple motivo de contemplación. Aunque no vayan a comprar algo, todo lo curiosean. Todo lo juzgan. Y todo lo glosan.° «Aquel modelito de algodón.° Tan triste y tan soso.° El

15 de encajes° de al lado, está monísimo.° Lástima de ese lazo tan cursi°...» Los cubanos hacemos un alto° ante el escaparate de modas masculinas. Y si nos parece alto el costo del traje que nos gusta, dejamos constancia° pública del abuso. «Esto marcha sin remedio a la inflación». Y hasta parece que increpamos al

20 maniquí,° como si tuviera la culpa.

Hay el matrimonio° cubano que el domingo decide ir al restaurante. Con toda la prole° y entusiasmo de pic-nic bajo

half

una calle de Miami / *display windows*

comentan / **modelito...** *little cotton outfit / insípido / lace / very cute* / **lazo...** *cheap looking bow* / **hacemos...** *we stop* evidencia

increpamos... *we scold the mannequin married couple* niños

---

* Eladio Secades, escritor cubano famoso por sus estampas humorísticas sobre tipos y costumbres. Vivió muchos años en EE. UU.

techo.° Los niños llaman al dependiente al mismo tiempo. A la
impaciencia sigue sin remedio un coro de silbidos.° Para que
25 traigan por lo menos la cesta° del pan. Que es muy nuestro eso de
haber acabado° con el pan y la mantequilla antes de que traigan
la sopa. La mamá dice que parecen guajiros.° Y jura° que no los
volverá a sacar. El papá cree el instante indicado para ejercer su
autoridad. «Está bueno ya».° Pero completa al alboroto° leyendo
30 el menú en voz alta.

No habrá seguramente en la historia de todos los exilios del
mundo algo tan entrañable,° humano y simpático como la visita a
Miami del cubano que ha encontrado su segundo hogar° en otras
latitudes. Es posible que al entrar al hotel envolvamos al gerente
35 en un abrazo largo, cálido, muy apretado.° Es López, el profesor
de matemáticas de las muchachitas. La cara de la telefonista nos
parece familiar. La señora que maneja el ascensor. Otoñal,°
uniformada, tiesa,° nos dice que si somos cubanos, tendremos que
conocerla. Es la viuda° de un gerente de «El Encanto».° La
40 abrazamos también. ¡Qué sonrisa más triste, más bella la de
ella!... Todavía antes de que las maletas lleguen a la habitación
del hotel de la Playa, nos dan noticias de Dominguito. ¡Notario de
nuestras escrituras° y compañero de nuestro club! Ya ha
aprendido a hacer ensaladas. Iremos a la cocina a saludarlo.
45 Cada exiliado sabe lo que dejó atrás. Y el dolor que le costó
dejarlo. Más en broma que en serio, este relato es una pintura de

bajo... *indoors*

whistles

basket

Que es... Es muy típico
de nosotros terminar
/ campesinos
cubanos / proclama

Está... *That's enough
now.* / confusión

heartwarming

casa

envolvamos... *we
envelop the manager in
a long, warm, tight
embrace* / *Middle-aged*

formal

widow / nombre de
una tienda grande
de La Habana

Notario... *our notary
public*

lo que el cubano decente, culto° o inculto, pobre, de la clase   *educado*
media o rico, soporta, sufre y supera,° lo que somos capaces de   *overcomes*
ser y de hacer.

Comprensión

1. Según el autor; ¿por qué se notan más los cubanos de Miami que los norteamericanos?
2. ¿Qué hacen las cubanas y los cubanos al mirar los escaparates de la calle Flagler?
3. Describa Ud. a la familia cubana que va al restaurante.
4. ¿Qué le pasa al cubano de otra parte del país, al entrar en un hotel de Miami?
5. Según el autor, ¿qué demuestra este relato de una visita a Miami?
6. ¿Qué partes de esta selección son cómicas? ¿Cuáles le parecen tristes? ¿Por qué?

Actividades

1. Hágale estas preguntas a un(-a) compañero(-a) sobre la hora de la cena.

   ¿Dónde comes generalmente? ¿Qué comes? ¿Con quiénes? ¿De qué hablan Uds.? ¿Te gusta la hora de la cena? ¿Por qué? ¿Qué pasa después? ¿Cómo es cuando cenas con tu familia?
2. Haga Ud. una lista de costumbres especiales o étnicas que se preservan en su familia. ¿Qué importancia tienen para Ud.? ¿Por qué? Comparta su lista con otro estudiante.

Vocabulario

A few items that will help you use this vocabulary

1. Words containing **ñ** are placed after words containing **n.** For example, **año** comes after **anual.**
2. If a verb has a stem (radical) change (such as **dormir-duerme, durmió**), this change is indicated in parentheses next to the infinitive: (**ue, u**).
3. Idioms are generally listed under the more important or unusual word. **De regreso,** for example, is under **regreso.** In doubtful cases we have cross-referenced the expression.

The following types of words have been omitted: (1) cognates we judge to be easily recognizable, including regular verbs that with the removal of the infinitive or conjugated ending very closely approximate English verbs in form and meaning (such as **abandonar, ofender, decidir**), and most words ending in **-ario** (*-ary*), **-ivo** (*-ive*), **-ico** (*-ic*), **-ancia** (*-ance*), **-encia** (*-ence*), **-ente** (*-ent*), **-ción** (*-tion*), **-izar** (*-ize*); (2) low-frequency words that are explained in the marginal notes; (3) verb forms other than the infinitive (except for irregular past participles and a few uncommon present participles and preterite forms): (4) articles and personal, demonstrative, and possessive adjectives and pronouns (except in cases of special use or meaning); (5) adverbs that end in **-mente** when the corresponding adjective appears; (6) most ordinal and cardinal numbers; (7) common diminutives (**-ito, -ita**) and superlatives (**-ísimo, -ísima**). When we have not been certain that a word would be easily understood, we have included it. Finally, we have only given meanings that correspond to the text use.

Abbreviations

adj.	adjective		*m.*	masculine (noun)
adv.	adverb		*Mex.*	Mexico
Arg.	Argentina		*n.*	noun
Bol.	Bolivia		*pl.*	plural
colloq.	colloquial		*p.p.*	past participle
dial.	dialect		*prep.*	preposition
dim.	diminutive		*pres. p.*	present participle
f.	feminine (noun)		*pret.*	preterite
inf.	infinitive		*pron.*	pronoun
lit.	literature			

A

a at; by; to; on; for; in; from; of; into

abajo down; below, underneath; downstairs; **hacia—**downwards; **¡Abajo . . . !** Down with . . . !

abandono *m.* abandonment

abeja *f.* bee

abierto, -a *p.p. of* **abrir** & *adj.* open; frank; opened

abismo *m.* abyss; trough (of a wave)

abnegado, -a self-sacrificing

abnormalidad *f.* abnormality

abogado, -a *m.* & *f.* lawyer

abono *m.* fertilizer

abortar to abort

aborto *m.* abortion

abrasar to burn

abrazar(se) to embrace; to cling to

abrazo *m.* hug

abreviado, -a abbreviated

abreviar to shorten

abrigar:—una esperanza to harbor a hope

abrigo *m.* coat

abrir to open

absoluto, -a absolute; **en—**not at all

absorber to absorb; to consume

abstraer to abstract

abuelo, -a *m.* & *f.* grandfather; grandmother;**—s** grandparents

abultado, -a bulky

abundar to abound

aburrido, -a bored, boring

aburrir to bore;**—se** to be or become bored

abusar (de) to take advantage of; to misuse; to abuse

abuso *m.* abuse; misuse

a. de J.C. B.C. (before Christ)

acá here

acabar to finish, end;**—de** + *inf.* to have just . . . ; to put an end to

acantilado *m.* cliff

acaso perhaps

acatar to observe; to respect

acentuar to emphasize, accentuate

aceptación *f.* acceptance

acequia *f.* irrigation channel

acera *f.* sidewalk

acerca:—de about, with regard to

acercar(se) (a) to draw close; to approach; to come (go) up (to)

achicamiento *m.* reduction

ácido, -a acidic; sour

aclarar to clarify

acogedor, -a friendly; hospitable; cozy

acomodado, -a well-off

acomodar to accommodate

acompañar to accompany

acomplejado, -a with complexes

acondicionado, -a conditioned

aconsejar to advise

acontecimiento *m.* event

acordarse (ue) (de) to remember

acortar to shorten

acoso *m.* harrassment;**—sexual** sexual harrassment

acostar (ue) to put to bed;**—se** to go to bed; to lie down

acostumbrar(se) to be accustomed; to get used (to)

actitud *f.* attitude

actividad *f.* activity

actriz (*pl.* **actrices**) *f.* actress

actual present, present-day

actualidad *f.* present time

actuar to act

acudir to come (to aid); to go (in response to a call)

acuerdo *m.* agreement; **estar de—**to be in agreement; **de—con** in accordance with

acuidad *f.* sharpness

acusar to accuse; to prosecute

Adán Adam

adaptabilidad *f.* adaptability

adecuado, -a adequate

adelantado, -a advanced

adelantar(se) to get ahead; to move toward

adelante ahead; **más—**later on

ademán *m.* gesture

además moreover, besides;**—de** besides, in addition to

adentro inside

adepto, -a *m.* & *f.* follower

adherir (ie, i) to stick

adicto *m.* & *adj.* addict; addicted

adinerado, -a wealthy

adiós goodbye, farewell

adivinar to guess

adjetivo *m.* adjective

admirador, -a admiring

adobe *m.* dried brick

adorar to worship

adormecer to lull to sleep

adornar to decorate; to adorn

adorno *m.* decoration

adquerir (ie) to acquire

aduana *f.* customs (border inspection)

advenimiento *m.* coming

advertir (ie, i) to warn; to notice

aéreo, -a air

aeropuerto *m.* airport

afectar to affect, have an effect

afecto *m.* affection

afición *f.* hobby; fondness

aficionado, -a *m.* & *f.* fan

afinado, -a in tune

afinar to sharpen; to refine

afirmar to assert, affirm

aflijirse to be distressed; to grieve

afluencia *f.* influx

afortunado, -a fortunate

afrenta *f.* affront; disgrace

afrontar to confront

afuera outside

afueras *f. pl.* suburbs; outskirts

agarrar to grab

agobiado, -a bent; bowed under

agobiante oppressive; heavy

agonizante *m.* & *f.* & *adj.* dying person; dying

agotar to exhaust

agradable pleasant

agradar to please

agradecer to thank for; to be grateful for

agravarse to get worse

agraviado, -a offended, wronged

agregado, -a *m.* & *f.* attaché

agregar to add

agresividad *f.* aggressiveness

agresor, -a *m.* & *f.* aggressor, assailant

agrícola agricultural

agua *f.* water

aguacate *m.* avocado

aguacero *m.* rain storm; shower
aguafuerte *m.* etching
aguantar to await; to wait; to tolerate, stand
agudo, -a sharp
águila *f.* eagle
aguja *f.* needle; knitting needle
aguzado, -a sharpened
ahí there
ahora now, at present;—**bien** now then
ahorrar to save
ahorro *m.* savings
ahumado, -a smoky
airecillo *m.* little breeze
aislar to isolate; to separate
ajeno, -a of others; foreign
ajo *m.* garlic
ajustar to adjust
al:—+ *inf.* upon, on -ing
Alá *m.* Allah
alabar to praise
alarde *m.* display
alargarse to extend
alarmante alarming
alba *f.* dawn
albergar to shelter, lodge
alboroto *m.* uproar
alcalde *m.* **alcadesa** *f.* mayor
alcance: al—within reach
alcanzable attainable
alcanzar to attain, reach
alcoba *f.* bedroom
aldea *f.* village
alegar to allege; to argue
alegato *m.* argument
alegrar to gladden, please;—**se** to be glad, rejoice
alegre happy
alegría *f.* joy, gaiety, merriment
alejarse (de) to go away (from) leave; to go far away
alemán, alemana *m.* & *f.* & *adj.* German
Alemania Germany
alérgico, -a allergic
aletargado, -a drowsy, lethargic
alfombra *f.* rug
algo *pron.* & *adv.* something; somewhat
algodón *m.* cotton
alguien someone, somebody
algún, alguno, -a some; any;—**s** various

aliado, -a *m.* & *f.* ally
alianza *f.* alliance
aliento *m.* breath
alimentación nourishment
alimentar to feed, nourish
alimento *m.* food, nourishment;—**enlatado** canned food
aliviar to relieve; alleviate
allá there; (applied to time) far-off times, in times of old; **más**—**de** beyond
allí there, in that place
alma *f.* soul; person
almacén *m.* storehouse; department store, store
almohada *f.* pillow
alojamiento *m.* lodging
alquilar to rent
alquiler *m.* rent
alrededor (de) around
alrededores *m. pl.* surroundings
alta: en voz—aloud
alto, -a tall; high; noble; **a**—**as horas** in the wee hours
altura *f.* height
alumbrar to light, give light
aluminio *m.* aluminum
alumno, -a *m.* & *f.* student
alzar to raise—**se** to get up
ama:—**de casa** *f.* housewife
amado, -a *m.* & *f.* & *adj.* beloved
amalgamar to combine
amanecer to rise at daybreak; *m.* dawn
amante *m.* & *f.* lover
amar to love
amargo, -a bitter
amarillo, -a yellow
ambiental environmental
ambiente *m.* environment; atmosphere
ámbito *m.* area
ambos, -as both
amenaza *f.* threat
amenazante threatening
amenazar to threaten, endanger
amigo, -a *m.* & *f.* friend
aminoración *f.* lessening
amistad *f.* friendship
amnistía *f.* amnesty
amo, -a *m.* & *f.* master; mistress
amontonadero *m.* accumulation
amor *m.* love;—**es** love affairs

amoroso, -a loving amorous
ampliar to amplify
ampliación *f.* enlargement; amplification
amplio, -a broad, extensive
amplitud *f.* breadth, extent
analfabetismo *m.* illiteracy
analfabeto, -a illiterate
análisis *m.* analysis; test (medical)
anarquista *m.* & *f.* anarchist
ancho, -a wide, broad
ancianidad *f.* old age
anciano, -a *m.* & *f.* & *adj.* old person; old
Andalucía Andalusia (province in Southern Spain)
andaluz, -a (*m. pl.* **andaluces**) *m.* & *f.* & *adj.* Andalusian
andante: caballero—knight errant
andar to walk; to go about; **andando los tiempos** with the passage of time; **¡Anda!** Go ahead!; **¿Cómo andas?** How are you? How are things going?
anexar to annex, attach
anfitrión, -ona host, hostess
anglo *m.* & *adj.* white American
angloparlante English-speaking
anglosajón, -ona *m.* & *f.* & *adj.* Anglo-Saxon
ángulo *m.* angle
angustia *f.* anguish
angustiado, -a anguished; anxious
angustioso, -a anguishing, full of anguish
anhelar to desire anxiously, long or yearn for
anhelo *m.* longing, yearning
anhídrido carbónico *m.* carbon dioxide
anímico: estado—*m.* mood
ánimo *m.* courage; energy; **estado de**—mood
animoso, -a spirited
anómalo, -a anomalous
anónimo, -a anonymous
ansia *f.* anguish; yearning
ansiedad *f.* anxiety, uneasiness
ansioso, -a anxious
Antártida Antarctica

ante before; in the presence of;—**todo** above all

antebrazo *m.* forearm

antecedente *m.* antecedent; (*pl.*) background

antepasado *m.* ancestor

anterior previous; earlier

antes (de) before

anticastrista *m. & f.* person against Castro

anticipación: con—in advance

anticipar to anticipate; to advance

anticonceptivo *m.* contraceptive

antigüedad *f.* antiquity

antiguo, -a ancient, old; of long standing

antónimo *m.* antonym, opposite word

anualmente yearly

anunciar to announce

anuncio *m.* advertisement

añadir to add

año *m.* year

apacible gentle

apagar to put out; to turn off (the light);—**se** to die out; to go out

aparato *m.* apparatus; (TV) set

aparecer to appear

aparición *f.* appearance; apparition

apariencia *f.* appearance

apartar(se) to separate; to remove; to move away

aparte apart, aside;—**de** besides

apasionado, -a passionate

apatía *f.* apathy

apelar to appeal

apellido *m.* surname

apenas scarcely; hardly

apetitoso, -a appetizing

aplanar to smooth, to level

aplastar to crush; to flatten; to destroy

aplicar to apply; to lay on

Apocalipsis Apocalypse

apodado, -a nicknamed

apoderarse (de) to seize; to take over

aportar to bring

apoyar to support

apoyo *m.* support

apreciar to appreciate

aprender to learn

apretado, -a compact; pressed together

apretón:—**de manos** handshake

aprisionar to imprison

aprobación *f.* approval; approbation

aprobar (ue) to approve; to pass

apropiado, -a appropriate; correct

apropiarse to take possession; to confiscate

aprovechar(se) (de) to take advantage of

aproximadamente approximately

aproximarse to approach, move near

apto, -a apt, fit

apuntar to point out

apuración *f.* anguish

apurado, -a in a hurry

aquejado, -a suffering

aquel, aquella that; **aquél,** *etc.* that one; **aquello** that (thing)

aquí here

aquietar to quiet down

arancel *m.* customs duty or tariff

árbol *m.* tree

arbusto *m.* bush

arcaico, -a archaic

archivo *m.* archives

arco *m.* bow;—**iris** rainbow

arena *f.* sand

árido, -a arid, dry; barren

arma *f.* armor; weapon

armado, -a armed

armadura *f.* armor

armar to put together; to arm

armario *m.* cabinet, closet

armonía harmony

arquitectónico, -a architectural

arracada: ponerse -s to pierce parts of the body

arraigado, -a rooted

arraigo: tener—to have influence

arrancar to start (a car); to tear out

arrasar to demolish

arrastrar to drag along

arrebato *f.* rapture; fit

arredrar to frighten, scare away

arreglar to fix, arrange; to adjust

arrepentirse (ie, i) to repent, be sorry

arriba up, above; high; **calle**—up the street

arribo *m.* arrival

arrimado, -a pressed close to

arrogarse to assume

arroyo *m.* small stream, arroyo

arroz *m.* rice

arrugar to wrinkle

arruinar to ruin; to destroy

artesano, -a *m. & f.* artisan, craftsperson

artículo *m.* article

arzobispo *m.* archbishop

asalariado, -a salaried

asamblea *f.* assembly, group

asar to roast

ascendencia *f.* ancestry

ascender (ie) to ascend, climb; to promote

ascenso *m.* promotion

ascensor *m.* elevator

asco *m.* disgust

asegurar to assure

asentado, -a fixed; well-established

asesinar to murder; to assasinate

asesinato *m.* murder

asesino, -a *m. & f.* murderer, assassin

asfalto *m.* asphalt

así thus; like that, in this way; so;—**que** and so

asiento *m.* seat

asignar to assign

asilo *m.* asylum

asimismo likewise, also

asir to seize, grasp

asistencia *f.* aid, assistance;—**pública** welfare

asistir (a) to attend (school)

asolearse to sunbathe; to dry in the sun

asomar to begin to appear or show in a door or window;—**se** to look out (window)

asombrar to startle, astonish

asombro *m.* astonishment, amazement

asombroso, -a startling, astonishing

asomo *m.* sign

aspecto *m.* aspect; look, appearance

áspero, -a harsh, rough

aspirar (a) to aspire (to)
astro *m.* star
astucia *f.* cunning, slyness
asturiano, -a *m. & f.* Asturian (person from Asturias, Spain)
asumir to assume
asunto *m.* topic; business matter; affair
asustador, -a frightening
asustar to frighten, scare;—**se** to become frightened
atacar to attack
atado, -a tied together
atañer to concern
ataque *m.* attack; **contra**—counterattack
atar to tie
atarantado, -a restless
atardecer *m.* late afternoon
ataviado, -a dressed up
atender (ie) to take care of; to attend; to pay attention
atenerse (a) to abide by
atentar (contra) to endanger; to commit an outrage against
atento, -a attentive
ateo, -a *m. & f.* atheist
aterrador, -a terrifying
aterrizar to land (airplane)
aterrorizar to frighten, terrify
atinar to discover; to succeed
atleta *m. & f.* athlete
atmósfera *f.* atmosphere
atónito, -a astonished, amazed
atormentar to worry; to torment
atraer to attract
atrapar to trap
atrás back; behind
atravesar (ie) to pass through
atreverse to dare
atrevido, -a daring
atribución *f.* power
atribuir to attribute
atrofiar(se) to atrophy
aturdido, -a stunned, bewildered
aula *f.* classroom
aumentar to increase
aumento *m.* increase
aun even; **aún** still, not yet
aunque although
ausencia *f.* absence
ausentarse (de) to leave; to absent oneself from

ausente absent; *m. & f.* absent person
auténtico, -a authentic
autoafirmación *f.* self-affirmation
autoafirmarse to affirm oneself
autoaprendizaje *m.* self-instruction
autobús *m.* bus
autodestrucción *f.* self-destruction
autogobierno *m.* self-government
automóvil *m.* car, automobile
automovilístico, -a pertaining to automobiles
autonombrarse to name or appoint oneself
autonomía *f.* self-government; autonomy
autor, -a *m. & f.* author
autoridad *f.* authority
autoritario, -a authoritarian
autosuficiente self-sufficient
auxiliado, -a helped, aided
auxiliar auxiliary, helping
auxilio *m.* aid, help
avaluar to appraise; to value
avance *m.* advance
avanzar to advance, move forward
avaro, -a *m. & f. & adj.* stingy, miserly; miser
ave *f.* bird; **¡Ave María!** (from Latin for *Hail Mary*) Good heavens!
avecinarse to approach; to be coming
aventura *f.* adventure; (love) affair
aventurar(se) to venture
avergonzarse (üe) to be ashamed
avería *f.* breakdown
averiguar to find out; to investigate
aviación *f.* air force; aviation
ávido, -a greedy; eager
avión *m.* airplane
avisar to advise
aviso *m.* notice; information
avizorar to spy
ayllu (aíllo) *m.* line or family group of people *(Bol, Perú)*

ayuda *f.* help, aid
ayudante *m.* assistant
ayudar to help, aid
ayunar to fast
ayuno *m.* fast
azúcar *m.* sugar
azul blue
azulado, -a bluish

báculo *m.* staff, walking stick
bailar to dance
baile *m.* dance
baja *f.* decrease
bajar to bring down; to come down; to go down;—**se de** to get off, out of (a vehicle)
bajeza *f.* baseness; lowliness
bajo, -a low; short; *prep.* under, underneath;—**mundo** underworld
balada *f.* ballad
balancear(se) to balance
balcón *m.* balcony
balneario *m.* spa, watering place, resort
baloncesto *m.* basketball
balsa *f.* raft
balsero, -a *m. & f.* person afloat on a raft
bancario, -a banking
banco *m.* bank
bandeja *f.* dish; tray
bandera *f.* flag
bando *m.* faction
banquero, -a *m. & f.* banker
bañar to bathe
baño: cuarto de—bathroom
baranda *f.* roof balcony
barato, -a inexpensive, cheap
barba *f.* beard
barbaridad *f.* atrocity, barbarity; **¡Qué**—!How awful!, That's terrible!
barco *m.* boat, ship
barra *f.* bar (of gold, iron, etc.)
barranca *f.* ravine; cliff
barrendero, -a *m. & f.* street sweeper
barrer to sweep clean
barrera *f.* barrier

barriga *f.* belly
barrio *m.* neighborhood; section;—**bajo** slum
barro *m.* clay
barroco, -a baroque
basar to base;—**se** to be based
base *f.* basis, base, foundation; **a—de** on the basis of
bastante enough, sufficient; quite, rather
bastar to be enough
bastardilla: en—in italics
bastón *m.* cane, walking stick
basura *f.* garbage;—**orgánica** compost
basurero, -a *m. & f.* garbage dump; garbage can
batalla *f.* battle
bautismo *m.* baptism
bebé *m.* baby
beber to drink
bebida *f.* drink
becerro *m.* calf
béisbol *m.* baseball
beisbolista *m. & f.* baseball player
Belén Bethlehem
belleza *f.* beauty
bello, -a beautiful
bencina *f.* benzine; gasoline (*Chile*)
bendición *f.* blessing; benediction
bendito, -a blessed
beneficiar(se) to benefit, do good
beneficio *m.* benefit
beneficioso, -a beneficial
benéfico, -a kind, charitable
besar to kiss
beso *m.* kiss
bestia *f.* beast
bestialidad *f.* brutality; bestiality
biblia *f.* bible
bíblico, -a biblical
biblioteca *f.* library
bibliotecario, -a *m. & f.* librarian
bicicleta *f.* bicycle; **montar en—** to ride a bicycle
bien *adv.* well, perfectly; *m.* good;—**es** goods; possessions; resources;—**está** that's all right; **si—**although;—**buena** very good

bienestar *m.* well-being
biodegradabilidad *f.* biodegradability
biólogo, -a *m. & f.* biologist
bióxido:—de carbono carbon dioxide
bisabuelo, -a *m. & f.* great-grandfather, great-grandmother
bisonte *m.* bison, buffalo
blanco, -a white; **espacio en—** blank space
blando, -a soft; bland
blasfemia *f.* blasphemy
bloque *m.* block
blusa *f.* blouse
boca *f.* mouth
bocado *m.* bite, mouthful
boda *f.* wedding
bodega *f.* cheap bar or wine store; grocery store; warehouse
boga: estar en—to be in fashion
boicoteo *m.* boycott
bola *f.* ball
bolsa *f.* bag; pocket; stock market
bolsillo *m.* pocket
bolso:—de mano *m.* handbag
bombardear to bomb
bombardeo *m.* bombing
bombero *m.* firefighter
bombilla *f.* light bulb
bondad *f.* goodness; kindness
bondadoso, -a goodnatured
bonito, -a pretty
borde *m.* border; edge; **al—de, de—**on the brink of
boricua *m. & f. & adj.* Puerto Rican
borrachera *f.* drunkeness; drunken spree
borrador *m.* rough draft
borrar to rub out, wipe out; to erase
bosque *m.* forest, *m.* woods, forest
botánico, -a *m. & f.* botanist
botar to throw away
bote *m.* small boat; can
botella *f.* bottle
bracero *m.* day laborer hired for temporary contract
bramar to bellow

bravo, -a harsh, ill-tempered; brave; angry
brazo *m.* arm
Bretaña: Gran—Great Britain
breve brief
brillante brilliant
brillar to shine
brillo brightness
brincar to jump
brindar to offer; to make a toast
broma *f.* jest, joke
bronce *m.* bronze
brotar to spring forth
bruja *f.* witch
brusco, -a abrupt
brutalidad *f.* brutality
buceador, -a *m. & f.* diver, scuba diver
buceo *m.* diving;—**con tanques** scuba diving
bueno, -a *adj.* good; *adv.* well then, well now, all right
buey *m.* ox
bufete *m.* office
bufo, -a comic
bufón, -ona *m. & f.* (Court) jester; clown
bulla, f. uproar
bullicio *m.* noise
bulto *m.* bulk; body
buque *m.* boat
burgués, burguesa *m. & f. & adj.* bourgeois, person of the middle class
burguesía *f.* bourgeoisie, middle class
burla mockery; jest; deception
burlarse to deceive; to fool around
burocracia *f.* bureaucracy
burro *m.* jackass, donkey
busca: en—de in search of, looking for
buscar to look for, seek
búsqueda *f.* search
butaca *f.* armchair

caballería *f.* chivalry; **libros de—**chivalric novels
caballero *m.* gentleman; knight

caballo *m.* horse

cabaña *f.* hut, cabin

cabello *m.* hair

caber to fit; **no cabe duda** there is no doubt

cabeza *f.* head; **tener—para** to have the brains for

cabida *f.* room

cabizbajo, -a crestfallen

cabo: al—de after (a period of time); **llevar a—**to carry out, accomplish

cabra *f.* goat

cacahuate *m.* peanut

cacto *m.* cactus

cada each;**—vez más** more and more;**—cual** every one; each one

cadena *f.* chain

caer to fall; **dejar—**to drop

café *m.* coffee; coffee house, cafe

caída *f.* fall

caja *f.* case, box

calabaza *f.* pumpkin; squash

calabozo *m.* jail, calaboose

calcetín *m.* sock

calcinado, -a burned, charred

calcomanía *f.* sticker, decal

cálculo *m.* calculation; estimate

calefacción *f.* heating

calentar (ie) to warm, heat

calidad *f.* quality

cálido, -a warm

caliente hot

calificación *f.* qualification

calificado, -a qualified

callado, -a quiet

callar: to silence, make quiet;**—se** to become quiet; **¡Cállate!** Shut up!

calle *f.* street

calmado, -a calm

calmar to calm; to relieve

calmoso, -a: calm; slow, phlegmatic

calor *m.* heat

caluroso, -a hot

cama *f.* bed

Camagüey a province in Cuba

camarero, -a *m. & f.* waiter, waitress

camarón *m.* shrimp

camastro *m.* rickety cot

cambiante changing

cambiar to change

cambio *m.* change; rate of exchange (money); **en—**on the other hand; **a—de** in exchange for

caminar to walk

caminata: hacer -s to take walks or excursions

camino *m.* road, way, path

camioneta *f.* station wagon; van

camión *m.*: truck; bus (Mex.)

camisa *f.* shirt

camote *m.* sweet potato

campana *f.* bell

campaña *f.* campaign

campesino, -a *m. & f.* farmer; peasant

campo *m.* field; country, countryside; camp

canal *m.* channel (on T.V.)

canas *f. pl.* white or gray hair(s)

caña:—brava tall bamboo plant

cancel: puerta—*m.* inner door to keep out drafts

cancha:—de tenis *f.* tennis court

canción *f.* song;**—de cuna** lullaby

candido, -a naive; guileless

candil *m.* oil lamp

canoa *f.* canoe

cano, -a gray, white

cansarse to be or become tired

cantante *m. & f.* singer

cantar to sing

cantidad *f.* quantity, amount

canto *m.* song

caos *m.* chaos

caótico, -a chaotic

capa *f.* layer, stratum

capacidad *f.* capacity; capability, ability, talent

capacitación *f.* preparation, training

capataz *m.* foreman

capaz (*pl.* **capaces**) capable, able

capital *m.* capital, funds

capitán *m.* captain

capítulo *m.* chapter

capricho *m.* caprice, whim

caprichoso, -a capricious

captar to captivate; to grasp

cara *f.* face

carácter *m.* character; nature

característica *f.* characteristic

¡caramba! confound it!, damn it!

carbón *m.* coal; charcoal

cárcel *f.* jail

carecer (de) to lack

carencia *f.* lack, deficiency

carga *f.* burden

cargar to impose; to carry;**—con** to assume (responsibility);**—se de** to load or fill oneself up with

cargo; alto—high office, position

Caribe *m.* Caribbean

caridad *f.* charity

cariño *m.* affection; dear

cariñoso, -a affectionate

carísimo, -a very dear; dearest

carne *f.* meat; flesh;**—de vaca, res** beef

carnet *m.* identity card

caro, -a expensive; dear; *adv.* at a high price

carpintería *f.* carpentry

carpintero, -a *m. & f.* carpenter

carrera *f.* career; profession; race

carretera *f.* road

carro *m.* car; cart

carta *f.* letter; playing card

cartelón *m.* placard

cartón *m.* cardboard

casa *f.* house, home

casado, -a married

casarse (con) to get married (to)

cascada *f.* waterfall

casero, -a home-made

caserón *m.* large (ramshackle) house

casi almost

caso *m.* case; **hacer—**to pay attention

castellano *m.* Spanish

castigar to punish, castigate

castigo *m.* punishment

castillo *m.* castle

castrista *m. & f.* person in favor of Fidel Castro

casualidad *f.* coincidence; **por—** by chance, by accident

catalán, catalana *m. & f. & adj.* Catalonian (person from Cataluña); *m.* language spoken in Catalunia

catalítico, -a catalytic; **convertidor—**catalytic converter

Cataluña Catalonia (province in northern Spain)

categoría: de—high quality; prominent

cauchero, -a *m. & f. & adj.* rubber plantation owner or boss; pertaining to rubber plantation

caucho *m.* rubber

caudillo *m.* chief, leader

causa *f.* cause; **a—de** because of

causante causing, occasioning

cautividad *f.* captivity

cautivo, -a *m. & f. & adj.* captive

caza *f.* hunting

cazador, -a *m. & f.* hunter

cazar to hunt

cebada *f.* barley

cebolla *f.* onion

ceder to cede, transfer; to yield, surrender

célebre famous

celeste celestial; sky blue

celos *m. pl.* jealousy; **tener—**to be jealous

celoso, -a jealous

celta *m. & f.* Celt

cementerio *m.* cemetery

cena *f.* dinner

cenar to eat supper

ceniza *f.* ash

censura *f.* censorship

censurar to censor

centavo *m.* cent

centenario *m.* centennial; **quinto centenario** 500th anniversary

central nuclear *m.* nuclear power station

centrarse to center on; to be based on

centro *m.* center, middle, downtown—**s nocturnos** night clubs

cepillar to brush

cerca nearby;—**de** near

cercano, -a near

cerdo *m.* pig

cerebro *m.* brain

ceremonia *f.* ceremony

cerquita *dim. of* **cerca** really close

cerradura *f.* lock

cerrar (ie) to close

certeza *f.* certainty

certidumbre *f.* certainty

cerveza *f.* beer

César Caesar (Roman emperor symbolic of power)

cesar to cease

cetro *m.* sceptre; rod

chaqueta *f.* jacket, coat

charco: brincar el—to cross the pond (or the ocean)

charlar to chat

chasqui *m.* (Incan) messenger

chavo *m.* cent;—**s** money (Puerto Rican)

chicano, -a *m. & f. & adj.* Mexican-American

chicha *f.* beer made from corn or other grain

chico, -a *m. & f.* child; friend, old buddy; *adj.* small

chile *m.* chili, red pepper

chileno, -a Chilean

chillar to scream, shriek; to be loud, gaudy (clothes)

chillido *m.* cry, howl

chillón, -ona loud, gaudy

chino, -a Chinese

chiquillo, -a *m. & f.* little boy; little girl

chiquito, -a *m. & f.* little boy; little girl

chiste *m.* joke

chocar to crash, have an accident

chofer *m.* driver

choque *m.* collision; clash; shock

chorrete *m.* little spout or gush

chorro *m.* jet; spout; gush

choza *f.* hut, cabin

ciberespacio *m.* cyberspace

cíclico, -a cyclical

ciclo *m.* cycle

ciego, -a blind

cielo *m.* sky; heaven

ciencia *f.* science

científico, -a *m. & f. & adj.* scientist; scientific

ciento *m.* hundred; **por—**percentage

cierto, -a certain

cifra *f.* figure, number

cigarrillo *m.* cigarette

cimarrón *m.* fugitive slave

cine *m.* movie(s); movie house

cintura *f.* waist

circulación *f.* traffic

circular to circulate; to move in traffic

círculo *m.* circle

circundar to surround

circunstancia *f.* circumstance

cirugía *f.* surgery

cirujano, -a *m. & f.* surgeon

cita *f.* appointment, engagement; quotation

citado, -a aforementioned

cítricos *m. pl.* citrus fruits

ciudad *f.* city

ciudadano, -a *m. & f.* citizen *m.* civilian; *adj.* civil

clamar to shout, clamor

claridad *f.* clarity

clandestino, -a underhanded clandestine

claro, -a *adj.* clear, light; *adv.* clearly;—**que** naturally;—**está** of course; ¡—**que sí!** sure!, of course!; **poner las cosas en**—to make things clear

clase *f.* class, kind, type; classroom;—**baja** lower class;—**media** middle class

clásico, -a classic(al)

clavado, -a nailed

clave *f. & adj.* key

clérigo *m.* clergyman

clero *m.* clergy

cliente *m. & f.* customer

clima *m.* climate

clínica *f.* clinic

clínico, -a clinical

cobertor *m.* quilt, bedspread

cobrador, -a *m. & f.* collector

cobrar to collect; to charge

cobrizo, -a copper-colored

cocaína *f.* cocaine

coche *m.* car

cocina *f.* kitchen

coctel *m.* cocktail party

codicia *f.* greed, covetousness

código *m.* code

codo *m.* elbow; bend (in hallway)

coger to catch; to take

cognado *m.* cognate

coincidir to coincide; to agree

colapso *m.* collapse, breakdown

colchón *m.* mattress

coleccionar to collect

colega *m. & f.* fellow worker, colleague

colegio *m.* school, academy

colérico, -a angry, furious

colgado, -a (*p.p. of* **colgar**) hanging

colgar (ue) to hang

colina *f.* hill
colmillo *m.* eye tooth; tusk
colocación *f.* placement, arrangement
colocar to place
colombiano, -a *adj. & n.* Columbian
Colón (Christopher) Columbus
colonizador, -a *m. & f.* colonizer
colorado, -a red, reddish; colored
columna *f.* column;—**vertebral** spine, backbone
comadre *f.* woman friend; godmother
combatir to fight, combat
combustible *m.* fuel
comedor *m.* dining room
comentarista *m. & f.* commentator
comenzar (ie) to begin
comer to eat
comercio *m.* commerce, trade; business
comestibles *m. pl.* food
cometer to commit
cómico, -a humorous, funny
comida *f.* food; meal
comienzo *m.* beginning
comillas *f. pl.* quotation marks; name of comic strip character created by Roberto Escudero
comité *m.* committee
como as; like; inasmuch as; as long as; ¿**cómo?** how?; ¡**—no!** of course!
comodidad *f.* convenience, comfort
cómodo, -a comfortable
común common
compadecer (de) to have pity on
compadre *m.* friend
compañero, -a *m. & f.* companion, comrade
compañía *f.* company; firm
comparación *f.* comparison
comparecer to appear
compartir to share
compás: llevar el—to keep time, rhythm
compatriota *m. & f.* fellow countryman
compelido, -a compelled
competencia *f.* competition
competir (i) to compete

complacer to please
complejidad *f.* complexity
complejo -a complex;—**de inferioridad** *m.* inferiority complex
completo: por—completely; **tiempo—**full-time
complicar to complicate;—**se** to become complicated
componer to compose, make up
comportamiento *m.* behavior, conduct
comportar to bear
compra *f.* purchase
comprar to buy
comprender to understand
comprensión *f.* understanding; comprehension
comprensivo, -a understanding
comprimido, -a crushed
comprobar (ue) to verify
comprometerse to commit oneself; to become engaged
compromiso *m.* obligation; engagement
compuesto (*p.p. of* **componer**) composed
computadora *f.* computer
comuna *f.* commune
comunal common (belonging to the community)
comunicar to communicate
comunidad *f.* community
con with;—**todo** however, nevertheless
concebir (i) to imagine; to conceive
conceder to concede; to admit
concentrarse to concentrate
concha *f.* shell; shellfish
conciencia *f.* conscience; consciousness, awareness
concierto *m.* concert
concluir to conclude; to finish
concordar (ue) to agree; to reconcile
concurrir to meet
conde *m.* count
condena *f.* sentence, punishment
condenación *f.* condemnation
condenar to condemn
condición *f.* condition; status; **a—de** on the condition that, provided that; **está en—es de** to be in a position to

condicionamiento *m.* conditioning
condimento *m.* seasoning
condiscípulo, -a *m. & f.* classmate
condominio *m.* condominium
conducir to lead, conduct; to behave; to drive
conducta *f.* behavior, conduct
conductor, -a *m. & f.* driver; executives, managers
condujo *pret. of* **conducir** (it) lead
conejo *m.* rabbit
confianza *f.* confidence, trust; **tener—en** to trust
confiar to confide; to entrust, trust
confín *m.* boundary, limit
conformarse to conform
confrontar to face; to confront
confundir to confuse; to bewilder
confuso, -a indistinct; confused
congelado, -a frozen
congénere *m. & f.* kindred person
congestión vehicular *f.* traffic jam
Congreso *m.* Congress
conjeturar to surmise, conjecture
conjugar to fit together
conjunción *f.* union; conjunction
conjunto *m.* ensemble
conmoción *f.* commotion
conmovedor, -a moving; stirring
conmovido, -a moved, stirred
conocer to know, be familiar with; to meet
conocimiento *m.* knowledge
conquista *f.* conquest
conquistador, -a *m. & f.* conqueror
conquistar to conquer
consagrar to consecrate; to sanction; to establish
consciente conscious, aware
conscripción *f.* conscription, military draft
consecuencia *f.* consequence; result; **como—**as a result
consecuentemente consequently; logically

conseguir (i) to obtain, get; to manage to; to get (somebody) to

consejero, -a *m. & f.* adviser

consejo *m.* council; advice;—**de guerra** court martial

consenso *m.* consensus, general assent

conservador, -a conservative

conservar to keep, preserve

consigo with himself (herself, themselves, etc.)

consistir (en) to be composed of; to consist of

consolador, -a comforting

consolar (ue) to console, comfort

conspiración *f.* conspiracy

constancia *f.* evidence, proof; *f. & adj.* unchanging quality; constant

constatar to show; to verify

consternación *f.* dismay; panic; consternation

constituir(se) to form, constitute

construir to build, construct

consuelo *m.* comfort, consolation

consumar to consummate, complete

consumidor, -a *m. & f.* consumer

consumir to consume; to use up

consumo *m.* consumption

contagiarse de to become or be infected with

contagio *m.* contagion

contaminación *f.* pollution

contaminador, -a contaminating

contaminante *m.* pollutant; polluting

contaminar to contaminate, pollute

contar (ue) to count; to recount, tell;—**con** to count on; to have

contemplar to watch, gaze at, contemplate

contemporáneo, -a contemporary

contener to contain; to hold in, restrain

contenido *m.* contents

contentamiento *m.* contentment

contestar to answer

continuación: a—as follows; below; following this

continuar to continue, go on

continuidad *f.* continuity

continuo, -a continuous; constant

contorno: *m.* contour;—**s** *pl.* surroundings

contra against; **estar en**—**de** to be, against;—**ataque** *m.* counterattack

contrabandista *m. & f.* smuggler; contrabandist

contrabando *m.* smuggling

contradecir to contradict

contraer to contract

contrapartida *f.* counterpart

contraposición: estar en—to be at odds, in opposition

contrariado, -a thwarted

contrario *m.* opposite, contrary; **al**—**, por el**—on the contrary

contratar to hire

contrato *m.* contract

contravenir to infringe; to violate

contribuir to contribute

contundente forcible

convencer to convince

convenir (ie) to be necessary; to be agreeable; to suit; to be a good idea

convertir (ie, i) to convert, change;—**se en** to change into, to become

convertidor:—**catalítico** *m.* catalytic converter

convivencia *f.* living together

convulso, -a convulsed

conyugal conjugal

cónyuge *m. & f.* spouse

copa *f.* goblet, cup, glass; drink; tree-top

copar to win

copiar to copy; to cheat; to imitate

coraje: le dio—it made him angry

Corán *m.* Koran (sacred book of Moslems)

coraza *f.* armor plate

corazón *m.* heart

corbata *f.* tie

cordillera *f.* high mountain range

cordón *m.* string, cord

coro *m.* chorus

corolario *m.* corollary

corona *f.* crown

correcto, -a proper, correct

corredizo, -a running, slipping

corredor *m.* corridor

corregir (i) to correct; to discipline (children)

correo *m.* mail; postal service

correr to run; to hasten; to throw out;—**riesgos** to run risks

corresponder to pertain, belong; to correspond

correspondiente corresponding

corrida:—**de toros** *f.* bull fight

corriente *f.* current; *adj.* regular, usual; current

corromper to corrupt

cortar to cut

corte *f.* court; *m.* cut

cortés courteous

cortesano, -a *m. &.f.* courtier; courtesan; royal attendant; *adj.* of the court, courtly

cortesía *f.* courtesy

cortina *f.* curtain

corto, -a short

cosa *f.* thing, matter; **no ser gran**—not to be a big thing; not to amount to much

cosecha *f.* harvest, crop

cosechero, -a *m. & f.* grower

coser to sew

costa *f.* coast; **a toda**—at all costs; **a mi**—**(a costa mía)** at my expense

costar (ue) to cost

coste, costo *m.* cost

costoso, -a costly; expensive

costumbre *f.* custom; **como de**—**, según la**—as usual, as is customary

cotidianamente daily

craneo *m.* skull

creador, -a *m. & f.* creator; *adj.* creative; **poder**—*m.* creativity

crear to create

crecer to grow (up)

creciente growing, increasing; *f.* river flood

crecimiento *m.* growth

credo *m.* creed
creencia *f.* belief
creer to believe
crepúsculo *m.* dusk
creyente *m. & f.* believer
cría *f.* breeding
criado, -a *m.& f.* servant, maid
crianza *f.* raising, upbringing
criar to raise
crimen *m.* crime
cristal *m.* crystal; glass;—**de atrás** rearview mirror
cristiano, -a Christian
Cristo Christ
Cristóbal Christopher (man's name)
criterio *m.* standard, criterion
crítica *f.* criticism
criticar to criticize
crítico, -a *m. & f. & adj.* critic; critical
crucigrama *m.* crossword puzzle
crueldad *f.* cruelty
crujido *m.* creaking; crunching
cruz *f.* cross
cruzada *f.* crusade
cruzar to cross;—**se** to pass one another
cuadro *m.* painting, picture
cual who, which; **¿cuál?** which? what?
cualidad *f.* quality; characteristic
cualquier, -a any; anyone, anybody; **de—modo** in any case
cuando when; **de vez en—**from time to time; **¿cuándo?** when?
cuanto, -a as much as, as many as; all that;—**más . . . más** the more . . . the more; **en—**as soon as; **en—a** as for, with regard to; **¿cuánto,—a?** how much?; **¿cuántos,—as?** how many?; **¡cuánto!** how much!, how!
cuarta *f.* quarter (part)
cuarto *m.* room; quarter (of an hour)
cubano, -a *m. & f. & adj.* Cuban
cubículo *m.* cubicle
cubierta *f.* cover
cubrir to cover
cuchillo *m.* knife
cuello *m.* neck; throat

cuenca *f.* basin
cuenta *f.* count; calculation; account; bill; **darse—(de)** to realize; **dar—**to answer for
cuentista *m. & f.* short story writer
cuento *m.* short story; story, tale
cuerda *f.* cord
cuerdo, -a sane
cuerno *m.* horn (of an animal); **llevar—s** to have an unfaithful spouse, to be a cuckold
cuero *m.* hide, skin, leather; **en—s** stark naked
cuerpo *m.* body
cuestión *f.* issue; question
cuestionar to question
cueva *f.* cave
cuidado *m.* care, attention; **tener—**to be careful
cuidadoso, -a careful
cuidar (de) to take care of
culebrón *m.* serpent; soap opera (in Venezuela)
culpa *f.* guilt; blame; **tener la—**to be to blame, to be guilty; **echar la—**to blame
culpable guilty; blameworthy
cultivar to cultivate
cultivo *m.* cultivation; crop
culto, -a educated, cultured; *m.* worship
cultura *f.* culture
cumpleaños *m.* birthday
cumplir (con) to perform one's duty; to fulfill; to comply; to carry out;—**años** to turn or become (so many) years old
cupón *m.*coupon
cúpula *f.* dome
cura *m.* priest
curación *f.* cure
curandero, -a *m.& f.* quack doctor; charlatan
curar to cure
curiosear to observe with curiosity
curiosidad *f.* curiosity
curioso, -a curious; strange, unusual
cursi cheap, vulgar, flashy
curso *m.* course
custodial custody; escort
cuyo, -a whose

dado:—que given that
dama *f.* lady; noble or distinguished woman
dañar to harm, damage
dañino, -a harmful
daño *m.* harm, damage
dar to give;—**un paseo** to take a walk;—**una vuelta** to take a walk;—**vueltas** to walk in circles;—**muerte a** to kill;—**por bueno y completo** to consider good and complete;—**a entender** to hint, imply;—**a luz** to give birth;—**con uno en tierra** to throw one to the ground;—**le a uno por** to take to;—**le a uno coraje** to make one angry;—**se cuenta** to realize
datar:—de to date from
dato *m.* datum, fact;—**s** data
d. de J.C. A.D. (after Christ)
de of; from; about; concerning;—**. . . en** from . . . to (more commonly written: **de . . . a**)
dean *m.* dean (church official)
debajo under, beneath;—**de, por—de** underneath
debatir to debate
deber to owe; to have to (must, should, ought); **se debe a** is due to; *m.* duty; homework
debidamente properly; appropriately
debido:—a due to
débil *adj. & n.* weak; weak person
debilidad *f.* weakness
debilitación *f.* weakening
debilitar to weaken;—**se** to become weak
década *f.* decade
decaído *p.p. of* **decaer** *& adj.* decayed; declining
decente respectable; decent
decepcionado, -a disillusioned
decir to say, tell; **es—**that is to say
decisivo: con—conclusive
decorar to decorate
decretar to decree
decreto *m.* decree
dedicar to dedicate;—**se (a)** to devote oneself (to)

dedo *m.* finger
defender (ie) to defend
defensor, -a *m. & f.* defender
deficiencia *f.* deficiency
definitivo: con—conlusive, final
deidad *f.* deity
dejar to leave; to allow, let; to quit;**—caer** to drop;**—de** to stop, cease;**—en paz** to let alone;**—se matar** to let oneself die or be killed
delante before, in front;**—de** ahead of, in front of
delfín *m.* dolphin
delgado, -a thin
deliberado, -a deliberate, intentional
delicadeza *f.* tenderness; delicateness; **con—**delicately
delicado, -a delicate
delicioso, -a delightful, delicious
delirio *m.* delirium, temporary madness
delito *m.* crime
demás: los, las—the others; *adj.* other; **por lo—**as to the rest, moreover
demasiado too; too much
demográfico, -a demographic (pertaining to the population)
demora *f.* delay
demorado, -a delayed
demostración *f.* proof, demonstration
demostrar (ue) to show, demonstrate
dentro within, inside;**—de** within, inside of, in; **por—**the inside
denuncia *f.* denunciation; accusation of someone to the authorities
denunciar to denounce
depender (de) to depend (on)
dependiente, -a *m. & f.* waiter; waitress; clerk
deporte m. sport
deprimente depressing
depuesto (*p.p. of* **deponer**) deposed
derecha *f.* right (side or direction); right wing (in politics)
derechista *m. & f.* rightwinger

derecho right; **tener—a** to have the right to; **en—**by law (more commonly written: **por derecho**)
derrame *m.* spill
derribar to overthrow; to tear down, demolish
derrocamiento *m.* overthrow
derrocar to overthrow
derrochar to squander; to waste
derrota *f.* defeat
derruido, -a in ruins
desabilidad *f.* disability
desabrochar to undo
desacostumbrado, -a unusual
desacuerdo *m.* disagreement
desafío *m.* challenge
desagradable disagreeable, unpleasant
desagradecido, -a *n. & adj.* ungrateful (person)
desahuciado, -a hopelessly ill
desamparado, -a abandoned
desaparecer to disappear
desarraigo *m.* uprooting
desarrollar to develop
desarrollo *m.* development;**—económico** economic development; **en—**developing
desastre *m.* disaster
desastroso, -a disastrous
desayunar to have breakfast
desazón *f.* annoyance; discomfort
descalzo, -a barefoot
descamisado, -a ragged, in rags; shirtless
descansar to rest
descanso *m.* rest
descaro *m.* brazenness
descender (ie) to descend, go down; to get off (a bus)
descendiente *m.* descendent
descenso *m.* descent
descifrar to decipher
descollar (ue) to stand out; to be prominent
descomponer to ruin; to put out of order
desconcertante disconcerting, disturbing
desconforme *n. & adj.* nonconformist; not in agreement
desconocido, -a unknown
descontento, -a unhappy

descontrolado, -a uncontrolled
descortesía *f.* discourtesy; uncouthness
descubierto, -a uncovered; bareheaded; discovered
descubrimiento *m.* discovery
descubrir to discover;**—se** to take off one's hat
descuidar: descuida don't worry
desde from; since
desdén *m.* disdain
desdibujar to fade, to blur
desdicha *f.* misfortune
desdichado, -a *m. & f.* wretch, unfortunate person
desdoblar to straighten; to unfold
deseable desirable
desear to desire, wish, want
desechar to reject; to discard
desembarcar to disembark
desembocar to lead or flow into
desempleado, -a unemployed
desempleo *m.* unemployment
desenganchar(se) to unhook, detach (oneself)
desengaño *m.* disillusionment
desenvuelto developed; evolved
deseo *m.* desire, wish
deseoso, -a eager; desirous
desequilibrio *m.* imbalance
desértico desert-like
desesperación *f.* despair
desesperado, -a desperate; despairing
desfavorable unfavorable
desgracia *f.* misfortune
desgraciado, -a unfortunate, hapless
deshacerse(de) to get rid of
deshecho undone; destroyed; beaten
deshielo *m.* thaw
deshonrar to dishonor, disgrace
deshumanizar to dehumanize
desierto *m.* desert
designar to designate, appoint
desigualdad *f.* inequality
desilusión *f.* disillusionment; disappointment
desilusionarse to become disillusioned
desinflado, -a deflated; **rueda/llanta—**flat tire

deslumbrado, -a dazed

desmantelamiento *m.* dismantlement

desmitificación *f.* demythification

desnudar to undress

desnudo, -a naked, unclothed; nude (figure in art)

desobligar to be free

desocupar to empty; to vacate

desodorante *m.* deodorant

desoír to turn a deaf ear to; to refuse

desolado, -a desolate

desorbitado, -a with bulging eyes; out of proportion

desorden *m.* disorder

desorientar to disorient, confuse;—**se** to get or become lost

despacho *m.* dispatch; office; study

despectivo, -a derogatory

despedida *f.* farewell

despedir (i, i) to give off; to dismiss;—**se (de)** to say or bid good-bye (to)

desperdiciar to waste

desperdicios *m. pl.* garbage, waste

despertador *m.* alarm clock

despertar(se) (ie) to awaken, wake up

despierto, -a awake

despistar to throw off the track

desplazamiento *m.* displacement

desplazarse to move; to travel

desplegar (ie) to unfold

desplomarse to fall over; to collapse

despoblado, -a unpopulated

despreciar to look down upon, despise, scorn

desprecio *m.* scorn, contempt

desprenderse to issue from

desprendido, -a loose

desprestigio *m.* loss of credit or prestige

desproporcionado, -a disproportionate

después afterwards; later; then;—**de** after

destacar to make stand out;—**se** to stand out

destape *m.* opening up; uncovering

desterrado, -a destined; fated

destinatorio, -a *m. & f.* addressee

destino *m.* destiny

destreza *f.* skill, ability

destruir to destroy

desuso *m.* disuse; obsolescence

desvalido, -a helpless; destitute

desvarío *m.* whim; nonsense

desvelarse to remain awake

desventaja *f.* disadvantage

detalle *m.* detail

detener(se) to stop

detentar (ie) to hold

deteriorado, -a deteriorated

deteriorarse to deteriorate; to become damaged

deterioro *m.* deterioration

determinado, -a certain, particular

determinante decisive

detonación *f.* explosion

detrás (de) behind; **por**—from behind

detuvo *pret.* of **detener** stopped

deuda *f.* debt

devenir (ie) to happen, occur

devolución *f.* return

devolver (ue) to return

devorar to devour

devuelto *p.p.* of **devolver** returned

día *m.* day; **de**—by day; **hoy**—nowadays; **al**—**siguiente** (on) the following day

diablo *m.* devil

diabólico, -a diabolical, devilish

diagnosticar to diagnose

dialogar to take part in a dialogue

diariamente daily

diario, -a daily; *m.* (daily) newspaper; diary

dibujante *m. & f.* line artist, person who draws, sketcher

dibujar to draw; to sketch

diccionario *m.* dictionary

dicha *f.* happiness; good luck, fortune

dicho (*p.p. of* **decir**) said; aforementioned; **mejor**—rather

dictado, -a dictated, given (e.g.

dictado en inglés given in English)

dictador, -a *m. & f.* dictator

dictadura *f.* dictatorship

Diego James (man's name)

diente *m.* tooth

diestro, -a right-handed, skillful

diferencia *f.* difference; **a**—**de** in contrast to; unlike

diferenciar to differ; to differentiate;—**se** to distinguish oneself; to differ

difícil difficult; hard; improbable

dificultad *f.* difficulty

dificultar to make difficult

difundir to spread

difunto, -a *m. & f.* deceased, dead

difuso, -a worthy; dignified

dinero *m.* money

dios *m.* god; **Dios** God; **¡Vaya por**—! God's will be done!

diosa *f.* goddess

diputado, -a *m. & f.* representative; deputy

dirección *f.* address; direction

dirigir to lead; direct;—**se a** to address (a person); to go to or toward

discernido discerned; appointed

disco *m.* record; disk

discordancia *f.* discord

discrepante dissenting; discrepant

discreto, -a discreet; clever

discriminar to discriminate (against)

disculpa *m.* apology

disculparse to excuse oneself; to apologize

disculpable excusable

discurso *m.* speech

discutir to discuss, argue

diseñador, -a *m. & f.* designer

diseñar to design

diseño *m.* design

disfrutar (de) to enjoy

disgregarse to scatter; be disintegrated

disimulo *m.* reservedness

disminución *f.* drop, decrease

disminuir to diminish, decrease

disolver (ue) to dissolve

disperso, -a dispersed, scattered
disponer to order; to dispose;—**de** to have the use of; to have at one's disposal
disponible available
disposición:a—de at the service or disposal of
dispuesto, -a disposed; ready; fit; smart; clever
disputa *f.* dispute, fight
distinguir to distinguish
distinto, -a distinct, different
distorsionar to distort
distraer to distract;—**se** to amuse oneself
distraído, -a distracted; absent-minded
distribuir to distribute
distrito *m.* district
disyuntiva *f.* alternative; dilemma
divergencia *f.* divergency; divergence
divertirse (ie, i) to have a good time, amuse oneself
dividido, -a separated; spread out
divisar to perceive at a distance
divorcio *m.* divorce
divulgar to divulge, reveal
doblar to fold
doble:—jornada double work day
docena *f.* dozen
docente educational, teaching
dócilmente docilely
doctorado *m.* doctorate
dólar *m.* dollar
doler (ue) to hurt, ache
dolor *m.* pain; grief
dolorido, -a grieving
doloroso, -a painful
domado, -a tamed; conquered
dominante dominant; prevailing
dominar to dominate; to master
domingo *m.* Sunday
dominicano, -a *m. & f.* person from the Dominican Republic
dominio *m.* mastery; dominion; domain
don Don (title of respect used before male names)
donde where; ¿**dónde?, ¿a—?** (to) where?

dondequiera anywhere; wherever
doña Doña (title of respect used before female names)
dorado, -a golden
dormido, -a sleeping, asleep
dormir (ue, u) to sleep;—**se** to fall asleep
dormitorio *m.* bedroom
dotado, -a endowed
dote *f.* dowry; natural gift, talent
drama *m.* play
dramaturgo, -a *m. & f.* playwright
droga *f.* drug
drogadicto, -a *m. & f.* drug addict
dualidad *f.* duality
ducha *f.* shower
duda *f.* doubt; **no cabe**—there is no doubt
dudar to doubt
dueño, -a *m. & f.* owner; master
dulce sweet
dulcificar to sweeten; to soften
dulzura *f.* sweetness
duplicar(se) to double, duplicate
durante during; for
durar to last
duro, -a hard; severe

e (=**y** before words beginning with **i** or **hi**) and
echado, -a lying down
echar to throw, toss; to throw out;—**a andar** to set or place in motion;—**la culpa** to blame;—**se a reír** to burst out laughing;—**se a perder** to be or become ruined;—**a correr** to run away
eco *m.* echo
ecología *f.* ecology
ecológico, -a ecological
ecólogo, -a *m. & f.* ecologist
economía *f.* economy
ecuestre equestrian
edad *f.* age; **de—mediana** middle aged;—**oscura** Dark (Middle) Ages
edénico, -a paradisiacal

edificar to build, construct
edificio *m.* building
educación *f.* education; upbringing
educar to educate; to bring up
educativo, -a educational
EE.UU. (abbreviation for **Estados Unidos**) United States
efecto *m.* effect; **en**—in fact;—**invernadero** *m.* global warming (greenhouse effect)
efectuar to effect, bring about
eficaz (*pl.* **eficaces**) efficient
efímero, -a ephemeral
efusión *f.* effusion, unrestrained expression of feeling
efusivo, -a effusive
egipcio, -a *m. & f. & adj.* Egyptian
egoísta selfish
ejecución *f.* carrying out; execution
ejecutar to execute
ejecutivo, -a *m. & f. & adj.* executive
ejemplar exemplary, model
ejemplificar to exemplify
ejemplo *m.* example; **por**—for example
ejercer to exert; to perform
ejercicio *m.* exercise
ejército *m.* army
electorado *m.* electorate
electricidad *f.* electricity
elegir (i) to choose, elect
elemental elementary
elevar to elevate, raise
eliminar to eliminate
ello *pron.* it
embajador, -a *m. & f.* ambassador
embarazada pregnant
embarcado, -a engaged (in)
embargo: sin—nevertheless, however
emborracharse to get drunk
embriagado, -a intoxicated
embrutecer to render brutish; to dull the mind
emigrar to emigrate; to migrate
emisión *f.* broadcast
emitir to emit
emocionado, -a moved, touched, affected
emocionante exciting

emotivo, -a emotional

empaquetar to package; to put in a package

empeoramiento *m.* worsening

empeorar to worsen

emperador *m.* emperor; **emperatriz** *f.* empress

empero however; nevertheless

empezar (ie) to begin

empleado, -a *m. & f.* employee

emplear to use; to employ, hire

empleo *m.* employment, job; use

emplumado, -a feathered

empobrecerse to become impoverished

emprender to undertake; to begin

empresa *f.* enterprise; company, business

empresario, -a *m. & f.* businessman; businesswoman; contractor

empujar to push, shove

en in; on; at; during; to; **de . . .—** from . . . to

enajenar to alienate

enamorado, -a in love

enamorarse (de) to fall in love (with)

enano, -a *m. & f.* dwarf

encabezado, -a headed

encabezar to head

encaminarse to start out on a road

encantado, -a delighted; satisfied

encantador, -a *m. & f.* sorcerer; sorceress

encanto *m.* enchantment, spell

encarcelado, -a imprisoned

encargado, -a *m. & f.* person in charge or entrusted

encargar to entrust;**—se (de)** to take charge (of)

encauzar to channel

encendedor *m.* lighter

encender (ie) to light; to turn on, to switch on

encerrado, -a enclosed; locked up

encerrar (ie) to enclose; to encircle; to shut in, confine; to contain;**—se** to lock oneself up, go into seclusion

enchufar to plug in

encima (de) on; upon; on top of

encinta pregnant

encontrar (ue) to find; to encounter;**—se** to be; to be found;**—se con** to come across, meet up with

encrucijada *f.* crossroads, intersection

encubrir to hide, conceal

encuentro *m.* encounter; **ir al— de** to go to meet

encuesta *f.* poll

endurecimiento *m.* hardening

enemigo, -a *m. & f.* enemy

energía *f.* energy

enérgico, -a energetic

enfadar to displease, anger;**—se** to become angry

énfasis *m.* emphasis; **hacer—en** to emphasize

enfático, -a emphatic

enfatizar to emphasize

enfermarse to become sick

enfermedad *f.* sickness, disease

enfermería *f.* nursing

enfermero, -a *m. & f.* nurse

enfermizo, -a sickly

enfermo, -a sick; *m. & f.* sick person

enfocar to focus

enfrentarse (con) to face, confront

enfrente (de) opposite, in front

engañar to deceive; to cheat

engaño *m.* deceit, fraud

engordar to grow fat; to increase in size

engranaje *m.* gear; connection

enjuagarse to rinse out (mouth)

enlace *m.* tie, connection

enlazarse to link up

enmarañar to (en)tangle, muddle (up)

enmienda *f.* amendment

enojar to make angry

enojo *m.* anger

enorme enormous

enrigidecer to make rigid;**—se** to become rigid

enriquecer to enrich;**—se** to get rich

enrollado, -a wrapped around, coiled around

ensalada *f.* salad

ensangrentarse (ie) to become covered with blood

ensayar to test; to try

ensayista *m. & f.* essayist

ensayo *m.* essay

enseñanza *f.* teaching; education; training

enseñar to teach; to show

ensordecer to deafen

ensuciarse to get dirty

entender (ie) to understand

enterarse to find out

entero, -a entire, whole, complete

enterrar (ie) to bury

entibiar to take the chill off;**—se** to cool down

entidad *f.* entity

entonces then

entornado, -a half-closed (eyes)

entornar to half close

entrada *f.* entry

entrante: el año—(the) next year

entrañar to contain; to carry within

entrar to enter

entre between, among;**—líneas** between the lines

entrega *f.* surrender

entregar to hand over;**—se** to devote oneself wholly

entrenamiento *m.* training

entrenar to train

entretanto meanwhile

entretener to amuse; to entertain

entretenido, -a (*p.p. of* **entretener**) amusing, entertaining

entrevista *f.* interview

entristecerse to become sad

entusiasmado, -a enthused

entusiasmo *m.* enthusiasm

entusiasta enthusiastic

envalentonado, -a emboldened

envase *m.* container

envenenamiento *m.* poisoning

envenenar to poison

enviar to send

envidia *f.* envy

envuelto, -a wrapped up; enveloped

época *f.* epoch; age; time; season

equidad *f.* fairness, equity

equilibrio *m.* equilibrium, balance

equipado, -a equipped

equipo *m.* team

equivocarse to be mistaken; to make a mistake

equívoco, -a mistaken, erroneous

erigirse to set oneself up

erosionar to erode

erradicar to eradicate

erróneo, -a incorrect, erroneous

erudito, -a erudite, learned, scholarly

esbozo *m.* outline

escala *f.* scale; **a—menor** on a smaller scale

escalar to scale, climb

escalera *f.* staircase

escalón *m.* step

escandalizar to shock, scandalize

escándalo *m.* tumult, noise; scandal

escandaloso, -a scandalous

escaparate *m.* display window

escapar(se) to escape; to flee; to slip away

escarcha *f.* frost

escasear to be scarce

escasez (*pl.* **escaseces**) *f.* shortage

escaso, -a scarce; scant; in small quantity

escena *f.* scene

escenario *m.* scenery; backdrop

escencia *f.* essence

esclavitud *f.* slavery

esclavo, -a *m. & f.* slave

escoger to choose, select

escolar academic, scholastic

escolástico, -a scholastic

esconder(se) to hide

escribir to write

escrito, -a *adj.* written;**—s** *m. pl.* writings

escritor, -a *m. & f.* writer

escritura *f.* writing

escrúpulo *m.* scruple

escuchar to listen (to)

escudo *m.* shield

escuela *f.* school

escueto, -a concise

escultura *f.* sculpture

escurrir to drain

esencial essential

esfera *f.* sphere

esforzarse (ue) to make an effort

esfuerzo *m.* effort

esmero *m.* great care

eso that; that thing; that fact; **por—**therefore, for that reason

espacial: nave—*f.* spaceship

espacio *m.* space

espacioso, -a spacious

espada *f.* sword

espalda *f.* back; **a mis—s** behind my back

espantar to frighten, scare;**—se** to become frightened; **No te espantes** Don't get frightened

espanto *m.* fright, horror

espantoso, -a frightful, terrifying

España Spain

español, -a *m. & f. & adj.* Spaniard; Spanish

especializado, -a specialized

especie *f.* kind, type; species; idea

espectáculo *m.* spectacle; show

espectador, -a *m. & f.* spectator; viewer

espejo *m.* mirror

espera *f.* wait, waiting; **en—de** in the expectation of

esperanza *f.* hope

esperar to hope for; to wait for; to expect

espesante *m.* thickening agent

espesar to thicken

espesura *f.* thicket, dense wood

espía *m. & f.* spy

espiar to spy, watch

espíritu *m.* spirit

esplendor *m.* splendor; radiance

espontáneo, -a spontaneous

esposo, -a *m. & f.* husband; wife; spouse

esqueleto *m.* skeleton

esquema *m.* outline, plan

esquemático, -a schematic, summarized

esquí *m.* skiing

esquina *f.* corner

estabilidad *f.* stability

establecer to establish

establecimiento *m.* establishment

estación *f.* season; station

estadio *m.* stadium

estadística *f.* statistic

estado *m.* state; condition; **Estados Unidos** United States

estallar to explode, burst

estampa *f.* picture; image; print

estampilla *f.* stamp

estanque *m.* reservoir; basin; pond

estar to be, to be present;**—de acuerdo (con)** to agree (with)

estatal (pertaining to the) state

estático, -a static, stationary

estatua *f.* statue

estatura *f.* stature, height

estatuto *m.* statute; by-law

este *m.* east

estereotipado, -a stereotyped

estereotipar to stereotype (someone or something)

estereotipo *m.* stereotype

estéril sterile

esterilización *f.* sterilization

estigma *m.* stigma, mark of disgrace

estilo *m.* style

estimación *f.* esteem

estimar to esteem, respect; to estimate

estimulante stimulating

estimular to stimulate

estímulo *m.* stimulus; stimulation

estirpe *f.* race; breed; stock

esto this; this thing; this matter

estoicismo *m.* stoicism

estómago *m.* stomach

estornudar to sneeze

estrago *m.* havoc, ruin

estrangular to strangle

estratagema *f.* stratagem, trick

estrategia *f.* strategy

estrato *m.* stratum, layer

estrechez *f.* austerity

estrecho, -a narrow; close

estrella *f.* star

estrés *m.* stress (anglicism)

estribillo *m.* refrain

estrictamente strictly

estridencia *f.* stridence, flashiness

estrofa *f.* stanza
estructura *f.* structure
estruendo *m.* great noise
estudiante *m. & f.* student
estudiar to study
estudio *m.* study
estupidez *f.* stupidity
ETA Basque separatist group in Spain that sometimes uses terrorist tactics in their campaign for regional independence
etapa *f.* stage; period
etéreo, -a ethereal
eterno, -a eternal
ético, -a ethical; *f.* ethics
etimológico, -a etymological (history of words)
etiqueta *f.* formality; etiquette
étnico, -a ethnic
europeo, -a *m. & f. & adj.* European
eutanasia *f.* euthanasia, mercy killing
Eva Eve
evitar to avoid
evocar to evoke
exabrupto *m.* impolite outburst
exactitud *f.* exactness
exacto, -a exact; *adj.* exactly
exagerar to exaggerate
excedencia *f.* leave of absence; excess
exceder to exceed
excentricidad *f.* eccentricity
excitación *f.* stimulus; excitation
ex coronel *m.* ex-colonel
excluir to exclude
exhibir to show, display, exhibit
exigencia *f.* demand; requirement
exigir to demand, require
exiliado, -a *m. & f. & adj.* exile; exiled
exilio *m.* exile
éxito *m.* success; **tener—**to be a success, be successful
éxodo *m.* exodus, mass migration
expedir (i, i) to send, dispatch
experimentar to experience, feel, undergo; to experiment
explicar to explain
explotación *f.* exploitation; development

explotador, -a operating; exploitative
explotar to exploit; to explode; to develop; to operate (a business)
exponer to expound; to expose
expositor, -a *m. & f.* commentator
expulsar to expel
éxtasis *f.* ecstasy
extender(se) (ie) to extend; to spread out;**—la mirada** to cast a glance
extenso, -a extensive, vast, spacious
externo, -a external; outside
extinguir to extinguish; to put out;**—se** to go out, die
extradición *f.* extradition (forcible deportation)
extranjerizar to introduce foreign ways in
extranjero, -a foreign
extrañar to miss; to seem strange
extraño, -a strange, foreign; *m. & f.* stranger
extraterrestre *m.* extraterrestrial
extremado, -a extreme

fábrica *f.* factory
fabricación *f.* manufacture
fabricar to manufacture; to make
fácil easy
facilidad *f.* ease, facility; **con—** easily
Falange (la) the Fascist Party in Spain
falda *f.* skirt; lap
falsedad *f.* falsehood, lie
falta *f.* lack; absence; **hacer—**to be necessary; **sin—**without fail; **por—de** for want of
faltar to be lacking; **-le a uno algo** to be lacking something;**—al trabajo** to be absent from work; **no faltaba más** that was the last straw
falto lacking, deficient

falsificar to falsify
fama *f.* fame, reputation
famélico, -a hungry, famished
familiar (pertaining to the) family; familiar
famoso, -a famous, well-known
fantasma *m.* aparition; phantom
farmacéutico, -a pharmaceutical
farolillo *m.* small lantern
farsante *m. & f.* actor; sham
fascinar to fascinate, charm
fase *f.* phase
fastidiosamente in an annoying or a bothersome way
fatalidad *f.* fatality
fatalista fatalistic
fatiga *f.* fatigue
fatigado, -a tired
favorecer to favor
favor: estar a—de to be in favor of; **por—**please
fe *f.* faith
febril feverish
fecha *f.* date
fecundación *f.* fertilization, fecundation
felicidad *f.* happiness
feliz (*pl.* **felices**) happy
feminidad *f.* femininity
fenicio, -a *m. & f.* Phoenician
fenómeno *m.* phenomenon
feo, -a ugly
feroz (*pl.* **feroces**) fierce
ferrocarril *m.* railroad
fervor *m.* fervor, zeal
fervorosa(mente) fervent(ly), ardent(ly)
feto *m.* fetus
fiable reliable
fiar (en) trust (in)
ficción:—científica science fiction (more commonly written: **ciencia ficción**)
ficticio, -a fictitious
fidelidad *f.* faithfulness, fidelity
fiebre *f.* fever
fiel faithful
fiesta *f.* party
figurarse to imagine
fijar to fix;**—se en** to notice
fijeza *f.* firmness; **mirar con—**to stare
fijo, -a fixed, firm, secure
fila *f.* row

filial *f.* subsidiary
Filipinas the Philippines
filólogo, -a *m. & f.* philologist; expert in the study of words and their origin; linguist
filosofía *f.* philosophy
filosófico, -a philosophical
filósofo, -a *m. & f.* philosopher
filtrar to filter
fin *m.* end; purpose; **a—de** in order to; **al—**at last, at the end; **a—de cuentas** after all;**—de semana** weekend; **a—es de, de—es de** toward the end of; **en—**in short
final *m.* end; **al—**at the end
finalidad *f.* purpose; goal
finalizar to end
financiero, -a financial
finanza *f.* finance
finca *f.* farm
fino, -a delicate
firmamento *m.* sky, firmament
firmar to sign
firme firm, solid; stable
firmeza *f.* firmness
físico, -a physical
fisionomía *f.* facial expression
flama *f.* flame
flamenco *m.* flamingo (bird); rhythmic style of music characteristic of Spanish gypsies
flaqueza *f.* weakness; frailty
flecha *f.* arrow
flor *f.* flower
florecer to flourish; to bloom
florecimiento *m.* flourishing, flowering
flotante floating
fomentar to encourage
fondo *m.* bottom, depth; back;**—s** funds; **a—**deeply
forcejar to strugggle
forestal *adj.* forest
forjar to form
forma *f.* form, shape; **de esta—** in this way
formalidad *f.* formality
formar to form; to constitute, make up
foro *m.* forum
fortaleza *f.* fortress
fortuito, -a accidental
forzar (ue) to force

forzoso, -a obligatory, compulsory
fotografía *f.* photograph
fracasar to fail
fracaso *m.* failure
fragante fragrant
fragilidad *f.* fragility
francés, francesa *m. & f. & adj.* French person; French
Francia France
franquear to free; to clear
franqueo *m.* postage
frase *f.* phrase; sentence
frecuencia *f.* frequency
frecuente frequent
fregadero *m.* sink (kitchen)
frenar to put on the brakes; to slow down
frenesí *m.* frenzy, madness
frenéticamente frenetically
frente *m.* front; **al—de** in front of;**—a** facing, in front of; *f.* forehead
fresco, -a fresh
frescura *f.* freshness, coolness; ease
frialdad *f.* coldness
frío, -a cold
frívolo, -a frivolous
frontera *f.* border; boundary
fronterizo, -a border
frustrar to frustrate;**—se** to be or become frustrated
fruta *f.* fruit
frutero, -a fruit, of fruit
fruto *m.* result; fruit (any organic product of the earth)
fuego *m.* fire
fuente *f.* fountain; source
fuera outside; away;**—de** outside of, beyond
fuere: sea cual—be what it may
fuerte strong; harsh
fuerza *f.* force, strength; **a—de** by dint of; **de—, por—**by force; **por su propia—**without help, by itself
fumar to smoke
fumarola *f.* hot gas, vapor
funcionar to function; to work, run (said of machines)
funcionario, -a *m. & f.* public official, civil servant

fundado, -a founded
fundamentado, -a based
fundamento *m.* foundation
fundar to found, establish; to base
fundir to merge; to melt
funerario, -a funeral
furia *f.* rage, fury
fusil *m.* gun, rifle
fútbol *m.* soccer

galán *m. & adj.* suitor; loverboy; gallant
galeote *m.* galley slave
galería *f.* corridor; gallery
Galicia Galicia (province in northwestern Spain)
gallego *m.* language spoken in Galicia
gana *f.* desire; will; **darle la—**to feel like; to choose to; **tener—s** to feel like
ganadería *f.* livestock
ganado *m.* cattle; herd; livestock
ganador, -a *m. & f.* winner
ganancia *f.* profit; gain
ganar to gain; to win; to earn;**—el pan,—se la vida** to earn a living
garante *m. & f.* guarantor
garantía *f.* guarantee
garantizar to guarantee; to vouch for
garganta *f.* throat
garrotazo *m.* blow
gastar to spend; to wear down
gasto *m.* expense
gato, -a *m. & f.* cat; *m.* jack
gaucho *m.* Argentinian and Uruguayan cowboy
general: por lo—generally
género *m.* kind; type; gender; genre, literary form
generoso, -a generous
genética *f.* genetics
genial jovial, pleasant
genio *m.* genius, spirit
gente *f.* people
gentuza *f.* riffraff, scum
gerente *m.* manager

germen *m.* origin, source

gestionar to take steps to arrange

gesto *m.* expression; grimace; gesture

gigantesco, -a gigantic

ginecológico, -a gynecological

girar to rotate, turn

giro *m.* turn

gitano, -a *m. & f. & adj.* gypsy

Glaciar: Período—Ice Age

globo *m.* globe; world

glorificar to glorify

gobernador, -a *m. & f.* ruler

gobernar (ie) to govern, rule

gobierno *m.* government

goce *m.* enjoyment, pleasure

golosina *f.* sweet morsel

golpe *m.* hit, blow; **dar—s** to strike, hit;—**de mano** surprise attack

golpeado, -a bruised; beaten up

gordo, -a fat

gorro *m.* cap

gozar (de) to enjoy

gozo *m.* joy

grabadora *f.* tape recorder

gracia *f.* grace, charm;—**s** thank you

gracioso, -a charming; comical

grado *m.* grade; degree

graduar(se) to graduate

gráfico *m.* graph, chart; *adj.* graphic

grande large, big; great; grand

grandeza *f.* greatness

grandiosamente magnificently, grandiosely

granizo *m.* hail; hailstorm

grano *m.* grain (of cereals)

grasa *f.* grease

gratificación *f.* tip; additional fee

gratificar to gratify

gratis free of charge, gratis

gratuito, -a gratuitous; without justification; uncalled for

grave serious, grave

gravedad *f.* seriousness; gravity

gravitar to press on; to gravitate

griego, -a *m. & f. & adj.* Greek

grifo *m.* faucet

gris gray

grito *m.* shout, cry; **dar—s** to cry, shout

grosero, -a crude; **palabras—as** dirty words

grupo *m.* group

guagua *f.* (in Cuba) bus

guagüero *m.* (in Cuba) bus driver

guajiro, -a *m. & f.* Cuban peasant

guanábana *f.* custard-apple fruit

guante *m.* glove

guarda *m. & f.* guard, keeper

guardar to guard, watch over; to keep, save; to take care of

guardería *f.* daycare center

guardia *m.* guard, guardsman;— **de noche** night watchman

guarida *f.* den, lair (of wild animals)

gubernamental governmental

guerra *f.* war;—**mundial** World War

guerrero, -a *m. & f.* soldier, warrior

guerrilla *f.* band of guerrilla fighters

guía *m. & f.* guide

guión *m.* script, scenario

guisa *f.* manner; way

guitarra *f.* guitar

gula *f.* gluttony

gustar to like; to please

gusto *m.* pleasure; taste; **estar a—** to be comfortable; **dar—** to please

H

ha (*form of* **haber**) see **haber**

Habana Havana

haber (auxiliary verb) to have;— **de** + *inf.* to be to; to be obliged to ; to be going to, e.g. **si he de morirme** if I am to die

hábil skillful

habilidad *f.* ability, skill; talent

habitación *f.* room; apartment

habitado, -a inhabited

habitante *m. & f.* inhabitant

habitar to live in, inhabit

habituarse to become accustomed, get used to

habla: de—española Spanish-speaking

hablador, -a *m. & f.* talker

hablar to talk, speak; **el— español** speaking Spanish, the speaking of Spanish

hacer to make; to do;—**buen (mal) tiempo** to be good (bad) weather;—**calor (frío, sol)** to be warm (cold, sunny);—**se** to become, to change into;—**se tarde** to be getting late;— + *time expression* ago, e.g. **hace un siglo** one century ago;—**un papel** to play a role or part;—**saber** to make known;—**manos** to acquire experience

hacha *f.* axe

hacia toward, to

hallar to find

hamaca *f.* hammock

hambre *f.* hunger

hambriento, -a hungry

harto, -a: estar—de to be fed up with, sick and tired of

hasta even; until; to; up to

hastiado, -a (de) weary (of)

hay (*form of* **haber**) there is, there are:—**que** + *inf.* one must . . .

he aquí here is, here you have

hecho, -a made, done; *m.* fact; act

helado, -a *m.* ice cream; *adj.* freezing cold

hembra *f.* female

hembrismo *m.* exaggeratedly feminine actions and attitudes

hembrista *f. & adj.* female who believes in or practices **hembrismo**

hemisferio *m.* hemisphere

hemofilia *f.* hemophilia

heredar to inherit

heredero, -a *m. & f.* heir; successor

herencia *f.* inheritance; heritage; heredity

herida *f.* injury

herir (ie, i) to hurt; to wound

hermano, -a *m. & f.* brother; sister

hermoso, -a beautiful

hermosura *f.* beauty

héroe *m.* hero

heroicidad *f.* heroism

herramienta *f.* tool;—**s** *f. pl.* set of tools
híbrido, -a *m. & adj.* hybrid
hielo *m.* ice
hierro *m.* iron
higiénico, -a hygienic
hijo, -a *m. & f.* child; son; daughter;—**de la puta** bastard; son of bitch;—**s** children; sons; daughters
hilo *m.* thread; string; thin wire
hinchado, -a swollen
hipocresía *f.* hypocrisy
hipócrita *m. & f.* hypocrite
hipoteca *f.* mortgage
hipotecado, -a mortgaged
hispánico, -a Hispanic
hispano, -a *m. & f.* Hispanic person, Spaniard or Spanish-American; *adj.* Hispanic
Hispanoamérica Latin America
hispanohablante *m. & f. & adj.* Spanish speaker; Spanish-speaking
hispanoparlante *m. & f. & adj.* Spanish speaker; Spanish-speaking
historia *f.* history; story
historiador, -a *m. & f.* historian
histórico, -a historical
historieta *f.* story; comic strip
hogar *m.* home
hogareño, -a domestic
hoguera *f.* fire
hoja *f.* leaf; page
holgazán, holgazana *m. & f.* loafer, bum
hombre *m.* man; mankind; ¡**hombre!** indeed!, you don't say!; **ser muy**—to be a real man
hombro *m.* shoulder
homenaje *m.* homage; tribute
homicida homicidal
homicidio *m.* murder, homicide
hondo, -a deep, profound
honestidad *f.* decency; decorum
honra *f.* honor
honrado, -a honorable; honest
honrar to honor, glorify
hora *f.* hour; time
horario *m.* timetable
horda *f.* horde
horizonte *m.* horizon
hormiga *f.* ant

hormona *m.* hormone
horroroso, -a horrid; hideous
hospedaje *m.* lodgings
hospedar to lodge
hospitalidad *f.* hospitality
hostilidad *f.* hostility
hoy today; nowadays;—**día** nowadays, today
huelga *f.* strike (of workers); rest, merriment; **hacer**—to strike;—**de hambre** hunger strike
huella *f.* track
hueso *m.* bone
huésped *m.* guest
huesudo, -a bony
huevo *m.* egg
huir to flee
humanidad *f.* humanity
humeante smoky
húmedo, -a humid
humildad *f.* humility
humilde humble
humillación *f.* humiliation
humillado, -a humiliated
humo *m.* smoke; fume
humorístico, -a humorous

J

ibérico, -a Iberian (from Iberian Peninsula: Spain and Portugal)
idealizado, -a idealized
idéntico, -a identical
identidad *f.* identity
identificar:—**se** to be identified; to identify
ideología *f.* ideology
idioma *m.* language
ídolo *m.* idol
iglesia *f.* church
ignorar not to know, to be ignorant of
igual equal; the same; similar; **por**—equally;—**que** the same as, similarly
igualdad *f.* equality
igualitario, -a egalitarian
ilimitado, -a unlimited
iluminar to illuminate, light up
ilusión *f.* hopeful anticipation; illusion

ilustrar to illustrate
imagen *f.* image
imaginar to imagine;—**se** to imagine, picture to oneself
imitar to imitate
impaciencia *f.* impatience
impasibilidad *f.* insensitivity; impassivity
impasible impassive
impedido, -a (physically or mentally) handicapped or challenged
impedimento *m.* handicap, physical or mental challenge or impediment
impedir (i, i) to prevent, impede
imperante ruling
imperar to prevail, to reign, rule
imperdonable unpardonable, unforgivable
imperio *m.* empire
impermeable *m.* raincoat
ímpetu *m.* impetus
implicar to imply; to involve
implorar to beg, implore
imponente imposing
imponer to impose
importación *f.* import; importation
importar to be important; to matter
importe *m.* amount (of bill)
imprescindible essential
impresionante impressive
impresionar to impress
impuesto *m.* tax; **cobrar**—**s** to collect taxes; *p.p. of* **imponer** imposed
impulso *m.* impulse; impetus, momentum
impureza *f.* impurity
inalienablemente inalienably
inaugurar to inaugurate
inca *m. & f.* Inda (Indian of the Incan culture)
incaico, -a Incan (of or pertaining to the Incas)
incapacidad *f.* incapacity
incapaz (*pl.* **incapaces**) incapable
incauto, -a uncautious, unwary
incendiar to set on fire
incendio *m.* fire
incertidumbre *f.* uncertainty

incierto, -a uncertain

incinerado, -a burned, incinerated

inclinarse to bend over; to bow

incluir to include

incluso including; even

incómodo, -a uncomfortable

incomprehensivo, -a ignorant; not understanding

inconcebible inconceivable

inconfesable unspeakable, shameful

inconformidad *f.* disconformity

inconfundible unmistakable

inconsciente unconscious; unaware

incontenible uncontrollable

incontrolado, -a uncontrolled

inconveniente *m.* objection; drawback; *adj.* inconvenient

incorporarse to sit up; to join

incredulidad *f.* disbelief, incredulity

increíble unbelievable, incredible

incrementar to increase

inculto, -a uneducated, uncultured

indebido, -a improper; unlawful

indefenso, -a defenseless

independista (independentista) *m. & f.* supporter of independence

indicado, -a appropriate; proper

indicar to indicate, point out

índice *m.* index

indicio *m.* indication

indigena *m. & f. & adj.* native inhabitant: Indian

indignidad *f.* indignity

indio, -a *m. & f. & adj.* Indian

indiscreto. -a indescreet; imprudent

individuo *m.* individual, person

indominable uncontrollable

indudablemente undoubtedly

indulto *m.* pardon; reprieve

industrioso, -a industrious

inescrupuloso, -a unscrupulous

inestabilidad *f.* instability

inestable unstable

inexistente nonexistent

inexpresivo, -a emotionless, without expression

infame infamous

infancia *f.* infancy, childhood

infelicidad *f.* unhappiness

infeliz (*pl.* **infelices**) unhappy

inferioridad *f.* inferiority

inferir (ie, i) to suggest; to infer

infidelidad *f.* unfaithfulness

infiel unfaithful

infierno *m.* hell

infinidad *f.* infinity

influir to influence

influjo *m.* influence; influx

informador, -a *m. & f.* informant

informe *adj.* shapeless; *m.* report

infortunado, -a *m. & f. & adj.* unfortunate (person)

infortunio *m.* misfortune

infracción *f.* violation

inframundo *m.* underworld

infundir to infuse, inspire, imbue with

ingeniería *f.* engineering

ingeniero, -a *m. & f.* engineer

ingenio *m.* creative or inventive talent

ingenioso, -a ingenious, clever

ingerir (ie, i) to ingest, take in

Inglaterra *f.* England

inglés, inglesa *m. & f. & adj.* English person; English

ingrato, -a ingrate

ingresar to enter

ingreso *m.* entrance; income

inhabilidad *f.* inability

inhibición: en estado de—unconscious

iniciador, -a *m. & f.* initiator

iniciar to begin, initiate

ininteligible unintelligible, not understanding

ininterrumpido, -a uninterrupted

injusticia *f.* injustice

injustificable unjustifiable

injusto unfair, unjust

inmediato, -a immediate; adjoining; **de—**immediately

inmensidad *f.* vastness; immensity

inmenso, -a immense; limitless

inmigrante *m. & f. & adj.* immigrant

inmigrar to immigrate

inminente imminent

inmiscuirse to meddle or interfere in the affairs of others

inmortalidad *f.* immortality

inmóvil immobile

inmutable immutable

innegable undeniable

inocuo, -a innocuous

inolvidablemente unforgettably

inoperante inoperative

inquietar to disturb; to worry

inquieto, -a restless; worried

inquietud *f.* restlessness; anxiety; uneasiness

inquilino, -a *m. & f.* tenant

Inquisición *f.* (Spanish) Inquisition

insaciable insatiable, incapable of being satisfied

insalubre unhealthy

inscribir(se) to register

inseguridad *f.* insecurity

inseguro, -a uncertain; unsafe

insensato, -a foolish

insensible insensitive

insinuación *f.* innuendo; insinuation

insinuar to insinuate, suggest

insomnio *m.* insomnia, sleeplessness

insoportable unbearable, intolerable

instalaciones *f. pl.* facilities

instalado, -a settled

instalar to install, set up; **—se** to settle

instantáneo, -a instantaneous

instante *m.* instant, moment; **al—**at once

instaurar to establish

instinto *m.* instinct

institivamente instinctively

instrucción *f.* education; instruction

instruido, -a educated

insuficiencia *f.* deficiency; insufficiency

insultante insulting

integrar to form, make up; to integrate

integridad *f.* integrity

intensidad *f.* intensity

intensificar to intensify

intentar to try

intercambiar to exchange; to interchange
interés *m.* interest
interesante interesting
interesar to interest
interferir (ie, i) to interfere
interior inner; inside, interior
intermediario, -a *m.* & *f.* middleman
intermedio, -a intermediate
internar(se) to penetrate into the interior of a country
interno, -a internal
interrogar to question, interrogate
interrumpir to interrupt
intervenir (ie) to intervene
intimidar to intimidate, scare
íntimo, -a intimate; close
intranquilo, -a restless; uneasy; worried
intrigante intriguing
intrincado, -a intricate
introductor, -a *m.* & *f.* introducer; *adj.* introductory
intruso, -a *m.* & *f.* intruder
intuir to sense; to have an intuition of
inundación *f.* flood
inundar to flood, inundate
inútil useless
inutilidad *f.* uselessness
invadir to invade
invasor, -a *m.* & *f.* invader
invencibilidad *f.* invincibility
invento *m.* invention
invernadero *m.* greenhouse; **efecto—**global warming (greenhouse effect)
inversión *f.* investment
invertir (ie, i) to invest
investigación *f.* research; investigation
investigador, -a *m.* & *f.* researcher; investigator
investigar to investigate
invierno *m.* winter
inyectar to inject
ir to go; to be;—**de mal en peor** to go from bad to worse; **se va familiarizando** he begins to become familiar;—**se** to go out, to leave; to go away
ira *f.* anger, ire

irlandés, irlandesa *m.* & *f.* & *adj.* Irish
irreal unreal
irremisiblemente without pardon; irremissibly
irrespirable unbreathable
irresponsabilidad *f.* irresponsibility
irreverencia *f.* irreverence, display of lack of respect
irritar to irritate, annoy
irrumpir to interrupt; to enter abruptly
isla *f.* island
Italia Italy
itinerario *m.* timetable; schedule; itinerary
izquierdista *m.* & *f.* leftist
izquierdo, -a *f.* left (side or direction); left wing (in politics)

J

¡ja! ha!
jadeo *m.* panting, breathlessness
jamás never, not ever
jamón *m.* ham
Japón *m.* Japan
jardín *m.* garden; yard; —**zoológico** zoological gardens (zoo)
jaula *f.* cage
jefe *m.* (**jefa** *f.*) chief, leader; boss
jerarquía *f.* hierarchy
jerárquica *f.* hierarchy; hierarchical
Jesucristo Jesus Christ
jíbaro, -a *m.* & *f.* Puerto Rican peasant
jinete *m.* horseman, rider
joder to mess up, to ruin; vulgar expression in some Hispanic countries
jornada *f.* working day; **doble—** double work day; **media—** half day
José Joseph
joven *m.* & *f.* young person, youth
joya *f.* jewel
jubilación *f.* retirement

jubilarse to retire; to be pensioned; to rejoice
judío, -a *m.* & *f.* Jew; *adj.* Jewish
juego *m.* game
juez (*pl.* **jueces**) *m.* & *f.* judge, justice
jugador, -a *m.* & *f.* player
jugar (ue) to play;—**a** + *sport* to play, e.g.,—**al fútbol** to play soccer
jugoso, -a juicy; meaty
juguete *m.* toy
jungla *f.* jungle
juntar to assemble; to bring together
junto, -a joined, united;—**a** near to, close to;—**con** along with;—**s** together;—**de** nearby, next to
juramento:—de Hipócrates Hippocratic oath
jurar to swear, vow
jurídico, -a legal
jurista *m.* & *f.* lawyer; jurist
justicia *f.* justice
justificable justifiable
justificar to justify
justo, -a just, fair
juvenil young, juvenile
juventud *f.* youth
juzgar to judge; to try (in court)

laberinto *m.* labyrinth
labio *m.* lip
laboral (pertaining to) labor
laboriosamente laboriously
labrador, -a *m.* & *f.* peasant, farmer
lacrimoso, -a weeping, tearful
lado *m.* side; **al—**nearby; **por otro—**on the other hand
ladrón, ladrona *m.* & *f.* thief
lago *m.* lake
lágrima *f.* tear
laguna *f.* gap; pond
lamentar to regret, lament
lámpara *f.* lamp
lana *f.* wool

lancha:—motora *f.* speedboat; powerboat
langosta *f.* lobster
lanza *f.* spear
lanzamiento *m.* pitching
lanzar(se) to hurl (oneself); to spout
lápiz (*pl.* **lápices**) *m.* pencil
largo, -a long; **a lo—de** along; throughout
lascivo, -a lascivious
lástima *f.* pity
lastimar to hurt
lastimarse (de) to feel pity (for)
lastimero, -a sorrowful; mournful
lata *f.* tin can
latino, -a Latin-American
latitud *f.* latitude (climate, region)
lavandera *f.* laundress
lavar to wash
Lázaro: San—Saint Lazarus
lazo *m.* knot; lasso; tie
leal loyal
lealtad *f.* loyalty; **Lealtad** the name of a street in Havana, Cuba
leche *f.* milk
lecho *m.* bed
lector, -a *m. & f.* reader
leer to read
legumbre *f.* vegetable
lejano, -a distant, far away
lejos far; **a lo—**far away
lema *m.* motto
lengua *f.* language; tongue
lenguaje *m.* language
lenteja *f.* lentil
lentes *m. pl.* eyeglasses
lento, -a slow
leñador, -a *m. & f.* woodcutter
letanía *f.* litany
letra *f.* letter (of alphabet)
letrero *m.* sign
levantamiento *m.* uprising
levantar to raise, lift;—**se** to get up, arise; to rebel
leve slight
ley *f.* law
leyenda *f.* legend
liado, -a entangled; complicated
liberar to liberate, set free;—**se** to become free, escape
libertad *f.* liberty
libertador, -a *m. & f.* liberator

librar to free, set free;—**se** to save oneself, escape
libre free
libreta *f.* notebook
libro *m.* book
licor *m.* liquor
líder *m.* leader
liderar to lead
liderazgo *m.* leadership
lienzo *m.* canvas
ligar to tie
ligeramente slightly; lightly
limitar to limit; to restrict
limón *m.* lemon
limonada *f.* lemonade
limpiabotas *m. & f.* shoe shiner
limpiar to clean
límpido, -a clear, limpid
limpieza *f.* cleanliness; cleaning
limpio, -a clean
linaje *m.* lineage
lindo, -a pretty; delightful
línea *f.* line
lingüista *m. & f.* linguist
linterna *f.* lantern
lío *m.* bundle; mess, confusion
liquidar to liquidate
lírico, -a lyrical
lisiado, -a *m. & f.* cripple
listo, -a ready; clever
litigioso, -a litigious (fond of litigation)
livianidad *f.* levity; imprudence
lívido, -a livid, purplish
living (colloq.) *m.* living room
llama *f.* flame
llamada *f.* call
llamar to call;—**se** to be named, called;—**a la puerta** to knock at the door
llanta *f.* tire
llanto *m.* crying, weeping
llanura *f.* plain; flatness
llave *f.* key
llegada *f.* arrival
llegar to arrive; to come; to reach; to amount;—**a ser** to become
llenar to fill;—**se** to fill up;—**se de** to get or become filled
lleno, -a full
llevar to carry, bear, transport; to lead; to wear; to carry on;—**al poder** to bring to

power;—**se** to carry off, take away;—**su merecido** to get what one deserves
llorar to cry
lloroso, -a tearful, weeping
llover (ue) to rain
llovizna *f.* drizzle
lluvia *f.* rain;—**de ideas** brainstorm
lo + *adj.* the . . . ; that which is . . . ; the . . . thing, part or aspect;—**bueno** the good thing (about it);—**contrario** the opposite;—**indígena** the indigenous (native Indian) part;—**peor** the worst part;—**único** the only thing;—**suficiente** that which (what) is enough;—**que** that which, what
lobo *m.* wolf
lóbrego, -a dark gloomy
localidad *f.* place
localizar to localize, locate
loco, -a crazy; *m. & f.* lunatic, crazy person; fool
locura *f.* madness
lógica *f.* logic; reasoning; *adj.* logical
lograr to achieve, accomplish; to obtain;— + *inf.* to succeed in
logro *m.* achievement; gain
loza *f.* porcelain; crockery
lozano, -a luxuriant
lúbrico, -a wanton, lascivious, lubricious
lucha *f.* fight, struggle
lucir to seem, appear
lucro *m.* gain, profit
luego then; later;—**que** as soon as; **hasta—**good-bye, so long
lugar *m.* place; **en primer—**in the first place; **tener—**to take place; **en—de** instead of; **dar—a** to give rise to
lujo *m.* luxury
lujoso, -a costly; luxurious
lunar *m.* birthmark; *adj.* on the moon
lunes Monday
lupa *f.* magnifying glass
luz (*pl.* **luces**) *f.* light; lamp; **dar a—**to give birth

M

machete *m.* large heavy knife, machete

machismo *m.* exaggeratedly masculine actions and attitudes

machista *m. & adj.* male who believes in or practices machismo; chauvinistic

macho *m. & adj.* male, manly

macizo, -a massive; solid

madera *f.* wood

madre *f.* mother

maduro, -a mature

maestría *f.* mastery

maestro, -a *m. & f.* teacher; master

magia *f.* magic

magistrado *m.* magistrate

magnífico, -a magnificent, great

mago, -a *m. & f.* magician, wizard

maíz *m.* corn

majestuoso, -a majestic

mal *adv.* bad, badly; ill; *m.* evil; *adj.* bad; **ir de—en peor** to go from bad to worse

maldad *f.* evil

maldecir to curse; to damn

maldición *f.* curse

maléfico, -a harmful, evil

malestar *m.* discomfort, uneasiness

maligno, -a evil, malignant

maltratar to mistreat, abuse

maltrato *m.* abuse, mistreatment

manar to spring, flow

mancha *f.* spot; stain

manchado, -a soiled, stained

mancillar to stain, blemish

mandar to send; to rule; to order

mandato *m.* mandate, command

mando *m.* power; control;**—a distancia** remote control (for T.V.)

manejar to drive (car, etc.); to operate, run (elevator)

manera *f.* manner; way

manía *f.* whim; mania

manifestación *f.* demonstration

manifestante *m. & f.* demonstrator

manifestar (ie) to reveal, show, manifest

manipular to manipulate

mano *f.* hand;**—s a la obra** (Let's get down) to work;**—de obra** labor; **poner—a** to lay hands on; to grab

manojo *m.* bunch; bundle; handful

manso, -a gentle, soft

mantarraya *f.* mantaray

mantener to maintain; to keep; to support

mantequilla *f.* butter

manufacturero, -a *adj.* manufacturing

manuscrito *m.* manuscript

manzana *f.* apple

mañana *f.* morning; *adj.* tomorrow

mañanita *f.* bed shawl

mapa *m.* map

mapamundi *m.* world map

maquiladora *f.* assembly plant

maquillaje *m.* makeup

máquina *f.* machine

mar *m. & f.* sea

maravilla *f.* wonder

maravilloso, -a marvelous; fantastic (of the fantasy or imagination)

marcar to mark

marcha *f.* march; operation; **poner en—**to start up

marchar to travel; to march;**—se** to leave, go out; to march

marco *m.* frame

marfil *m.* ivory

marginación *f.* marginalization

marginado, -a on the fringe

marido *m.* husband

«Marielitos» Cuban refugees named for port town (Mariel) from which they departed in small boats in 1980

marisco *m.* shellfish

marzo *m.* March

más more; most;**—bien** rather;**—o menos** more or less

mas but

masa *f.* mass; **en—**in a body; **las—s** the masses

máscara *f.* mask

mascota *f.* pet; mascot

masculinidad *f.* masculinity

matar to kill;**—se** to kill oneself,

matemáticas *f. pl.* mathematics

materia *f.* subject; matter; material

materno, -a maternal; **lengua—***f.* mother tongue (one's native language)

maternidad *f.* maternity

matricular to register

matrimonio *m.* marriage; married couple

máximo, -a top; highest; maximum

maya *m. & f. & adj.* Mayan Indian; Mayan

mayólica *f.* Majolica style of chinaware or tile

mayor greater; larger; older; greatest; largest; oldest

mayoría *f.* majority

meca *f.* mecca; goal

mecánico, -a mechanical

mecanizado, -a mechanized

medalla *f.* medal

media: Edad—Middle Ages

mediana: de edad— middle aged

mediante with the help of

medias: a—half; by halves

medicamento *m.* medicine, drug

médico, -a *m. & f.* doctor; *adj.* medical

medida *f.* measure

medio, -a half; middle; average; *m.* means; middle; medium; way;**—ambiente** *m.* environment;**—s de comunicación** *m. pl.* the media; **en—de** in the middle of, among;**—de consulta** *m.* means of reference; **por—de** by means of; **Medio Este** *m.* Middle East; **Medio Oeste** *m.* Middle West

mediodía *m.* midday, noon

medir (i, i) to measure

meditar to meditate

Mediterráneo, -a Mediterranean

mejor better; best

mejora *f.* improvement

mejorar to improve, better

melancólico, -a melancholy

memoria *f.* memory

mencionar to mention

mendigo, -a *m. & f.* beggar

menina *f.* maid of honor; lady-in-waiting

menor smaller

menos less; **a—que** unless; **al—, por lo—** at least
mensaje *m.* message
mensajero, -a *m. & f.* messenger
mentalidad *f.* mentality
mente *f.* mind
mentira *f.* falsehood, lie
mentir (ie, i) to lie
mentiroso, -a *m. & f. & adj.* lying, deceptive, false (person)
menudo *m.* market
mercancía *f.* merchandise; goods
mercantil commercial; mercantile
merced *f.* grace, favor; mercy
merecer to deserve
merecido (*p.p. of* **merecer**) just deserts or punishment
mérito *m.* merit, worth
meritorio, -a worthy, deserving, meritorious
mero, -a mere
mes *m.* month
mesa *f.* table;**—redonda** round table (discussion)
mesero, -a *m. & f.* waiter; waitress
mestizo, -a *m. & f.* person of mixed Spanish and Indian ancestry
meta *f.* goal; objective
metafísico *m.* metaphysician
metáfora *f.* metaphor
metano *m.* methane (gas)
meteorología *f.* meteorology, study of climate and weather
meter to put in;**—se en** to get into
meticulosamente meticulously
metido, -a involved
método *m.* method
metro *m.* meter
mexica *n. & adj.* relating to the Mexica tribe in Mexico
méxico-americano, -a *m. & f.* Mexican-American
mezcla *f.* mixture
mezquino, -a mean-spirited
miedo *m.* fear
miedoso, -a fearful
miel: luna de— honeymoon
miembro *m.* member
mientras (que) while; whereas;**—tanto** meanwhile

miércoles *m.* Wednesday
migratorio, -a migratory
mil (*pl.* **miles**) thousand
milagro *m.* miracle
milagroso, -a miraculous
militar military; *m.* military man, soldier
milla *f.* mile
millón million
mimado, -a spoiled
mina *f.* mine
minifalda *f.* miniskirt
mínimo, -a minimum, minimal
ministerio *m.* department; ministry
minoría *f.* minority
minoritario, -a minority
minucia *f.* small detail
minuto *m.* minute; **a los pocos—s** a few minutes later
mirada *f.* look, glance, gaze
mirar to look at
misa *f.* mass
miseria *f.* misery; poverty
misericordia *f.* mercy
misericordioso, -a merciful
misionero, -a *m. & f.* missionary
misiva *f.* missive (letter)
mismo, -a same; self; very; **a sí—** to oneself; **lo—** the same (thing); **por lo—** for the same reason
misterioso, -a mysterious
mita *f.* drafting of Indian laborers for public works (during Inca period); forced labor
mitad *f.* half
mito *m.* myth
mitología *f.* mythology
mitológico, -a mythological
mixto, -a mixed
moda: estar de— to be in style, fashionable
modelo *m. & adj.* model; example
moderado, -a moderate; *m. & f.* moderate person
modificar to modify
modismo *m.* idiom
modo *m.* way; manner;**—de vivir** way of life; **de cualquier—** by any means, in any manner; **de—que** so that; **de ese—** like that

mofarse de to make fun of; to sneer at
mojado, -a wet, damp
molestar to bother
molestia *f.* bother
molesto, -a upset, offended
molido, -a worn out; exhausted
momentáneo, -a momentary
monarca *m.* monarch
monarquía *f.* monarchy
monárquico, -a *m. & f.* monarchist
moneda *f.* coin
monja *f.* nun, sister of a religious order
mono *m.* monkey
monolingüe monolingual
monolito *m.* monolith
monstruo *m.* monster
montaje *m.* assembly
montaña *f.* mountain
montar to assemble, set up; to mount;**—en bicicleta** to ride a bicycle
monte *m.* mountain; hill; forest; foothill
montón *m.* pile, heap
montura *f.* saddle
morado, -a purple
moraleja *f.* moral
moralidad *f.* morality
morder (ue) to bite
moreno, -a dark; darkskinned, brunette
moribundo, -a dying
morir (ue, u) to die
mortal fatal, terminal (disease); mortal
mosca *f.* fly
mostrador *m.* store counter
mostrar (ue) to show
motín *m.* riot
motivo *m.* motif, theme; motive, reason
motocicleta *f.* motorcycle
mover(se) (ue) to move
movilizar to mobilize
movimiento *m.* movement
mozo, -a *m. & f.* young man, woman; waiter, waitress
muchacho, -a *m. & f.* boy; girl; child
mucho, -a much, a lot of;**—s** many; *adv.* much, a great deal, a lot

mudarse to move, change residence; change
mudo, -a silent
muebles *m. pl.* furniture
muerte *f.* death; **dar—a** to kill
muerto, -a *p.p. of* **morir** & *adj.* dead; *m.* & *f.* dead person
mugriento, -a grimy, dirty
mujer *f.* woman; wife
mulato, -a *m.* & *f.* person with mixed Negro and Caucasian ancestry
multinacional *f.* multinational company or business
multiplicar to multiply
multitud *f.* crowd, multitude
mundial worldwide; **guerra—** World War
mundo *m.* world; **todo el—** everyone; **tercer—**Third World region (most of Asia, Africa, Latin America)
muñeca *f.* doll
murmurar to whisper, murmur; to gossip
muro *m.* wall
musculatura *f.* musculature
músculo *m.* muscle
musculoso, -a muscular
museo *m.* museum
música *f.* music
musicalidad *f.* musicality
músico, -a *m.* & *f.* musician
musulmán, musulmana *m.* & *f.* & *adj.* Moslem
muy very; very much

𝓃

nacer to be born; to originate
nacimiento *m.* birth
nacional national; *m.* national, citizen; in Spanish Civil War, those seeking to overthrow the Republic
nada nothing, not anything; nothingness
nadar to swim
nadie no one, nobody
narcoguerilla *f.* group of terrorists who aid drug smugglers

narcotraficante *m.* & *f.* drug dealer
nariz *f.* nose
narrador, -a *m.* & *f.* narrator
natación *f.* swimming
natal native
natalidad *f.* birth rate; **control de la—***m.* birth control
naturaleza *f.* nature
nave:—espacial *f.* spaceship
Navidad *f.* Christmas
necesidad *f.* need, necessity
necesitar to need; to necessitate
negar (ie) to deny;**—se** to refuse
negociar to negotiate
negocio *m.* business; affair
negrilla *f.* boldface
negritud *f.* blackness; Black identity
negro, -a *m.* & *f.* & *adj.* black; dear, darling
nene *m.* baby boy
nena *f.* baby girl
nevada *f.* snowfall
nevar (ie) to snow
ni neither, nor;**—. . .—**neither . . . nor;**—siquiera** not even
nicaragüense *m.* & *f.* & *adj.* Nicaraguan
nido *m.* nest
nieto, -a *m.* & *f.* grandchild; grandson; granddaughter
nieve *f.* snow
ningún, ninguno, -a none; no one; (not) any
niñez *f.* childhood
niño, -a *m.* & *f.* child; (baby) girl; (baby) boy;**—s** children; boys; girls; **de—**as a child
níspero *m.* medlar fruit
nítido, -a sharply defined
nivel *m.* level;**—de vida** standard of living
noble *m.* nobleman; *adj.* noble
nobleza *f.* nobility
noche *f.* night; **de—, de la—, por la—**at night; **ser de—**to be night
nómada *m.* & *f.* & *adj.* nomad, nomadic
nombrar to name
nombre *m.* name
noreste *m.* northeast
noroeste *m.* northwest

norte *m.* north
norteamericano, -a *m.* & *f.* & *adj.* American (from the United States)
notar to notice, note
noticiario *m.* newscast, news program
noticias *f. pl* news; **dar—**to notify
notorio, -a well-known; evident
novedad *f.* novelty; piece of news
novedoso, -a novel
novel inexperienced, new
noviembre November
novio, -a *m.* & *f.* boyfriend; girlfriend; *pl.* engaged couple
nube *f.* cloud
nublazón *m.* gathering of storm
nudo *m.* knot
nuevo, -a new; **de—**again
nulo, -a null, void
número *m.* number
numeroso, -a numerous
nunca never; not ever
nupcias *f. pl.* wedding, nuptials
nutrir to feed, nourish

#

o or;**—. . .—**either . . . or
obedecer to obey
obispo *m.* bishop
objetivo, -a *m.* & *adj.* objective
objeto *m.* object; purpose
obligar to obligate; to oblige
obra *f.* work; **manos a la—**get down to work
obrero, -a *m.* & *f.* worker, laborer;**—migratorio** migrant worker
obscenidad *f.* obscenity
obscuridad *f.* obscurity; darkness
obscuro, -a dark; **a obscuras** in the dark
obsequioso, -a obliging, obsequious
observador, -a *m.* & *f.* observer
observar to observe; to watch
obsesionado, -a obsessed

obstaculizar to block, obstruct

obstáculo *m.* obstacle

obstante: no—however; nevertheless

obstruir to obstruct

obtener to obtain, get; to attain

obvio, -a obvious

ocasionar to cause

occidental western, occidental

ocio *m.* idleness; leisure time

ocote *m.* torch pine *(Mex.)*

octubre October

ocultar(se) to hide

ocupar to occupy;**—se de** to pay attention to; to be interested in

ocurrir to occur; to happen;**—se** to occur (to one)

oda *f.* ode

odiar to hate

odio *m.* hatred, hate

oeste *m.* west

oferta *f.* offer; supply

oficina *f.* office

oficio *m.* job; task; duty

ofrecer to offer

oído *m.* (inner) ear

oír to hear;**—decir** to hear it said

ojalá (que) I hope that, would that

ojeada: echar una—to cast a glance

ojo *m.* eye

ola *f.* wave

óleo *m.* oil (painting)

oleoducto *m.* pipeline

olfato *m.* smell, sense of smell

olimpiadas *f. pl.* Olympics

olímpico, -a *m. & f.* participant in Olympics

olor *m.* fragrance, smell

olvidar(se) (de) to forget

ombligo *m.* navel; center

omitir to omit; to neglect

onda *f.* wave

oneroso, -a onerous

ONU abbreviation for **Organización de Naciones Unidas,** UN (United Nations)

opaco, -a opaque

opción *f.* choice, option

opinar to be of the opinion; **¿Qué opina usted de . . . ?** What is your opinion of . . . ?

opio *m.* opium

oponer(se) to oppose

oportunidad *f.* opportunity

opositor, -a opposing

opreso, -a *m. & f.* oppressed person

oprimir to oppress; to weigh down

oprobio *m.* disgrace; insult

optar to choose

optimista optimistic

óptimo, -a optimal

opuesto, -a opposite; opposed

oración *f.* sentence; prayer

orador, -a *m. & f.* speaker

orar to pray

oratorio, -a oratorical

orbe *m.* cirlce; sphere; world

órbita *f.* eye socket; orbit

orden *m.* order (sequence); *f.* order, command

ordenado, -a tidy, orderly

ordenar to arrange, put in order; to order

oreja *f.* (outer) ear

orgullo *m.* pride; **tener—**to be proud

orgulloso, -a proud

oriental eastern

Oriente Orient, East

originario, -a original; native (to a particular place)

originar(se) to originate; to create

orilla *f.* border, bank (of river); edge

oro *m.* gold

orquesta *f.* orchestra; band

ortodoxo, -a orthodox

ortografía *f.* spelling

os you; yourselves

oscilar to fluctuate, oscillate

oscurecer to darken, obscure;**—se** to become cloudy; to become dark

oscuridad *f.* darkness

oscuro, -a dark; **a oscuras** in the dark; **Edad—**Dark (Middle) Ages

ostentar(se) to show; to show off

ostentosamente ostentatiously

ostra *f.* oyster

otoño *m.* fall, autumn

otorgar to grant, give; to award

otro, -a another, other

oveja *f.* sheep

oxígeno *m.* oxygen

ozono *m.* ozone

paciencia *f.* patience

paciente *m. & f. & adj.* patient

pacífico, -a peaceful, pacific

padecer (de) to suffer (from)

padre *m.* father;**—s** *m. pl.* parents

pagar to pay; to pay for

página *f.* page

pago *m.* pay, payment

país *m.* country

paisaje *m.* landscape

paisano, -a *m. & f.* peasant

pajarillo *m.* little bird

pájaro *m.* bird

palabra *f.* word

palacio *m.* palace

paleolítico, -a paleolithic

palidecer to turn pale

pálido, -a pale

palma *f.* palm tree

palmada: dar—s to clap hands

palmera *f.* palm (tree)

palo *m.* stick; pole

paloma *f.* pigeon

palpar to feel, to touch

palpitar *m.* beating, palpitation

pan *m.* bread; **ganar el—**to earn a living

pandilla *f.* gang

pantalla *f.* screen

pantalón *m.* pants; **llevar los pantalones** to wear the pants (to be the boss)

pañuelo *m.* kerchief, handkerchief

papá *m.* father, papa, dad

papa *f.* potato; *m.* Pope

papagayo *m.* parrot

papel *m.* paper; role, part; **hacer un—**to play a role, a part

paquete *m.* package

par *m.* pair; **sin—**without equal

para for; in order to;**—qué** what for, why

parado, -a *adj.* stopped; standing up; *m. & f.* worker who has been laid off

paradoja *f.* paradox
paradójicamente paradoxically
paraguayo, -a *m.* & *f.* & *adj.* Paraguayan
paraíso *m.* paradise
paranoico, -a paranoic, paranoid
parar to stop
parasitario, -a parasitic
parcela *f.* plot
parecer to seem, appear;—**se a** to resemble; **¿Qué le (te) parece . . . ?** What do you think of . . . ?
parecido, -a alike; similar
pared *f.* wall
pareja *f.* couple, pair; partner
parentela *f.* relations
paréntesis *m.* parenthesis
pariente, -a *m.* & *f.* relative
parque *m.* park
párrafo *m.* paragraph
parte *f.* part, portion; **en—**in part, partially; **en gran—** largely; **la mayor—**the majority, most; **ninguna—** nowhere; **por (de) una—**on the other hand; **por su—**on his/her own; **por todas—s** everywhere
participio *m.* participle;— **pasado** past participle
particularidad *f.* particularity
partida *f.* departure
partidario, -a *m.* & *f.* partisan; supporter
partido *m.* party (political); game (sports)
partir to split; to break; **a—de** from (some specified time) onward
pasado, -a past; **el año—** last year; *m.* past
pasaje *m.* passage; group of passengers
pasajero, -a *m.* & *f.* passenger; *adj.* passing, transitory
pasaporte *m.* passport
pasar to pass; to pass by; to happen, occur; to spend (the day); to cross;—**a ser** to become;—**de** to exceed, surpass; **¿Qué pasa?** What's the matter? What's going on?; **pasársenos** to leave us

pasear to walk; to take a walk
paseo *m.* walk; **dar un—**to take a walk
pasillo *m.* hall
pasividad *f.* passivity
paso *m.* step, pace; pass; passage;—**a—**step by step; **de—** in passing; by the way
pastel *m.* pastry
patentar to patent
paterno, -a paternal
patético, -a pathetic
patria *f.* fatherland, native country; **lengua—***f.* native language
patriota *m.* & *f.* patriot
patronal patronal; religious
patrón, patrona *m.* & *f.* master; mistress; boss; landlord, proprietor; protector, patron, patroness; *m.* pattern
paulatinamente gradually, slowly
pausa *f.* pause, break
pausado, -a slow
pauta *f.* rule, guide; model, example
pavita *f.* tea kettle
pavo *m.* peacock
paz *f.* peace
pecado *m.* sin
peces (*pl.* of **pez**) *m.* fish
pechera *f.* shirt front
pecho *m.* chest; breast
pedazo *m.* piece
pedir (i, i) to ask for, request; to order (food)
pedrada *f.* hit or blow with a stone
pegar to glue
peinar(se) to comb
pelea *f.* fight, quarrel
pelear to fight, quarrel
película *f.* film; movie
peligro *m.* danger
peligroso, -a dangerous
pelo *m.* hair
pelota *f.* ball; **en—**naked
peluquería *f.* hairdresser's
peluquero, -a *m.* & *f.* hairdresser
pena *f.* punishment; suffering; pain; worry;—**capital,—de muerte** capital punishment; **valer la—**to be worth it

pendiente hanging; pending
péndola *f.* pen; quill
penetrar to enter; to penetrate
penoso, -a hard; burdensome
pensamiento *m.* thought
pensar (ie) to think, to think over;—**de** to think about, of (be of the opinion);—**en** to think about (direct one's thought to);—+ *inf.* to plan, intend
peor worse, worst
pepino *m.* cucumber
pequeño, -a small, little
percatarse (de) to be or become aware (of)
percibir to perceive; to make out
perdedor, -a *m.* & *f.* loser
perder (ie) to lose; to ruin, destroy; to miss;—**el tiempo** to waste time;—**se** to be lost
perdición *f.* perdition, ruin
pérdida *f.* loss
perdido, -a lost
perdiz (*pl.* **perdices**) *f.* partridge
perdón *m.* pardon, forgiveness
perdonar to pardon, forgive
perenne perennial; perpetual
pereza *f.* laziness
perezoso, -a lazy
perfeccionar to perfect
perfil *m.* profile
periódico *m.* newspaper
periodista *m.* & *f.* journalist
perjudicar to damage; to injure
perla *f.* pearl
permanecer to remain
permiso *m.* permission; leave of absence
pero but
perplejo, -a perplexed
perro, -a *m.* & *f.* dog
perseguir (i, i) to persecute; to chase, run after
personaje *m.* character (in a novel, play, etc.)
personificar to personify
perspectiva *f.* prospect; perspective
pertenecer to belong, pertain
perturbador, -a disturbing, perturbing
perturbar to disturb, perturb
perversidad *f.* perversity

pesadilla *f.* nightmare
pesado, -a boring, annoying
pesar to weigh; to cause regret;
   a—de in spite of
pesca *f.* fishing
pescado *m.* fish (for eating)
pescar to fish
pese a in spite of
pésimo, -a very bad, terrible
peso *m.* monetary unit of several
   Spanish-American countries;
   weight
pesquero, -a fishing
petate *m.* palm-mat
petición *f.* request
petróleo *m.* oil
peyorativo, -a insulting; pejora-
   tive
pez (*pl.* **peces**) fish
piadoso, -a compassionate, merciful; pious
pibe child (*Arg.*)
picante (spicy) hot
picar to spur, incite; to bite; to
   itch
pico *m.* peak
pictórico, -a pictorial
pie *m.* foot; **a—walking**, on foot;
   estar de—, **ir de—**to be
   standing, on foot; **ponerse**
   de—to stand up
piedad *f.* pity; piety
piedra *f.* rock, stone
piel *f.* skin; fur
pierna *f.* leg
pieza *f.* piece; play (drama)
pila *f.* pile
pilar *m.* pillar
píldora *m.* pill
pinchado, -a punctured, flat
   (tire)
pingüino *m.* penguin
pino *m.* pine tree
pintar to paint
pintor, -a *m. & f.* painter
pintoresco, -a picturesque
pintura *f.* painting; paint
piña *f.* pineapple
piquete *m.* picket (of strikers)
pirámide *f.* pyramid
pirata *m. & f.* pirate
Pirineos *m. pl.* Pyrenees
pisar to step onto; to tread upon
piscina *f.* swimming pool

piso *m.* apartment; floor
pistola *f.* gun, pistol
placa *f.* license plate (*Mex.*)
placer *m.* pleasure
plaga *f.* plague
planchar to iron (clothes)
planear to plan
planicie *f.* plateau
planificar to plan
plano *m.* level
planta *f.* plant
plantear to establish; to state
plata *f.* silver; money (*L.A.*)
plátano *m.* banana
plato *m.* plate, dish
playa *f.* beach
plaza *f.* public square
plazo *m.* period (of time); dead-
   line
plazuela *f.* small square (in a
   town or city)
plebe *f.* common people
plegaria *f.* supplication, prayer
pleito *m.* lawsuit
plenitud *f.* fulfillment
pleno, -a full, complete; fulfilled
plomo *m.* lead (metal)
pluma *f.* feather; pen
plumaje *m.* plumage, feathers
población *f.* population
poblado, -a populated
poblar (ue) to populate
pobre poor; unfortunate
pobreza *f.* poverty
poco, -a little;—**s** few; *m.* a little;
   a—shortly, in a short time; **a**
   los—s minutos a few minutes later; **tener en—**to hold
   in low esteem
poderío *m.* power; might
poderoso, -a powerful
poder (ue) to be able, can; to
   have power or influence; *m.*
   power; **en—de** in the power
   of; **no—más** to have had
   enough
podrido, -a rotten
poesía *f.* poetry; poem
poeta *m.* poet
poetisa *f.* poetess, poet
polémico, -a controversial;
   polemic
policía *m.* police officer; *f.* police
   (force)

policíaco, -a (pertaining to the)
   police
policial (pertaining to the) police
política *f.* politics; policy
político, -a political; *m. & f.*
   politician
poliuértano *m.* polyurethane;
   plastic foam
Polonia *f.* Poland
polvo *m.* dust
pompa *f.* pageant; pomp
ponderar to extol
poner to put; to place;—**en mar-**
   cha to start up;—**se** to become; to place onself; to set
   (the sun); to put on
   (clothes);—**se de pie** to stand
   up
poniente *m.* west; west wind
popularidad *f.* popularity
póquer *m.* poker; poker game
por for; by; through; around; on
   account of; for the sake of;—
   eso for that reason, because
   of that;—**ciento** *m.* percent;
   ¿—**qué?** why?
porcentaje *m.* percentage
pornografía *f.* pornography
porque because; *m.* reason;
   cause
portafolio *m.* briefcase
portarse to behave
portátil portable
poseer to possess; to have
poseído, -a possessed
posibilidad *f.* possibility
postular to postulate; to request;
   to demand
postura *f.* position
potencia *f.* power; faculty
potro *m.* colt, foal
pozo *m.* hole; well; shaft
práctico, -a practical; *f.* practice
precio *m.* price
precioso, -a precious, valuable
precisar to determine precisely
preciso, -a necessary; precise
precolombino, -a pre-
   Columbian
predecir (i) to predict, foretell
predicar to preach
predilecto, -a favorite
pre-escolar *m. & f.* preschooler

preferir (ie, i) to prefer

pregunta *f.* question; **hacer una—**to ask a question

preguntar to ask;**—se** to wonder

prejuicio *m.* prejudice

preludio *m.* prelude

premiación *f.* the giving of an award or prize

premio *m.* prize

prender to seize; to arrest

prensa *f.* press

preñar to fill

preocupar(se) to worry

preparación *f.* preparation (background, skills)

preparar to prepare, make ready

presencia *f.* presence; appearance

presenciar to see; to witness

presentar to introduce; to present

presente: tener—to bear in mind

preservar to guard, preserve

presidir to predominate over; to preside over

presión *f.* pressure

preso, -a *m. & f.* prisoner

prestar to lend;**—atención** to pay attention

prestigio *m.* prestige

presuponer to presuppose

presupuestario, -a budgetary

presuroso, -a in a hurry; quick

pretender to try, endeavor

pretérito *m.* past; past tense

prevalecer to prevail

prevaleciente prevalent

prevenir (ie) to prevent

prever to foresee

previo, -a previous

primavera *f.* spring

primero, -a first

primo, -a *m. & f.* cousin

princesa *f.* princess

principio *m.* principle; beginning; **al—, a—s** at the beginning, at first

priorizar to prioritize

prisa *f.* hurry; haste; **de—**hurriedly; **tener—**to be in a hurry

prisión *f.* prison, jail

prisionero, -a *m. & f.* prisoner

pristino, -a pristine, original

privado, -a *adj.* private; *p.p.* deprived

privativo, -a particular; belonging exclusively to

privilegio *m.* privilege

probabilidad *f.* probability

probar (ue) to prove; to try out;**—fortuna** to try one's luck

procedente coming from

proceder (de) to proceed; to originate (from)

procedimiento *m.* procedure

procesador, -a processor

procesamiento *m.* processing

proclamar to proclaim

procurar to try

prodigio, -a prodigy

productividad *f.* productivity

productor, -a *m. & f.* producer

profanar to profane; to defile

profecía *f.* prophecy

profesor, -a *m. & f.* teacher, professor

profeta *m.* prophet

profetizar to prophesy, predict

profundo, -a profound, deep

programación *f.* programming

prójimo, -a *m. & f.* fellow being

prole *f.* offspring

promedio *m.* average

promesa *f.* promise

prometer to promise

promulgar to proclaim; to publish

pronosticar to forecast, fortell; to give a medical prognosis

pronóstico *m.* prediction

prontitud: con—quickly

pronto soon; quickly; **de—**suddenly

pronunciar to pronounce

propaganda *f.* propaganda; advertising, publicity

propiedad *f.* property

propietario, -a *m. & f.* owner, proprietor

propina *f.* tip

propio, -a (one's) own; appropriate; proper

proponer to propose

proporcionar to provide, supply, furnish

propósito *m.* intention, aim; purpose; **a—**by the way; **a—de** on the subject of

propuesto *p.p. of* **proponer** proposed

prosa *f.* prose

proseguir (i, i) to continue

próspero, -a prosperous

protector, -a protective

proteger to protect

provecho *m.* benefit; **en—tuyo** for your own good

proveer to provide

provenir (ie) (de) to come, originate (from)

provinciano, -a provincial

provocador, -a provocative

provocar to provoke

proximidad *f.* proximity, closeness

próximo, -a next; near, close

proyectar to project

proyectil *m.* projectile, missile

proyecto *m.* project

prueba *f.* proof; test

psicólogo, -a *m. & f.* psychologist

psiquiatra *m. & f.* psychiatrist

pubertad *f.* puberty

publicar to publish

publicidad *f.* advertising; publicity

pueblo *m.* town; people (of a region, nation)

puente *m.* bridge

puerco *m.* pig

puerta *f.* door;**—cancel** inner door

puerto *m.* port; harbor

puertorriqueño, -a *m. & f. & adj.* Puerto Rican

pues since, because; well; then; anyhow;**—bien** now then

puesto *p.p. of* **poner** placed, put; *m.* job, position;**—que** since

pulmón *m.* lung

punta *f.* point, tip

punto *m.* point; dot;**—de vista** point of view;**—de partida** point of departure; **a—de que** at the point when; **en—**exactly, on the dot

puntualidad *f.* punctuality, promptness

puñada *f.* punch, blow with the fist; **dar—s** to punch
pupila *f.* pupil (of eye)
pureza *f.* purity; innocence
purificar to purify
puro, -a pure; clean; mere, only; sheer; **la—verdad** the honest truth
puta *f.* whore; **hijo de—**son of a bitch; bastard

que who; which; that; **lo—**what; that, which; **¿qué?** what? which?; **¿Qué tal?** How are you?; **¿Qué tal te gusta . . . ?** How do you like . . . ?; **¿para qué?** what for?; **¿por qué?** why?
quebrado, -a broken
quebrantado, -a bruised, broken
quechua *m.* Quechua (language of the Inca Indians)
quedar(se) to remain, stay; to be
queja *f.* complaint
quejarse to complain
quejido *m.* moan
quemador *m.* burner
quemar to burn
querer (ie) to want, wish; to love;—**decir** to mean
querido, -a *m.* & *f.* lover; loved one
quien who, whom; **¿quién?** who? whom?
quieto, -a quiet, still; **déjame—** leave me alone (undisturbed)
quietud *f.* quiet; stillness; calmness
quinto, -a fifth; *m.* fifth grade
quirúrgico, -a surgical
quitar to remove; to take away
quizá(s) perhaps, maybe

rabia *f.* rage, fury
racimo *m.* cluster; branches or extensions of the ocean

ráfaga *f.* gust of wind
raíz (*pl.* **raíces**) *f.* root; origin
rama *f.* branch
ramificarse to ramify; to branch off
ramo *m.* branch
rápidamente quickly
rareza *f.* oddity, rarity
raro, -a strange
rascacielos *m.* skyscraper
rascar(se) to scratch
rasgo *m.* trait, feature
rastro *m.* trait
rata *f.* rat
rato *m.* while, little while, short time; **a—s, de—en—**from time to time; **a cada—**very often
ratón *m.* rat; mouse
rayo *m.* ray
raza *f.* race (in the sense of a group of people)
razón *f.* reason; work; **dar la—**to agree with; **tener—**to be right
razonable reasonable
real *adj.* royal; real;—**Academia Española** Spanish Royal Academy; body which rules on proper usage of Spanish language
realidad *f.* reality; **en—**actually, in fact
realista *m.* & *f.* & *adj.* realist; realistic
realización *f.* accomplishment
reaccionar to react
reafirmar to reaffirm, reassert
realizar to accomplish, carry out, fulfill
reanudar to resume, begin again
reata *f.* lariat, rope, lasso
rebajar to lower; to deduct
rebelde *m.* rebel
rebeldía *f.* rebelliousness
rebuscar to search again; to search thoroughly
recalentarse (ie) to reheat, warm up (food)
recelo *m.* fear, distrust
receptor, -a receiving
recetario *m.* prescription
rechazar to reject; to ward off
recibir to receive
reciclaje *m.* recycling

reciclar to recycle
recién:—casado, -a *m.* & *f.* newlywed
reciente recent
recio, -a strong
recíprocamente reciprocally
reclamar to demand; to claim
recluirse to shut oneself away
reclutar to recruit
recobrar to recover
recoger to gather (up); to pick up
recolector, -a *m.* & *f.* collector
recomendar (ie) to recommend
recompensa: en—in return
reconocer to recognize
reconocimiento *m.* gratitude; recognition
reconstruir to reconstruct, rebuild
recordar (ue) to remember; to recall
recorrer to travel over
recreativo, -a recreational
recreo *m.* recreation, amusement
recrudecer to become worse
rectificador, -a *m.* & *f.* reformer, rectifier
rectificar to rectify, correct
recuerdo *m.* memory; souvenir
recuperar(se) to recuperate, recover
recurrir (a) to appeal (to), have recourse (to)
recursos *m. pl.* resources;—**sostenibles** sustainable resources
red *f.* net, network; Internet
redescubierto, -a rediscovered
redonda: mesa—round table (discussion)
reducir to diminish; to reduce
reemplazar to replace
referente referring
referir(se) (ie, i) to refer
refinado, -a sophisticated; refined
refinería *f.* refinery
reflejar to reflect
reflejo *m.* reflection
reflexión *f.* reflection; meditation
reflexionar to think, reflect
refrán *m.* proverb, saying
refrescante refreshing; cooling

refresco *m.* refreshment
refugiado, -a *m. & f.* refugee
refugiarse to take refuge
refugio *m.* refuge
regalar to give (as a present); to please, delight
regalo *m.* gift
regañar to scold
regaño *m.* scolding
regar (ie) to water
regiamente sumptuously; magnificently
régimen *m.* government; regime; diet
regir (i, i) to rule, govern
regla *f.* rule
regresar to return
regreso: de— on the way back
reina *f.* queen
reinar to rule; to reign
reino *m.* kingdon
reír (se) (i) to laugh
relación *f.* relation; relationship
relacionado, -a related
relacionar to relate
relajado, -a relaxed
relámpago *m.* lightning
relato *m.* narration, story
reliquia *f.* relic
reloj *m.* clock; watch
reluciente shining, sparkling
relucir to shine
remediar to remedy
remedio *m.* remedy, cure; help, relief; **no hay otro—** nothing else can be done; **sin—** unavoidably; **no tiene—** it can't be helped
remendado, -a mended
remitente *m. & f.* sender
remordimiento *m.* remorse, prick of conscience
remover (ue) to remove
remunerar to pay, remunerate
renacer to be reborn; to spring up again
renacimiento *m.* rebirth, renaissance
rencor *m.* rancor, animosity
rendición *f.* surrender
rendimiento *m.* output
rendir (i, i) to give, render (tribute, homage)

renegar (ie) to deny vigorously;—**de** to curse; to deny; to disown
renombrado, -a renowned, famous
renombre *m.* reknown, fame
renunciar to renounce, give up
reñir (i, i) to fight; to quarrel
reparación *f.* repair
reparar to notice; to take heed of; to repair
repartir to distribute, divide, deal out
repasar to review
repaso *m.* review
repente: de— suddenly
repertorio *m.* repertory, repertoire
repetir (i, i) to repeat
réplica *f.* reply
replicar to reply
reponer(se) to recover one's health
reposar to rest, repose
represalia *f.* reprisal
representar to represent; to act, play
representante *m. & f.* representative
reprimido, -a repressed
reprimir to repress
reproche *m.* reproach
republicano, -a *m. & f. & adj.* republican; in Spanish Civil War, those defending the Republic
repudio *m.* repudiation
repugnar to be repugnant
requerir (ie) to require
requisito *m.* requirement
res *f.* steer; head of cattle
resaca *f.* backlash (political)
resbalar (por) to slide (along)
rescatar to recover
resentido, -a resentful; offended; *m. & f.* resentful person
resentimiento *m.* resentment
resentirse (ie, i) to resent
reseña *f.* review (of book, movie); description
reserva *f.* reservation; discretion
reservado, -a reserved, reticent
residir to reside, live; to be
resolución: en— in sum, in short

resolver (ue) to solve; to resolve
resonar to resonate
respecto: con—a, con—de with respect to, with regard to
respetar to respect, honor
respeto *m.* respect
respirable breathable
respiración *f.* breathing
respirar to breath
resplandor *m.* brilliance, radiance
responder to answer, respond; to correspond
responsabilidad *f.* responsibility; liability
respuesta *f.* answer, response
restablecer to reestablish; to set up again
restado taken away
restauración *f.* restoration
restringir to restrict
resultado *m.* result
resultar to result, follow; to turn out to be; **resulta que** it turns out that
resumen *m.* summary; **en—** summing up; in brief
resumido *p.p. of* **resumir** summed up; summarized; **en resumidas cuentas** in summary
resumir to summarize
retahila *f.* string
retardar to hold back, retard
retener (ie) to retain
retirado, -a set back, apart
retirar to withdraw;—**se** to retreat; to retire
retornar to return
retrasado:—mental mentally retarded
retrato *m.* photographic likeness; portrait
reunión *f.* get-together, meeting, assembly
reunir (se) to meet, assemble
revelador, -a revealing
revelar to reveal
reverberar (of light) to reverberate
reverencia *f.* courtesy, bow; reverence
reverenciar to revere
revés *m.* setback; **al—** backwards, in the opposite way

revisar to revise; to examine, inspect

revista *f.* magazine

revocar to revoke, repeal

rey *m.* king

riacho *m.* stream

rico, -a rich, wealthy; lovely; *m. & f.* rich person

ridiculizar to ridicule

ridículo, -a ridiculous

rienda:—suelta free rein

riesgo *m.* risk; **correr—s** run risks

rígido, -a rigid, stiff; strict

rigor *m.* exactness; rigor; **en—**in fact

rimas *f. pl.* lyric poems

rincón *m.* corner (of a room)

riña *f.* fight, quarrel

río *m.* river

riqueza *f.* wealth, riches

ritmo *m.* pace; rhythm

rito, *m.* rite, ceremony

robar *m.* theft, robbery

roca *f.* rock

rocío *m.* dew

rodar (ue) to roll; to be tossed about

rodear to surround

rodilla *f.* knee

rogar (ue) to ask, beg

rojo, -a red

romance *m.* ballad, narrative or lyric poem

romper to break

ronco, -a hoarse

rondar to go around; to circle around; to threaten

ropa *f.* clothes, garments

rosa *f.* rose

rostro *m.* face

rotura *f.* break; breaking

rubio, -a blond; **tabaco—**mild tobacco

rudo, -a rugged; hard; rough; stupid

rueda *f.* wheel, tire

ruidoso, -a noisy

rumbo: con—a in the direction of

rumor *m.* murmur; rumble; noise

ruta *f.* route

rutina *f.* routine

S

sábado *m.* Saturday

saber to know; to know how, be able;—**a** to taste like

sabiduría *f.* wisdom

sabio, -a wise, learned

sabor *m.* taste; flavor

sabotaje *m.* sabotage

sabroso, -a flavorful, tasty

sacar to take out; to take away; to get;—**a luz** to bring out

sacerdotal priestly

sacerdote *m.* priest

saco *m.* sack, bag; man's jacket

sacrificador, -a sacrificing; self-denying

sacrificar to sacrifice

sacrificio *m.* sacrifice

sacudir to shake

sacudón *m.* tossing and turning

sagrado, -a sacred

sala *f.* living room; room

salario *m.* salary

saldo *m.* remnant; trace

salida *f.* exit; departure

salir (de) to go out, leave; to come out

salón *m.* room

salta *f.* jump; leap

saltar to leap (up), jump

saludador, -a *m. & f.* quack doctor; charlatan

saludar to greet

salud *f.* health

saludo *m.* greeting

salvar to save

salvo excepting; **estar a—**to be safe

sanar to heal, cure

sangrar to bleed

sangriento, -a bloody

sano, -a healthy

sánscrito *m.* Sanskrit

santo, -a saintly, holy; *m. & f.* saint

santuario *m.* sanctuary

sátira *f.* satire

satisfacer to satisfy, please;—**se** to be satisfied, pleased

satisfecho, -a satisfied

sea: o—that is to say

seco, -a dry

secta *f.* sect

secuestrador, -a *m. & f.* kidnapper

secuestrar to kidnap

secundario, -a secondary; *f.* high school; **escuela—**high school

sedante *m.* sedative

seductor, -a *m. & f.* seducer

segadora *f.* harvester (farm machine)

segregar to segregate

seguida: en—at once

seguido, -a followed; continued

seguidor, -a *m. & f.* follower

seguir (i, i) to follow; to continue, go on; to still be; **siga usted** follow, continue, go on

según according to

segundo *m.* second (time)

seguridad *f.* security; safety

seguro, -a sure, certain; *m.* insurance

sello *m.* mark; stamp

selva *f.* forest; jungle

semana *f.* week; **fin de—***m.* weekend

semanal weekly

sembrar (ie) to sow, seed

semejante similar

semejanza *f.* similarity

senado *m.* senate

sencillez *f.* simplicity

sencillo, -a simple

senda *f.* path

sendos, -as each of them

sensibilidad *f.* sensitivity

sensible sensitive

sensualidad *f.* sensuality

sentarse (ie) to sit down

sentenciar to sentence, pass judgment on

sentido *m.* meaning; sense;—**del humor** sense of humor

sentimiento *m.* sentiment, feeling; emotion

sentir (ie, i) to feel; to sense;—**se** to feel oneself; to feel; to be

seña *f.* sign; signal

señal *f.* sign; signal

señalar to point out, indicate; to mark

señor, -a Mr.; gentleman; master, owner; Mrs.; woman; lady; **el Señor** God

señorito *m.* dandy

sepulcro *m.* grave, sepulcher

sequía *f.* drought, period of dryness

ser to be; **a no—que** unless; **llegar a—**to become; *m.* being;—**humano** human being;—**querido** loved one

serenidad *f.* serenity

serie *f.* series

seriedad *f.* seriousness

serio, -a serious; **en—**seriously

sermonear to preach, sermonize

serpiente *f.* snake, serpent

servicio *m.* service

servir (i, i) to serve; to be of use;—**de** to serve as;—**para** to be good for; to be used for

servilmente slavishly; servilely

severo, -a grave, severe

sexto, -a sixth

si yes; certainly; itself, herself, himself, oneself, themselves;—**mismo** oneself, etc.

sibilino, -a a sibyline, prophetic

sicoterapeuta *m. & f.* psychotherapist

SIDA (Síndrome de Inmunodeficiencia Adquirida) *m.* AIDS

siempre always;—**que** whenever; **de—**usual; **para—**forever

sierra *f.* mountain range

siglo *f.* century

significación *f.* meaning, significance

significado *m.* meaning

significar to mean, signify

significativo, -a significant

siguiente following; next

sílaba *f.* syllable

silencioso, -a quiet, silent

silla *f.* chair

sillón *m.* easy chair

símbolo *m.* symbol

similitud *f.* similarity, similitude

simio *m.* simian, monkey

simpatía *f.* congeniality; sympathy; friendly feeling

simpático, -a pleasant, nice

simpatizar to sympathize

simple simple; plain; artless

simplista simplistic

simultáneamente simultaneously

simultaneidad *f.* simultaneity

sin without;—**embargo** however, nevertheless

sinceridad *f.* sincerity

sindicato *m.* labor union

siniestro, -a evil, sinister

sino but; except

sinónimo *m.* synonym

síntesis: en—in summary

sintetizar to synthesize

síntoma *m.* symptom

siquiera at least; even; **ni—**not even

sirviente, -a *m. & f.* servant, maid

sismo *m.* tremor, earthquake

sistema *m.* system

sitio *m.* place, room, space;—**de estar** sitting or living room;—**de web** web site

situado, -a situated

soberano, -a *m. & f. & adj.* sovereign; the king and queen

soborno *m.* bribe

sobrado, -a more than enough; plenty

sobrar to be more than enough

sobre on; above; about;—**todo** especially, above all

sobrenatural supernatural

sobrepasar to surpass

sobresalir to excel; to stand out

sobrevivencia *f.* survival

sobrevivir to survive

sobrino, -a *m. & f.* nephew; niece

sociedad *f.* society

sociológico, -a sociological

sociólogo, -a *m. & f.* sociologist

socorrer to help, aid

socorro *m.* help, aid

sofocante suffocating

sol *m.* sun

solamente only

solar solar, of the sun; plot of ground

soldado *m.* soldier

soleado, -a sunny

soledad *f.* solitude; loneliness

soler (ue) to be in the habit of

solicitar to ask for; to solicit

solícito, -a concerned, solicitous

solicitud *f.* request

solidaridad *f.* solidarity

solitario, -a lonely; solitary; *m. & f.* recluse, hermit

sólo only

solo, -a alone; single; **a solas** alone, by oneself

soltar (ue) to set free; to let out

soltero, -a single, unmarried; *m. & f.* unmarried person

solterón *m.* confirmed bachelor

solucionar to solve

sombra *f.* shadow

sombrero *m.* hat

someter to subdue; to subject; to force to yield

sometido, -a subdued, put down

son *m.* sound, noise

sonámbulo, -a sleepwalking

sonar (ue) to sound; to ring

sondeo *m.* poll

soneto *m.* sonnet

sonido *m.* sound

sonoro, -a voiced

sonreír(se) (i, i) to smile

sonriente smiling

sonrisa *f.* smile

soñar (ue) to dream;—**con** to dream about

sopa *f.* soup

soportar to tolerate, endure

sorbo *m.* sip

sordo, -a deaf; dull; muffled

sorprendente surprising

sorprender to surprise;—**se** to be surprised

sorpresa *f.* surprise

soso, -a tasteless, insipid

sospechar to suspect

sospechoso, -a suspicious

sostén *m.* support

sostener to sustain; to hold; to support

sostenible sustainable

sótano *m.* basement

Soviética: Unión—Soviet Union

suave gentle; sweet (odor); bland (taste)

subconsciencia *f.* (the) subconscious; subconsciousness

subdesarrollado, -a underdeveloped

subida *f.* rise

subir to go up, rise, ascend, climb; to raise;—**(se) a** to get on (a bus)

súbitamente suddenly

subordinado, -a *m. & f.* subordinate

subrayar to underline; to emphasize

subsistir to exist; to subsist

su(b)stancia *f.* substance

suceder to occur, happen

suceso *m.* event, happening

suciedad dirt, filth; dirtiness

sucio, -a dirty, filthy

Sudamérica South America

sudor *m.* sweat

sueldo *m.* salary

suelo *m.* floor; ground

sueño *m.* dream; sleep

suerte *f.* fortune, luck

sufrimiento *m.* suffering

sufrir to suffer; to tolerate; to undergo

sugerir (ie, i) to suggest

suicida *m. & f.* suicide (person who commits suicide); *adj.* suicidal

suicidarse *f.* to commit suicide

sujeto *m.* subject

suma *f.* aggregate; sum

sumamente extremely

sumar (a) to add (to); to join; to support

sumergirse to submerge oneself

sumisión *f.* submission

sumiso, -a submissive

suntuosidad *f.* sumptuousness

superar to overcome; to exceed; to surpass

superfluo, -a superfluous

superioridad *f.* superiority

supermercado *m.* supermarket

superpotencia *f.* superpower

supervivencia *f.* survival

suplicar to beg, implore

suponer to suppose; to assume

supranacional beyond one nation

suprimir to eliminate, do away with

supuesto *m.* assumption; *adj.* supposed; **por—**of course, naturally

sur *m.* south

surgir to appear; to arise; to rise, surge

suroeste *m.* southwest

surrealista *m. & f. & adj.* surrealist; surrealistic

suspender(se) to suspend, stop; to defer; to hang

suspenso, -a astonished; suspense

sustancia *f.* substance; matter

sustantivo *m.* noun

sustentar to support; to sustain

sustituir to substitute, replace

sutil subtle

sutileza *f.* subtlety

T

tabaquero, -a *m. & f.* tobacco worker

tabla *f.* board

tabú *m.* taboo

taciturno, -a sullen, taciturn

taco *m.* folded tortilla sandwich (in Mexico)

Tailandia *f.* Thailand

taíno *m. & f. & adj.* native Indians of Puerto Rico, Haiti, and eastern Cuba who were decimated by Spanish conquerors and the diseases they brought

tal such (a);**—que** such that, in such a way that;**—vez** perhaps; **¿Qué—?** How are you?; **¿Qué—te gusta . . . ?** How do you like . . . ?

talar to fell (trees); to cut down

tamaño *m.* size

tamarindo *m.* tamarind tree (small fruit tree)

tambaleante teetering; tottering; shaky

también also; too

tambo (Mex.) *m.* can; container

tamborete *m.* tambourine

tampoco not either; neither

tan so; such;**—. . . como** as . . . as

tanque *m.* tank

tanto, -a so much; as much;**—como** both . . . and . . . as well as . . . ;**—s** as many, so many; **por lo—**therefore

tapado, -a covered

tapón *m.* sink stopper, drain plug; traffic jam

tardanza *f.* slowness; tardiness

tardar (en) to take a long time or specified time (in doing something)

tarde *f.* afternoon; **por la—, de la—**in the afternoon; *adv.* late; **hacerse—**to grow late, to get late; **más—**later

tarea *f.* task, job

tarjeta *f.* card

tarro *m.* jar

tasa:—de natalidad *f.* birth rate

taza *f.* cup

techo *m.* ceiling; roof

teclear to type

técnico, -a *n. & adj.* technician; technical; *f.* technique; technical ability

tecnológico, -a technological

tejabán (Mex.) *m.* country hut made of reed or adobe, with a tile roof

Tejas Texas

tejer to knit

tejido *m.* weaving; knitting

tela *f.* fabric, cloth;**—metálica** screen

tele *f.* television

teleadicto *m.* TV addict

telefonista *m. & f.* telephone operator

teléfono *m.* telephone

telenovela *f.* soap opera

telespectador, -a *m. & f.* television viewer

televisor *m.* television set

tema *m.* topic; subject; theme

temblar (ie) to tremble

tembloroso, -a trembling, shaking

temer to fear

temeroso, -a fearful

temor *m.* fear

tempestad *f.* storm; tempest

templado, -a moderate, temperate

templo *m.* temple

temporal temporary

temporáneo, -a temporary

tempranero, -a habitually early or ahead of time

temprano early

tenazas *f. pl.* pliers, pincers

tender (ie) to tend; to extend; to spread out; to stretch out

tener to have; to hold;—**derecho a** to have the right to;—**la culpa** to be to blame;—**lugar** to take place;—**que** to have to, must;—**que ver con** to have to do with;—**razón** to be right

teoría *f.* theory

teóricamente theoretically

teorizar to theorize

tercer:—mundo *m.* third world

tercio *m.* third

terco, -a stubborn

terminación *f.* end; ending

terminar (de) to finish, end

término *m.* term; end

terraza *f.* terrace (agricultural)

terreno *m.* ground, land; terrain

terremoto *m.* earthquake

terrestre earthly; terrestrial

territorio *m.* territory

tertulia *f.* gathering

tesoro *m.* treasure

textilero, -a *m. & f.* textile worker

tiempo time; weather; **a**—on time; **al mismo**—at the same time; **hacer buen (mal)**—to be good (bad) weather; **perder el**—to waste time; **poco**—a short time, a while;—**completo** fulltime

tienda *f.* store

tierno, -a tender

tierra *f.* land; earth; ground

tieso, -a stiff, rigid

tigre *m.* tiger

timbre *m.* bell, buzzer; stamp, seal

tímido, -a timid, shy

tinta *f.* ink; hue

tío, -a *m. & f.* uncle; aunt

típico, -a typical

tipo *m.* type, kind; fellow, guy

tira:—cómica *f.* comic strip

tiranía *f.* tyranny

tirar to throw

tiritar to tremble

titulado, -a entitled

titulares *m. pl.* headlines

título *m.* title; degree

tiza *f.* chalk

tizanado, -a blackened

tobogán *m.* toboggan

tocar to touch; to play (a musical instrument); to come to know (by experience)—**le a uno** to be one's turn

todavía still; yet;—**no** not yet

todo, -a all; every; everything;—**s** all, all of them, everyone; **del**—entirely; **sobre**—especially, above all; **con**—however, nevertheless

tolerar to tolerate

tolteca *n. & adj.* relating to the Toltec tribe in Mexico

toma:—de posesión *f.* induction into office

tomar to take; to drink; to eat; to seize, take over;—**una decisión** to make a decision

tomatera *f.* tomato factory

tonelada *f.* ton

tono *m.* tone

tontería *f.* foolishness; stupidity

topar to bump into; to find

toque *m.* touch; ringing

tormenta *f.* storm; tempest

tormento *m.* torture; torment

torno: en—a regarding

toro *m.* bull; **corrida de—s** *f.* bullfight

torpe stupid; dull; clumsy; slow

torpeza *f.* stupidity; clumsiness

torre *f.* tower

tortilla *f.* flat cornmeal cake

tortuga *f.* turtle

tosco, -a coarse, harsh

toser to cough

totalitario, -a totalitarian

trabajador, -a hard-working; *m. & f.* worker

trabajar to work

trabajo *m.* work; job

trabajoso, -a laborious

traducir to translate

traer to bring; to have; to wear, have on

tragar to swallow

traidor, -a *m. & f.* traitor

traje *m.* suit of clothes

trama *f.* plot (of a story)

trance *m.* critical moment; peril

tranquilidad *f.* tranquility, peace; composure, ease of mind

tranquilo, -a calm, tranquil, peaceful

transformarse to transform, be transformed

transitar to travel; to pass

tránsito *m.* traffic

transmisora *f.* transmitter

tra(n)smitir to transmit; to convey

trasladar to move; to transfer

trasplantar to transplant

trastorno *m.* disorder

tratable courteous; sociable

tratado *m.* treaty

tratamiento *m.* treatment (medical)

tratar to deal with; to treat; to handle;—**de + inf.** to try to;—**se de** to be a question of

trato *m.* treatment

través: a—de through

trazar to draw

trazo *m.* line, stroke

tremendo, -a tremendous

tren *m.* train

tribu *f.* tribe

tribuna:—improvisada *f.* soapbox

tribunal *m.* court of justice; tribunal

trinidad *f.* trinity

triste sad

tristeza *f.* sadness

triunfar to triumph; to be successful

triunfo *m.* triumph; victory

trivialidad *f.* triviality

troca (Mex.) *f.* truck

trofeo *m.* trophy

trompa *f.* trunk; horn

tronco *m.* trunk (of tree); branch (of family tree)

trono *m.* throne

tropa *f.* troop

trópico *m.* tropic(s), tropical region(s)

trozar to break into pieces

trozo *m.* piece; selection, excerpt

truco *m.* trick

trueno *m.* thunder

tubo *m.* tube

tumba *f.* grave; tomb

tumbado, -a lying down

turbado, -a embarrassing
turbar(se) to be upset or disturbed
turístico, -a tourist

u

u (= o before words beginning with o or ho) or
¡uf! expression denoting weariness, annoyance, or disgust
úlcera *f.* ulcer
último, -a last, final; por—finally; a—hora at the last minute; *m. & f.* last one
unánime unanimous
único, -a only; unique
unidad *f.* unity; unit
uniformado, -a dressed in uniform
unir to join; to unite
universidad *f.* university
usar to use; to wear
uso *m.* use
utensilio *m.* utensil; tool
útil useful
utilizar to use; to utilize
uva *f.* grape

v

vaca *f.* cow
vacación *f.* vacation (usually used in the plural); de—es on vacation
vacilante hesitant; vacillating
vacilar to hesitate
vacío, -a empty
vacuna *f.* vaccine
valenciano, -a *m. & f. & adj.* Valencian (from Valencia, Spain)
valer to be equivalent to; to be worth; to produce; to be valid; *m.* value, worth
valiente valiant, brave
valioso, -a valuable
valle *m.* valley
valor *m.* value; courage
valoración *f.* appreciation

valorar to value, appraise
vanguardia *f.* vanguard; de—in the vanguard, in the lead
vanidad *f.* vanity
vano, -a vain, insubstantial; en—in vain
vapor *m.* mist;—es *m. pl.* fumes
vaquero *m.* cowboy
vara *f.* rod, stick; staff
variar to vary; to change
variedad *f.* variety
varios, -as various; several
varón *m.* male, man
vasco, -a *m. & f. & adj.* Basque; **Países Vascos** Basque Country (region in northern Spain)
vaso *m.* glass
vecindad *f.* neighborhood
vecino, -a *m. & f.* neighbor; resident
vega *f.* fertile lowland or plain
vegetal *m.* vegetable
vehículo *m.* vehicle
vejez *f.* old age
vela *f.* candle
velador *m.* night table
velocidad *f.* speed
veloz quick
venado *m.* deer; **carne de**—*f.* venison
vencedor, -a *m. & f.* victor; *adj.* victorious
vencer to defeat, conquer; to win
vencido *p.p. of* **vencer** defeated, vanquished
vendedor, -a:—ambulante traveling salesperson
vender to sell
venenoso, -a poisonous
venerar to worship; to venerate
vengarse to avenge oneself; to take revenge
vengativo, -a revengeful
venida *f.* arrival
venir to come; ¿a qué viene? what's the point?
venta *f.* sale; country inn
ventaja *f.* advantage
ventana *f.* window
ver to see; a—let's see; **tener que—con** to have to do with;—**se** to be seen; to be;—**se obligado a** to be obliged to, be forced to

verano *m.* summer
verdad *f.* truth; ¿de—? really? is that so?
verdadero, -a true, real
verde green; dirty (joke, etc.)
vergonzante shameful
vergüenza *f.* shame; self-respect; dignity; **sentir**—to be ashamed
verificar to check; to test; to verify
verso *m.* line of poetry; verse
vestido *m.* dress
vestigio *m.* vestige, trace
vestir (i, i) to dress, put on, wear
vez (*pl.* veces) *f.* time; occasion; **a la**—at the same time; **cada**—**más** and more; **de**—**en**—from time to time; **en**—**de** instead of; **otra**—again; **tal**—perhaps; **una**—once; **una**—**más** once again; **a veces** at times, sometimes; **muchas veces** often; **repetidas veces** often
viajar to travel
viaje *m.* trip
viajero, -a *m. & f.* passenger; traveler
vibrar to vibrate
vicio *m.* vice
vicuña *f.* vicuna (South American animal)
vida *f.* life
vidrio *m.* glass
viejo, -a old; *m. & f.* old man; old woman; term of endearment for mother, father, husband, or wife
viento *m.* wind
vietnamita *m. & f. & adj.* Vietnamese
vigilar to watch over; to keep an eye on
vinculante binding
viña *f.* vineyard
viñatero, -a *m. & f.* grape grower
violación *f.* rape
violar to violate; to rape
virgen *m.* virgin; ¡ay—! good heavens!
virilidad *f.* virility
virtud *f.* virtue; en—de by virtue of
viruela *f.* smallpox

vista *f.* view, sight
vistazo: echar un—a to glance at
vital vital (of life, essential life)
vitrina *f.* shop window
vivencia *f.* intimate or personal experience
viveza *f.* liveliness
vivienda *f.* housing
vivir to live
vivo, -a alive; lively; clever
vociferar to shout; to yell
volante *m.* steering wheel
volar (ue) to fly
volcar to turn upside down
voltear to turn around
volumen *m.* volume
voluntad *f.* will; wish
voluntariamente voluntarily
voluntario *m.* volunteer
volver(ue) to return;**—a** + *inf.* to do again;**—se** to go back; to

turn around; to become;**—se loco** to go crazy
vos you
vosotros, -as you (plural form of **tú,** used in most parts of Spain)
votante *m.* & *f.* voter
voz (*pl.* **voces**) *f.* voice; **en—alta** out loud; **en—baja** in a low tone; in whispers
vuelo *m.* flight
vuelta *f.* turn; return trip, **a la—** around the corner; **dar—**to turn; **dar una—**to take a walk; **dar—s** to walk in circles
vuestro, -a your
vulgar common, ordinary; vulgar
vulgaridad *f.* commonness; ordinariness
vulgo *m.* common people
vulnerabilidad *f.* vulnerability

y and
ya now; already; **¡ya!** oh! alas!;**—no** no longer;**—sea . . .—sea** whether . . . or
yacía *f.* place to lie down
yerba *f.* herb; grass
yuca *f.* yucca (plant with fibrous leaf)

zaguán *m.* entry; front hall
zapato *m.* shoe
zona *f.* area; zone
Zurvanitas *m. pl.* followers of Zurván, ancient Persian god of time and destiny

Soluciones

Respuesta al Crucigrama de la página 98

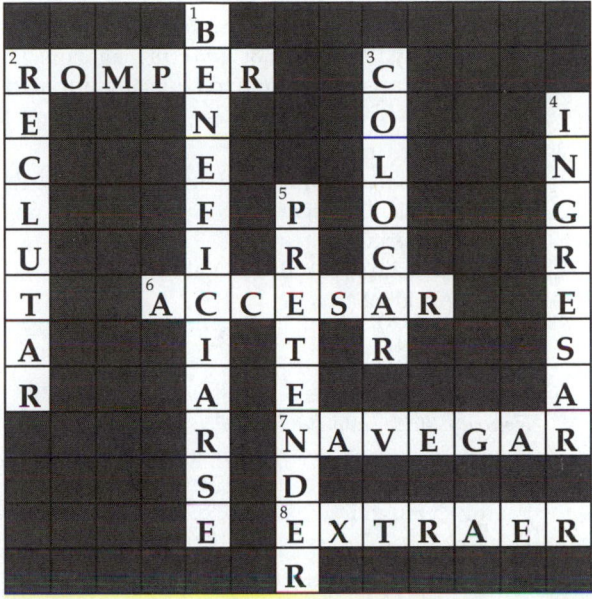

Respuesta al Crucigrama de la página 314

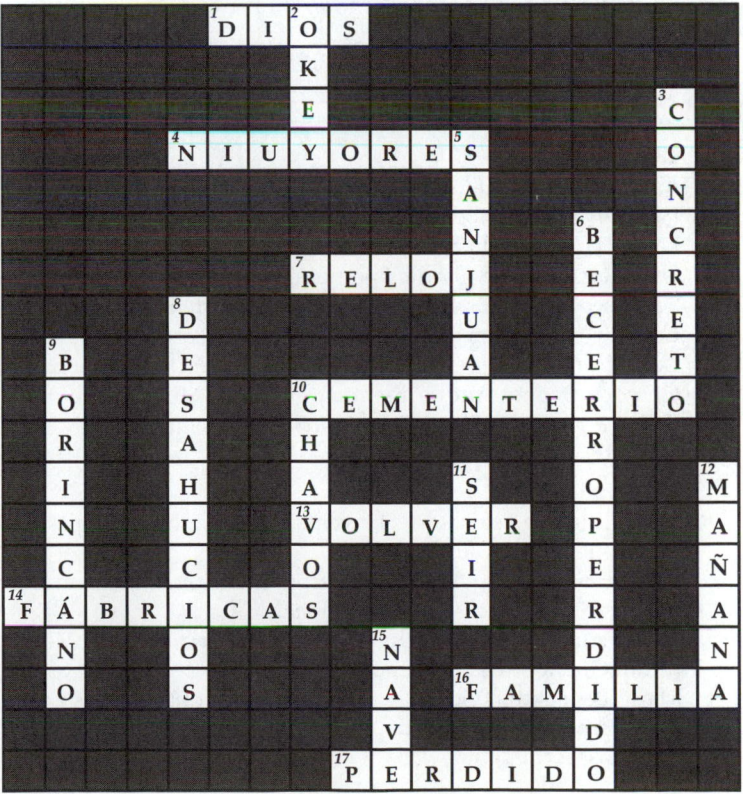

Chapter 1
Realia, Photo, and Cartoon Credits
Pages 9 and 48: Hugo Díaz, from *Díaz todos los días,* by permission of the artist; Page 11: Reprinted by permission of *Año cero* magazine; Page 13: Roberto Escudero, "Entre Comillas," by permission of Cuidad Nueva Editorial, Buenos Aires, 1989; Page 19: José Luis Martín, "QUICO"; and Page 21: "Camilo's Costa Rica Survival Kit" from Camino Travel.

Literary Credits
"Ecologistas desde casa," by permission of *Año cero* magazine.
Andrea Avila "Navegar por los ríos veracruzanos" from *Contenido* magazine, by permission of Editorial Contenido.
Marío González Feo, "Bucho Vargas, curandero y saludador" from *María de la Soledad y otras narraciones.*
Luis Rosado Vega, "El indio y los animales."

Chapter 2
Realia, Photo, and Cartoon Credits
Page 57: Oli, from *La Vanguardia,* Barcelona; Page 70: Quino, "Mafalda," Copyright © Joaquín Salvador Lavado, (QUINO); Page 91: Photo courtesy of Lourdes Groubet; and Page 101: Hugo Díaz, from *Díaz todos los días,* by permission of the artist.

Literary Credits
Blas Jiménez, "Tengo," "Lamentos," and "Letanía No. 1" by permission of the author.
Luis Sepúlveda, "Impase" from *Komplot,* by permission of Editorial Joaquin Mortiz, S.A.
Kattia Bermúdez Y José Luis Mora, "El Boom de internet" from *Actualidad económica* magazine.
Eva Perón, excerpts from *La razón de mi vida,* Ediciones Peuser, Buenos Aires.
Marco Denevi, "Apocalipsis" Editorial Patria, Barcelona.

Chapter 3
Realia, Photo, and Cartoon Credits
Page 103: Used by permission of María Eugenia Estenssoro, *Mujeres y companía* magazine; Page 105: Rius (Eduardo del Río), Editorial Grijalbo, S.A.; Page 106: Copyright © *Muy interesante* magazine. Used by permission of D. Alexandre Kobbeh; Page 109: Ana von Reuber. Used by permission of María Eugenia Estenssoro, Buenos Aires, Argentina; Page 115: Used by permission of María Eugenia Estenssoro, Buenos Aires, Argentina; Page 116: Cork, from *Muy interesante,* Madrid; Page 118: Used by permission of María Eugenia Estenssoro, Buenos Aires, Argentina; Page 126: Mingote, from *ABC,* Madrid; Page 133: Juan Ballesta, from *Cambio 16;* Page 134: From *Eres* magazine, Mexico, D.F.; Page 142: Kiraz, from *ABC/Blanco y negro;* and Page 154: Xiomara Crespo, Havana, Cuba.

Literary Credits
María Eugenia Estenssoro "La ventaja de ser mujer," by permission of *Mujeres y compañía* magazine, Buenos Aires.
Ana María Matute, "El ausente," from *Relatos de mujeres,* by permission of Agencia Literaria Carmen Balcells, S.A., Barcelona.
Enrique Jaramillo Levi, "Underwood," Editorial Joaquín Mortiz, Mexico, D.F.
Judith Guzmán Vea, "El amor y el deseo," by permission of Imagine Publishers, Inc.
Mario Benedetti, "Viceversa," by permission of Mercedes Casanova Agencia Literaria.
Luis Cernuda, "Qué más da," from *Poesía completa,* Vol. I, by permission of Angel María Yanguas Cernuda.

Idea Vilariño, "Ya no," Ediciones Universal.

Salvador Reyes Nevares, "El machismo en México," by permission of *Mundo Nuevo*.

Chapter 4

Realia, Photo, and Cartoon Credits

Page 157: Chart on animal experiments Antonio Medina, by permission of *Muy interesante* magazine, Madrid; Page 160: Rius (Eduardo del Río), Editorial Grijalbo, S.A.; Pages 165, 173, 180, and 208: Hugo Díaz, from *Díaz todos los días*, by permission of the artist; and Pages 174, 181, and 203: *Muy interesante* magazine, Mexico.

Literary Credits

Erlinda Gonzales-Berry, "Paletitas de guayaba" (fragmento), from *Paletitas de guayaba*, by permission of Academia/El Norte Publishers, Albuquerque, NM.

Helena Rivas López, "El fascinante mundo oculto de los mayas," January, 1991, by permission of *Caribbean News*, Cancún, Mexico.

Isabel Allende, "Walimai," 1990, by permission of Agencia Literaria Carmen Balcells, S.A., Barcelona.

Gonzalo Casino, "¿Nacen o se hacen?" by permission of *Muy interesante* magazine, Madrid.

Marco Denevi, "Génesis," Editorial Universitaria, Santiago, Chile.

Chapter 5

Realia, Photo, and Cartoon Credits

Pages 211, 219, 228, and 235 José Luis Martín, "QUICO"; Page 231 Hugo Díaz, from *Díaz todos los días*, by permission of the artist; and Page 273 Naranjo, *El universal*, Mexico, copyright © Cartoonists and Writers Syndicate.

Literary Credits

Lourdes Muñoz y Natalia Valdés, "La teleadicción" by permission of *Tribuna* magazine.

Federico García Lorca. "La guitarra," by permission of Mercedes Casanova, Agencia Literaria, copyright © Herederos de Federico García Lorca.

Gabriel García Márquez, "La luz es como el agua" from *Doce cuentos peregrinos*, Editorial Sudamericana, Buenos Aires.

Jorge Louis Borges, "Episodio del enemigo," copyright © 1995, María Kodama, reprinted with the permission of The Wylie Agency, Inc.

Mario Benedetti, "La expresión," from *La muerte y otras sorpresas*, reprinted by permission of the author and Mercedes Casanova, Agencia Literaria.

Julio Cortazár, "Casa Tomada" by permission of author.

Chapter 6

Literary Credits

Guadalupe Ochoa Thompson, "Vieja analfabeta," from *Hispanics in the United States, an Anthology of Creative Literature*, Vol. I, edited by Gary D. Keller and Francisco Jiménez, 1980, by permission of Bilingual Press/Editorial Bilingüe, Arizona State University, Tempe, AZ.

Rosaura Sánchez, "Entró y se sentó," from *Cuentos hispanos de los Estados Unidos*, by permission of Arte Público Press, Houston, TX.

Roberto Fernández, "Micky," from *La vida es un special*, Ediciones Universal, by permission of the author.

Bárbara Mujica, "La inmigración: E pluribus unum?," by permission of the author.

Jacobo Morales, "Pasaje de ida y vuelta," by permission of the author.

Alfredo Villanueva-Collado, "El día que fuimos a ver la nieve," from *Cuentos hispanos de los Estados Unidos,* by permission of Arte Público Press, Houston, TX.

Uva A. Clavijo, "Declaración," from *Veinte años de literatura cubanoamericana,* edited by Silvia Burunat and Ofelia García, by permission of Bilingual Press/Editorial Bilingüe, Arizona State University, Tempe, AZ.

Eladio Secades, "Los amigos en Miami," by permission of the author.